Mikrosimulationen

Marc Hannappel · Johannes Kopp
(Hrsg.)

Mikrosimulationen

Methodische Grundlagen und
ausgewählte Anwendungsfelder

 Springer VS

Hrsg.
Marc Hannappel
Universität Koblenz-Landau
Koblenz, Deutschland

Johannes Kopp
Universität Trier
Trier, Deutschland

ISBN 978-3-658-23701-1   ISBN 978-3-658-23702-8   (eBook)
https://doi.org/10.1007/978-3-658-23702-8

Die Deutsche Nationalbibliothek verzeichnet diese Publikation in der Deutschen National-
bibliografie; detaillierte bibliografische Daten sind im Internet über http://dnb.d-nb.de abrufbar.

Springer VS ist ein Imprint der eingetragenen Gesellschaft Springer Fachmedien Wiesbaden GmbH
und ist ein Teil von Springer Nature.
Die Anschrift der Gesellschaft ist: Abraham-Lincoln-Str. 46, 65189 Wiesbaden, Germany

Inhalt

II Methodik

III Anwendungen

Verzeichnis der Autorinnen und Autoren

Bekalarczyk, Dawid ist wissenschaftlicher Mitarbeiter am Institut für Soziologie an der Universität Duisburg-Essen. Forschungs- und Interessengebiete sind Statistik, dynamische Mikrosimulation, Längsschnittanalysen sowie Migrationsforschung.

Burgard, Jan Pablo ist Akademischer Oberrat an der Universität Trier. Forschungs- und Interessengebiete sind Statistische Modellierung, Small Area Schätzung, Survey Statistik und Angewandte Statistik.

Canolli, Ardian ist wissenschaftliche Hilfskraft am Institut für Soziologie an der Universität Koblenz-Landau.

Depenbrock, Eva ist wissenschaftliche Hilfskraft am Institut für Soziologie an der Universität Duisburg-Essen.

Dräger, Sebastian ist wissenschaftlicher Mitarbeiter an der Universität Trier. Forschungs- und Interessengebiete sind Mikrosimulation, Familiensoziologie, Gesundheitssoziologie und Regionalforschung.

Emmenegger, Jana ist wissenschaftliche Mitarbeiterin im Referat „Methoden der Datenanalyse" des Statistischen Bundesamts. Forschungs- und Interessengebiete sind Mikrosimulation, Einkommensungleichheit und statistische Modellierung.

Frohn, Christoph ist seit Anfang 2019 wissenschaftlicher Mitarbeiter an der Universität Duisburg-Essen am Institut für Soziologie. Forschungs- und Interessengebiete sind Methoden der empirischen Sozialforschung, Mikrosimulationen, Gesundheits- und Migrationssoziologie.

Handke, Thomas arbeitet am Institut für Landes- und Stadtentwicklungsforschung in Dortmund. Forschungs- und Interessengebiete sind demographische Simulationen und quantitative Datenanalysen.

Hannappel, Marc ist Akademischer Oberrat am Institut für Soziologie an der Universität Koblenz-Landau. Forschungs- und Interessengebiete sind Mikrosimulation, Computational Social Science, Methoden der empirischen Sozialforschung, demographische Familienforschung und Stadtsoziologie

Kopp, Johannes ist Professor für Empirische Sozialforschung an der Universität Trier. Forschungs- und Interessengebiete sind allgemeine Soziologie, Familiensoziologie, Gesundheits- und Gemeindeforschung sowie Mikrosimulation.

Krause, Joscha ist wissenschaftlicher Mitarbeiter an der Universität Trier. Forschungs- und Interessengebiete sind Epidemiologie und Medizinstatistik, Multisource Estimation, Penalized Maximum Likelihood und Small Area Estimation.

Lütz, Christopher schloss 2018 den MA Survey Methodology an der Universität Duisburg-Essen ab und arbeitet als Projektmanager bei Annalect. Seine Interessensschwerpunkte liegen in der methodischen Survey-Forschung, in fortgeschrittenen Analyseverfahren von Längsschnittdaten und im Bereich Computersimulationen innerhalb der Sozialwissenschaften.

Merkle, Hariolf ist wissenschaftlicher Mitarbeiter an der Universität Trier. Forschungs- und Interessengebiete sind synthetische Datensätze und Mikrosimulationen.

Münnich, Ralf ist Professor für Wirtschafts- und Sozialstatistik an der Universität Trier. Forschungs- und Interessengebiete sind Survey-Statistik, Stichprobendesigns, Varianzschätzung und Datenqualität in komplexen Erhebungen, Computerintensive Statistik und Monte-Carlo-Methoden, Small Area Schätzverfahren, Methoden für statistische Indikatoren sowie Mikrosimulationsmethoden.

Obersneider, Monika ist wissenschaftliche Mitarbeiterin am Institut für Soziologie an der Universität Duisburg-Essen. Forschungs- und Interessengebiete sind räumliche Mikrosimulationen, Mehrebenenanalysen und Migrationsforschung.

Richter, Nico ist wissenschaftlicher Mitarbeiter an der Universität Trier. Forschungs- und Interessengebiete sind qualitative und quantitative Methoden der empirische Sozialforschung, Familienforschung mit den Schwerpunkten Partnerschaftsdynamiken und Fertilität sowie die Szeneforschung.

Schmaus, Simon ist wissenschaftlicher Mitarbeiter an der Universität Trier. Forschungs- und Interessengebiete sind Mikrosimulation und die Erstellung von synthetischen Simulationsgesamtheiten.

Schnell, Rainer ist Professor für Methoden der empirischen Sozialforschung an der Universität Duisburg-Essen. Das Forschungsgebiet sind Effekte und Korrekturen des Einflusses menschlicher Besonderheiten auf Datenerhebungs- und Datenanalyseprozesse. Hierzu gehören der Entwurf von Stichproben für Spezialpopulationen, Nonresponse sowie die Entwicklung von Record-Linkage-Verfahren für sensitive Merkmale.

Stein, Petra ist Professorin für Empirische Sozialforschung an der Universität Duisburg Essen. Forschungs- und Interessengebiete sind dyadische Modellierung, Mikrosimulationen und finite Mischverteilungen.

Troitzsch, Klaus G. ist emeritierter Professor für Wirtschafts- und Verwaltungsinformatik an der Universität Koblenz-Landau. Forschungs- und Interessengebiete sind Modellbildung und Simulation in den Sozialwissenschaften, Stochastische Prozesse, Demographie, Nichtlineare Dynamik, Axiomatisierung sozialwissenschaftlicher Theorie und Mikrosimulation.

Zinn, Sabine ist Leiterin des Bereichs Surveymethodik und -management des Sozio-oekonomischen Panels am Deutschen Institut für Wirtschaftsforschung in Berlin. Forschungs- und Interessengebiete sind Surveymethodologie, Data-Science, Survey Statistik, Simulation in den Sozialwissenschaften und Demografie.

Zwick, Markus ist Leiter des Referats „Forschungsstrategie und -kooperationen, Wissenschaftskontakte" am Statistischen Bundesamt und Honorarprofessor an der Goethe-Universität. Forschungs- und Interessengebiete sind neue digitale Daten, Mikrosimulation und Smart Surveys.

Einleitung
Zum Stand der Forschung

Marc Hannappel und Johannes Kopp

Die Idee für diesen Sammelband entstand im Zusammenhang mit der Organisation einer Ad-Hoc-Gruppe[1] mit dem Schwerpunktthema Mikrosimulation im Rahmen des 39. Kongresses der Deutschen Gesellschaft für Soziologie. Ziel der Ad-Hoc-Gruppe war es, eine Lagebestimmung der Mikrosimulation in Deutschland vorzunehmen und aktuelle Simulationsprojekte zu diskutieren. Dieselben Ziele verfolgt auch der vorliegende Sammelband. Zusätzliche Motivation war, dass es aktuell kein deutschsprachiges Übersichtswerk zu sozialwissenschaftlichen Mikrosimulationen gibt, geschweige denn Hand- oder Lehrbücher. Auch hier erhoffen wir uns mit dem vorliegenden Sammelband Impulse und Anregungen geben zu können.

Bemerkenswert ist dieses Defizit vor allem, da Deutschland historisch betrachtet in den 1980er und 1990er Jahren durchaus eine Vorreiterrolle bei der Entwicklung von Mikrosimulationsmodellen einnahm. So wurden die ersten Mikrosimulationsmodelle im Rahmen des Sonderforschungsbereichs 3 „Mikroanalytische Grundlagen der Gesellschaftspolitik" bereits in den 1980er Jahren entwickelt und international wahrgenommen (Galler & Ott 1994; van Imhoff & Post 1998, S. 120; siehe auch Zwick und Emmenegger in diesem Band). Gilbert und Troitzsch (2005, S. 8) benennen Deutschland sogar neben Kanada und Australien als eines der Länder, in denen sich Mikrosimulationen in den 1990er etabliert haben.

Für die anwendungsorientierte Mikrosimulationsforschung, die hauptsächlich im Kontext der Politikberatung eingesetzt wird, ist diese Diagnose sicherlich zutreffend, wenngleich Mikrosimulationsprojekte in Ländern wie beispielsweise Australien, Neuseeland, Kanada und England mittlerweile in größerem Maßstab entwickelt und von einer breiteren Infrastruktur unterstützt werden (siehe dazu auch den Bei-

---

[1] Ad-Hoc-Gruppen ermöglichen es Wissenschaftlerinnen und Wissenschaftlern auf der Tagung Vorträge zu Schwerpunktthemen jenseits der thematisch festgelegten Sektionsveranstaltungen zu organisieren.

© Springer Fachmedien Wiesbaden GmbH, ein Teil von Springer Nature 2020
M. Hannappel und J. Kopp (Hrsg.), *Mikrosimulationen*,
https://doi.org/10.1007/978-3-658-23702-8_1

trag von Schnell und Handke in diesem Band). Innerhalb sozialwissenschaftlicher Diskurse haben sich Mikrosimulationen bislang aber nicht etabliert (O'Donoghue & Dekkers 2018, S. 75; Davis & Lay-Yee 2019, S. 14; Saam 2019, S. 200). Dies zeigt sich daran, dass eine Auseinandersetzung mit den Vor- und Nachteilen oder den analytischen Möglichkeiten der Mikrosimulation mit wenigen Ausnahmen[2] nicht stattfindet (Hannappel und Troitzsch 2015, S. 456; Hannappel 2019). Dies betrifft die Sozialwissenschaft im Allgemeinen und die Soziologie im Speziellen. Zum Beispiel findet sich in der „Kölner Zeitschrift für Soziologie und Sozialpsychologie" mit einer Ausnahme (bei diesem Beitrag handelt es sich lediglich um einen Überblicksartikel) kein Beitrag zu Mikrosimulationsprojekten (Hannappel 2015, S. 142).

Die Gründe hierfür sind sicherlich vielseitig. Die mangelnde Repräsentanz von Mikrosimulationen in klassischen Zeitschriften- und Aufsatzformaten lässt sich mit dem Argument von Axelrod (1997) begründen, dass Simulationsmodelle im Allgemeinen viel zu komplex seien, um eine detaillierte bzw. genaue, nachvollziehbare Beschreibung der Modellierung sowie der Datengewinnung und -analyse innerhalb der in Zeitschriften oder Sammelbandbeiträgen zur Verfügung stehenden Seitenzahlen zu realisieren. Dieses Argument war schließlich auch Anlass für die Gründung des „International Journal of Microsimulation" (Williamson 2007, S. 1, siehe auch Hannappel und Canolli in diesem Band). Eine bestehende Hürde sehen Hannappel und Troitzsch (2015) in den für die Entwicklung von dynamischen Mikrosimulationsmodellen erforderlichen Programmierkenntnissen. Dies scheint sich aber seit einigen Jahren zu ändern, da Mikrosimulationen (zumindest in Deutschland) sukzessive mit Hilfe der Statistiksoftware R entwickelt werden, die sich im Rahmen der universitären Methodenausbildung an vielen Standorten etabliert. Darüber hinaus existiert auch ein Mikrosimulationspackage, welches die Entwicklung von Mikrosimulationsmodellen erleichtert (Zinn 2014). Gewichtiger scheint allerdings das Argument, dass, bedingt durch den Verwendungszusammenhang von Mikrosimulationen im Rahmen steuerungspolitischer Folgenabschätzung, diese Modelle immer noch als Prognoseinstrumente zur Vorhersage realer gesellschaftlicher Entwicklungen missverstanden werden (Schnell 1990, S. 146; Hannappel und Troitzsch 2015, S. 456). Damit in Verbindung steht aus sozialwissenschaftlicher Sicht außerdem die häufig ungeklärte Beziehung zwischen Theorie und Modellkonstruktion. Im Sammelband „Modellierung sozialer Prozesse", der von Hartmut Esser und Klaus G. Troitzsch 1990 herausgeben wurde und sich mit dieser Frage auseinandersetzt, verweist Schnell (1990, S. 147) in seinem Beitrag auf

---

2   Eine Ausnahme ist zum Beispiel der Beitrag von Rainer Schnell (1990) „Computersimulation und Theoriebildung in den Sozialwissenschaften" im Sonderheft der „Kölner Zeitschrift für Soziologie und Sozialpsychologie".

einen weitverbreiteten Einwand gegenüber der Verwendung von Simulationen, der auf die Komplexität soziologischer Theorien hinweist, die mit Simulationsmodellen nicht adäquat abgebildet werden könne. Dieser Einwand wurde erst jüngst wieder von Saam (2019, S. 200) aufgegriffen, die ebenfalls die Frage „is social life too complex for modelling and simulation?" zur Diskussion stellt. Die soziale Welt ist in ihrer Komplexität natürlich weder auf der Ebene der Modellierung und Formalisierung vollständig abbildbar (was auch gar nicht der Anspruch eines Modells ist), das gleiche gilt jedoch genauso für die Theoriebildung. Unabhängig davon geht jeder Modellierung und Formalisierung eine wie auch immer fundierte Theoretisierung des Gegenstandes voraus. Somit stehen diese Ebenen in einem wechselseitigen Spannungsverhältnis (Ihrig & Troitzsch 2013). Viel spannender ist daher die Frage, wie die Komplexitätsreduktion, die notwendigerweise vorgenommen werden muss, die Aussagekraft der Simulationsmodelle beeinflusst und welche Schlussfolgerung auf Basis der Simulationsergebnisse für das Zielsystem (z. B. Gesellschaft) getroffen werden können und welche nicht. Unserer Wahrnehmung nach besteht hier tatsächlich weitestgehend Unklarheit. Die Schwerpunkte innerhalb des mikrosimulationsanalytischen Diskurses liegen eher auf methodischen Fragen (Wie können die Modelle verbessert werden? Welche statistischen Modelle eignen sich zur Berechnung der Fortschreibungsparameter? Wie können bessere Daten gewonnen werden etc.) und weniger auf methodologischen Fragen (Welche Informationen kann mir das Modell über das Zielsystem geben? Und, vielleicht noch wichtiger: Welche nicht? Wie ist das Verhältnis zwischen Zielsystem und dessen Repräsentation?). Auch der Schwerpunkt des vorliegenden Sammelbandes liegt auf der erstgenannten Fragestellung und vernachlässigt zweitere. Hier kann daher nur angeregt werden, Mikrosimulationsmodelle auch wissenschaftstheoretisch stärker zu reflektieren.

Eine andere Frage ist aber die nach der Notwendigkeit oder der Funktion von Mikrosimulationen bzw. deren gesellschaftlicher Relevanz. Hier lassen sich aus unserer Perspektive zwei Anwendungsbereiche differenzieren (sozial*politische* und sozial*wissenschaftliche*), die unterschiedliche Simulationsmodelle hervorbringen: anwendungsorientierte und analytische Modelle.

Unter anwendungsorientierten Modellen verstehen wir solche, die innerhalb der Politikberatung eingesetzt werden und politischen Entscheidungsträgern helfen sollen, die Konsequenzen ihrer Entscheidungen abschätzen zu können. Aus den Simulationsergebnissen werden daher Handlungsempfehlungen abgeleitet. „The basic idea of dynamic microsimulation is to simulate the behaviour of a base population of micro-units (e. g., individuals or households) over time. The simulated population can then be used to analyse various policies." (Bonin et al. 2015, S. 2) Das Besondere an diesen Modellen ist daher ihr Verwertungszusammenhang. Unabhängig davon, wie genau sie gesellschaftliche Prozesse abbilden, haben sie einen Einfluss auf reale gesellschaftliche Prozesse. Hier ist natürlich die grundsätzliche Frage nach der Modellierbarkeit sozialer Prozesse, wie Saam (2019) sie stellt, angebracht. Auf der anderen Seite sind komplexe Gesellschaften auf ein Mindestmaß an Planung, also „dem zielbewußten Durchdenken unmittelbarer Zielsetzungen, die auf ein beschränktes Objekt gerichtet [ist]" in Verbindung mit einem „Zuendedenken der Fernwirkungen dieser Einzelvorgänge" (Mannheim 1935, S. 100) angewiesen. Mikrosimulationen können durchaus dabei helfen, unbeabsichtigte Nebenfolgen politischer Entscheidungen zu erkennen. Das spezielle Design von Mikrosimulationsmodellen, das es erlaubt, Verhaltensroutinen auf der individuellen Ebene zu implementieren und auf dieser auch Wechselwirkungen zwischen sozialen Prozessen zu berücksichtigen, erlaubt es, den möglichen Einfluss von spezifischen politischen Reformen (z. B. Bildungsreformen) auf unterschiedliche Lebensbereiche (z. B. Arbeitsmarkt, Heiratsmarkt, Familiengründungs und -erweiterungsprozesse) abzuschätzen. Dass diese Modelle nicht die Komplexität realweltlicher Bezüge abbilden können und auf Idealisierungen[3] und Abstraktionen angewiesen sind, ist eine Selbstverständlichkeit. Entscheidend ist, dass bei den Schlussfolgerungen, die auf Basis dieser Modelle getroffen werden, diese Einschränkungen mitberücksichtigt und nicht reifiziert werden.

Während in anwendungsorientierten Modellen Abstraktionen und Idealisierungen notwendigerweise vorgenommen bzw. hingenommen werden müssen, werden sie in analytischen Modellen absichtlich als Mittel zur Erkenntnisgewinnung genutzt. In analytischen Modellen geht es nicht zwangsweise um die Simulation einer möglichst realistischen Bevölkerungsentwicklung. Das Simulationsziel liegt vielmehr in der Analyse von Wechselwirkungen sozialer Phänomene (Hannappel 2019, S. 97). Der Anspruch bei der Entwicklung von Fortschreibungsparametern ist daher nicht durch eine möglichst große Realitätsnähe gekennzeichnet, sondern hat eher einen heuristischen Wert. Beispielsweise könnte man die Entwicklung des Bildungsniveaus in der Gesellschaft unter der Bedingung von absoluter Chancengleichheit simulieren. Ein anderes Beispiel zeigt Hannappel (2015). Mittels kontrafaktischen Übergangswahrscheinlichkeiten im Bildungssystem konnte er mögliche Auswirkungen einer weiter voranschreitenden Bildungsexpansion auf die Geburtenentwicklung zeigen. Durch die Verwendung kontrafaktischer Szenarien können bewusste Verfälschungen einzelner Einflussparameter vorgenommen werden, um den Einfluss dieser Parameter auf andere kollektive Phänomene zu analysieren. Sie können hilfreiche Informationen liefern, wie sich verschiedene

---

3   Zur Bedeutung von Idealisierungen für Simulationen siehe Saam und Gautschi (2015) sowie Saam (2019).

soziale Phänomene (Bildungsexpansion und Geburtenrate, Sozialstruktur und Pflegebedarf; siehe dazu den Beitrag von Frohn und Obersneider) auf makrostruktureller Ebene wechselseitig beeinflussen.

Die hier vorgenommene begriffliche Unterscheidung zwischen anwendungsorientierten und analytischen Modellen ist eine idealtypische. So können auch in analytischen Modellen Fortschreibungsparameter verwendet werden, die möglichst reale Verteilungen abbilden. Entscheidend ist also vielmehr, welches Ziel mit der Konstruktion des Mikrosimulationsmodells verfolgt wird. In diesem Sammelband werden beide Modelltypen bzw. Simulationsziele vorgestellt. So ist das im Beitrag von Burgard et al. vorgestellte Forschungsprojekt dem Bereich anwendungsorientierter Modelle zuzuordnen, da hier demographische Entwicklungen auf kleinräumiger Ebene simuliert werden, die Informationen über eine mögliche Entwicklung des Pflegebedarfs innerhalb einer konkreten Region liefern und wichtige Entscheidungshilfen bei der Planung kommunaler Infrastruktur geben sollen. Das von Frohn und Obersneider vorgestellte Modell verwendet zwar auch realistische Einflussparameter, aber zugleich auch kontrafaktische Szenarien, um auf die Bedeutung verschiedener Faktoren auf die Entwicklung des Pflegebedarfs aufmerksam zu machen. Dieses Modell wäre nach der vorgenommenen Differenzierung eher dem Typus eines analytischen Modells zuzuordnen. Beide Mikrosimulationstypen können nach unserem Dafürhalten wichtige Erkenntnisse und Hilfestellungen im sozialpolitischen und sozialwissenschaftlichen Kontext liefern.

Wir hoffen daher, mit diesem Sammelband einen Beitrag für die Weiterentwicklung dieser Modelle in beiden Anwendungsfeldern zu geben sowie Anregungen, die bei der Konstruktion von Mikrosimulationsmodellen hilfreich sind. Der Sammelband ist in drei Bereiche gegliedert: (1) Grundlagen und historische Betrachtungen, (2) Methodik und (3) Anwendungen.

Der erste Bereich Grundlagen und historische Betrachtungen enthält Beiträge, die zum einen die Entstehungsgeschichte der Mikrosimulation (vor allem in Deutschland) nachzeichnen, einen Überblick über die aktuelle Landschaft der Mikrosimulation geben sowie die wesentlichen Unterschiede zwischen der Mikrosimulation und der agentenbasierten Simulation herausarbeiten.

Markus Zwick und Jana Emmenegger (in diesem Band) geben in ihrem Beitrag „Mikrosimulation und Gesellschaftspolitik – ein kurzer historischer Abriss" einen Überblick über die Entwicklung der Mikrosimulation. In ihrer Zusammenschau wird zwar auch die internationale Entstehungsgeschichte, beginnend mit Guy Orcutts Artikel „A new type of socio-economic system", kurz umrissen. Den Schwerpunkt des Beitrags bildet aber die Beschreibung der Entwicklung mikroanalytischer Simulationsverfahren innerhalb der deutschen Forschungslandschaft sowie deren Verbindung zur amtlichen Statistik und Politikberatung. Hervorgehoben wird in diesem Zusammenhang die Bedeutung von Hans-Jürgen Krupp, Wolfgang Zapf und Karl Ulrich Mayer und der mit diesen Personen verbundene Sonderforschungsbereich 3, im Rahmen dessen die Grundlagen für die Konstruktion und Anwendung von Mikrosimulationen in Deutschland geschaffen wurden. Nach Zwick und Emmenegger markiert dieser Sonderforschungsbereich auch eine Art Paradigmenwechsel, da nun sukzessive Wert auf mikroanalytische Simulationsverfahren gelegt wurde, gleichwohl bis heute die Mehrzahl der Simulationen Makrosimulationen darstellen und sich erst in den letzten Jahren eine „Trendwende" abzeichnet. Letzteres ist sicherlich auch auf die Novellierung des Bundesstatistikgesetzes im Jahr 2016 zurückzuführen, welches nun die Entwicklung und Anwendung von Mikrosimulationen explizit als Aufgabenbereich des Statistischen Bundesamtes definiert. Besonders markant arbeitet der Beitrag die Bedeutung der Mikrosimulation heraus und deren enge Verzahnung mit staatlichen Behörden. Dabei zeigt sich auch sehr deutlich, wie stark die Simulationsmodelle von der Quantität und Qualität der amtlichen Daten abhängig sind und welchen Beitrag die Modelle zur Weiterentwicklung der Datenerhebung liefern.

Während im ersten Beitrag die Entwicklung von Mikrosimulationen in Deutschland beschrieben wird, liegt der Fokus des Beitrags von Rainer Schnell und Thomas Handke auf einer komparativen Analyse von Mikrosimulationsmodellen in Deutschland und Großbritannien für den Zeitraum von 2005 bis 2018. Ihre Literaturstudie kommt dabei zu dem Ergebnis, dass mit einer Ausnahme in allen Modellen Zeit periodenorientiert modelliert wird. Inhaltlich ist in Großbritannien ein starker Fokus auf Mikrosimulationen festzustellen, die die Entwicklungen des Rentensystems (3 von 9 Modellen) und der Pflege (4 von 9 Modellen) simulieren, während in Deutschland neben Modellen zur Entwicklung von Renten (2 von 8) demographie-orientierte Modelle am häufigsten vorkommen (3 von 8). Auch stellen Schnell und Handke für Großbritannien eine bessere institutionelle Anbindung der Mikrosimulation fest. So wurden Mikrosimulationen in Deutschland mehrheitlich im Rahmen von Qualifikationsarbeiten entwickelt, während sie in Großbritannien mehrheitlich von etablierten Forschungsgruppen entwickelt wurden. In Deutschland fehlt vielen Anwendern daher die institutionelle Einbettung; ein Defizit, das durch aktuelle Projekte, wie sie im Beitrag von Münnich et al. in diesem Sammelband geschildert werden, in Zukunft vielleicht kompensiert werden kann. Interessant ist die Diagnose von Schnell und Handke gerade vor dem Hintergrund der von Zwick und Emmenegger geschilderten Entstehungsgeschichte der Mikrosimulation in Deutschland. Während durch den Sonderforschungsbereich drei deutsche Mikrosimulationsmodelle auch internationale Aufmerksamkeit erlangt hatten, scheint dieser Aufschwung in den anschließenden Jahrzehnten verloren gegangen zu sein. Ein Manko, welches die Autoren sowohl für die meisten Modelle aus Großbritannien und Deutschland identifizieren, ist das Fehlen von Validierungsstudien im Rahmen der jeweiligen Modellentwicklung. Für Modelle, die hauptsächlich als Instrument zur Politikberatung verwendet werden, sind für Schnell und Handke derartige Teststudien allerdings zwingend erforderlich (siehe dafür auch den Beitrag von Lütz und Stein in diesem Band).

Eine retrospektive Perspektive auf die Entwicklung der Mikrosimulation nehmen auch Marc Hannappel und Ardian Canolli mit ihrem Beitrag „The *International Journal of Microsimulation*. Eine bibliometrische Netzwerkanalyse über Akteure und Anwendungsfelder" ein. Im Gegensatz zu den beiden vorigen Beiträgen liegt hier das Augenmerk nicht auf der Beschreibung konkreter nationaler oder internationaler Modelle. Die beiden Autoren nehmen die Entwicklung der Publikationen über Mikrosimulationen im Allgemeinen in den Blick sowie die Entwicklung der zentralen internationalen Zeitschrift für Mikrosimulationen. Auf Basis der Publikationszahlen von 1970 bis 2018 und der Zahl verschiedener Modelle, die zwischen 1970 und 2013 entwickelt wurden, identifizieren Hannappel und Canolli zwei Entwicklungsphasen: (1) die *Pionierphase* und (2) *Expansionsphase*. Mit Hilfe einer bibliometrischen Netzwerkanalyse des „International Journal of Microsimulation", die sowohl die Netzwerkstruktur der Autoren als auch die der „Keywords" in der Zeitschrift analysiert, können sie aufzeigen, dass sich in den letzten zwölf Jahren zwar einige Personennetzwerke, also Autoren, die regelmäßig zusammen publizieren, gebildet haben, dass aber trotzdem ein Großteil der Beiträge von Autoren verfasst werden, die keinem der großen Personencluster zugeordnet werden können. Dies interpretieren die Autoren als Indiz für ein funktionierendes Reviewverfahren, gleichwohl Hannappel und Canolli hier weitere Analysen für erforderlich erachten. Die „Co-Word"-Analyse, die die Entwicklung der inhaltlichen Ausrichtung der Zeitschrift untersucht, zeigt die inhaltliche Expansion der Zeitschrift und der Mikrosimulationsansätze in eine Vielzahl neuer Themengebiete. Gleichwohl die Ergebnisse zeigen, dass Mikrosimulationen seit den letzten Jahren nicht mehr nur im Zusammenhang der Gesetzesfolgenabschätzung in den Bereichen „Steuern", „Renten" und „Gesundheit" eingesetzt werden, bilden diese drei Themenbereiche aber nach wie vor die zentralen Schwerpunkte innerhalb der Zeitschrift. Übereinstimmend mit den Herausgebern der Zeitschrift schlussfolgern die Autoren daher, und das zeigt auch der Beitrag von Rainer Schnell und Thomas Handke, dass angewandte Ansätze mit sozialpolitischem Fokus dominieren, während analytische Modelle (siehe auch den Beitrag von Christopher Lütz und Petra Stein), die sozialwissenschaftliche Fragestellungen ohne direkten prognostischen Wert bearbeiten, viel seltener konzipiert und angewendet werden. Nach Hannappel und Canolli steht somit die Phase der Etablierung der Mikrosimulation innerhalb universitärer Forschung noch aus bzw. bevor (siehe dazu den Beitrag von Münnich et al.).

Agentenbasierte Simulationen und Mikrosimulationen werden meist als zwei gegensätzliche Methoden beschrieben, die sich jeweils bezüglich der Methodik und Zielsetzung grundsätzlich voneinander unterscheiden. Agentenbasierte Simulationen werden nach dieser Lesart zur Entwicklung von Theorien und Mikrosimulationen zur Entwicklung von „Prognosen" oder Projektionen eingesetzt (vgl. Spielauer 2009: 1 f.). Begrifflich werden Mikrosimulationen datengetriebenen Modellen und agentenbasierte Simulationen theorie- bzw. konzeptgetriebenen Modellen zugeordnet. Diese Unterscheidung geht auf Steffen Harbordt zurück, der in einer idealtypischen Beschreibung den datenbasierten Ansätzen konzeptbasierte Ansätze gegenüberstellte (vgl. Harbordt 1974: 71 ff.). Diese Trennung lässt sich heute nicht mehr so einfach aufrechterhalten, wie Klaus G. Troitzsch in seinem Beitrag zeigt. Entlang der von Wooldrige und Jennings (1995) formulierten Eigenschaften agentenbasierter Simulationen (Autonomie, Sozialfähigkeit, Reaktivität und Proaktivität) untersucht Troitzsch unterschiedliche Mikrosimulationsmodelle hinsichtlich des Vorhandenseins der genannten Eigenschaften. Er kommt zu dem Ergebnis, dass viele Mikrosimulationsmodelle durchaus Eigenschaften agentenbasierter Simulationen aufweisen. Trotz der Gemeinsamkeiten bleiben aber wichtige Unterschiede bestehen. So betont Troitzsch, dass in Mikrosimulationen das Problem der *Emergenz zweiter Ordnung*, also die Reaktion von Simulationsagenten auf makrostrukturelle Veränderungen, noch nicht gelöst ist. Ebenso werden in Mikrosimulationen Interaktionsprozesse nicht in dem Maße realisiert, wie sie in agentenbasierten Modellen nahezu vorausgesetzt werden. Am Beispiel dreier weiterer Ansätze kann Troitzsch aber aufzeigen, dass auch Mikrosimulationen das Potential haben, diese Diskrepanz zu überwinden. So zeigen die Beispiele, dass Prinzipien und Ansätze der agentenbasierten Simulation in Mikrosimulationen implementiert werden können. Der Beitrag regt somit zur Erweiterung von Mikrosimulationsmodellen an, die genauer soziale Mechanismen abbilden, um so die replikative, prädiktive und strukturelle Validität der Modelle zu erhöhen.

Ähnlich wie bereits Rainer Schnell und Thomas Handke stellen auch Münnich et al. in ihrem Beitrag "Zur Entwicklung eines kleinräumigen und sektorenübergreifenden Mikrosimulationsmodell für Deutschland" im Vergleich zum internationalen Stand der Mikrosimulation für Deutschland einen Handlungsbedarf fest. So wachse zwar der Bedarf an regionalen und tief gegliederten Daten stetig, es fehlen aber solche Daten und Simulationsmodelle, die es erlauben, gesellschaftliche Entwicklungen und Entwicklungsszenarien auf regionaler und kommunaler Ebene abzuschätzen. Hier setzt die von der Deutschen Forschungsgemeinschaft geförderte Forschungsgruppe FOR 2559 „Sektorenübergreifendes kleinräumiges Mikrosimulationsmodell" (MikroSim), an. Das Forschungsprojekt, dessen Ziele und Inhalte Gegenstand des Beitrages sind, besteht jeweils aus einer Arbeitsgruppe an den Universitäten Duisburg-Essen und Trier, sowie einer Kooperation mit dem Statistischen Bundesamt. Ziel dieses Projektes ist es, eine Simulationsinfrastruktur inklusive Datensatz und Simulationsmodell für Deutschland zu schaffen, die Grundlage für weitere Forschungsarbeiten liefern soll. Das Projekt ist somit das zweite große von der DFG geförderte Mikrosimulationsprojekt und kann sicherlich als Nachfolger des Sonderforschungsbereichs 3 aus den 1980er Jahren eingeordnet werden (siehe den Beitrag von Markus Zwick und Jana Emmenegger). Entlang des formulierten Projektziels gibt der Beitrag Einblicke in das geplante Forschungsvorhaben. Es handelt sich dabei um zwei Anwendungsgebiete, die inhaltlich dem Bereich der Pflege und Migration zuzuordnen sind sowie um einen Überblick über die Herausforderungen, die sowohl mit der Entwicklung eines synthetischen Datensatzes für die Bundesrepublik als auch mit der Konstruktion eines entsprechenden Mikrosimulationsmodells verbunden sind.

Ein deutliches Defizit in der Literatur zu Mikrosimulationen sehen Christopher Lütz und Petra Stein im Bereich der Validierung. In Ihrem Beitrag „Validierung in dynamischen Mikrosimulationen", welcher der erste Beitrag in diesem Sammelband mit einem methodischen Schwerpunkt ist, richten sie daher den Fokus auf Techniken zur Überprüfung der Modellgüte von Mikrosimulationsmodellen. So zeigen sie zum einen unterschiedliche Fehlerquellen auf, die in Verbindung mit der Daten- und Modellqualität stehen, und geben einen Überblick über unterschiedliche Methoden zur Validierung. Ausgehend von diesem Überblick entwickeln Lütz und Stein ein iteratives Validierungskonzept, welches zunächst interne Validierungsmethoden vorsieht, wie beispielsweise Signifikanztests zwischen Input und Outputparametern und externen Validierungsmethoden, wie komparative Analysen zwischen eigenen Simulationsergebnissen und denen aus anderen Modellen. Ebenso werden die Vor- und Nachteile von Allignmentverfahren diskutiert. Auch in Sensitivitätsanalysen, im Rahmen derer die Auswirkungen ausgewählter Parameter auf das Simulationsergebnis systematisch untersucht werden, sehen Lütz und Stein eine hilfreiche Validierungsmethode. Dabei weisen sie auch auf die Herausforderungen und Probleme hin, die mit unterschiedlichen Verfahren verbunden sind. So stellt die Rechenleistung von Computer immer noch einen limitierenden Faktor dar, vor allem dann, wenn eine Vielzahl von Inputparametern getestet werden soll und der Simulationsdatensatz eine große Fallzahl aufweist. Exemplarisch an einem konkreten Simulationsmodell, welches im Rahmen des Forschungsprojekts „Die longitudinale Modellierung der zukünftigen Entwicklung beruflicher Platzierung in der dritten Migrantengeneration mithilfe der dynamischen Mikrosimulation" entwickelt wurde, zeigen Lütz und Stein, wie ihr entwickeltes Validierungskonzept auf Simulationsergebnisse angewendet werden kann. Der Beitrag liefert somit nicht nur einen Überblick über verschiedene Verfahren, sondern auch Anregungen und Hilfestellungen, diese auf eigene Simulationsmodelle zu übertragen.

In Mikrosimulationen wird in der Regel ein Datensatz mit Hilfe von Fortschreibungsparametern bis zu einem bestimmten Zeitpunkt fortgeschrieben. Sowohl der Simulationsdatensatz, als auch die Datensätze, die zur Berechnung von Übergangswahrscheinlichkeiten bzw. Fortschreibungsparametern verwendet werden, sind in der Regel Querschnittsdatensätze. Auch wenn die Mikrosimulation durch die Berechnung von individuellen Zustandsänderungen über die Zeit individuelle Biographien simuliert, werden Paneldatensätze, die einen Teil der Biographie der Probanden bereits beinhaltet, nur selten als Simulationsdatensatz verwendet. Das liegt in Deutschland auch sicherlich daran, dass kaum Paneldatensätze existieren, die sich aufgrund einer zufriedenstellenden Anzahl an Fällen als Simulationsdatensätze eignen. Der Umgang mit Paneldaten für die Berechnung der Fortschreibungsparameter und die Übertragung der Ergebnisse auf einen aus einem Querschnitt (oder einem kurzwelligen Panel) bestehenden Simulationsdatensatz ist allerdings nicht trivial, wie im Beitrag von Bekalarczyk und Depenbrock „Implementation panelanalytischer Modelle in die Mikrosimulation unter Berücksichtigung inter-individueller Unterschiede und intra-individueller Dynamiken" ausführlich beschrieben wird. Im Beitrag werden sowohl verschiedene panelanalytische Modelle vorgestellt als auch deren Eignung im Zusammenhang mit Mikrosimulationsmodellen diskutiert sowie exemplarisch mit bestehenden Daten aus einem Forschungsprojekt sowie mit fiktiven Daten überprüft.

Der dritte Bereich des Sammelbandes enthält Beiträge, in denen konkrete Mikrosimulationsprojekte vorgestellt und diskutiert werden.

Sabine Zinn beschreibt in ihrem Beitrag die „Konzeption eines Simulationsmodells zur Formation von Übertrittsentscheidungen auf das Gymnasium". In Mikrosimulationen wird in der Regel das Verhalten von Agenten in Abhängigkeit bestimmter Kontextmerkmale simuliert. So sind im Zusammenhang mit bildungssoziologischen Fragestellungen Merkmale der sozialen Herkunft häufig Kontextmerkmale, die die Bildungsübergänge von Schülerinnen und Schülern beeinflussen. Ändert sich die soziale Zusammensetzung der Gesellschaft (Bildungsexpansion), so kann man ceteris paribus die Auswirkungen dieser Entwicklung auf die Bildungsbeteiligung untersuchen. Derartige Simulationsansätze können angewendet werden, um mögliche Entwicklungen im Schulsystem zu antizipieren und so zum Beispiel Informationen für die zukünftige Lehrerbedarfsplanung zu erhalten. In der Regel werden in diesen Modellen die Kontextmerkmale jedoch konstant gehalten. Es fehlen daher Ansätze, die eine Analyse erlauben, wie sich das Verhalten der Agenten selbst (z. B. das von Schülerinnen und Schüler, oder das Verhalten der Eltern in Form von stellvertretenden Übergangsentscheidungen für ihre Kinder beim Übergang auf die Sekundarstufe I) unter anderen Rahmenbedingungen verändert. Sabine Zinn schlägt daher in ihrem Beitrag eine Konzeption für ein zeitstetiges Mikrosimulationsmodells vor, in dem die Entscheidungsprozesse selbst modelliert werden, um so den Effekt von Bildungsreformen sowohl auf Kontextmerkmale als auch auf die Bildungsentscheidungen analysieren zu können. Das Modell, das zum gegenwärtigen Zeitpunkt (nur) konzeptionell vorliegt, beinhaltet viele Einflussparameter, die Sabine Zinn durch zahlreiche Bezüge zu empirischen Studien begründet. Im Zentrum steht die Formalisierung eines handlungstheoretischen Entscheidungsmodells, welches flexibel gegenüber unterschiedlichen Anwendungen ist. Derartige Modelle verlangen aber eine genaue Überprüfung der Modellannahmen und Funktionalität. Der Beitrag enthält daher auch eine detaillierte Schilderung, wie die Modellgüte des Mikrosimulationsmodells mit Hilfe von Sensitivitätsanalysen, Kalibrierungen und Validierungstechniken getestet werden kann. Erst danach können unterschiedliche Szenarien getestet werden, die Aussagen über mögliche Effekte von Bildungsreformen auf individuelle Bildungsbiographien und somit über Übergangsentscheidungen ermöglichen.

Ein zentraler Punkt im Rahmen politischer Diskussionen über die Auswirkungen des demographischen Wandels ist die Entwicklung der Anzahl pflegebedürftiger Personen. Hauptsächlich durch eine gestiegene Lebenserwartung beeinflusst, ist dieser Prozess aber von einer Vielzahl weiterer Faktoren (wie z.B. Partnerschaft, Erwerbstätigkeit) abhängig und betrifft verschiedene Regionen unterschiedlich stark. Für die Analyse und Abschätzung derart komplexer Entwicklungsprozesse bedarf es Simulationsmodelle, die diese Komplexität berücksichtigen. Im Beitrag von Burgard et al. „Dynamische Mikrosimulationen zur Analyse und Planung regionaler Versorgungsstrukturen in der Pflege" werden die Herausforderungen, die mit der Konstruktion einer geeigneten Datenbasis und eines entsprechenden Mikrosimulationsmodells verbunden sind thematisiert und erste Ergebnisse aus dem Forschungsprojekt *Regionale Mikrosimulationen und Indikatorensysteme* (REMIKIS) vorgestellt. Für die Modellregion Trier wurde ein Simulationsdatensatz mit einer synthetischen Population erstellt, wobei die erforderlichen Informationen aus dem Zensus 2011 entnommen und durch weitere externe Datensätze (Mikrozenus, Sozio-oekonomisches Panel) ergänzt wurden. Die Besonderheit dieses Forschungsansatzes besteht in einer zusätzlichen Georeferenzierung. Somit ist es möglich, den Pflegebedarf einer Region nicht nur auf Aggregatsebene zu simulieren, sondern auch auf einer viel kleinräumigeren Ebene. Dadurch können auch Effekte der räumlichen Struktur sowie Distanzen und Anfahrtswege untersucht werden. Durch diese Differenzierung können derartige Simulationsansätze langfristig auf kommunaler Ebene wichtige Informationen für die Pflegebedarfsplanung liefern.

Mikrosimulationen werden in der Regel eingesetzt, um im Rahmen steuerungspolitischer Entscheidungsprozesse mögliche zukünftige Entwicklungen zu antizipieren. So können die Ergebnisse solcher Prognosemodelle politisch Verantwortlichen dabei helfen, intendierte und nichtintendierte Folgen politischer Entscheidungen einzuschätzen. Viel seltener hingegen werden Mikrosimulationen entwickelt, um selbst Erklärungen über die Effekte von Wechselwirkungen zwischen gesellschaftlichen Entwicklungen zu finden (siehe dazu auch den Beitrag von Hannappel und Canolli in diesem Band). Der Beitrag von Frohn und Obersneider „Modellierung der Entwicklung des Pflegebedarfs in Deutschland – eine dynamische Mikrosimulation" behandelt zwar ein Thema, welches für die nächsten Jahre von hoher sozial*politischer* Bedeutung ist, der Schwerpunkt liegt hier aber auf sozial*wissenschaftlichen* Fragestellungen, nämlich solchen, nach der Abhängigkeit der Pflegebedürftigkeit von soziodemographischen Faktoren und makrostrukturellen Veränderungen. So lässt sich der Anstieg der Pflegebedürftigkeit nicht einfach aus der Zunahme des Anteils älterer Menschen in der Gesellschaft ableiten. Denn der Pflegebedarf ist über die Mitglieder unterschiedlicher sozialstruktureller Gruppen nicht gleichmäßig verteilt. Verändert sich die sozialstrukturelle Zusammensetzung der Gesellschaft, so kann dies auch einen entscheidenden Einfluss auf die Entwicklung der Pflegebedürftigkeit haben. Daher beinhaltet ihr Mikrosimulationsmodell auch die Simulation sozialstruktureller Entwicklungen. Um den Einfluss der verschiedenen sozialstrukturellen Faktoren zu messen, entwickeln Frohn und Obersneider kontrafaktische Szenarien, die eben nicht auf die Simulation einer möglichst realitätsnahen Entwicklung abzielen. Gleichwohl liefern die Ergebnisse ihres Simulationsmodells, welches sich noch in der Entwicklungsphase befindet, interessante Hinweise, die auch für sozialpolitische Entscheidungen hilfreich sein können.

Literatur

Axelrod, R. (1997). Advancing the Art of Simulation in the Social Science. In R. Conte, R. Hegselmann, P. Terna (Hrsg.), *Simulating social Phenomena* (S. 21–40).Berlin: Springer.
Bonin, H., K. Reuss & H. Stichnoth. 2015. Life-circle Incidence of Family Policy Measures in Germany. Evidence from a Dynamic Microsimulation Model. *ZEW Discussion Paper* No. 15–036.
Davis, P. & Lay-Yee, R. (2019). *Simulating Societal Change. Counterfactual Modelling for Social and Policy Inquiry.* Cham: Springer.

Galler, H. P. & Ott, N (1994). Das dynamische Mikrosimulationsmodell des Sonderforschungs-bereichs 3. In R. Hauser; N. Ott & G. Wagner (Hrsg.), *Mikroanalytische Grundlagen der Gesellschaftspolitik. Band 2 Erhebungsverfahren, Analysemethoden und Mikrosimulation* (S. 399–427) Berlin: Akademie Verlag.

Gilbert, N. & Triotzsch, K. G. (2005). *Simulation for the Social Scientist.* Maidenhead, Berkshire, New York: Open University Press.

Hannappel, M. & Troitzsch, K. G. (2015). Mikrosimulationsmodelle. In N. Braun & N. Saam (Hrsg.), *Handbuch Modellbildung und Simulation in den Sozialwissenschaften* (S. 455–489), Wiesbaden: Springer VS.

Hannappel, M. (2015). *(K)ein Ende der Bildungsexpansion in Sicht?! Ein Mikrosimulations-modell zur Analyse von Wechselwirkungen zwischen demographischen Entwicklungen und Bildungsbeteiligung.* Marburg: Metropolis.

Hannappel, M. (2019). Mikrosimulationen und die ‚Analytische Soziologie'. Zur Anwend-barkeit des Begriffs des sozialen Mechanismus auf die Mikrosimulation. In N. J. Saam, M. Resch & A. Kaminski (Hrsg.), *Simulieren und Entscheiden. Entscheidungsmodellie-rung, Modellierungsentscheidungen, Entscheidungsunterstützung* (S. 85–111). Wiesbaden: Springer VS.

Harbordt, S. (1974). *Computersimulation in den Sozialwissenschaften. Einführung und Anleitung.* Reinbek: Rowohlt Taschenbuch Verlag.

Ihrig, M. & Troitzsch, K. G. (2013). An Extended Research Framework for the Simulation Era. In R. Diaz; F. Longo; C. Turnista; P. A. Youngman; T. Carmichael & M. Hadzikadic (Hrsg.), *Proceedings of the Ermerging M&S Applications in Industry and Academia Symposium and the Modeling and Humanities Symposium 2013* (S. 99–106), San Diego: Curran Associates.

Mannheim, K. (1935). *Mensch und Gesellschaft im Zeitalter des Umbruchs.* Leiden: Sijthoff.

O'Donoghue, C. & Dekkers, G. (2018). Increasing the Impact of Dynamic Microsimulation Modelling. *International Journal of Microsimulation:* 11(1), 61-96.

Saam, N. J. & T. Gautschi (2015). Modellbildung in den Sozialwissenschaften. In N. Braun & N. J. Saam (Hrsg.), *Handbuch Modellbildung und Simulation in den Sozialwissenschaften* (S. 15–60), Wiesbaden: Springer VS.

Saam, N. J. (2019). The Only-Toy-Models Hypothesis. On the Limitations of Developing Models and Computer Simulations in Sociology. In N. J. Saam, M. Resch & A. Kaminski (Hrsg.), *Simulieren und Entscheiden. Entscheidungsmodellierung, Modellierungsentscheidungen, Entscheidungsunterstützung* (S. 199–228). Wiesbaden: Springer VS.

Schnell, R. (1990). Computersimulation und Theoriebildung in den Sozialwissenschaften. In H. Esser & K. G. Troitzsch (Hrsg.), *Modellierung sozialer Prozesse. Neuere Ansätze und Überlegungen zur soziologischen Theoriebildung. Ausgewählte Beiträge zu Tagungen der Arbeitsgruppe „Modellierung sozialer Prozesse" der Deutschen Gesellschaft für Soziologie* (S. 139–175). Bonn: Informationszentrum Sozialwissenschaften.

Spielauer, M. (2009). Microsimulation Approaches. Ottawa: Statistics Canada. https://www.statcan.gc.ca/eng/microsimulation/modgen/new/chap2/chap2 Zugegriffen: 30.08.2019.

van Imhoff, E. & Post, W. (1998). Microsimulation for Population Projection. *Population: An English Selection* 10(1), 97–138.

Williamson, P. (2007). Editorial. The Role of the international Journal of Microsimulation. *International Journal of Microsimulation.* 1(1), 1–2.

Wooldridge, M. und Nicholas R. Jennings. 1995. Agent Theories, Architectures, and Languages: A Survey. In M. J. Wooldridge und N. R: Jenning (Hrsg.), *Intelligent Agents. ECAI-94 Workshop on Agent Theories, Architectures, and Languages, Amsterdam, The Nethderlands, August 8–9, 1994. Proceedings* (S. 1–39). Berlin, Heidelberg: Springer.

Zinn, S. (2014). The MicSim Package of R: An Entry-Level Toolkit for Continuous-Time Microsimulation. *International Journal of Microsimulation*: 7(3), 3-32.

I
Grundlagen und historische Betrachtungen

Mikrosimulation und Gesellschaftspolitik – ein kurzer historischer Abriss

Markus Zwick und Jana Emmenegger[1]

Zusammenfassung

Der vorliegende Artikel gibt einen kurzen Überblick über die Entwicklung der Mikrosimulation, mit einem Fokus auf die deutsche Forschung und Einbindung der amtlichen Statistik. Insbesondere der Sonderforschungsbereich 3 (Sfb 3) der Deutschen Forschungsgemeinschaft „Mikroanalytische Grundlagen der Gesellschaftspolitik" ist für Deutschland von Bedeutung. Innerhalb der Projektlaufzeit von 1979 bis 1990 wurden elementare Grundlagen in den Bereichen der Mikroanalyse und -simulation erarbeitet. Die benötigten Daten lieferte an vielen Stellen die amtliche Statistik. Der Aufsatz geht ebenfalls auf Vorarbeiten ein, beschreibt aber im Besonderen die durch den Sfb 3 angestoßenen Entwicklungen, zu denen auch die heutigen akkreditierten Forschungsdatenzentren des Rats für Sozial- und Wirtschaftsforschung gehören.

Von wesentlicher Bedeutung für Deutschland sind die mikroanalytischen Simulationen, die im Bereich der Steuerpolitik, insbesondere ab den 2000er Jahren entwickelt wurden. Diese bauten zum einen auf den Arbeiten des Sfb3 auf, profitierten aber vor allem von einer Änderung des Steuerstatistikgesetzes im Jahre 1996 und der damit einhergehenden zentralen Verfügbarkeit der individuellen Steuerveranlagungen für statistische Zwecke.

Das Statistische Bundesamt hat die empirische Entwicklung der Mikrosimulation an vielen Stellen begleitet. Seit der Novellierung des Bundesstatistikgesetzes im Jahre 2016 ist die Mikrosimulation nun unmittelbarer gesetzlicher Auftrag. Aus diesem Grund beteiligt sich das Statistische Bundesamt gemeinsam mit den Universitäten Trier und Duisburg-Essen an der Forschungsgruppe 2559

---

1   Wir danken Herrn Tobias Godec für die vielfältigen Unterstützungen bei der Erstellung dieses Beitrags

© Springer Fachmedien Wiesbaden GmbH, ein Teil von Springer Nature 2020
M. Hannappel und J. Kopp (Hrsg.), *Mikrosimulationen*,
https://doi.org/10.1007/978-3-658-23702-8_2

„Sektorenübergreifendes kleinräumiges Mikrosimulationsmodell (MikroSim)"
der Deutschen Forschungsgemeinschaft. Die nachfolgenden Ausführungen
werden auch hierauf Bezug nehmen.

Schlüsselbegriffe

Mikrosimulation, Mikrodaten, Sfb3, Gesellschaftspolitik, Steuerreformen

1   Einführung

Zur Abbildung und Analyse komplexer, oftmals interdependenter wirtschaftlicher
und gesellschaftlicher Vorgänge greifen Makrosimulationsmodelle zu kurz. Auf
hohem Aggregationsniveau aufbauende allgemeine Gleichgewichtsmodelle sowie
Makrosimulationsmodelle beherrschten trotz der benannten Einschränkung
über lange Jahre die empirische Sozial- und insbesondere Wirtschaftsforschung.
Neben den Datenzugangsproblemen der Wissenschaft war die elektronische Da-
tenverarbeitungsmöglichkeit lange Zeit eine restriktive Schranke für komplexe
Mikroanalysen und -simulationen. Dies ist heute in der Regel nicht mehr der Fall.
Aus diesem Grund hat der Einsatz der Mikroanalyse und -simulation seit den
achtziger Jahren des letzten Jahrhunderts in Wissenschaft und Politikberatung
weltweit deutlich zugenommen. Als Überblicksbände zu Modellen und Einsatz
seien beispielhaft Hannappel und Troitzsch 2015; Gupta und Kapur 2000; Mitton
et al. 2000; Orcutt et al. 1986 genannt. Art und Weise der Analyse und Simulation
mit Mikrodaten variieren, abhängig von der Fragestellung und den verfügbaren
Daten, deutlich (Zwick 2007a, S. 98–118).

Unter Mikrosimulation werden allgemein Simulationen auf der Ebene einzelner
Einheiten (Merkmalsträger), wie z. B. Personen, Haushalte, Unternehmen aber auch
Fahrzeuge verstanden (Li und O'Donoghue 2013, Merz 1991). Spahn definiert die
Mikrosimulation wie folgt: „Unter dem Begriff der Simulation wird in den Wirt-
schafts- und Sozialwissenschaften allgemein eine Technik verstanden, die darauf
abzielt, die Eigenschaften und das Verhalten eines realen Systems und seiner Sub-
systeme auf der Grundlage eines der Realität nachgebildeten operablen Modells
kennenzulernen, indem man das Verhalten des Modells unter unterschiedlichen
Bedingungen untersucht" (Spahn 1972, S. 109).

Die folgenden Ausführungen geben einen kurzen Überblick über die deutsche
Tradition der Nutzung von Mikrosimulationsmodellen. Nachfolgend auf die

Projekte zwischen den 80er und 90er Jahren wurde mit dem in 2018 begonnenen Projekt „Sektorenübergreifendes kleinräumiges Mikrosimulationsmodell (MikroSim)" der Forschungsgruppe 2559 der Deutschen Forschungsgemeinschaft die Mikrosimulation in Deutschland um eine dynamische Perspektive erweitert. Der vorliegende Beitrag soll einige der wichtigsten Ergebnisse und Publikationen der bisherigen Forschung zur Mikrosimulation für MikroSim zusammenfassen und somit einfacher nutzbar gestalten.

2   A new type of socio-economic systems

Als Startpunkt der empirischen mikroanalytischen Analyse und in der Folge der Mikrosimulation, gilt allgemein die Publikation „A new typ of socio-economic systems" von G. H. Orcutt aus dem Jahre 1957. Es dauerte einige Zeit bis diese neue Betrachtungsweise in den Sozial- und Wirtschaftswissenschaften aufgegriffen wurde. Dies lag zum einen an der damals vorherrschenden makroorientierten Analyse gesellschaftlicher wie wirtschaftlicher Phänomene – die volkswirtschaftlichen Gesamtrechnungen standen in der Blüte ihrer Entwicklung –, aber insbesondere auch an kaum verfügbaren Mikrodaten und an Rechnerkapazitäten, die die Mikrodaten in ihrer Masse, verglichen mit Makroaggregaten, bearbeiten konnten.

Anfang der sechziger Jahre entstanden dann unter Mitwirkung von G. H. Orcutt am Urban Institut in den USA erste statische Mikrosimulationsmodelle. Diese Modelle wurden intensiv in der Politikberatung für Analysen der Auswirkungen verschiedener Wohlfahrtsprogramme, wie Einkommensteuersysteme, genutzt (Orcutt et al. 1976). Im Jahre 1969 entstand im nächsten Schritt am Urban Institut das erste dynamische Mikrosimulationsmodell mit dem Namen „Dynamic Simulation of Income Model (DYNASIM)". Zu diesen frühen Entwicklungen siehe u. a. Lewis und Michel (1990).

G. H. Orcutt hatte nicht nur einen erheblichen Einfluss auf die Entwicklung der Mikrosimulation in den USA, auch sein Einfluss in Deutschland war bedeutend. Dies zeigt der gemeinsame Sammelband „Microanalytic simulation models to support social and financial policy", den Orcutt mit Joachim Merz aus dem DFG Sonderforschungsbereich 3 (Sfb 3, Goethe Universität Frankfurt) und Herrmann Quinke von der Gesellschaft für Mathematik und Datenverarbeitung (GMD, Bad Godesberg) im Jahre 1986 herausgab (Orcutt et al. 1986).

3   Mikroanalytische Grundlagen in Deutschland

3.1   Sozialpolitisches Entscheidungs- und Indikatorensystem für die Bundesrepublik Deutschland (SPES)

Wichtig für die Entwicklung der Mikrodatenanalyse und -simulation in Deutschland war zu Beginn insbesondere Hans-Jürgen Krupp. Nach verschiedenen Forschungsaufenthalten in den USA erhielt er 1969 einen Ruf als Professor nach Frankfurt. Dies fiel zusammen mit der erstmaligen Einrichtung einer Großrechneranlage an der Goethe-Universität in Frankfurt (Krupp 2004). Durch die Nähe zum Statistischen Bundesamt in Wiesbaden ergaben sich relativ schnell erste Arbeitskontakte und Kooperationen, die dann zu ersten Sonderauswertungen von Mikrodaten der Einkommens- und Verbrauchstichprobe führten.

Ab 1972 leiteten Hans-Jürgen Krupp und Wolfgang Zapf an der Goethe-Universität Frankfurt das DFG-geförderte Forschungsprojekt „Sozialpolitisches Entscheidungs- und Indikatorensystem für die Bundesrepublik Deutschland" (SPES) (Krupp und Zapf 1977). Im Zuge dieses Projekts konnten das erste mal in Deutschland in einem größeren Rahmen die Möglichkeiten der Mikroanalyse und -simulation zur Nutzung für die Politikberatung untersucht werden.

Diese ersten Projekte in der empirischen Sozial- und Wirtschaftswissenschaft wurden durch die amtliche Statistik mit Einzeldaten gestützt. So konnte innerhalb von SPES die Einkommens- und Verbrauchsstichprobe für die Jahre 1962 und 1969 in einer anonymisierten Form genutzt werden. Neben den Mikrozensen ab 1962 bis 1969 stand dem Projekt auch die Mikrozensuszusatzerhebung aus dem Jahre 1971 zur Verfügung (Hartmann und Hovemann 1989).[2] Rechtsgrundlage der Datenübermittlung war das Bundesstatistikgesetz aus dem Jahre 1953. Im Laufe der siebziger Jahre wurde dann die Frage, inwieweit in der amtlichen Statistik Mikrodaten genutzt werden können und in welcher Form diese zu übermitteln sind, Ausgangspunkt intensiver Diskussionen innerhalb der statistischen Ämter sowie mit der Wissenschaft und den Datenschutzbeauftragten (Zühlke et al. 2003). Es bedurfte einiger Zeit, bis Einzeldaten der amtlichen Statistiken von dieser selbst als statistisches Ergebnis mit eigenem Wert wahrgenommen wurden. Ergebnisse der statistischen Datenproduktion waren damals nach Auffassung der statistischen Ämter die Zusammenfassung der Massen(einzel)daten durch statistisch-mathematische Verfahren (Bartels 1972).

---

2   Diese Daten stehen über die Forschungsdatenzentren der Statistischen Ämter des Bundes und der Länder weiterhin für die Forschung zur Verfügung.

3.2   Mikroanalytische Grundlagen der Gesellschaftspolitik (Sfb 3)

Aufbauend auf den Ergebnissen von SPES wurde mit dem Sonderforschungsbereich 3 (Sfb 3) der Deutschen Forschungsgemeinschaft „Mikroanalytische Grundlagen der Gesellschaftspolitik" ein Paradigmenwechsel in der empirisch-analytischen Betrachtungsweise von gesellschaftlichen Erscheinungen vollzogen. Gesellschaftliche Gruppen, wie der Haushalt, Unternehmen oder der Staatssektor, waren nicht mehr Ausgangspunkt der Analyse, sondern vielmehr das einzeln handelnde Individuum, als Person oder einzelnes Unternehmen. Und waren in den sechziger und siebziger Jahren ausschließlich Makrogrößen innerhalb der Globalsteuerung, die auf der makroanalytischen Betrachtungsweise der Volkswirtschaftlichen Gesamtrechnungen beruhten, entscheidende Politikvariablen, so sind mittlerweile die Prozesse, die sich auf der Mikroebene vollziehen, oftmals Ausgangspunkt politischer Entscheidungen (Zwick 2007a, S. 98-118).

Der Sfb 3 entstand in der Kooperation der Universitäten Frankfurt und Mannheim, welche neben Krupp und Zapf, ebenfalls mit dem Namen Karl Ulrich Mayer verbunden war. Innerhalb der Projektlaufzeit von 1979 bis 1990 wurden elementare Grundlagen in den Bereichen der Mikroanalyse und -simulation geschaffen. Zum einen wurden vorhandene Daten aufgearbeitet und zum anderen eigene sozialwissenschaftliche Umfragen durchgeführt. Die folgende Übersicht 1 verdeutlicht, in welcher Themenbreite der Sfb 3 mikroanalytische Grundlagen der Gesellschaftspolitik erforschte. Darüber hinaus deuteten die Arbeiten einen Mikrodatenbedarf an, der zunächst weder vonseiten der amtlichen Statistik noch wissenschaftsgetragen befriedigt werden konnte. Aus diesem Grund wurde im Sfb 3 eine zweigleisige Datenbeschaffungsstrategie verfolgt.

In der Projektlaufzeit und unter intensiver Beratung durch führende Projektbeteiligte, wurde das Bundesstatistikgesetz (BStatG) zweimal angepasst. Zum einen wurde im Jahre 1981 erstmals die Weitergabe von Mikrodaten durch die Statistischen Ämter geregelt. Darüber hinaus diente die Modifikation im Jahre 1987 der Etablierung des Wissenschaftsprivilegs zur Nutzung von faktisch anonymisierten Mikrodaten (Merz et al. 2004). Mit dem Mikrozensus 1989 konnte als Ergebnis der Zusammenarbeit der Statistischen Ämter mit der Wissenschaft der erste sog. Scientific Use File an die Forschung übermittelt werden. Auf der Grundlage des Forschungsprojektes zur faktischen Anonymisierung von Mikrodaten konnte kurze Zeit darauf auch das erste Scientific Use File zur Einkommens- und Verbrauchstichprobe angeboten werden (Müller et al. 1991). Die Datenbereitstellungskosten stellten jedoch noch eine deutliche Nutzungsbarriere dar.

Aus dem Sfb 3 heraus wurden damit Anstöße gegeben, die heute mit den Forschungsdatenzentren und dem Zugang zum gesamten Informationspotential amtlicher Einzeldaten ihren vorläufigen Höhepunkt haben.

Darüber hinaus wurde innerhalb des Sfb 3 mit dem Soziooekonomischen Panel (SOEP) im Jahre 1984, ein wissenschaftsgetragener Paneldatensatz begonnen, der heute durch das DIW weitergeführt wird und mit 35 Wellen[3] zu einer der wichtigsten empirischen Grundlagen der Sozial- und Wirtschaftsforschung in Deutschland gehört.

Tab. 1 Sfb 3 – Ausgewählte Projekte im Überblick

Projekt	Projektleiter	Ausgewählte Arbeitsschwerpunkte
Wohlfahrtsproduktion	Wolfgang Zapf	Untersuchung von Wohlfahrt, Lebensqualität und Zufriedenheitsverläufen anhand von Wohlfahrtssurveys
Wohlfahrtsentwicklung	Wolfgang Zapf	Entwicklung der Wohlfahrt seit Mitte des 19 Jh.; Reallohnentwicklung; Entwicklung der Einnahmen- und Ausgabenstruktur privater Haushalte
Lebensverläufe	Karl Ulrich Mayer	Untersuchung von Lebensverläufen in Hinblick auf Familiengeschichte, Arbeitseinkommen, Chancenstrukturen sowie Ausscheiden aus dem Erwerbsleben
Prozesse der beruflichen Platzierung und individuelle Wohlfahrt	Heinz-Herber Noll	Untersuchung der Kriterien und Mechanismen zur Bestimmung der beruflichen Position; Wohlfahrtserträge an unterschiedlichen Arbeitsplätzen und deren subjektive Bewertung
Haushaltsproduktion und Familienbeziehungen	Wolfang Glatzer	Zufriedenheitsunterschiede zwischen verschiedenen Lebensbereichen; Determinanten subjektiven Wohlbefindens
Politisierung und Depolitisierung von Wohlfahrtsansprüchen	Max Kaase	Beobachtung von Prozessen der Politisierung und Depolitisierung von Ansprüchen; Analyse der Anspruchsniveaus gegenüber individueller und gesellschaftlicher Wohlfahrt; Arbeitsteilung und subjektives Wohlbefinden von Ehepartnern
Sozial Dienstleistungen	Walter Müller	Untersuchung von sozialen Dienstleistungen anhand international und historisch vergleichender Analysen

3   https://www.diw.de/soep

Integrierte Mikrodaten-files und Datenanalyse	Hans-Jürgen Krupp, Gernold Frank	Durchführung von Umfragen; Datenaufbereitung; Betriebliche Altersversorgung
Daten-/ Methodenbank	Gerriet Müller	Pflege und Aktualisierung zentraler Datenbestände; Entwicklung flexibler Datenbankstrukturen
Mikrosimulation	Heinz Peter Galler	Entwicklung und Pflege des Mikrosimulationsmodells; Simulation von Familienbildungsprozessen
Makrosimulation	Reinhard Hujer	Pflege und Aktualisierung des disaggregierten ökonometrischen Modells; Simulation zur Umbasierung der Arbeitgeberbeiträge zur Sozialversicherung und zur Steuerreform
Sozio-ökonomisches Panel	Hans-Jürgen Krupp, Wolfgang Zapf, Gert Wagner	Entwicklung und Durchführung des SOEP
Soziale Sicherung und personelle Einkommens-/Vermögensverteilung	Richard Hauser	Verteilung der Nettoeinkommen und Wohlstandspositionen auf HH und Personen; Soziale Sicherung der Frauen im Lebensverlauf, Einkommens- und Vermögensverteilung im Alter; Niedrigeinkommensbezieher u. Problemgruppen
Arbeitseinkommen	Christhof Helberger	Verteilung der Arbeitseinkommen; Schattenwirtschaft; Anpassung im Erwerbsumfang; Bildungsverhalten
Systeme der Einkommenssicherung im Alter – soziale, finanzielle, gesamtwirt. Aspekte	Heinz Grohmann	Aufbau von Rentenanwartschaften; Lebensversicherungen als Alterssicherung; Beamtenversorgung; Gruppensimulation zur gesetzlichen Rentenversicherung
Gesundheitsstrukturen	Ralph Brennecke	Hypothesenentwicklung in Bezug auf die Inanspruchnahme von Gesundheitsleistungen; Akzeptanz der gesetzlichen KV
Lebenseinkommensverläufe	Winfried Schmähl	Entwicklung normativer Zielvorstellungen zur Alterssicherung; Rentenbiographien und Rentenverteilung; Altersstrukturänderungen und Alterssicherung
Markt-und nichtmarktmäßige Aktivitäten	Joachim Merz	Markt- und nichtmarktmäßige Einkommenserzielung; Schattenwirtschaft; intertemporales Arbeitsangebot
Steuerwirkungen	Paul Bernd Spahn	Untersuchungen zu Steuerstruktur, Familienbeziehung und Besteuerung von Alterseinkünften

Eigene Darstellung, nach Hauser (1994a)

Neben den elementaren wissenschaftlichen Ergebnissen zur Mikroanalyse und -simulation bildete der Sfb 3 eine neue Generation an empirischen Fachleuten aus, die in der Folge in der Wissenschaft wie in den Ministerien in Entscheidungsfunktionen hineinwuchsen und so die Mikroanalyse als evidenzbasierte Entscheidungs- und Evaluierungsgrundlage etablierten. Insgesamt entstanden im Rahmen des Sfb 3 sieben Habilitationen und 61 Dissertationen (Hauser et al. 1994a und 1994b).

4   Mikrosimulationen in der amtlichen Statistik

4.1   Simulationsmodelle in der Steuerpolitik

Wie die Mikroanalyse und -simulation in Deutschland mit dem Namen Hans-Jürgen Krupp verbunden ist, ist die Mikroanalyse in der Steuerpolitik auf das engste mit dem Namen Volker Lietmeyer verbunden. Als Leiter des Referats „Finanzielle Auswirkungen von Steuerrechtsänderungen, Gestaltung des Einkommensteuertarifs" im Bundesministerium der Finanzen (BMF) stellte Volker Lietmeyer die Anforderung, für geplante Steuerrechtsänderungen fundiertes empirisches Datenmaterial zur Entscheidungsfindung der Politik vorzulegen. Dies trieb die wissenschaftliche Entwicklung im Bereich der Mikrosimulation in der Steuerpolitik in hohem Maße voran.

Schon früh entwickelte das BMF ein eigenes Mikrosimulationsmodell auf der Grundlage internationaler aber insbesondere auch nationaler Erfahrung aus dem Sfb 3 Projekt heraus (Lietmeyer 1989). Innerhalb eines vom BMF in Auftrag gegebenen Gutachtens wurden Anfang der neunziger Jahre die Grundlagen für eine mikroanalytische Fundierung steuerpolitischer Beratung gelegt (Spahn et al. 1992).

Das über Parameter steuerbare statische Einkommensteuersimulationsmodell des BMF war schon Anfang der neunziger Jahre in der Lage, Steuerrechtsänderungen detailliert abzubilden und Aufkommens- und Verteilungseffekte auf der Grundlage der individuellen Belastung der Steuerpflichtigen zu quantifizieren. Dies ging über die bis dahin praktizierte Modellierung innerhalb von Gruppensimulationsmodellen hinaus.

Die Entwicklung von Gruppensimulationsmodellen, quasi als Zwischenschritt zwischen der Makro- und Mikrobetrachtung, erfolgte aufgrund mangelnder Verfügbarkeit von steuerstatistischen Einzeldaten. Diese lagen bis Mitte der neunziger Jahre selbst in den statistischen Ämtern nicht zentral vor. Einzig die von den Statistischen Ämtern des Bundes und der Länder veröffentlichten Fachserien mit ihren aggregierten Daten konnten genutzt werden. Diese Zahlen waren zwar in der Lage, durchaus differenziert die Strukturen der Steuerentstehung ex post abzubilden, aber zur Simulation und Prognose von Änderungen des komplexen deutschen Steuerrechts konnten diese Angaben nur sehr begrenzt genutzt werden. Ein erster methodisch erweiternder Schritt erfolgte durch das von Spahn (1972) entwickelte Steuersimulations-Gruppenmodell. Auf der Grundlage der aggregierten Angaben der Steuerstatistiken konnten für diese Modelle nach sozio-ökonomischen Merkmalen gruppierte Teilpopulationen von Steuerpflichtigen mittels Spline-Funktionen stetige Einkommensverteilungen generiert werden. Mithilfe von Annahmen über die Einkommensentwicklung konnten auf der Grundlage dieser Daten auch Fortschreibungen durchgeführt werden. Die Zielrichtung dieses für das BMF entwickelte Modell war u. a. auch die mittelfristige Finanzprognose innerhalb des bis heute bestehenden Arbeitskreises Steuerschätzung.[4]

Die nächste Gruppe von Modellen kombinierte Mikrodaten mit Gruppensimulationsmodellen. Innerhalb einer Arbeit des Sfb 3 wurden Mikrodaten der ersten Welle des Sozio-oekonomischen Panel mit Daten der Lohn- und Einkommensteuer 1983 simultan genutzt, um Allokationswirkungen der deutschen Einkommensteuer abzubilden.

Darüber hinaus wurden Durchschnittssteuerpflichtige, die aus den Aggregaten der Lohn- und Einkommensteuerstatistik gebildet wurden, genutzt, um den Einsatzbereich von Integrierten Mikrodatenfiles (IMDAF) auszuweiten (Kortmann 1982).

Für das Mikrosimulationsmodell des BMF wurden innerhalb eines eigenen Projektes synthetische Mikrodaten generiert (Gyárfás und Quinke 1993). Hierzu wurde das Tabellenaufbereitungsprogramm der Lohn- und Einkommensteuerstatistik durch die Statistischen Ämter des Bundes und der Länder deutlich erweitert. Für nahezu jede Kombination der Ausprägungen der diskreten Merkmale dieser Statistik wurden die Aggregate der jeweils zu betrachtenden stetigen Merkmale gebildet. Aus diesen Angaben wurden dann im nächsten Schritt synthetische Mikrodaten erzeugt, die mittels des Mikrosimulationsmodells des BMF zur Quantifizierung von Steuerrechtsänderungen verwendet wurden.

4.2   Die Änderung des Steuerstatistikgesetzes

Die Situation in der empirischen Steuerpolitikberatung zu Beginn der neunziger Jahre war mehr und mehr unhaltbar geworden. Die Politik hatte zu diesem Zeit-

---

4   Siehe https://www.bundesfinanzministerium.de/Content/DE/Standardartikel/Themen/
Steuern/Steuerschaetzungen_und_Steuereinnahmen/Steuerschaetzung/arbeitskreis-steu-
erschaetzungen.html (Zugegriffen: 28.06.2019)

punkt eine Vielzahl von Maßnahmen auf der Tagesordnung, die eine empirische
Entscheidungsgrundlage benötigten. In vielen Fällen waren Modelle und Daten
grundsätzlich vorhanden, aber gesetzliche Beschränkungen und vor allem die
föderale Statistikproduktion führten dazu, dass Modelle und Daten nicht zusammen kamen.

Die amtliche Statistik in Deutschland produziert statistische Bundesergebnisse
arbeitsteilig. Gemäß Artikel 83 und 84 Grundgesetz (GG) erlässt der Bund Gesetze,
die die Bundesländer in eigener Angelegenheit ausführen. Dies bedeutete lange Zeit
für die Statistikproduktion, dass das Statistische Bundesamt die methodischen
Vorarbeiten einer Statistik übernahm, gemeinsam mit den Statistischen Ämtern der
Länder Inhalt und Umfang einer Statistik erarbeitete und die Länder die Durchführung der Erhebung übernahmen und finanzierten. Daher führte der Lieferweg
der Daten, die bei Erhebungen der Steuern anfielen, von den Finanzverwaltungen
über die Statistischen Ämter der Länder zum Statistischen Bundesamt. Bis Mitte
der neunziger Jahre verblieben die einzelnen Angaben aus den Steuererklärungen
bei den Statistischen Ämtern der Länder und nur vorher innerhalb eines Tabellen-
programms vereinbarte Ergebnisse wurden an das Statistische Bundesamt geliefert.
Die Einzeldaten der Statistiken verblieben dezentral an sechzehn (vormals elf)
Standorten.

Zusatzaufbereitungen durch das Statistische Bundesamt für kurzfristig entste-
henden Datenbedarf der Politik sah und sieht das Bundesstatistikgesetz zwar explizit
vor,[5] aber dadurch, dass die Bundesländer die Statistik in eigener Angelegenheit
organisieren,[6] waren in den Steuerstatistiken Zusatzaufbereitungen, insbesondere
auch aufgrund der Datenfülle, überaus aufwendig. Dies führte bis Mitte der neunziger Jahre dazu, dass, wenn die Zusatzaufbereitungen dann doch zustande kamen,
einen solchen Zeitbedarf benötigten, dass die auslösende politische Fragestellung
oftmals nicht mehr relevant war.

Dieser aus Sicht der Politik unhaltbare Zustand führte durch Anstrengungen
des BMF zu einer Änderung des Steuerstatistikgesetzes (StStatG) im Jahre 1996.
Hier regelt nun der § 7 Abs. 6 StStatG, dass „Für Zusatzaufbereitungen zur Abschätzung finanzieller und organisatorischer Auswirkungen der Änderungen von
Regelungen im Rahmen der Fortentwicklung des Steuer- und Transfersystems [...]
die Statistischen Ämter des Bundes und der Länder den obersten Finanzbehörden

---

5   § 3 Abs. 1, Nr. 6 BstatG

6   Insbesondere wurden die Daten in unterschiedlicher Form vorgehalten, auch wurde
     für die Einzeldaten nicht immer ein einheitlicher Datensatz verwendet, da nur der
     aggregierte Ergebnisoutput bundeseinheitlich vorliegen musste.

Einzeldaten der Steuerstatistiken auf Anforderung zu übermitteln haben." (von der Lippe 1998)

Neben dem Gesamtmaterial der verschiedenen in § 1 StStatG genannten Steuerstatistiken sieht das Steuerstatistikgesetz für die Lohn- und Einkommensteuer, vor allem aufgrund des Umfangs von rund 35 Mill. Einzeldatensätzen, Stichproben vor. Das Statistische Bundesamt erstellt hierzu die Stichproben, die einen Umfang von rund 10 % Datensätzen, und speziell für das Mikrosimulationsmodell des BMF einen Umfang von rund 250 000 Datensätzen, aufwiesen (zu den Stichproben Merz et al. (2004)).

4.3   Mikrosimulation steuerpolitischer Vorhaben

Mit der Verfügbarkeit der Angaben aus den Steuererklärungen als Mikrodatenbestand hat sich die Mikrosimulation in der Steuerpolitik massiv gewandelt. Insbesondere durch die faktisch anonymisierte Einkommensteuerstatistik (FAST), die seit 2004 für die Wissenschaft nutzbar ist, haben sich die Arbeiten deutlich ausgeweitet (zu FAST siehe Merz et al. (2004) und zum Anwendungsfeld Zwick und Merz (2007)).

Neben der verstärkt individuellen Analyse und Simulation mittels der steuerstatistischen Mikrodaten waren Anfang der 2000er Jahre auch einige standardisierte Mikrosimulationsmodelle im Einsatz. Wagenhals benennt hier insgesamt zehn Simulationsmodelle (Wagenhals 2004). Diese zehn Modelle lassen sich insbesondere durch die verwendeten Daten unterscheiden.

Hierbei verwenden die Modelle GMOD (Wagenhals 2004), STSM (Jacobebbinghaus und Steiner 2003) und SimTrans (Kaltenborn 1998) das Sozio-oekonomische Panel (SOEP) als Datengrundlage. Der Vorteil dieser Modelle liegt in der Möglichkeit, neben den steuerlichen Aspekten auch Transferzahlungen, die sich direkt aus dem Datensatz ergeben, mit weiteren sozioökonomischen Merkmalen zu analysieren. Darüber hinaus erlaubt es die Panelstruktur der Daten, Verhaltensanpassungen zu modellieren und zu analysieren. Der Nachteil liegt in der wenig differenzierten Abbildung des Steuersystems im SOEP. Auch ist der Datenbestand mit 12 000 Haushalten (Welle 2004) vergleichsweise klein. Insbesondere lassen sich Gruppen wie Selbstständige oder Bezieher hoher Einkommen, als Rand der Stichprobe, mit dem SOEP nur sehr beschränkt untersuchen. Detaillierte Informationen zur Hocheinkommensstichprobe des SOEP liefert der SOEP Methodenbericht (Infratest Sozialforschung 2011).

Eine andere von Wagenhals beschriebene Gruppe von Mikrosimulationsmodellen arbeitet auf der Grundlage der Einzeldaten aus den amtlichen Steuerstatistiken.

Innerhalb dieser Gruppe fasst Wagenhals MICSIM, das Mikrosimulationsmodell des BMF, und die Arbeiten von Maiterth zusammen (Wagenhals 2004; zu MIC-SIM siehe Merz et al. 2002). Zwei weitere Ansätze aus Kiel, die vormals auf der Grundlage der Einkommens- und Verbrauchsstichprobe und als Gruppenmodell mit Einkommensteueraggregaten arbeitete, verwendet mittlerweile ebenfalls mit FAST anonymisierte Einzeldaten der Einkommensteuerstatistik.

Eine weitere neue Entwicklung wurde mit dem Modell FiFoSiM vorgelegt (Fuest et al. 2005). Mittels der Kombination von FAST 98 und dem SOEP innerhalb eines Modells werden in einer ersten Anwendung Arbeitsangebotskurven geschätzt.

Die meisten der oben genannten Modelle simulierten Änderungen des Einkommensteuersystems. Nun konnten aber auch kommunale Steuern mikrosimuliert werden. Die empirische Fundierung im Rahmen der Diskussion über eine adäquate Ausgestaltung der Gemeindefinanzierung hat in Deutschland eine lange Tradition. Schon zu den jeweiligen Kommissionsgutachten hat insbesondere die amtliche Statistik regelmäßig Zusatzaufbereitungen durchgeführt und für einzelne ausgewählte Gemeinden konnten auch gemeindescharfe Ergebnisse vorgelegt werden (hierzu z. B. Zwick 2007a, S. 64 ff). Innerhalb einer breiten Definition kann hier schon von einer ersten Mikrosimulation gesprochen werden. Der Simulation lagen aber als Merkmalsträger nicht Haushalte oder Personen sondern die Gemeinden zugrunde.

In einer gemeinsam vom Bundesministerium der Finanzen und dem damaligen Bundesministerium für Wirtschaft und Soziale Ordnung geleiteten Kommission zur Reform der Gemeindefinanzen wurden 2003 erstmals Ergebnisse, die auf der Grundlage von Mikrosimulationsmodellen entstanden, zum Vergleich alternativer Ausgestaltungen der Gemeindefinanzen genutzt. Datengrundlage der Modelle waren hierbei die einzelnen Steuerpflichtigen (Zwick et al. 2003). Durch die zentrale Verfügbarkeit der verschiedenen Steuerstatistiken im Statistischen Bundesamt war es möglich, die zu der Zeit diskutierten Modelle, Zuschlag zur Einkommensteuer und Revitalisierung der Gewerbesteuer, mikroanalytisch zu untersuchen. Im Gegensatz zu den bis dahin unumgänglichen „top-down"-Ansätzen erlaubte die Mikrosimulation einen wesentlich präziseren „bottom-up" Ansatz. So konnten die Politikalternativen auf der Grundlage der Einzeldaten der Einkommensteuerstatistik (rund 30 Mill. Mikroeinheiten) und der Gewerbesteuerstatistik (rund 2,8 Mill. Mikroeinheiten) simuliert werden. Aufgrund der umfangreichen Merkmale der jeweiligen Steuererklärungen waren die Modelle überaus gut abbildbar. Im nächsten Schritt wurden für die Gemeinden die Steuerpflichtigen über den amtlichen Gemeindeschlüssel, ein Merkmal das für jeden Steuerpflichtigen vorlag, aufsummiert. Auch innerhalb dieser Auswertungen wurden Fragen nach den Einkommens- und Verteilungseffekten bei den in den Gemeinden wohnenden Haushalten nicht beantwortet.

Eine Ausweitung der Fragestellungen auf alle Gemeinden und auf die Einkommens- und Verteilungseffekte lag erstmals mit Zwick (2007a) vor.

4.4   Weitere Mikrosimulationsmodelle in Deutschland

Zwischen 2007 und 2017 gab es in Deutschland vier große Mikrosimulationsprojekte außerhalb der amtlichen Statistik, die im Folgenden kurz vorgestellt werden: MIKMOD des Fraunhofer Instituts (Flory und Stöwhase 2012), IZAΨMOD v3.0 des Forschungsinstituts zur Zukunft der Arbeit (Löffler et al. 2014), TaxCoMM (Reister et al. 2008) und BizTax – Business Taxation Microsimulation Model (Bach et al. 2008).

Die Abteilung Mikrosimulationsmodelle (MIKMOD) des Forschungsinstitut Fraunhofer FIT entwickelte ökonomische Simulationsmodelle und empirische Gutachten, die für verschiedene politische Fragestellungen genutzt wurden. MIKMOD-ESt ist ein statisches Mikrosimulationsmodell der deutschen Einkommensteuer, welches im Auftrag des Bundesfinanzministeriums entwickelt und betrieben wird. In erster Linie wird MIKMOD-ESt für die Politikberatung und zur Bewertung von Vorschlägen zur Reform der Einkommensteuer in Deutschland eingesetzt.

Das Modell basiert auf einer geschichteten Teilstichprobe der 10 % Stichprobe der Lohn- und Einkommensteuerstatistik mit etwa 500.000 Einzelfällen mit rund 200 Variablen.

Im Forschungsinstitut zur Zukunft der Arbeit (IZA) wurde im Jahr 2002 das statische Mikrosimulationsmodell IZAΨMOD entwickelt. Das Modell besteht aus vier Kernkomponenten: Das erste Modul bildet das deutsche Steuer- und Leistungssystem für die Jahre 1984 bis 2014 ab. Das zweite Modul ist ein mikroökonometrisch geschätztes Arbeitsmodell, das Verhaltensreaktionen auf Reformen des Steuerbegünstigungssystems abbildet. Die dritte Komponente besteht aus einem Arbeitsnachfragemodul, welches die Analyse des Arbeitsmarktes vervollständigt und eine globale Bewertung der Auswirkungen politischer Maßnahmen ermöglicht. Schließlich enthält IZAΨMOD ein umfassendes Ausgabemodul, das es ermöglicht, die wahrscheinlichen Auswirkungen von politischen Reformen auf verschiedene Weise zu analysieren.

Außerdem wurde das betriebliche Mikrosimulationsmodell TaxCoMM am Zentrum für Europäische Wirtschaftsforschung (ZEW) in Zusammenarbeit mit der Universität Mannheim entwickelt und 2008 präsentiert. Zentrales Merkmal des Modells ist die Verarbeitung von Jahresabschlüssen, die in der DAFNE-Datenbank des Bureau van Dijk enthalten sind. Es ermöglicht eine kohärente mikrobasierte Analyse der Auswirkungen von Steuerreformen auf die Einnahmen und die Verteilung der Steuerfolgen auf heterogene Unternehmen. Das Modell verarbeitet die Inputdaten der Finanzbuchhaltung auf Unternehmensebene und leitet die unternehmensspezifische Steuerbemessungsgrundlage und die endogene Steuerlast gemäß Steuerkennzeichen ab. ZEW TaxCoMM ist das erste Mikrosimulationsmodell, das eine detaillierte Beurteilung aller wesentlichen Elemente der Bemessungsgrundlagen für Ertragsteuern ermöglicht, einschließlich z. B. Abschreibungen, Thin Capitalization Rules und Loss Offset sowie steuerliche Regelungen zu verschiedenen Arten von Rückstellungen (Reister et al. 2008).

Seit dem Jahr 2007 gibt es zudem das Mikrosimulationsmodell zur Unternehmensbesteuerung BizTax des DIW Berlin, welches der empirischen Analyse der Auswirkungen der deutschen Unternehmensbesteuerung und deren potentieller Reformen dient. Das Modell basiert auf den offiziellen lokalen Gewerbesteuerunterlagen der einzelnen Unternehmen für 2001, die vom Statistischen Bundesamt zur Verfügung gestellt werden. So konnte die Unternehmenssteuerreform 2008 durch ein Simulationsmodell evaluiert werden. Die Simulationsergebnisse können somit als First-Round-Effekte charakterisiert werden, d. h. bevor Unternehmen ihr Verhalten anpassen können. Da solche Verhaltensreaktionen in der Regel einige Zeit in Anspruch nehmen, ist dieser Ansatz für kurz- und mittelfristige Analysen geeignet. Darüber hinaus kann das Modell die fiskalischen Auswirkungen von angenommenen Verhaltensreaktionen bestimmen. Das Projekt wurde 2011 beendet.

International ist die Fülle an Mikrosimulationsmodellen, die in der Politikberatung und -evaluation eingesetzt werden, kaum zu überschauen. Eine gelungene Zusammenfassung der international angewendeten dynamischen Mikrosimulationsmodelle geben beispielsweise Li und O'Donoghue (2013).

5   Ausblick

Mit der Novellierung des § 3 (1) Nr. 6 BStatG im Sommer 2016 wurden die „Entwicklung" und die „Anwendung von Mikrosimulationsmodellen" konkretisiert und explizit als Aufgabe des Statistischen Bundesamtes benannt. Unter diese Bestimmung fallen insbesondere Simulations- und andere Modellrechnungen für Bundesressorts.

Das Statistische Bundesamt plant für die Entwicklung und den Betrieb von Mikrosimulationsmodellen notwendige Kompetenzen zum aktuellen Forschungsstand im Bereich der dynamischen Mikrosimulationen aufzubauen. Aus diesem Grund beteiligt es sich an der DFG-Forschungsgruppe „Sektorenübergreifendes kleinräumiges Mikrosimulationsmodell (MikroSim)" der Universitäten Trier und

Duisburg-Essen. Die Aufgabe des Statistischen Bundesamtes besteht insbesondere darin, als Dienstleister Sonderauswertungen und -analysen anzufertigen und Daten zur Verfügung zu stellen. Auch wird das Statistische Bundesamt die Mikro-Sim-Forschungsgruppe bei der Erarbeitung eines Sicherheitskonzepts unterstützen, um die Einhaltung der datenschutzrechtlichen Regelungen beim Zugang zu den bereitgestellten Daten sicherzustellen.

Das Thema der Forschungsgruppe ist die Erstellung eines bundesweiten, sektorenübergreifenden Mikrosimulationsmodells auf der Ebene von Haushalten und Personen. Ziel ist es, einen Kerndatensatz auf Basis der Simulationsgesamtheit für den Zensus von 2011 mittels Fortschreibung zu aktualisieren und um Angaben aus weiteren Erhebungen zu ergänzen.

Die Nutzung moderner Mikrosimulationsverfahren soll es dann in einem weiteren Schritt ermöglichen, die Auswirkungen von politischen und ökonomischen Maßnahmen mikroanalytisch insbesondere auch tief regionalisiert zu untersuchen und gesellschaftliche Entwicklungen und ihre Konsequenzen zu analysieren.

Das Simulationsmodell soll mehrere inhaltliche Bereiche (Sektoren) abdecken. In der ersten Phase sind die Erstellung des Ausgangsdatensatzes, der Simulationsinfrastruktur und die Integration weiterer Informationen in den Ausgangsdatensatz sowie die Modellierung der Übergangswahrscheinlichkeiten zentrale Punkte. Inhaltliche Vertiefung findet in der ersten Phase im Bereich der Familien-, Pflege- und Migrationsforschung statt. Hierbei handelt es sich um Bereiche, welche stark von sozialpolitischen Maßnahmen betroffen sind und in aktuellen Simulationen oder Szenarien wenig Beachtung finden. Die Auswirkungen solcher politischen Entscheidungen sollen mit Hilfe von Simulationsmodellen untersucht werden. Für die zweite Phase werden Erweiterungen zu den Themen Gesundheit, Verkehr und Arbeit avisiert. Gegen Ende des Projekts sollen der Datensatz, die Simulationsumgebung und die Schätzmethoden anderen inhaltlich orientierten Forschungsgruppen zugänglich gemacht werden. Langfristig soll so eine Simulationsinfrastruktur geschaffen werden, mit der Forscher aus unterschiedlichen Anwendungsbereichen die Daten und Modelle der Arbeitsgruppe nutzen und eigene Szenarienabschätzungen durchführen können. Mit der so geschaffenen Mikrosimulationsinfrastruktur, welche in dieser Größenordnung international einzigartig ist, lassen sich gesellschaftspolitisch relevante Fragestellungen von der Forschungsöffentlichkeit untersuchen.

Literatur

Bach, S., Buslei, H., Dwenger, N., & Fossen, F. (2008). Dokumentation des Mikrosimulationsmodells BizTax zur Unternehmensbesteuerung in Deutschland, *DIW Data Documentation, No. 29*, Deutsches Institut für Wirtschaftsforschung (DIW), Berlin

Bartels, H. (1972). Gegenwarts- und Zukunftsaufgaben der amtlichen Statistik. *Wirtschaft und Statistik*, 10(72), S. 553–555.

Flory, J., & Stöwhase, S. (2012). MIKMOD-ESt: A static microsimulation model of personal income taxation in Germany. *International Journal of Microsimulation, 5(2)*, 66–73. https://www.fit.fraunhofer.de/de/fb/risk/mikmod.html. Zugegriffen: 18.12.2018

Fuest, C., Peichl, A., & Schaefer, T. (2005). Dokumentation FiFoSiM: Integriertes Steuer-Transfer-Mikrosimulations- und CGE-Modell. *Finanzwissenschaftliche Diskussionsbeiträge, 05-3*. Universität zu Köln.

Gesetz über die Statistik für Bundeszwecke vom 20. Oktober 2016 (BGBl. I S. 2394)

Gupta, A., & Kapur, V. (2000). *Microsimulation in Government Policy and Forecasting*. New York: Elsevier Science Inc..

Gyárfás, G., & Quinke, H. (1993). Ein Verfahren zur Konstruktion synthetischer Mikrodaten aus aggregierten Daten. *Allgemeines Statistisches Archiv*, 77(2), S. 149–165.

Hannappel, M., & Troitzsch, K. G. (2015). Mikrosimulationsmodelle. In N., Braun & N. J., Saam (Hrsg.), *Handbuch Modellbildung und Simulation in den Sozialwissenschaften*, S. 455–489. Wiesbaden: Springer VS.

Hartmann, P., & Hovemann, D. (1989): Mikrozensen der sechziger Jahre. Dokumentation der Umsetzungsarbeiten. ZUMA-Technischer Bericht Nr. 89/05. Mannheim: ZUMA. https://www.gesis.org/missy/files/documents/MZ/zuma_technischer_Bericht_89_05. pdf. Zugegriffen: 08.11.2018

Hauser, R., Hochmuth, U., & Schwarze, J. (Hrsg.). (1994a). Mikroanalytische Grundlagen der Gesellschaftspolitik: Ausgewählte Probleme und Lösungsansätze, Bd. 1. Berlin: Akademie Verlag.

Hauser, R., Hochmuth, U., & Schwarze, J. (Hrsg.). (1994b). Mikroanalytische Grundlagen der Gesellschaftspolitik: Erhebungsverfahren, Analysemethoden und Mikrosimulation, Bd. 2. Berlin: Akademie Verlag.

Infratest Sozialforschung (2011). SOEP 2002 – Methodenbericht Sondererhebung Hocheinkommensstichprobe zum Befragungsjahr 2002 (Welle 19) des Sozio-oekonomischen Panels. *SOEP Survey Papers 44: Series B*. Berlin: DIW/SOEP

Jacobebbinghaus, P., & Steiner, V. (2003). Dokumentation des Steuer-Transfer-Mikrosimulationsmodells STSM: Version 1995–1999. *ZEW-Dokumentation, 03–06*. ZEW Mannheim.

Kaltenborn, B. (1998). SimTrans – Mikrosimulation des deutschen Steuer-Transfer-Systems und alternativer Reformvarianten. *Beitrag zur Wirtschaftsforschung, 56(98)*. Johann Gutenberg Universität Mainz

Krupp, H. J., & Zapf, W. (1977). *Sozialpolitik und Sozialberichterstattung*, 1. Frankfurt/ Main: Campus-Verlag.

Kortmann, K. (1982). Verknüpfung und Ableitung personen- und haushaltsbezogener Mikrodaten. Campus Verlag, Frankfurt/New York.

Krupp, H.J. (2004). Mikroanalysen und amtliche Statistik – gestern, heute, morgen. In J. Merz & M. Zwick (Hrsg.), *MIKAS – Mikroanalysen und amtliche Statistik, Statistik und Wissenschaft, Bd. 1*, S. 27–35. Wiesbaden: Statistisches Bundesamt. https://www.destatis.de/GPStatistik/servlets/MCRFileNodeServlet/DEMonografie_derivate_00000309/ Band1_MIKAS1030801049004.pdf. Zugegriffen: 24. April 2019.

Lewis, G. H., & Michel, R. C. (1990). Microsimulation techniques for tax and transfer analysis. Washington: The Urban Insitute.

Li, J., O'Donoghue, C. (2013). A survey of dynamic microsimulation models: uses, model structure and methodology. *International Journal of microsimulation 6(2)*, S. 3–55.

Lietmeyer, V. (1989). Das mikroanalytische Einkommensteuermodell des BMF – Aufbau, Anwendung und Weiterentwicklung, Bonn.

Lietmeyer, V. (2007). Neue Wege in der mikroanalytischen Steuerschätzung. In M. Zwick & J. Merz (Hrsg.), *MITAX – Mikroanalysen und Steuer-politik, Statistik und Wissenschaft, Bd. 7, S. 48–53*. Wiesbaden: Statistisches Bundesamt. https://www.destatis.de/GPStatistik/ servlets/MCRFileNodeServlet/DEMonografie_derivate_00000315/Band7_Mikroanaly- senSteuerpolitik030807079004.pdf. Zugegriffen: 24. Apr. 2019.

Lietmeyer, V., Kordsmeyer, V., Gräb, C., & Vorgrimler, D. (2005). Jährliche Einkommensteu- erstatistik auf Basis der bisherigen Geschäftsstatistik der Finanzverwaltung. *Wirtschaft und Statistik 7(05)*, S. 671 – 681.

Lippe von der, P. (1998). Änderung des Gesetzes über Steuerstatistiken, Steuer & Studium, 19, S. 217–223

Löffler, M., Peichl, A., Pestel, N., Siegloch, S., & Sommer, E. (2014). Documentation IZAΨ- MOD v3. 0: *The IZA Policy Simulation Model*.

Merz, J. (1983). Statische mikroanalytische Simulation: Anforderungsprofil und Lösungs- möglichkeiten. *Sfb 3-Arbeitspapier, 124*. Frankfurt/Mannheim.

Merz, J. (1991). Microsimulation – A Survey of Principles, Developments and Applications. International Journal of Forecasting, 7, 1991, S. 77–104.

Merz, J.,Stolze, H. & Zwick, M. (2002): Professions, Entrepreneurs, Employees and the New German Tax (Cut) Reform, A MICSIM Microsimulation Analysis of Distributional Im- pacts, *FFB-Diskussionspapier Nr. 34, Fachbereich Wirtschafts- und Sozialwissenschaften*, Universität Lüneburg, Lüneburg.

Merz, J., & Zwick, M. (Hrsg.). (2004). *MIKAS – Mikroanalysen und amtliche Statistik, Statis- tik und Wissenschaft, Bd. 1*. Wiesbaden: Statistisches Bundesamt. https://www.destatis. de/GPStatistik/servlets/MCRFileNodeServlet/DEMonografie_derivate_00000309/ Band1_MIKAS1030801049004.pdf. Zugegriffen: 24. April 2019.

Merz, J., Vorgrimler, D., & Zwick, M. (2004). Faktisch anonymisiertes Mikrodatenfile der Lohn-und Einkommensteuerstatistik 1998. *Wirtschaft und Statistik, 10(04)*, S. 1079–1091.

Merz, J., & Zwick, M. (2007). Einkommensanalysen mit Steuerdaten. Mikroanalysen zu hohen Einkommen und Selbstständigkeit und Mikrosimulation zu Politikalternativen der Einkommen-, Körperschaft- und Gewerbesteuer. In M. Zwick & J. Merz (Hrsg.), *MITAX – Mikroanalysen und Steuerpolitik, Statistik und Wissenschaft*, Bd. 7, S. 124–152. Wiesbaden: Statistisches Bundesamt. https://www.destatis.de/GPStatistik/servlets/ MCRFileNodeServlet/DEMonografie_derivate_00000315/Band7_MikroanalysenSteu- erpolitik030807079004.pdf. Zugegriffen: 24. Apr. 2019.

Mitton, L., Sutherland, H., & Weeks, M. (2000). *Microsimulation modelling for policy analysis: challenges and innovations*. Cambridge: Cambridge University Press.

Müller, W., Blien, U., Knoche, P., Wirth, H. u. a. (1991): *Die faktische Anonymität von Mikrodaten*, Schriftenreihe Forum der Bundesstatistik, 8, Stuttgart: Metzler-Poeschel.

Orcutt, G. H. (1957). A new type of socio-economic system. *Review of Economics and Sta- tistics, 39(2)*, p. 116 – 123.

Orcutt, G. H., Caldwell, S., Wertheimer, R. F., Franklin, S., Henrricks, G., Smith, J., ... & Zedlewski, S. (1976). *Policy exploration through microanalytic simulation.* The Urban Institute.

Orcutt, G. H., Merz, J., & Quinke, H. (eds.). (1986*). Microanalytic simulation models to support social and financial policy.* Amsterdam: Elsevier Science.

Reister, T., Spengel, C., Heckemeyerand, J.H. und Finke, K. (2008): ZEW Corporate Taxation Microsimulation Model (ZEW TaxCoMM), *ZEW Discussion Paper No. 08–117,* Mannheim.

Spahn, P. B. (1972). Die Besteuerung der persönlichen Einkommen in der Bundesrepublik Deutschland: System und Modell. (Dissertation, Freie Universität Berlin).

Spahn, P. B., Galler, H. P., Kaiser, H., & Merz, J. (1992). *Mikrosimulation in der Steuerpolitik.* Heidelberg, Physica-Verlag.

Wagenhals, G. (2004). Tax-Benefit Microsimulation Models for Germany: A Survey. *IAW-Report, 32(1),* S. 55 – 74.

Zühlke, S, Zwick, M., Scharnhorst, S., Wende, T. (2003): Die Forschungsdatenzentren der Statistischen Ämter des Bundes und der Länder, Wirtschaft und Statistik 10 (03), S. 906 – 911.

Zwick, M. (2004). Integrierte Mikrodatenfiles. In J. Merz und M. Zwick (Hrsg.), MIKAS – Mikroanalysen und amtliche Statistik, *Statistik und Wissenschaft, Bd. 1,* S. 287–294. Wiesbaden: Statistisches Bundesamt. https://www.destatis.de/GPStatistik/servlets/MCR-FileNodeServlet/DEMonografie_derivate_00000309/Band1_MIKAS1030801049004. pdf. Zugegriffen: 24. April 2019.

Zwick, M. (2007a). Alternative Modelle zur Ausgestaltung von Gemeindesteuern, *Statistik und Wissenschaft, Bd. 8.* Wiesbaden: Statistisches Bundesamt. https://www.destatis. de/GPStatistik/servlets/MCRFileNodeServlet/DEMonografie_derivate_00000316/ Band8_Gemeindesteuern1030808079004.pdf Zugegriffen: 24. April 2019.

Zwick, M. (2007b). Forschungsdatenzentren – Nutzen und Kosten einer informationellen Infrastruktur für Wissenschaft, Politik und Datenproduzenten. In M. Zwick & J. Merz (Hrsg.), MITAX – Mikroanalysen und Steuer-politik, *Statistik und Wissenschaft, Bd. 7,* S. 6–21. Wiesbaden: Statistisches Bundesamt. https://www.destatis.de/GPStatistik/servlets/MCRFileNodeServlet/DEMonografie_derivate_00000315/Band7_MikroanalysenSteuerpolitik030807079004.pdf. Zugegriffen: 24. April 2019.

Zwick, M., Buschle, N., Habla, H., & Maiterth, R. (2003). Reform der Gemeindefinanzen – die kommunale Einnahmeseite. *Wirtschaft und Statistik, 7(03),* S. 633–647.

Zwick, M., & Merz, J. (Hrsg.). (2007). MITAX – Mikroanalysen und Steuerpolitik, *Statistik und Wissenschaft, Bd. 7.* Wiesbaden: Statistisches Bundesamt. https://www.destatis. de/GPStatistik/servlets/MCRFileNodeServlet/DEMonografie_derivate_00000315/ Band7_MikroanalysenSteuerpolitik030807079004.pdf. Zugegriffen: 24. April 2019.

Neuere bevölkerungsbezogene Mikrosimulationen in Großbritannien und Deutschland

Rainer Schnell und Thomas Handke

Zusammenfassung

Eine systematische Literatursuche führt zur Identifikation von 8 deutschen und 9 britischen dynamischen Mikrosimulationsmodellen der Bevölkerung zwischen 2005 und 2018. Für jedes Modell wird die Datengrundlage, die Implementierung, der erforderte Aufwand und eventuelle Validierungen erläutert.

Schlüsselbegriffe

dynamic microsimulation, UK, BRD, Review, Übersicht

1 Einleitung

Trotz ihrer unbestrittenen Relevanz für Planungszwecke und ihres Beitrags für eine vorhersagekräftige sozialwissenschaftliche Theoriebildung werden dynamische Mikrosimulationsmodelle als grundlegendes Werkzeug kaum wahrgenommen, rezipiert oder gelehrt.[1] Selbst innerhalb der internationalen Literatur zu Simulationen werden Mikrosimulationsprojekte aus Deutschland kaum beachtet.[2] Aus diesem

---

[1] Zum Ziel einer prädiktiven sozialwissenschaftlichen Theoriebildung siehe Taagepera (2008); Ekland-Olson und Gibbs (2018).

[2] Einen internationalen Überblick über dynamische Mikrosimulationsmodelle geben Li und O'Donoghue (2013). Das einzige dort aufgeführte Modell aus Deutschland ist das mehr als 30 Jahre alte Modell des Sfb 3.

© Springer Fachmedien Wiesbaden GmbH, ein Teil von Springer Nature 2020
M. Hannappel und J. Kopp (Hrsg.), *Mikrosimulationen*,
https://doi.org/10.1007/978-3-658-23702-8_3

35

Grund wollen wir hier einen Überblick über neuere Mikrosimulationsmodelle in Deutschland geben und das Ausmaß der Nutzung dieser Technik mit einem ähnlich großen Land, nämlich Großbritannien, vergleichen.

2   Vorgehen bei der Recherche

Mikrosimulationsmodelle werden aufgrund der Vielzahl technischer und inhaltlicher Aspekte in der Regel nicht im Rahmen von Zeitschriftenaufsätzen vorgestellt, sondern eher als graue Literatur veröffentlicht, also z. B. als Diskussionspapiere, technische Berichte und Hochschulschriften. Es wurden bei der Literatursuche daher zahlreiche Quellen auch für graue Literatur einbezogen.[3] Die Suche wurde auf Publikationen seit einschließlich 2005 aus Deutschland und Großbritannien beschränkt. In die Übersicht aufgenommen wurden alle dynamischen Mikrosimulationsmodelle mit dynamischer Alterung auf Basis von individuellen Übergangswahrscheinlichkeiten, die auf empirischen deutschen oder britischen Bevölkerungsdatensätzen basieren sowie einer bevölkerungsbezogenen Fragestellung nachgehen und seit 2005 neu publiziert oder fortgeführt wurden.[4]

---

3   Datenbanken: BioMed Central, British Library, Cochrane Library, Deutsche National-
bibliothek, EconLit, GEPRIS, Google Scholar, GVK, JSTOR, MPRA, OECDiLibrary,
PubMed, ScienceDirect, Scopus, Sociological Abstracts, Sowiport, Web of Science, wiso;
Zeitschriften: IJM, JASSS, MIBE; Institutionen: ASIM, ASKOS, BiB, CPC, Destatis,
DGEpi, DGS, DIW, DWP, ECMS, EPSRC, EUROSIM, FFB, FNA, Fraunhofer FIT, GE-
SIS, GMDS, HBS, IAB, IFS, IMA, ISER, IZA, LSE, LZG.NRW, MPIDR, NCRM, NIESR,
NRS, ONS, PPI, Prognos AG, PSSRU, RKI, RWI, SOEP, ZEW. Des Weiteren wurden
zahlreiche Autoren entsprechender Veröffentlichungen per E-Mail kontaktiert, denen
an dieser Stelle für den Austausch vielmals gedankt sei.

4   Nicht berücksichtigt wurden dabei Modelle mit statischer Alterung, rein strukturelle
oder statische Modelle, agentenbasierte Modelle sowie auf Markovmodellen basierende
Simulationen und Beispielmodelle, die zur Veranschaulichung einer Software oder der
Methodenentwicklung (wie z. B. Zinn 2011) dienen. Hybrid-Modelle mit agentenbasierten Komponenten und Modelle auf Basis hypothetischer Startpopulationen wurden
ebenfalls ausgeschlossen.

3   EUROMOD

Das wohl derzeit bekannteste europäische Mikrosimulationsprogramm EUROMOD deckt u. a. sowohl Deutschland als auch Großbritannien ab und soll daher kurz vor den länderspezifischen Modellen erwähnt werden.[5]

EUROMOD war zu Beginn seiner Entwicklung ein rein statisches Steuer- und Transfermodell, welches alle damaligen 15 EU-Mitgliedsstaaten abdeckte. Seitdem wurde das Modell stark ausgeweitet, es umfasst nunmehr alle 27 EU-Mitglied-staaten (Sutherland und Figari 2013, S. 10). Die Ziele von EUROMOD sind die vergleichende Untersuchung des Einflusses nationaler Gesetzgebung in Bezug auf Steuer- und Transferreglungen, die Untersuchung der Auswirkungen europäischer Bestimmungen auf die jeweiligen Mitgliedsstaaten sowie eine länderübergreifende Betrachtung von Gesetzesreformen auf kleinräumiger Ebene (O'Donoghue et al. 2000, S. 124). Die Datengrundlage für die jeweiligen Länder waren ursprünglich in den meisten Fällen nationale Erhebungen wie das SOEP in Deutschland oder der Family Expenditure Survey in Großbritannien (Sutherland 2000, S. 578) später wurde EU-SILC als Datenbasis (Sutherland und Figari 2013, S. 9) herangezogen. EUROMOD wurde in C++ bzw. C programmiert. Für die Anwendung durch andere Nutzer verwendet EUROMOD eine eigene Programmiersprache (Sutherland und Figari 2013, S. 12).

4   Dynamische Mikrosimulationen in Deutschland seit 2005

Es wurden insgesamt acht relevante Modelle identifiziert (siehe Tabelle 1).[6]

---

5   https://www.iser.essex.ac.uk/euromod

6   Es gibt ein weiteres Projekt, für das aber bislang keine Veröffentlichungen vorliegen. Es handelt sich um ein gemeinsames Projekt der Hans-Böckler-Stiftung mit dem DIW (http://www.boeckler.de/11145.htm?projekt=S-2014-792-4\%20B). Diese dynamische Mikrosimulation wurde in R auf der Basis des SOEP realisiert, zunächst für Rentenpro-bleme. Eine erste Veröffentlichung wird voraussichtlich Mitte 2019 erscheinen (J. Geyer, persönliche Kommunikation, 21.3.2019). Das auf Gebäudeebene auflösende Modell von Munoz Hidalgo (2016) wurde aufgrund seiner statischen Alterung ausgeschlossen. Der Python- und R-Sourcecode ist unter https://github.com/emunozh/mikrosim verfügbar.

Tab. 1 Übersicht über dynamische Mikrosimulationsmodelle in Deutschland

Modell	Thema	Datensatz	Population	Alterung	Offen
AVID	Renten	AVID	Kohorte	Periodisch	Nein
MIDAS	Renten	SOEP	Querschnitt	Periodisch	Nein
ZEWDMM	Evaluation	SOEP	Kohorte	Periodisch	Ja
(Manescu)	Steuern	SOEP	Querschnitt	Periodisch	Nein
(Hannappel)	Bildung	Mikrozensus	Querschnitt	Ereignisbasiert	Nein
(Stein)	Demographie	Mikrozensus	Querschnitt	Periodisch	Nein
(Leim)	Demographie	Mikrozensus	Querschnitt	Periodisch	Nein
(Wolter)	Demographie	Mikrozensus	Querschnitt	Periodisch	Nein

Von den acht Simulationen entstanden fünf im Rahmen einer akademischen Qualifikationsarbeit (Manescu 2006, Hannappel 2015, Stein 2016, Leim 2008 und Wolter 2010). Alle Simulationen haben die Modellierung soziodemographischer Prozesse zum Ziel. Während bei Hannappel (2015) das Bildungssystem das Kernelement darstellt, prognostizieren Stein und Bekalarczyk (2016) den Erwerbsstatus einer zukünftigen Generation von Migranten. Leim (2008) modelliert die demographische Entwicklung unter umfassender Abbildung einer nutzenmaximierenden Fertilitätsentscheidung, während Wolter (2010) eine Bevölkerungsprojektion unter besonderer Berücksichtigung von Migrationsprozessen erarbeitet. Bei Manescu (2006) steht die Umsetzung ökonomischer Projektionen im Mittelpunkt. Abgesehen von dem letztgenannten Modell basieren alle auf Querschnittsdaten des Mikrozensus. Die drei übrigen Modelle sind hingegen an außeruniversitären Einrichtungen bzw. Sozialforschungsinstituten entstanden.

4.1 AVID – Altersvorsorge in Deutschland

Das Modell im Rahmen der Studie „Altersvorsorge in Deutschland" simuliert die zukünftigen Alterseinkommen von Personen, die in der Zukunft 65 Jahre alt werden (Schatz 2010, S. 26) sowie die Höhe und Zusammensetzung der jeweiligen Anwartschaften (Heien et al. 2007, S. 11). Die Studie wurde im Auftrag der Deutschen Rentenversicherung Bund und des Bundesministeriums für Arbeit und Soziales von TNS Infratest in Kooperation durchgeführt.[7] Die AVID 2005 war dabei

---

7 Die Entwicklung des Modells erfolgte durch die Firma ASKOS in C++ und nahm ca. ein Personenjahr in Anspruch (C. Schatz, persönliche Kommunikation, 10.12.2015).

der Nachfolger der ersten Welle von 1996 und ist inhaltlich mit der von 1986 bis
2003 in unregelmäßigen Abständen durchgeführten Studie „Alterssicherung in
Deutschland" (ASID) verbunden (Heien et al. 2007, S. 11). Die Erhebung erfolgte
im Rahmen einer schriftlichen Befragung von 12.218 Personen zwischen 40 bis
unter 60 Jahren, wobei die Befragungsdaten (mit Zustimmung der Befragten)
mit den Daten der Gesetzlichen Rentenversicherung zusammengeführt wurden
(Heien et al. 2007, S. 12f.). Frommert (2015) veröffentlichte eine Validierung der
Fortschreibungen des Modells mit einem späteren Survey. Der Autor betrachtet die
Übereinstimmung der simulierten Anteile verschiedener Beschäftigungsformen
sowie deren Dauer mit den beobachteten Werten als gut (Frommert 2015, S. 29).

4.2   MIDAS – Entwicklung der Einkommenssicherung im Alter

Das Modell MIDAS (Microsimulation for the Development of Adequacy and Sus-
tainability) ist ein EU-gefördertes Gemeinschaftsprojekt von Forschungsgruppen
aus Belgien, Italien und Deutschland, wobei in Deutschland die Gruppe am DIW
angesiedelt war (Dekkers et al. 2008). Zweck ist die Projektion zukünftiger Renten
bis ins Jahr 2050. Neben einem Modul für demographische Prozesse existiert jeweils ein Modul zum Arbeitsmarkt und zur Berechnung der Renten, wobei diese
aus dem vorangegangenen simulierten Lebensverlauf berechnet werden (Dekkers
et al. 2008, S. 102).
    MIDAS wurde mit der für diesen Zweck erstellten Modellierungssprache LIAM
erstellt.[8] Die Übergangswahrscheinlichkeiten des Modells basieren auf amtlichen
Daten (wie z. B. Fertilitäts- und Mortalitätsraten) und Regressionsmodellen anhand
der Basisdatensätze. In Deutschland war die Datengrundlage das SOEP.
    Es wurden u. a. Modelle für die Verweildauer im Bildungssystem in Abhängigkeit
vom zu erreichenden Abschluss und die Wahrscheinlichkeiten für die Scheidung/
Trennung sowie der Entscheidung zwischen einer Ehe und einer nicht ehelichen
Gemeinschaft erstellt. Dazu gehört auch ein Modell für die Partnerwahl, das
ausgehend von den Merkmalsunterschieden zwischen den potentiellen Partnern
anhand von Regressionsanalysen die Personen absteigend nach dem Grad ihrer
Unvermittelbarkeit zusammenbringt (Dekkers et al. 2008, S. 48f.). Das Modul zum
Arbeitsmarkt basiert auf Analysen der Wahrscheinlichkeit chronischer Erkrankun-

---

8   Dokumentation und Download des Nachfolgers LIAM2 finden sich unter http://liam2.
    plan.be (Stand: 23.3.2019). LIAM2 wurde in Python und C realisiert.

gen, einer Beschäftigung bzw. deren Dauer sowie der Anzahl der Arbeitsstunden und der Höhe des Stundenlohns (Dekkers et al. 2008, S. 85f.).

Die Ergebnisse für das deutsche MIDAS-Modell wurden nach Projektende nicht weiter evaluiert. An dem Projekt in Deutschland arbeiteten zwei bis drei Mitarbeiter mehr als zwei Jahre.[9]

4.3   ZEWDMM – Modellierung ehe- und familienbezogener Leistungen

Im Rahmen einer Gesamtevaluation ehe- und familienbezogener Leistungen des Familienministeriums durch die damit beauftragte Prognos AG wurde am ZEW das Modell ZEWDMM entwickelt.[10]

Durch die Simulation sollte der Umfang und die Wirkung des Bezuges von ehe- und familienbezogenen Leistungen auf die ökonomische Situation von Haushalten im Lebensverlauf untersucht werden. Die Grundlage hierfür war eine bereits zuvor entwickelte verhaltensbasierte Mikrosimulation, die um ein dynamisches Lebenszyklusmodell erweitert werden sollte (Bonin et al. 2015, S. 5). Das Modell enthält neben den soziodemographischen Modulen zur Fortschreibung eine Steuer- und Transfersimulation. Auf der Basis des SOEP wurden Haushalte mit mindestens einer Person zwischen 25 und 29 Jahren einbezogen. Die Simulation endet, sobald die Personen 65 Jahre alt geworden sind, bei Paaren bezieht sich dies auf den jüngeren Partner. Die Mikrosimulation selbst wurde mit Matlab realisiert.[11] Die Übergangswahrscheinlichkeiten wurden mit SOEP-Daten geschätzt (Bonin et al. 2015, S. 4). Es existiert keine formale externe Validierung, allerdings berichtet Bonin (2013, S. 82) von einer guten Übereinstimmung der durchschnittlichen Höhe der Transferleistungen mit der Steuerstatistik. Das Modell wurde durch zwei Personen innerhalb eines Jahres erstellt.[12]

---

9   J. Geyer, persönliche Kommunikation, 17.12.2015.

10   Bonin (2013, S. 1). Eine Übersicht findet sich unter http://www.bmfsfj.de/BMFSFJ/familie,did=195944.html (Stand: 24.3.2019).

11   H. Stichnoth, persönliche Kommunikation, 19.10.2015.

12   H. Stichnoth, persönliche Kommunikation, 19.10.2015.

4.4   (Manescu) – Auswirkungen von Einkommenssteuer-Reformen

Die Dissertation von Manescu (2006) untersuchte, wie sich unterschiedliche Reformvorschläge zur Einkommenssteuer auf die Abgabenlast und Einkommensverteilung von Privathaushalten auswirken. Die Simulation bezieht sich auf den Zeitraum von 1994 bis 2005. Das Modell besteht aus drei Modulen: Im ersten Modul werden demographische Prozesse wie Tod, Geburt, Heirat, Scheidung und Einwanderung abgedeckt. Im zweiten Modul werden der Berufseinstieg für Personen zwischen 16 und 40 Jahren sowie das Eintreten von Erwerbslosigkeit und der Übergang in die Rente modelliert. Das dritte Modul umfasst ökonomische Berechnungen wie die Ermittlung des Bruttoeinkommens, der fälligen Einkommenssteuer sowie Beitragszahlungen an die Sozialversicherungen. Als Datenbasis dient das SOEP. Die demographischen Übergangswahrscheinlichkeiten stammen aus Daten des Statistischen Bundesamtes. Die Wahrscheinlichkeiten zur Bildung und Auflösung von nicht ehelichen Lebensgemeinschaften basieren auf einer Längsschnittanalyse des SOEP.

Die Dissertation wurde auf der Basis des Darmstädter Mikrosimulationsmodells mit UMDBS erstellt. Aufgrund der sich über mehr als 20 Jahre hinziehenden Entwicklung lässt sich der Gesamtaufwand für das Modell kaum beurteilen.[13]

Manescu (2006, S. 147) berichtet eine sehr gute Übereinstimmung der simulierten Bevölkerungsentwicklung mit amtlichen Statistiken, allerdings systematische Abweichungen bei der Einkommensentwicklung, da nur das Einkommen für erwerbstätige Personen berechnet wurde.

4.5   (Hannappel) – Modellierung der Entwicklungen im Bildungssystem

Im Rahmen der Dissertation von Hannappel (2015) zum zukünftigen Wandel des deutschen Bildungssystems wurde ein Mikrosimulationsmodell erstellt, das u. a. den Übergang zwischen den Schulformen modelliert (Hannappel 2015, S. 20ff.). Als Basisdatensatz wurde das Scientific Use File des Mikrozensus von 2008 verwendet. Zur Umsetzung der Mikrosimulation wurde das von Troitzsch in C++ geschriebene

---

13   B. Manescu, persönliche Kommunikation, 14.12.2015. Eine erste Dissertation mit Bezug zum Darmstädter Mikrosimulationsmodell wurde von Appendino (1986) verfasst, eine weitere stammt von Fleck (1996). Es existieren keine neueren Publikationen zu diesem Modell.

Modell CoMicS III verwendet.[14] Die Übergangswahrscheinlichkeiten basieren auf eigenen Berechnungen mit dem Mikrozensus, dem SOEP und dem HIS Studienberechtigtenpanel. Für die Überprüfung des Modells wurden Anpassungstests gerechnet, wobei weder für das Bildungsmodell (Hannappel 2015, S. 226ff.) noch für das Geburtsmodell (Hannappel 2015, S. 230ff.) überzufällige Abweichungen von den erwarteten Werten berichtet werden. Geringe Abweichungen werden zwischen dem Anteil an Partnerschaften und Todesfällen erwähnt (Hannappel 2015, S. 235ff.). Eine externe Validierung liegt nicht vor. Eine genaue Angabe des zeitlichen Aufwands ist nicht möglich. Die eigentliche Programmierung nahm allein 6 Monate in Anspruch; zwischen dem Beginn und dem Ende des Projekts lagen mehrere Jahre.[15]

4.6   (Stein) – Erwerbsstatus von Migranten in der dritten Generation

In einem Forschungsprojekt an der Universität Duisburg-Essen entwickelten Stein und Bekalarczyk (2016) ein Modell zur Vorhersage der zukünftigen beruflichen Platzierung von Migranten in der dritten Generation (Stein und Bekalarczyk 2016). Datenbasis ist der Scientific Use File des Mikrozensus. Die ersten Simulationen wurden mit Stata umgesetzt, eine Migration auf R war geplant (Stein und Bekalarczyk 2016). Die Übergangswahrscheinlichkeiten basieren auf amtlichen Datenquellen und auf Längsschnittanalysen mit dem SOEP. Eine Validierung durch Sensitivitätsanalysen und externer Validierungen sind geplant (Stein und Bekalarczyk 2016), aber bislang nicht veröffentlicht. Die Arbeiten an dem Projekt haben mehrere Jahre in Anspruch angenommen.[16]

4.7   (Leim) – Modellierung der Fertilitätsentwicklung

Im Rahmen ihrer Dissertation modellierte Leim (2008) die Fertilitätsentwicklung in Deutschland von 1991 bis 2001. Berücksichtigt wurden Mortalität, Fertilität sowie Eheschließung und -scheidung bzw. Entstehung und Lösung nicht ehelicher Lebensgemeinschaften sowie Schulabschlüsse, Erwerbstätigkeit und Berufsposition

---

14 Das Modell kann von der Verlagsseite www.metropolis-verlag.de (Stand: 20.3.2019) heruntergeladen werden.

15 M. Hannappel, persönliche Kommunikation, 18.12.2015.

16 D. Bekalarczyk, persönliche Kommunikation, 18.12.2015.

(Leim 2008, S. 41). Der Ausgangsdatensatz basiert auf dem Scientific Use File des Mikrozensus. Die Umsetzung des Modells erfolgte mit der Software UMDBS (Leim 2008, S. 37).[17] Die Übergangswahrscheinlichkeiten basieren auf dem Mikrozensus, anderen amtlichen Statistiken, dem SOEP und – beim Alter des zukünftigen Ehemanns – auf Daten des DJI.

Für das Modell wurde eine externe Validierung sowie eine Sensitivitätsanalyse durchgeführt (Leim 2008, S. 166). Zur Sensitivitätsanalyse wurden mehrere Modelle mit sukzessiv komplexeren Übergangswahrscheinlichkeiten geschätzt und die Ergebnisse für die Fertilitätsrate mit den amtlichen Daten für den Simulationszeitraum verglichen. Bei der externen Validierung wurden mehrere simulierte Anteilswerte mit amtlichen Daten verglichen. Leim (2008, S. 206) berichtet eine sehr gute Modellanpassung, wobei insbesondere die Fertilitätsrate einer stärkeren Streuung unterliegt. Für die Erstellung der Arbeit wurden ca. 3,5 Jahre benötigt.[18]

4.8 (Wolter) – Modellierung soziodemographischer Prozesse bis 2050

Im Rahmen einer Diplomarbeit wurde von Wolter (2010) ein dynamisches Mikrosimulationsmodell zur Prognose soziodemographischer Entwicklungen in Deutschland bis zum Jahr 2050 umgesetzt. Neben Mortalität, Fertilität und der Entstehung und Auflösung von Ehen/Partnerschaft werden Bildungs- und Ausbildungsniveau sowie Erwerbsstatus modelliert. Eine Besonderheit des Modells besteht in der Berücksichtigung von Einwanderungs- und Auswanderungsprozessen, wobei die simulierten Immigranten auf Basis der Wanderungsstatistik des Statistischen Bundesamtes neu generiert werden. Grundlage hierfür bilden Daten aus der Wanderungsstatistik. Die Datenbasis besteht aus einer 6,67 %-Stichprobe des Scientific Use File des Mikrozensus. Angaben zum Schul- und Ausbildungsabschluss sowie zur Ehedauer wurden imputiert. Die Simulation erfolgte mit UMDBS. Geburts-, Heirats-, Scheidungs- und Sterbewahrscheinlichkeiten stammen aus Daten des Statistischen Bundesamtes. Die Wahrscheinlichkeit zur Entstehung und Auflösung nicht ehelicher Gemeinschaften basieren auf Berechnungen aus dem SOEP. Die Simulation wurde fortgeschrieben und mit den Daten des entsprechenden Mikrozensus verglichen. Die Simulationsergebnisse unterliegen je nach Durchlauf sehr starken Schwankungen, was sich in erster Linie auf die technisch bedingt

---

17 Unter http://www.metropolis-verlag.de/dl/leimsourcecode.zip (Stand: 20.3.2019) findet sich der Quellcode.

18 I. Leim, persönliche Kommunikation, 08.12.2015.

geringe maximale Anzahl möglicher Simulationsobjekte (32.000 bei UMDBS) zurückführen lässt (Wolter 2010, S. 92f.). Über die Dauer der Entwicklung liegen keine Informationen vor.

5   Dynamische Mikrosimulationen in Großbritannien

Für Großbritannien konnten anhand der einführend erwähnten Kriterien neun dynamische Mikrosimulationen identifiziert werden (siehe Tabelle 2).[19]

Tab. 2   Übersicht über dynamische Mikrosimulationen in Großbritannien

Modell	Thema	Datensatz	Population	Alterung	Alterung
IFS	Renten	ELSA	Kohorte	Periodisch	-
RetSIM2	Renten	ELSA	Kohorte	Periodisch	-
PENSIM2	Renten	BHPS	Querschnitt	Periodisch	
SAGE	Pflege	Zensus	Querschnitt	Periodisch	Nein
CARESIM	Pflege	FRS	Kohorte	Periodisch	-
PSSRU DMS	Pflege	BHPS	Kohorte	Periodisch	-
WSCM	Pflege	BHPS	Kohorte	Periodisch	
SimEducation	Bildung	BHPS	Querschnitt	Periodisch	-
ScotSim	Demographie	LFS	Querschnitt	Periodisch	Nein

Nahezu alle Modelle wurden von wissenschaftlichen Instituten entwickelt und sind für diverse Planungszwecke für politische Entscheidungsträger konzipiert. Als

---

19 Trotz der umfangreichen Suche finden sich die meisten Modelle bereits in der Übersicht von Li und O'Donoghue (2013). Aufgrund der statischen Alterung wurden sowohl Sim-Britain (Ballas et al. 2005; Rossiter et al. 2009) als auch SimAlba (Campbell und Ballas 2016) ausgeschlossen. Ebenso wurde das Modell NIBAX nicht berücksichtigt, da es zu der überarbeiteten dynamischen Version bis zum Abschluss dieses Manuskript keine Veröffentlichung gibt. Das gilt auch für das bei Li und O'Donoghue (2013, S. 9) zitierte Modell INFORM zur Vorhersage der zukünftigen Anzahl an Leistungsempfängern; zu diesem Modell gibt es nur einen unveröffentlichten Konferenzbeitrag (Gault 2009), der nicht zugänglich ist. Des Weiteren wurde ein Modell des PPI ausgeschlossen, da es keine Übergangswahrscheinlichkeiten enthält (Silcock et al. 2012). Die Modelle von Murphy (2010) und Wilkoszewski (2011) erstellen anhand historischer Randverteilungen künstliche Datensätze und sind damit ebenfalls hier nicht relevant.

Basisdatensätze werden entweder der Zensus oder große Surveys der allgemeinen Bevölkerung verwendet. Zwei der drei Rentenmodelle basieren auf der English Longitudinal Study of Ageing (ELSA).[20] Es finden sich gleichermaßen Querschnitts- und Kohortenstichproben als Ausgangspopulationen, die in allen Fällen periodisch gealtert werden. Viele Modelle beinhalten kein Modul zu demographischen Prozessen wie Heirat und Bildung nicht ehelicher Lebensgemeinschaften, was sich auf die Themenschwerpunkte wie Pflege und Rente zurückführen lässt.

5.1 IFS – Modellierung von Altersarmut im Jahr 2017/18

Das Institute for Fiscal Studies (IFS) entwickelte ein nicht namentlich benanntes Modell zur Vorhersage der Alterseinkommen von Rentnern für die Jahre 2017/18. Die Finanzierung erfolgte durch das ESRC und die Wohlfahrtsorganisation „Help The Aged". Gegenstand des Modells waren Personen ab einem Alter von 50 Jahren. Das Modell enthielt Module zur Mortalität, dem Gesundheitszustand sowie zur Partizipation am Arbeitsmarkt und den daraus resultierenden Einkommen und Rentenansprüchen (Brewer et al. 2007, S. 1).[21] Der Ausgangsdatensatz war ELSA von 2002/3 mit 12.000 Befragten. Die Sterbewahrscheinlichkeiten basieren auf Daten des Government Actuary's Department (GAD). Weitere Daten stammen aus der zensusbasierten Longitudinal Study des ONS. Daten für das Gesundheitsmodul wurden aus ELSA berechnet, Schätzungen für das Arbeitsmarktmodules basieren auf dem BHPS. Es wurde keine Validierung veröffentlicht. Der Kern des Modells wurde von zwei Personen in ca. 6 Monaten implementiert.[22] Die Umsetzung erfolgte vermutlich in Stata (siehe RetSim).

5.2 RetSim – Modellierung der Alterseinkommen im Jahr 2022/23

RetSim ist ein neueres Simulationsmodell des IFS, dessen indirekter Vorgänger das zuvor vorgestellte Modell des IFS ist. Gefördert wurde das Projekt durch die Joseph Rowntree Foundation, das IFS Retirement Saving Consortium und den ESRC (Browne et al. 2014, S. 1). Ziel ist es, die Alterseinkommen sowie den Pflege-

---

20 www.elsa-project.ac.uk

21 Die Alterseinkommen werden dabei mit dem statischen Steuer- und Transfermodell TAXBEN berechnet (Brewer et al. 2007, S. 20).

22 J. Browne, persönliche Kommunikation, 11.12.2015.

bedarf für Personen einer Kohorte zu schätzen. Ergebnisse der Studie finden sich
bei Emmerson et al. (2014). Die Startpopulation basiert auf der fünften Welle des
ELSA und beinhaltet Personen über 52 Jahre. Der Erhalt und die Bereitstellung von
Pflegeleistungen wurde auf Basis der ELSA-Daten geschätzt. Für die Mortalitätsschät-
zung wurde der ELSA-Datensatz mit Angaben über verstorbene ehemalige Befragte
aus dem Mortalitätsregister kombiniert und die Ergebnisse an die Sterbetafeln des
Office of National Statistics (ONS) angepasst. Das Modell wurde in Stata realisiert.
Das damit kombinierte statische Steuer- und Transfermodell TAXBEN wurde in
Delphi entwickelt. Es wurden keine Validierungen durchgeführt. Insgesamt haben
vier Personen über einen Zeitraum von 18 Monaten an dem Projekt gearbeitet.[23]

5.3   PENSIM2 – Modellierung zukünftiger Alterseinkommen

Das Modell PENSIM2 wurde vom Department for Work and Pensions (DWP)
entwickelt und wird aktiv genutzt. Es simuliert die zukünftigen Alterseinkommen
einer Querschnitts-Stichprobe für die nächsten 50 Jahre (Emmerson et al. 2004,
S. 1ff.).[24] Das Modell enthält neben soziodemographischen Modulen Berechnungen
zur institutionellen Pflege, Vermögen und Einkommen sowie zur Wohnsituation
und Steuern. Als Datenbasis wird der BHPS verwendet. Für die Berechnung von
Steuern und Transferleistungen wird ein statisches Modell des DWP verwendet.
Das Modell wurde in SAS programmiert (Li und O'Donoghue 2013, S. 31).

Die Mortalitätswahrscheinlichkeiten wurden aus mehreren Quellen berechnet,
darunter aus Daten des GAD, der Lifetime Labour Market Database (LLMDB) und
aus administrativen Daten der Retirement Pension Widow's Benefit. Die Zuweisung
eines Bildungsabschlusses erfolgt zufällig. Angaben zum Erhalt von Erwerbsun-
fähigkeitsrenten entstammen aus administrativen Daten. Die Wahrscheinlichkeiten zum Erwerbsstatus und Einkommen, zur Entstehung und Auflösungen von
Ehen/Partnerschaften sowie zur Fertilität basieren auf dem BHPS. Angaben zum
Hauseigentum, den Ersparnissen und die Art den Rentenversicherung basieren
auf Schätzungen mit dem jährlichen Family Resources Survey FRS (Emmerson et
al. 2004, S. 33ff.). Es existiert keine veröffentlichte Validierung des Modells. Der
Arbeitsaufwand für das Modell lässt sich den Veröffentlichungen nicht entnehmen.

---

23 J. Browne, persönliche Kommunikation, 08.12.2015.

24 Bei dieser Publikation handelt es sich um eine Evaluation des Modells durch das IFS.
    Auch auf Anfrage wird keine technische Dokumentation des Modells zur Verfügung
    gestellt.

5.4 SAGE – Modellierung von Alterseinkommen und Pflegebedarf

SAGE ist das Ergebnis der Forschungsgruppe „Simulating Social Policy for an Ageing Society" und wurde vom ESRC finanziert. Die Entwicklung dauerte sechs Jahre.[25] Ziel ist die Projektion der britischen Bevölkerung vor allem zur Abschätzung des Pflegebedarfs (Evandrou et al. 2007, S. 443). Die Bevölkerung wurde dafür bis 2031 fortgeschrieben. Das Modell basiert auf einer 0,1 % Stichprobe des Zensus, die um zusätzliche Informationen aus dem Family and Working Lives Survey ergänzt wurde. Das Modell wurde in C++ programmiert. Die Übergangswahrscheinlichkeiten wurden aus dem BHPS, dem Quarterly Labour Force Survey, der ONS Longitudinal Study sowie dem General Household Survey geschätzt (Evandrou et al. 2007). Es existiert keine veröffentlichte Validierung.

5.5 CARESIM – Modellierung der Kosten für Langzeitpflege

Zweck des Modells CARESIM ist die Vorhersage möglicher Auswirkungen von Pflegereformen auf die finanzielle Situation älterer Menschen und deren Haushaltsmitglieder (Hancock 2000, S. 226). Das Ausgangsmodell wurde im Laufe der Jahre von der Personal Social Services Research Unit (PSSRU) an der Universität Kent weiterentwickelt und mit einer eigenen Makrosimulation zur Langzeitpflege kombiniert (Wittenberg et al. 2007). CARESIM berechnet für jede Person die hypothetisch anfallenden Pflegekosten. Neben der Mortalität werden das eigene Einkommen und Vermögen sowie das des Partners berechnet. Die neueste Beschreibung stammt von Wittenberg et al. (2011). Der Ausgangsdatenbestand ist der Family Resources Survey. In der Stichprobe der Simulation sind alle alleinstehenden Personen über 65. Es werden bis zu 20 Jahre simuliert. Die Übergangswahrscheinlichkeiten für die Mortalität basieren auf amtlichen Daten, die Schätzung der Anzahl der in Pflegeheimen verbrachten Wochen auf Daten des Health Survey for England. Die Angaben zur Dauer häuslicher Pflege stammen aus dem Social Care Information Centre's User Experience Survey. Es existiert keine publizierte Validierung. CARESIM wurde in SAS geschrieben (Wittenberg et al. 2007, S. 494). Die Veröffentlichungen erlauben keine Abschätzungen des zeitlichen Aufwandes für die Erstellung des Modells.

---

25 J. Falkingham, persönliche Kommunikation, 12.12.2015. Das Modell wurde laut Evandrou et al. (2007, S. 447) aktiv weiterentwickelt, neuere Dokumentationen zu dem Modell existieren jedoch nicht.

5.6   PSSRU DMS – Modellierung der Pflegefinanzierung

Das Mikrosimulationsmodell der PSSRU wurde im Auftrag des Department of Health und des Dilnot Commission Secretariat entwickelt, um verschiedene Reformen zur Finanzierung von Langzeitpflege zu evaluieren (Forder und Fernandez 2012, S. 4). Die Startpopulation basiert auf dem BHPS. Die Population besteht aus knapp 30.000 Personen, die über 65 Jahre alt sind. Die Simulation schreibt die Population um bis zu 20 Jahre fort. Es existieren zwei Varianten des Modells: In der einen Variante werden mit jeder Periode neue Personen zur Startpopulation in Anpassung an amtlichen Bevölkerungsprojektionen hinzugefügt, in der anderen Variante ist dies nicht der Fall. Das Mortalitätsrisiko basiert auf den Daten des GAD. Die Wahrscheinlichkeit und das Ausmaß einer eventuellen Behinderung wird aus dem BHPS geschätzt (Forder und Fernandez 2012, S. 10). Dies gilt auch für den Umfang informeller Pflege und für Änderungen im Familienstand. Es existiert keine veröffentlichte Validierung. Das Programm wurde in SAS realisiert und ist nicht verfügbar. Zum Arbeitsaufwand liegen keine Informationen vor.

5.7   Welsh Social Care Model

Das Welsh Social Care Model wurde von Virtual Worlds in Kooperation mit Landman Economics im Auftrag des Welsh Assembly Government entwickelt.[26] Ziel ist die Modellierung der Kosten für die Langzeitpflege speziell für Wales in Anlehnung an das entsprechende Modell der PSSRU (Reed und Stark 2011, S. 4). Die Laufzeit der Simulation beträgt bis zu 20 Jahre. Die Basispopulation wurde aus mehreren Wellen des BHPS generiert. Sämtliche Übergangswahrscheinlichkeiten wurden durch Schätzungen mit dem BHPS berechnet (Reed und Stark 2011, S. 36), zusätzliche Schätzungen basieren auf ELSA, dem Welsh Health Survey sowie dem Family Resources Survey. Es existiert keine externe Validierung, es wurden lediglich interne Konsistenzprüfungen vorgenommen.[27] Das Projekt wurde überwiegend von zwei Personen erarbeitet, genauere Angaben zum Aufwand sind nicht möglich. Das Modell wurde vor allem in Ada programmiert.[28]

---

26 http://virtual-worlds-research.com/demonstrations/wsc
27 G. Stark, persönliche Kommunikation, 17.12.2015.
28 Der Quellcode steht unter https://github.com/grahamstark/wales_social_care zur Verfügung.

5.8   SimEducation – Modellierung räumlicher Bildungsungleichheit

Das Modell SimEducation beschreibt Veränderungen kleinräumiger Bildungsungleichheiten am Beispiel von Sheffield (Kavroudakis et al. 2013). Dabei werden in Abhängigkeit vom Einkommen und der sozialen Herkunft der (Nicht-)Übergang in eine Universität und das entsprechend gewählte Studienfach sowie der (anschließende) Abschluss und der Erwerbsstatus modelliert. Die Basispopulation stammt aus dem BHPS. Die Übergangswahrscheinlichkeiten zum Bildungsverlauf und zum Erwerbsstatus wurden mit dem BHPS geschätzt, die Mortalitätsraten stammen aus den amtlichen Daten des ONS. Die Zuordnung zu einer Studienrichtung basiert auf Daten des Universities and Colleges Admissions Service (UCAS) (Kavroudakis et al. 2013, S. 215f.). Es existiert bisher keine veröffentlichte Validierung. Das Modell wurde in Java umgesetzt.[29] Angaben zum Arbeitsaufwand liegen nicht vor.

5.9   ScotSim – Modellierung schottischer Haushalte bis 2035

ScotSim ist Gegenstand einer Dissertation von McCormick (2011). Ziel der Simulation war es, die schottische Bevölkerung anhand soziodemographischer Prozesse fortzuschreiben. Dazu gehören Mortalität, Fertilität, Migration, Schließung/ Auflösung von Partnerschaften, Änderungen des sozioökonomischen Status und Erlangung von Bildungsabschlüssen. Grundlage des Modells waren akkumulierte Daten des British Labour Force Survey. Die Daten zur Mortalität, Fertilität und internationalen Migration stammen aus dem General Register for Scotland (GROS). Wahrscheinlichkeiten für eine Heirat/Partnerschaft bzw. Scheidung/Trennung sowie Änderungen des sozioökonomischen Status wurden aus dem BHPS geschätzt.
   Es existiert keine veröffentlichte externe Validierung, es wurden lediglich Sensitivitätsanalysen durchgeführt (McCormick 2011). Die Arbeit an dem Modell nahm drei Jahre in Anspruch. ScotSim wurde in Fortran entwickelt.[30]

---

29   D. Ballas, persönliche Kommunikation, 22.12.2015.

30   Das Projekt wurde durch National Records of Scotland NRS gefördert, die Behörde hat das Modell aber nicht erhalten (E. Roughsedge, persönliche Kommunikation, 22.12.2015).

6   Schlussfolgerungen

6.1   Software

Ein generelles Hindernis in der Entwicklung von dynamischen Mikrosimulationsmodellen besteht nach Li et al. (2014, S. 329) in der Existenz und Verbreitung passender Software und Hilfsmittel, sodass neue Modelle in der Regel von Grund auf neu programmiert und an die individuellen Bedürfnisse angepasst werden müssen. Nahezu alle vorliegenden Modelle aus beiden Ländern mussten neu in einer allgemeinen Programmiersprache programmiert werden. Die Ausnahmen bilden drei der Abschlussarbeiten in Deutschland, welche noch auf UMDBS zurückgriffen.[31] Die Nutzung bereits verfügbarer Software wie ModGen[32] oder LIAM2[33] würde den Arbeitsaufwand bei der Erstellung von dynamischen Mikrosimulationen zwar reduzieren, jedoch sind die spezifischen Anforderungen an die jeweilige Mikrosimulation meist zu speziell, als dass sie sich mit der bisher verfügbaren Software umsetzen ließen. Unverkennbar ist eine Tendenz, neuere Modelle in R zu programmieren.

6.2   Validierung

Mit Ausnahme von AVID existieren kaum Validierungsstudien zu den Ergebnissen der vorgestellten Mikrosimulationsmodelle. Die Validierung beschränkt sich in den vorliegenden Fällen auf interne Konsistenzprüfungen und Abfragen sowie den Abgleich mit älteren Daten oder Sensitivitätsanalysen. Bei den neueren Projekten lässt sich dies noch auf die geringe Projektdauer zurückführen, bei den bereits seit Jahren existierenden Mikrosimulationsmodellen kann ein entsprechendes Argument nicht gelten. Bei kleinräumigen Projektionen besteht zusätzlich die Schwierigkeit in den zumeist nicht verfügbaren kleinräumigen Daten, da die üblichen Datenquellen selbst auf unterster Ebene zu stark aggregiert sind. Bei der Entwicklung eines Mikrosimulationsmodells, das als Instrument zur Politikberatung eingesetzt werden soll, wäre eine Validierung hingegen unumgänglich.

---

31 https://homepages-fb.thm.de/sauerb/umdbs/index.html. Diese Software wurde seit 2003 nicht mehr weiterentwickelt (T. Sauerbier, persönliche Kommunikation, 16.09.2015).

32 http://www.statcan.gc.ca/eng/microsimulation/modgen/modgen, Bélanger und Saubourin (2017).

33 http://liam2.plan.be/.

6.3 Arbeitsaufwand

Sowohl der zeitliche Umfang als auch die Anzahl der benötigten Personen zur Entwicklung und Aktualisierung eines dynamischen Mikrosimulationsmodells wird fast immer unterschätzt. Diese Projekte erfordern in der Regel mehrere Personenjahre, ehe erste vorläufige Ergebnisse vorliegen. Insbesondere bei den Promotionen hat sich herausgestellt, dass der größte Arbeitsaufwand nicht bei der Programmierung liegt, sondern dass vielmehr die dem Modell zu Grunde liegenden theoretischen und konzeptionellen Vorarbeiten bereits Jahre in Anspruch nehmen können.

Dabei sollte zudem nicht die benötigte Zeit unterschätzt werden, bis die für die Simulation benötigten Daten vorliegen. Komplexere Simulationen lassen sich nicht allein mit einem einzigen Datensatz und einer Quelle für die benötigten Übergangswahrscheinlichkeiten durchführen, sondern es sind in der Regel aufwendigere Vorarbeiten in Form von Datenaufbereitung, Imputation und Zusammenführung von Datensätzen zu leisten.

Li et al. (2014, S. 330) betonen, dass für die Entwicklung sowohl eine langfristige Finanzierungsbasis als auch eine fachlich heterogene Arbeitsgruppe benötigt wird und daher die Entwicklung und Pflege dynamischer Modelle kaum von Einzelpersonen geleistet werden kann.

Die Schätzung des Arbeitsaufwandes ist für viele Modelle schwierig. Da einige Mikrosimulationen im Rahmen größerer Studien oder Projekte durchgeführt werden, lässt sich der zeitliche Umfang für die Modellentwicklung nicht immer abgrenzen. Weiterhin wurden Modelle wie CARESIM oder PENSIM2 über lange Zeiträume von wechselnden Arbeitsgruppen entwickelt und immer wieder aktualisiert.

6.4 Infrastruktur

Das zu Beginn der Arbeit benannte Problem der geringen Rezeption von Mikrosimulationsmodellen in Deutschland kann zum Teil darauf zurückgeführt werden, dass die meisten dieser Modelle im Rahmen (unveröffentlichter) akademischer Qualifikationsarbeiten entstanden. Die Entwicklung, Pflege und Nutzung dieser Modelle ist damit an eine einzelne Person gebunden. Bei der Recherche nach den benötigten Informationen zeigte sich, dass in drei von vier Fällen der ehemalige Ersteller der jeweiligen Mikrosimulation nach Abschluss seiner Qualifikationsarbeit nicht mehr an dem jeweiligen Modell gearbeitet hat.

Dies hängt auch mit dem zuvor beschriebenen Arbeitsaufwand zusammen: Die Nutzung von Mikrosimulationsmodellen über einen kurzen Projektzeitraum hinaus benötigt eine personenunabhängige Infrastruktur, die kontinuierlich finanziert wird und eine entsprechend große Arbeitsgruppe. Zumindest in Deutschland ist dies derzeit nicht gegeben. Abgesehen von einem Forschungsprojekt in einem sehr frühen Stadium am DIW beschäftigt sich zur Zeit keine Institution mit der Entwicklung dynamischer Mikrosimulationsmodelle. Zudem existieren kaum Lehrbücher jenseits elementarer Einführungen zur praktischen Erstellung dynamischer Mikrosimulationsmodelle, auch wenn die Bücher von Rahman und Harding (2017) sowie von Lovelace und Dumont (2016) wesentliche Grundlagen schaffen.[34]

Die geringe Institutionalisierung stellt im internationalen Vergleich eine spezifische Hürde in Deutschland dar, da bei der Entwicklung und Anwendung von Mikrosimulationsmodellen in anderen Ländern (auch staatliche) Institutionen eine viel stärkere Rolle spielen. Hervorstechend sind dabei das NATSEM[35] in Australien und Statistics Canada[36] für Kanada. Diese beiden Einrichtungen leiten eine Vielzahl dynamischer Mikrosimulationsmodelle, das neueste bei NATSEM ist das Health&WealthMOD2030 mit einem umfassenden Gesundheitsmodul (Schofield et al. 2014). Etwas Vergleichbares fehlt bislang in Deutschland.

6.5   Entwicklungstendenzen

Die Verbindung dynamischer Mikrosimulationsmodelle mit räumlichen Modellen ist bislang selten und ist überwiegend im Kontext agentenbasierter Mikrosimulationen (ABM) und einfacher kleinräumiger Projektionen vorzufinden.[37] Keines der bisherigen Simulationsmodelle in Deutschland berücksichtigt kleinräumige Aspekte, wohingegen in Großbritannien erste Ansätze hierzu existieren. Erwähnenswert sind die Modelle MoSeS (Birkin et al. 2009) und SimBritain (Ballas et al. 2005).[38] Eine neuere Anwendung eines kombinierten Simulationsmodells findet sich bei Silverman et al. (2014). Die Autoren verwenden empirische Fertilitäts- und Mortalitätsraten, während der Heiratsmarkt über ein agentenbasiertes Modell realisiert wurde (Silverman et al. 2014, S. 186ff.). Ein Modell dieser Art in Bezug

---

34 Eine ähnliche Argumentation findet sich bei O'Donoghue (2018), der unter anderem die Notwendigkeit verstärkter Publikation der Details von Mikrosimulationsmethoden in begutachteten Zeitschriften betont.

35 http://natsem.canberra.edu.au.

36 www.statcan.gc.ca/.

37 Einen Überblick über die Möglichkeiten räumlicher Modellierung im Rahmen dynamischer Mikrosimulationsmodelle mit Anwendungsbeispielen geben Holm und Sanders (2007).

38 MoSeS wurde aufgrund der agentenbasierten Komponenten aus der Literaturübersicht ausgeschlossen, SimBritain aufgrund der fehlenden dynamischen Alterung.

auf Fertilitätsentscheidungen wurde von Baroni et al. (2009) vorgestellt, aber anscheinend nicht weiterentwickelt. Allgemein scheint es bislang keine agenten-basierte Simulation auf Basis von demographischen Daten zu geben, die extern validiert wurde. Wir beurteilen die Rolle von ABMs im Rahmen von dynamischen Mikrosimulationsmodellen daher bislang eher kritisch.

7   Zusammenfassung in Hinsicht auf Forschungsinfrastrukturen

Während in Deutschland die Anwendungen mehrheitlich im Rahmen von Promo-tionen entwickelt wurden, sind die Modelle in Großbritannien häufig das Ergebnis etablierter Forschungsgruppen und wissenschaftlicher Institute. Damit verbunden unterscheidet sich die Infrastruktur zwischen den Ländern deutlich: Während in Deutschland vorwiegend einzelne Doktoranden über mehrere Jahre hinweg ein Mikrosimulationsmodell stets von neuem erarbeiten, können Wissenschaftler in Großbritannien sowohl auf ein Netzwerk erfahrener Spezialisten auf diesem Gebiet zurückgreifen, als auch auf eine Reihe wissenschaftlicher Institute, welche teils seit Jahrzehnten fortlaufend Mikrosimulationsprojekte betreuen und weiterentwickeln. Im Vergleich besitzt Deutschland bei dieser Art von Modellbildung ein erhebliches Forschungsdefizit.

Literatur

Appendino, J. R. (1986). *Entwurf von Modulen des Darmstädter Mikrosimulationsmodells. Ehescheidungs-, Eheschließungs-, Sozialabgaben-, Konsum- und Vermögensbildungsmo-dul.* (Unveröffentlichte Dissertation: Darmstadt). Technische Hochschule Darmstadt.
Ballas, D., Clarke, G., Dorling, D., Eyre, H., Thomas, B., & Rossiter, D. (2005). SimBritain: A Spatial Microsimulation Approach to Population Dynamics. *Population, Space and Place*, 11, 13–34.
Baroni, E., Eklöf, M., Hallberg, D., Lindh, T., & Zamac, J. (2009). Fertility Decisions – Simu-lation in an Agent-Based Model (IFSIM). In A. Zaidi, A. Harding, P. Williamson (Hrsg.), *New Frontiers in Microsimulation Modelling*, Bd. 36 von *Public Policy and Social Welfare*, (S. 265–286). Surrey/Burlington: Ashgate.
Bélanger, A. Saubourin, P. (2017). *Microsimulation and Population Dynamics: An Introduction to Modgen 12*. Cham: Springer.

Birkin, M., Wu, B., Rees, P. (2009). Moses: Dynamic Spatial Microsimulation with Demographic Interactions. In A. Zaidi, A. Harding, P. Williamson (Hrsg.), *New Frontiers in Microsimulation Modelling*, Bd. 36 von *Public Policy and Social Welfare*, (S. 53–78). Surrey/Burlington: Ashgate.

Bonin, H. (2013). *Mikrosimulation ausgewählter ehe- und familienbezogener Leistungen im Lebenszyklus. Gutachten für die Prognos AG.* Forschungsbericht: Mannheim: Zentrum für Europäische Wirtschaftsforschung GmbH.

Bonin, H., Reuss, K., & Stichnoth, H. (2015). Life-cycle Incidence of Family Policy Measures in Germany: *Evidence from a Dynamic Microsimulation Model*, Bd. 770 von *SOEPpapers on Multidisciplinary Panel Data Research.* Berlin: Deutsches Institut für Wirtschaftsforschung.

Brewer, M., Browne, J., Emmerson, C., Goodman, A., Muriel, A., & Tetlow, G. (2007). *Pensioner Poverty Over the Next Decade: What Role for Tax and Benefit Reform?*, Bd. 103 von *Commentary.* London: Institute for Fiscal Studies.

Browne, J., Emmerson, C., Heald, K., & Hood, A. (2014). Modelling Work, Health, Care and Income in the Older Population: The Ifs Retirement Simulator (RetSim), Bd. W14/12 von *IFS Working Papers.* London: Institute for Fiscal Studies.

Campbell, M. & Ballas, D. (2016). SimAlba: A spatial microsimulation approach to the analysis of health inequalities. *Frontiers in public health*, 4.

Dekkers, G., Buslei, H., Cozzolino, M., Desmet, R., Geyer, J., Hofmann, D., Raitano, M., Steiner, V., Tanda, P., Tedeschi, S., & Verschueren, F. (2008). What are the Consequences of the Awg Projections for the Adequacy of Social Security Pensions? An Application of the Dynamic Micro Simulation Model Midas for Belgium, Italy and Germany., Bd. 65 von *ENEPRI Research Report*:

Ekland-Olson, S. & Gibbs, J.P. (2018). *Science and Sociology: Predictive Power is the Name of the Game.* Abingdon: Routledge.

Emmerson, C., Heald, K., & Hood, A. (2014). The Changing Face of Retirement. Future Patterns of Work, Health, Care and Income among the Older Population, Bd. R95 *IFS Report.* London: Institute for Fiscal Studies.

Emmerson, C., Reed, H., & Shephard, A. (2004). An Assessment of PENSIM2, Bd. 04/21 *IFS Working Paper.* London: Institute for Fiscal Studies.

Evandrou, M., Falkingham, J., Johnson, P., Scott, A., Zaidi, A. (2007). The SAGE Model: A Dynamic Microsimulation Population Model for Britain. In: Gupta, A. Harding, A.(Hrsg.), *Modelling Our Future. Population Ageing, Health And Aged Care*, Bd. 16 von *International Symposia In Economic Theory and Econometrics*, (S. 443–447). Amsterdam: Elsevier.

Fleck, C. (1996). *Konzeption eines Mikrosimulationsmodells* für die Bereiche 'Demographie' und 'Erwerbsbeteiligung' auf der Grundlage des Soziooökonomischen Panels. (Unveröffentlichte Dissertation: Darmstadt). Technische Hochschule Darmstadt.

Forder, J., & Fernandez, J. (2012). Analysing the Costs and Benefits of Social Care Funding Arrangements in England: Technical Report (3rd Edition), Bd. 2644/3 von *PSSRU discussion paper.* Kent/London: PSSRU.

Frommert, D. (2015). Spot On or Way Off? Validating Results of the AVID Microsimulation Model Retrospectively. *International Journal of Microsimulation*, 8, 3–32.

Gault, S. (2009). *Benefit Reform – a Dynamic Microsimulation Approach Using Administrative Data.* IMA Conference 2009, Canada. [Zitiert nach: Li, J. und O'Donoghue, C. (2013)].

Hancock, R. (2000). Charging for Care in Later Life: An Exercise in Dynamic Microsimulation. In: L. Mitton, H. Sutherland, & M. Weeks (Hrsg.), *Microsimulation Modelling for Policy Analysis. Challenges and Innovations*, (S. 226–237). Cambridge: Cambridge University Press.

Hannappel, M. (2015). *(K)ein Ende der Bildungsexpansion in Sicht?! Ein Mikrosimulationsmodell zur Analyse von Wechselwirkungen zwischen demographischen Entwicklungen und Bildungsbeteiligung*. Dissertation. Marburg: Metropolis-Verlag.

Heien, T., Kortmann, K., & Schatz, C. (2007). *Altersvorsorge in Deutschland 2005. Forschungsprojekt im Auftrag der Deutschen Rentenversicherung Bund und des Bundesministeriums für Arbeit und Soziales*. Berlin: Deutsche Rentenversicherung Bund.

Holm, E. & Sanders, L. (2007). Spatial Microsimulation Models. In: Sanders, L., (Hrsg.), *Models in Spatial Analysis*, Geographical Information Systems Series, (S. 159–195). London/Newport Beach: ISTE.

Kavroudakis, D., Ballas, D., & Birkin, M. (2013). SimEducation: A Dynamic Spatial Microsimulation Model for Understanding Educational Inequalities. In R. Tanton, K. L. Edwards (Hrsg.), *Spatial Microsimulation: A Reference Guide for Users*, (S. 209–222). Dordrecht: Springer Science+Business.

Leim, I. (2008). *Die Modellierung der Fertilitätsentwicklung als Folge komplexer individueller Entscheidungsprozesse mit Hilfe der Mikrosimulation*. Dissertation. Marburg: Metropolis-Verlag.

Li, J. O'Donoghue, C. (2013). A Survey of Dynamic Microsimulation Models: Uses, Model Structure and Methodology. *International Journal of Microsimulation*, 6, 3–55.

Li, J., O'Donoghue, C., & Dekkers, G. (2014). Dynamic Models. In: C. O'Donoghue (Hrsg.), *Handbook of Microsimulation Modelling*, Bd. 293 *Contributions to Economic Analysis*, (S. 305–343). Bingley: Emerald.

Lovelace, R. & Dumont, M. (2016). *Spatial Microsimulation with R*. Boca Raton: CRC Press.

Manescu, B. (2006). *Entwicklung und Anwendung eines dynamischen Mikrosimulationsmodells für die Analyse wirtschaftspolitischer Reformvorschläge*. (Unveröffentlichte Dissertation: St. Gallen). Universität St. Gallen.

McCormick, A. W. (2011). *A Dynamic Microsimulation of Scotland's Household Composition, 2001–2035*. (Unveröffentlichte Dissertation.: Liverpool). University of Liverpool.

Munoz Hidalgo, M. E. (2016). *Simulating residential heat consumption with spatially referenced synthetic microdata*. Dissertation, HafenCity Universität, Hamburg.

Murphy, M. (2010). Changes in Family and Kinship Networks Consequent on the Demographic Transitions in England and Wales. *Continuity and Change*, 25, 109–136.

O'Donoghue, C. (2018). Increasing the Impact of Dynamic Microsimulation Modelling. *International Journal of Microsimulation*, 11(1), 61–96.

O'Donoghue, C., Sutherland, H., & Utili, F. (2000). Integrating Output in EU- ROMOD: An Assessment of the Sensitivity of Multi-country Microsimulation Results. In: L. Mitton, H. Sutherland, M. Weeks (Hrsg.), *Microsimulation Modelling for Policy Analysis. Challenges and Innovations*, (S. 124–148). Cambridge: Cambridge University Press.

Rahman, A., & Harding, A. (2017). *Small Area Estimation and Microsimulation Modeling*. Boca Raton: CRC Press.

Reed, H. & Stark, G. (2011). *Modelling the Costs for Individuals and Public Authorities in Wales of Alternative Funding Systems for the Long-term Care of Adults. Stage 1 Report: Building a Forecasting Model for Long-term Care in Wales*: http://virtual-worlds-research. com/demonstrations/wsc/wag_social_care_stage_1.doc. Zugegriffen: 20. März 2019.

Rossiter, D., Ballas, D., Clarke, G., & Dorling, D. (2009). Dynamic Spatial Microsimulation Using The Concept Of GHOSTs. *International Journal of Microsimulation*, 2, 15–26.

Schatz, C. (2010). *Altersvorsorge in Deutschland 2005. Methodenbericht Teil II: Fortschreibung und Anwartschaftsberechnung.* München: TNS Infratest Sozialforschung.

Schofield, D., Shrestha, R., Kelly, S., Veerman, L., Tanton, R., Passey, M., Vos, T., Cunich, M., & Callander, E. (2014). Health&WealthMOD2030: A Microsimulation Model of the Long Term Eco- nomic Impacts of Disease Leading to Premature Retirements of Australians Aged 45–64 Years Old. *International Journal of Microsimulation, 7,* 94–118.

Silcock, D., Redwood, D., & Curry, C. (2012). *Retirement Income and Assets: The Implications for Retirement Income of Government Policies to Extend Working Lives.* Discussion Paper. London: Pensions Policy Institute.

Silverman, E., Bijak, J., Noble, J., Cao, V., & Hilton, J. (2014). Semi- Artificial Models of Populations: Connecting Demography with Agent-Based Modelling. In S. H. Chen, T. Terano, R. Yamamoto, C. C. Tai (Hrsg.), *Advances in Computational Social Science. The Fourth World Congress,* (S. 177–189). Tokyo: Springer.

Stein, P. Bekalarczyk, D. (2016). Zur Prognose beruflicher Positionierung von Migranten der dritten Generation. In R. Bachleitner, M. Weichbold, M. Pausch (Hrsg.), *Empirische Prognoseverfahren in den Sozialwissenschaften,* (S. 223– 257). Wiesbaden: Springer VS.

Sutherland, H. (2000). EUROMOD (EU). In: A. Gupta, V. Kapur, (Hrsg.), *Microsimulation in Government Policy and Forecasting,* Bd. 247 von *Contributions to economic analysis,* (S. 575–580). Amsterdam: Elsevier.

Sutherland, H., & Figari, F. (2013). EUROMOD: The European Union Tax- benefit Microsimulation Model. *International Journal of Microsimulation,* 6, (S. 4– 26).

Taagepera, R. (2008). *Making Social Sciences More Scientific: the Need for Predictive Models.* Oxford: Oxford University Press.

Wilkoszewski, H. (2011). *German's social policy challenge. Public intergenerational transfers in light of demographic change.* (Unveröffentlichte Dissertation: London). London School of Economics and Political Science.

Wittenberg, R., Hancock, R., Comas-Herrera, A., King, D., Malley, J., Pickard, L., Juarez-Garcia, A., & Darton, R. (2007). PSSRU Long-Term Care Finance Model and CARESIM: Two Linked UK Models of Long-Term Care for Older People. In: A. Gupta, A. Harding (Hrsg.), *Modelling Our Future. Pupulation Ageing, Health and Aged Care,* (S. 489–496). Amsterdam: Elsevier.

Wittenberg, R., Hu, B., Hancock, R., Morciano, M., Comas-Herrera, A., Malley, J., & King, D. (2011). *Projections of Demand for and Costs of Social Care for Older People in England, 2010 to 2030, under Current and Alterna- tive Funding Systems. Report of Research for the Commission on Funding of Care and Support.,* Bd. 2811/2 von *PSSRU Discussion paper.* Kent/London: PSSRU.

Wolter, U. (2010). *Die Prognose der sozio-demographischen Entwicklung mit Hilfe der dynamischen Mikrosimulation, untersucht am Beispiel der Prognose der sozio-demographischen Entwicklung der Bundesrepublik Deutschland bis in das Jahr 2050.* (Unveröffentlichte Diplomarbeit: Duisburg). Universität Duisburg-Essen.

Zinn, S. (2011). *A Continuous-Time Microsimulation and First Steps Towards a Multi-Level Approach in Demography.* (Unveröffentlichte Dissertation: Rostock). Universität Rostock.

The International Journal of Microsimulation
Eine bibliometrische Netzwerkanalyse über Akteure und Anwendungsfelder

Marc Hannappel und Ardian Canolli

Zusammenfassung

Es ist nun mehr als sechzig Jahre her, dass Guy Orcutt seine Vision einer damals neuen Simulationsmethode veröffentlichte. Es dauerte aber genau fünfzig weitere Jahre, bis seine Vision in Form eines eigens für Mikrosimulationen vorgesehenen Publikationsorgans institutionalisiert wurden. Die Gründung des IJM ist nun gut elf Jahre her. Das Jubiläumsjahr wurde auch bereits genutzt, um die Entwicklungsgeschichte der Zeitschrift reflexiv zu bilanzieren. Die Ergebnisse dieser Bilanzen fallen dabei durchaus gemischt aus.
Wir möchten diese Betrachtungen mit einem Blick *von außen* ergänzen. Mit Hilfe einer bibliometrischen Netzwerkanalyse aller Artikel und Beiträge des IJM möchten wir uns ein Bild über den aktuellen Stand der Mikrosimulation sowie über dessen Genese innerhalb der Zeitschrift machen, wobei wir die Entwicklung innerhalb der Zeitschrift durchaus als einen Indikator für den Stand der Mikrosimulation innerhalb der Sozialwissenschaft insgesamt betrachten.
Wir gehen dabei folgenden Fragen nach: (1) Wer sind die entscheidenden Akteure innerhalb des IJM? (2) Lassen sich Personencluster mit besonderer Publikationsstärke und Vernetzungsgrad identifizieren? (3) Welche thematischen Schwerpunkte lassen sich identifizieren und wie sind diese Themen miteinander verbunden?

Schlüsselbegriffe

Mikrosimulation, Netzwerkanalyse, Bibliometrie, International Journal of Microsimulation

© Springer Fachmedien Wiesbaden GmbH, ein Teil von Springer Nature 2020
M. Hannappel und J. Kopp (Hrsg.), *Mikrosimulationen*,
https://doi.org/10.1007/978-3-658-23702-8_4

1   Einleitung

Es ist nun mehr als sechzig Jahre her, dass Guy Orcutt seine Vision einer neuen Simulationsmethode veröffentlichte. Es dauerte aber genau fünfzig weitere Jahre, bis seine Vision in Form eines eigens für Mikrosimulationen vorgesehenen Publikationsorgans institutionalisiert wurde. Im Jahr 2007 erschien das erste Heft des *International Journal of Microsimulation* (IJM) mit einem Editorial von Paul Williamson (2007), in dem die Ziele der Zeitschrift formuliert wurden sowie ein Nachdruck des 1957 erschienen Aufsatzes von Orcutt: „A new type of socio-oeconomic system". Was aus unserer Sicht bis heute häufig vernachlässigt wird ist, dass Orcutt in diesem Aufsatz bereits *zwei* Einsatzbereiche für die Mikrosimulation im Blick hatte: (1) im Bereich der angewandten Forschung in Form von Prognosemodellen zur Bearbeitung sozial*politischer* Fragestellungen, aber auch (2) Modelle, die rein wissenschaftlichen Erkenntniszielen verpflichtet sind und daher auf die Beantwortung sozial*wissenschaftlicher* Fragestellungen abzielen.

Die Gründung des IJM ist nun gut elf Jahre her. Das Jubiläumsjahr wurde auch bereits genutzt, um die Entwicklungsgeschichte der Zeitschrift reflexiv zu bilanzieren. Die Ergebnisse dieser Bilanzen fallen dabei durchaus gemischt aus (O'Donoghue und Dekkers 2018).

Wir möchten diese Betrachtungen mit einem Blick von außen ergänzen. Mit Hilfe einer bibliometrischen Netzwerkanalyse aller Artikel und Beiträge des IJM möchten wir uns ein Bild über den aktuellen Stand der Mikrosimulation sowie dessen Genese innerhalb der Zeitschrift machen, wobei wir die Entwicklung durchaus als einen Indikator für den Stand der Mikrosimulation innerhalb der Sozialwissenschaft insgesamt betrachten.

Wir gehen dabei folgenden Fragen nach: (1) Wer sind die entscheidenden Akteure des IJM? (2) Lassen sich Personencluster mit besonderer Publikationsstärke und speziellem Vernetzungsgrad identifizieren? (3) Welche thematischen Schwerpunkte lassen sich identifizieren und wie sind diese Themen miteinander verbunden?

Entlang dieser Fragestellungen werden wir im nächsten Abschnitt kurz die Entwicklungsgeschichte der Mikrosimulation und deren Institutionalisierungsprozess skizzieren. Danach folgt eine allgemeine Deskription der bibliometrischen Netzwerkanalyse. Eine Beschreibung der Datenerhebung und -aufarbeitung beinhaltet der dritte Abschnitt. Im vierten Abschnitt stellen wir unsere Ergebnisse vor, die dann im letzten Abschnitt vor dem Hintergrund einiger Reflexionen wichtiger Wissenschaftler über den Stand der Mikrosimulation aus dem direkten Umfeld der Zeitschrift diskutiert werden. Um die Nachvollziehbarkeit unserer empirischen Ergebnisse sicherzustellen, finden Sie auf der Internetseite des Instituts für Soziologie der Universität Koblenz-Landau den für die Analysen verwendeten

Datensatz, eine Übersicht über die originalen Schlüssel- und Oberbegriffe sowie den R-Code für die Analysen.[1]

2 Genese der Mikrosimulation – eine Skizze

1957 veröffentlichte Guy Orcutt einen Aufsatz, der heute als Gründungsdokument für sozialwissenschaftliche Mikrosimulationen bezeichnet werden kann. In diesem Aufsatz kritisierte er die damals, und stellenweise auch heute noch, bestehende Dominanz von Makromodellen zur Simulation von Bevölkerungsdynamiken. So sei es problematisch, „that current models of our socio-economic system only predict aggregates and fail to predict distributions of individuals, households, or firms in single or multivariate classifications" (Orcutt 1957, S. 116). Zwar räumt er ein, dass Makromodelle im Falle von linearen Beziehungen durchaus nützlich sein können. „However, if nonlinear relationships are present, then stable relationships at the micro level are quite consistent with the absence of stable relationships at the aggregate level." (ebd., S. 116 f.) Die Idee, Makrozustände durch die Implementation von Verhaltensroutinen auf der individuellen Ebene zu simulieren, war nicht neu. Mikrosimulationen wurden bereits in den 1950er Jahren innerhalb naturwissenschaftlicher Forschungen eingesetzt (Spielauer 2000, S. 1). Orcutts Verdienst war es aber, die methodischen Prinzipien auf sozialwissenschaftliche Forschungsfragen zu übertragen.

In den Folgejahren arbeitete Orcutt mit Kolleginnen und Kollegen am *Urban Institute* in Washington (Orcutt et al. 1976, S. XV f.) an einem Modell zur Simulation der amerikanischen Bevölkerung im Hinblick auf sozioökonomische Fragestellungen, wie die Entwicklung von Einkommen, Bildung und residentieller Mobilität (ebd., S. 1). Ergebnis dieser Arbeiten war ein erstes dynamisches Mikrosimulationsmodell „Dynamic Simulation of Income Model" (DYNASIM), welches in den Folgejahren sukzessive weiterentwickelt wurde (Favreault und Smith 2004). Aufgrund der sehr rechenintensiven Simulationen war die Nachfrage nach derartigen Modellen in den 1960er und 1970er Jahren noch sehr gering (O'Donoghue 2001, S. 1). Dies änderte sich erst mit dem Aufkommen neuer Computer mit größeren Rechnerleistungen, sodass derartige Simulationen nicht mehr nur in großen Rechenzentren, sondern auf persönlichen Rechnern (Personal Computers) von einzelnen Wissenschaftlern oder kleineren Forschungsgruppen selbst durchgeführt werden konnten.

---

1   https://www.uni-koblenz-landau.de/de/koblenz/fb1/institut-soziologie/team/marc-han-nappel/publikationen

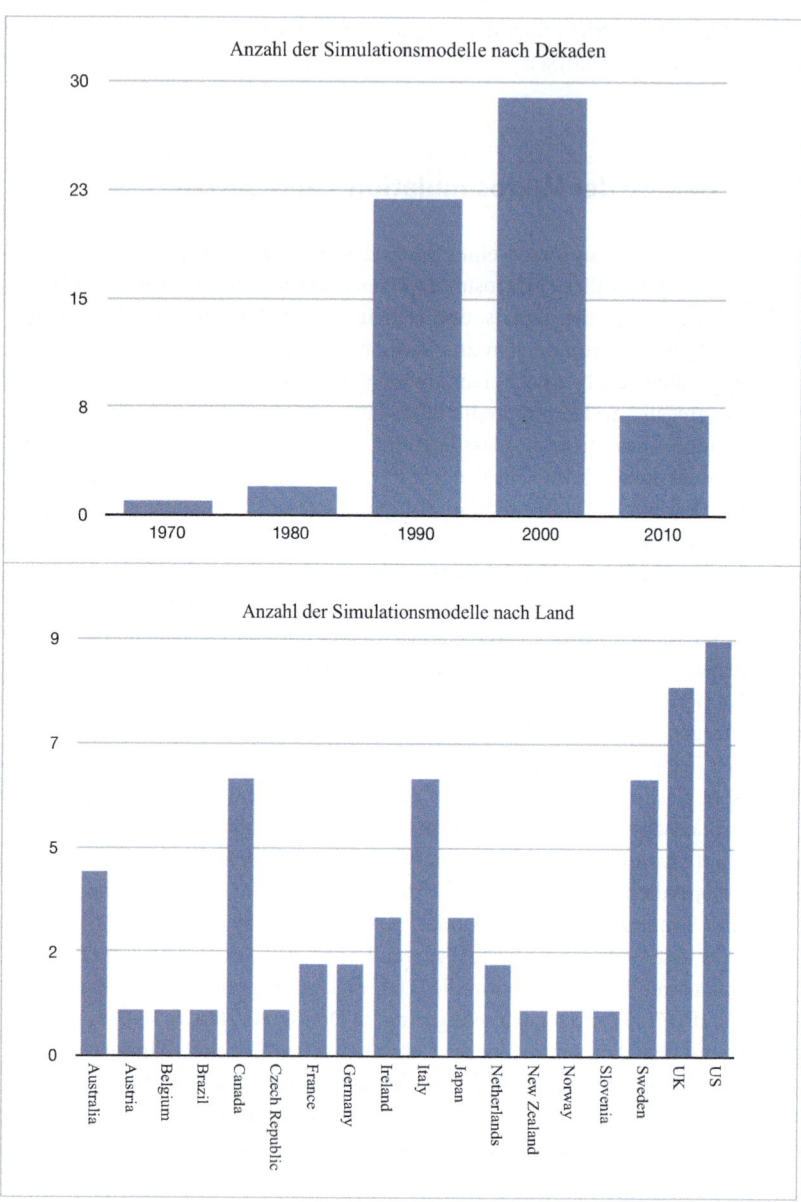

Abb. 1 Entwicklung von Mikrosimulationsmodellen nach Dekaden und Ländern. Quelle: Li und O'Donoghue 2013), eigene Darstellung

Eine Auflistung von Mikrosimulationsmodellen seit den 1970er Jahren von Li und O'Donoghue (2013, S. 8 ff.) zeigt beispielsweise, dass erst in den letzten Jahrzehnten der Einsatz von Mikrosimulationen rasant angestiegen ist (siehe Abbildung 1). Während etwa in den 1970er und 1980er Jahren nur vereinzelt Mikrosimulationsmodelle entwickelt wurden – zu den bekannteren Modellen zählen neben DYNASIM für die USA auch die sogenannten „Frankfurter Modelle" (Sfb3) für Deutschland (1980er Jahre), MOSART für Norwegen, PENSIM für England und DYNACAN für Canada (jeweils Anfang der 1990er Jahre) – zeigt die Entwicklung seit Beginn der 1990er Jahre eine regelrechte Expansion von Mikrosimulationsmodellen (siehe Abbildung 2)[2]. Die geringe Anzahl an Modellen für die Dekade ab 2010 ist darin begründet, dass die Daten auf einer Auflistung von Li und O'Donoghue aus dem Jahr 2013 basieren und somit nur den Anfang der Dekade abdecken.

Li und O'Donoghue listen insgesamt 61 Mikrosimulationsmodelle. Die untere Graphik zeigt, dass sich die Modelle auf relativ wenige Länder verteilen. So wurden vor allem in den USA, in England, Schweden, Italien und Kanada Mikrosimulationsmodelle entwickelt und angewendet (Li und O'Donoghue 2013, S. 8 ff.). Folglich kann für die Zeit bis ca. 2013 zwar eine Expansion von Mikrosimulationsmodellen festgestellt werden, gleichzeitig aber auch eine Konzentration auf wenige Länder.

Eine Datenbankabfrage auf der Internetplattform „Web of Science"[3] mit dem Stichwort „microsimulation" zeigt auch die publizistische Entwicklung in diesem Feld. Während zwischen 1970 und 1990 kaum Publikationen in der Datenbank gelistet sind, steigt deren Anzahl seit den 1990er Jahren merklich an (siehe Abbildung 2). Zu Beginn des neuen Jahrtausends nimmt dann die Zahl der Publikationen rapide zu.

In dieser Zeit steigen nicht nur die Zahlen der Publikationen an, sondern es findet insgesamt eine Institutionalisierung im Feld der Mikrosimulation statt. So fand 2003 eine Konferenz in Canberra mit dem Titel „Aging and Health: Modelling Our Future" statt. An dieser Konferenz nahmen auch viele Wissenschaftlerinnen und Wissenschaftler teil, die in ihren Forschungen mit Mikrosimulationsmodellen arbeiteten. Auf dieser Konferenz wurde das Bedürfnis formuliert, den wissen-

---

2   Die Daten basieren auf einer Tabelle von Li und O'Donoghue (2013), in der die Autoren die wichtigsten Mikrosimulationsmodelle seit den 1970er Jahren zusammengestellt haben. Für die Zuordnung der Modelle zu den jeweiligen Dekaden wurde eine einfache Heuristik verwendet: Li und O'Donoghue listen die Modelle in alphabetischer Reihenfolge auf und fügen in ihrer Tabelle die jeweiligen Publikationen hinzu, in denen die Modelle beschrieben wurden. Entsprechend des Jahres der Publikation des jeweiligen Modells wurde dieses der jeweiligen Dekade zugeordnet. Wenn demnach eine Dokumentation 1990 erschienen ist, wurde das Modell der Dekade 1990er Jahre zugeordnet.

3   Web of Science Core Collection: Social Sciences Citation Index

schaftlichen Austausch zwischen Anwenderinnen und Anwender von Mikrosimulationsmodellen zu institutionalisieren (Williamson 2007, S. 1). Ergebnis dieser Bestrebungen war die Gründung der *International Microsimulation Association* im Jahr 2005. Kurz danach, im Jahr 2007, also genau 50 Jahre nach Orcutts erster Ideenskizze, wurde die Zeitschrift *International Journal of Microsimulation* gegründet (Williamson 2007, S. 1).

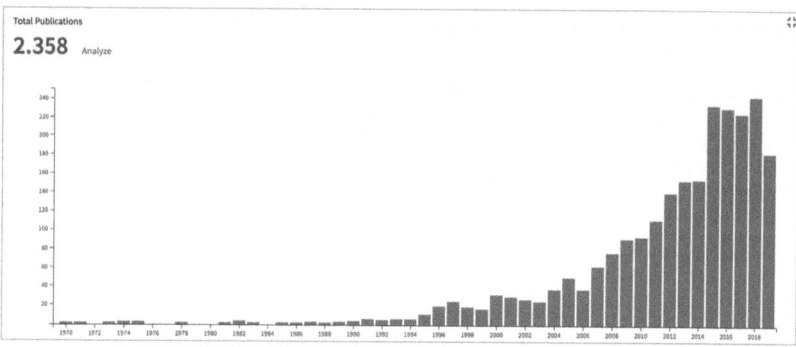

Abb. 2   Anzahl der Publikationen pro Jahr (1970 – 2019).
Quelle: Datenbankabfrage Web of Science Core Collection

Obwohl nun mehr als sechzig Jahre nach der Veröffentlichung von Orcutts Artikel vergangen sind, zeigen die Daten, dass das Feld der Mikrosimulation noch ein sehr junges ist, welches erst seit etwas mehr als zwanzig Jahren kontinuierlich wächst. Die Anwendung dieser besonderen Simulationsmethode ist dabei auf wenige Länder und Forschungsgruppen beschränkt; vergleicht man dies beispielsweise mit der Verbreitung herkömmlicher statistischer Verfahren, so handelt es sich bei den Anwenderinnen und Anwendern um einen sehr exklusiven Kreis.

3   Bibliometrische Netzwerkanalyse

Bibliometrische Analysen sind in erster Linie solche, die Publikationen bzw. deren Merkmale zum Untersuchungsgegenstand erheben. Mit Hilfe statistischer Verfahren werden unterschiedliche Informationen von Publikationen ausgewertet (Havemann und Scharnhorst 2010, S. 799). So kann beispielsweise das Spiegel Bestsellerranking als eine Form bibliometrischer Analyse angesehen werden, da hier Publikationen in Abhängigkeit bestimmter Kategorien bzw. Rubriken (Belletristik und Sachbuch) nach ihren Verkaufszahlen ausgewertet und rangiert aufgelistet werden.[4] Sind wissenschaftliche Publikationen Gegenstand der Analysen, so lässt sich die bibliometrische Analyse der Szientometrie, also der „Vermessung" wissenschaftlicher Forschung zuordnen. Die Analyse wissenschaftlicher Texte stellt daher einen Schnittpunkt zwischen Biblio- und Szientometrie dar.

Innerhalb der szientometrischen Bibliometrie stehen seltener einfache Häufigkeitsverteilungen, wie im Falle der Bestsellerliste, im Vordergrund, sondern die Analyse von komplexen Netzwerkstrukturen. Es geht dabei beispielsweise um die Frage, wie Autoren innerhalb eines wissenschaftlichen Feldes vernetzt bzw. eingebunden sind, welchen Stellenwert Zeitschriften innerhalb eines Fachgebietes einnehmen oder welchen Einfluss bestimmte Publikationen haben. All diesen Fragestellungen ist gemein, dass sie bestimmte Informationen von wissenschaftlichen Texten, wie Autor(en), Titel, Schlüsselwörter oder Zitationen, auswerten (Havemann und Scharnhorst 2010, S. 799). Eine Netzwerkstruktur ergibt sich dann, wenn verschiedene Dokumente durch die zu analysierenden Merkmale (Autor, Schlüsselwörter, Zitation etc.) miteinander verbunden sind. Zwei Dokumente sind zum Beispiel hinsichtlich des Merkmals „Schlüsselbegriff" miteinander verbunden, wenn in beiden das gleiche Schlüsselwort vorkommt (siehe Tabelle 1).

Tab. 1   Verbindung von Dokumenten

Dokument A	Dokument B
Microsimulation	Alignment
Health	Microsimulation
Income	Australia
Pension	Spatial

---

4   https://www.buchreport.de/spiegel-bestseller/ermittlung-der-bestseller/   (Stand: 03.03.2019)

Im Gegensatz zu traditionelleren sozialwissenschaftlichen Forschungsansätzen, in denen häufig die Analysen auf Ebene der Variablen durchgeführt werden, richten Netzwerkanalysen den Fokus auf Verbindungen bzw. Relation zwischen Akteuren oder Merkmalen (Albrecht 2010, S. 125). Ein (personelles) Netzwerk besteht folglich aus Akteuren und deren Verbindungen. Akteure werden durch Knoten, Verbindungen durch Kanten repräsentiert. Werden mehrere Knoten miteinander verbunden, bildet sich graphisch ein Netzwerk (Abbildung 3). Daher werden Netzwerkstrukturen häufig auch graphentheoretisch beschrieben (Holzer 2009, S. 345 ff.).

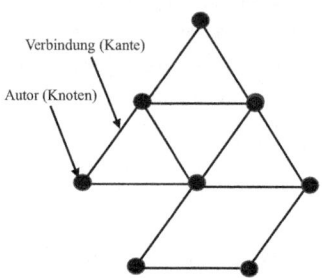

Abb. 3   Knoten und Kanten im Netzwerk

Je nach Fragestellung ist auch die Richtung der Beziehung von Interesse. Hier werden ‚symmetrische' von ‚asymmetrischen Beziehungen' unterschieden (Brandes 2010, S. 376 f.). Erstere sind solche, die nur eine ungerichtete Verbindung zweier Knoten ausdrücken. Bei Letzteren liegt eine Richtung der Beziehung vor, d. h. zwischen zwei Akteuren besteht eine Art „Sender-Empfänger-Beziehung". Die Dichte eines Netzwerkes gibt die Relation zwischen möglichen und realisierten Beziehungen an. So nimmt mit der Dichte eines Netzwerkes auch die Wahrscheinlichkeit direkter Verbindungen zwischen Knoten zu (Holzer 2009, S. 256). Im Gegensatz dazu nimmt in Netzwerken mit geringer Dichte die Selektivität zu, sodass sich in diesen Netzwerkstrukturen Teilgruppen mit größerer Verbindungsdichte, die sogenannten ‚graphentheoretischen Cliquen', identifizieren lassen (ebd.). Für Netzwerke mit geringer Dichte empfiehlt Holzer die Analyse einzelner Knoten oder Cliquen, da hier die Kontaktchancen nicht gleich verteilt sind. Es werden sich somit Cliquen mit höherer oder geringerer Dichte und Knoten ohne Kanten, also ohne Verbindungen zeigen. Stellen Knoten beispielsweise Autoren dar, dann ist die Zahl der Verbindungen ein Indikator dafür, wie der Autor im Feld vernetzt ist. Autoren mit einer hohen Kontaktfähigkeit kann damit auch ein größerer Einfluss unterstellt werden. „Die relative Kontaktfähigkeit eines Knotens [...] ist somit ein Maß dafür, wie wichtig oder einflussreich er ist" (Holzer 2009, S. 256). Sie ist daher ein Indikator für dessen Zentralität.

In den meisten soziologischen Studien bilden die Akteure die Knoten und die (sozialen) Verbindungen zwischen ihnen die Kanten. Netzwerkanalysen treten daher auch häufig im Kontext eines relationalen Ansatzes auf (Witte et al. 2018). Zwar werden innerhalb bibliometrischer Analysen auch Akteure im Hinblick auf ihre Einbettung in ein größeres Netzwerk untersucht. Die Knoten müssen aber nicht zwangsweise Personen darstellen (Albrecht 2010, S. 130; Carrington und Scott 2011, S. 4), sondern können auch Titel, Schlüsselwörter oder Begriffe umfassen. So unterscheidet Havemann ‚Zitationsnetzwerke‘, ‚bibliographische Kopplungen‘, ‚Kozitationsanalyse‘, ‚Lexikalische Kopplungen‘ („Co-Word"-Analysen) sowie ‚Koautorenschaftsnetzwerke‘.

In ‚Zitationsnetzwerken‘ stellen die Publikationen die Knoten und die Zitationen die Kanten dar. Derartige Untersuchungen können die Stellung eines Artikels im wissenschaftlichen Diskurs abbilden. Analog kann mit ganzen Zeitschriften verfahren werden, sodass hier die Zitationsströme zwischen Zeitschriften analysiert werden (Havemann und Scharnhorst 2010, S. 809 f.).

‚Bibliographische Kopplungen‘ liegen dann vor, wenn in mindestens zwei Artikeln auf eine bestimmte Quelle verwiesen wird. Findet sich zum Beispiel die Quelle „(Mustermann 2020)" in zwei verschiedenen Dokumenten, dann sind diese beiden Dokumente im Hinblick auf die Quelle verbunden.

Werden anstelle von Zitationen literarische Quellen, also Texte, Begriffe oder Schlüsselwörter hinsichtlich möglicher Verbindungen untersucht, so handelt es sich um eine ‚lexikalische Kopplung‘ bzw. auch ‚Co-Word-Analyse‘. Die Schlüsselbegriffe stellen dann die Knoten dar und die Kanten die Verbindungen. Zwei Schlüsselbegriffe sind dann miteinander verbunden, wenn in mindestens zwei Dokumenten der gleiche Schlüsselbegriff gelistet ist. Finden sich die Netzwerke zu Clustern zusammen, dann können diese als übergeordnete, latente Themen interpretiert werden (Havemann und Scharnhorst 2010, S. 813).

Eine Verbindung in Form einer ‚Kozitation‘ liegt dann vor, wenn „between two publications or researchers [...] are cited in the same source document, i. e. when the authors are listed in the same bibliography" (Meyer et al. 2009, 2.3). Wenn demnach auf zwei Publikationen A und B in einem dritten C verwiesen wird, dann sind A und B über C miteinander verbunden. So zeigt zum Beispiel Abbildung 4 eine Kozitation zwischen Publikation 1 und 3 durch gemeinsame Verweise im Dokument A. Publikation 2 und 3 treten gemeinsam im Dokument D auf etc. Je häufiger auf zwei Werke verwiesen wird, desto größer ist deren Beziehung.

	Publikation 1	Publikation 2	Publikation 3
Dokument A	1	0	1
Dokument B	1	0	1
Dokument C	1	1	1
Dokument D	0	1	1

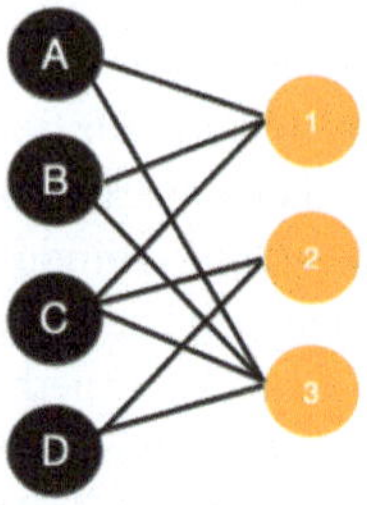

Abb. 4   Kozitations-Matrix und Bipartie-Graph Quelle: Eigene Darstellung, entlehnt aus: https://www.slideshare.net/MassimoAria/bibliometrix-phd-seminar (03.03.2019)

Im Gegensatz zu Kozitationen, bei denen die zitierten Publikationen im Vordergrund stehen, bilden ‚Koautorenschaftsnetzwerke' die Netzwerke von Autoren ab. Die Autoren werden in diesem Fall wieder durch Knoten dargestellt und die Beziehungen zwischen ihnen, in Form gemeinsamer Publikationen, bilden die Kanten ab. Nach Havemann können diese Verbindungen in den meisten Fällen als Kooperationen angesehen werden, da eine gemeinsame Publikation (hiervon sind vielleicht naturwissenschaftliche Publikationen mit einer Vielzahl von Koautoren ausgeschlossen) eine wie auch immer definierte Form von Zusammenarbeit voraussetzt (Havemann und Scharnhorst 2010, S. 814). Publizieren mindestens zwei Autoren ein Werk gemeinsam, dann spricht man von einer Koautorenschaft. Koautorenschaftsnetzwerke bieten sich daher dazu an, die Einbettung von Autoren in einem Netz wissenschaftlicher Gemeinschaft zu untersuchen. Autoren, die relativ häufig vorkommen, werden in graphischen Abbildungen meist vergrößert dargestellt und die Anzahl der Kanten gibt Auskunft über die strukturelle Einbettung des Autors in der jeweiligen Forschungslandschaft. „Die Zahl von Koautoren eines Autors ist [daher] ein Maß seiner Vernetzung" (Havemann und Scharnhorst 2010, S. 816).

Entsprechend unserer Fragestellung werden wir zunächst eine Analyse des Koautorenschaftsnetzwerkes der *International Journal of Microsimulation* vornehmen. Da wir diese Analyse schrittweise in Abhängigkeit zusammengefasster Jahrgänge auswerten, können wir die personelle Entwicklung in diesem Feld sichtbar machen. In einem zweiten Analyseschritt führen wir dann eine „Co-Word"-Analyse durch. Untersuchungsgegenstand sind dann die in den Artikeln verwendeten Schlüsselbegriffe. Auch hier gehen wir chronologisch vor, um einen Eindruck für die inhaltliche Entwicklung des Feldes zu erhalten.

4   Methode

4.1   Der Datensatz

Als Charakteristika von (bibliometrischen) Netzwerkanalysen zählt Linton C. Freeman (2004, S. 3) folgende Eigenschaften auf:

1. "Social network analysis is motivated by a structural intuition based on ties linking social actors,
2. It is grounded in systematic empirical data,
3. It draws heavily on graphic imagery, and
4. It relies on the use of mathematical and/or computational models."

Ein erster wichtiger Schritt ist daher die Beschaffung geeigneter Daten. Unsere Untersuchung zielt auf die Analyse von Netzwerkstrukturen innerhalb des *International Journal of Microsimulation*. Wir benötigen dafür alle Artikel, die in dieser Zeitschrift erschienen sind sowie die für unsere Analysen relevanten Merkmale (Autor(en), Schlagwörter, Veröffentlichungsjahr). Um eine manuelle Zusammenstellung der Artikel weitestgehend zu vermeiden, bieten sich in solchen Fällen Literaturdatenbanken an. Zur Extraktion der Artikel haben wir die Onlinedatenbank EconPapers gewählt (www.EconPapers.repec.org). Diese liefert als Output die bibliographischen Angaben in einem BibTex-Format. Die Daten werden, wie unten näher ausgeführt wird, mit der Statistiksoftware R unter Verwendung des ‚packages' „bibliometrix" ausgewertet (Aria und Cuccurullo 2017). Dieses ‚package' ist allerdings nur für die Datenbanken „Web of Science" und „Scopus" optimiert (ebd., S. 963). Daher müssen die Daten, die wir aus EconPapers extrahiert haben, leicht modifiziert werden.[5]

```
@article{RePEc:ijm:journl:v:1:y:2007:i:1:p:10-25,
Title = {The financial implications of working longer: An Application of a Micro-Economic Model of Retirement in Bel
Author = {Gijs, Dekkers},
Year = {2007},
journal. = {International journal. of Microsimulation},
Volume = {1},
Number = {1},
Pages = {10-25},
Abstract = {In this paper, the costs and benefits associated with postponing retirement are simulated in a standard
irement.},
Keywords-Plus = {option_value; peak_value; pension; pension scheme; replacement_rates},
Url = {https://EconPapers.repec.org/RePEc:ijm:journl:v:1:y:2007:i:1:p:10-25}
}
```

Abb. 5   BibTex-Eintrag zur weiteren Verarbeitung mit dem R-package „bibliometrix"

---

5   Hierfür müssen lediglich die Anfangsbuchstaben der Feldnamen bzw. Artikelmerkmale („title", „author", „year" etc.) durch Großbuchstaben ersetzt werden.

Abbildung 5 zeigt exemplarisch einen Datenbankeintrag, wie er auch später in der Analyse verwendet wird. Ein neuer Artikel wird mit dem Befehl „@article" eingeleitet. Der Eintrag beginnt mit einer Buchstaben-Zahlen-Kombination, die sich aus mehreren bibliographischen Angaben (Name der Zeitschrift, Jahrgang, Heft, Jahr etc.) zusammensetzt. Die nächsten zwei Zeilen enthalten die Angaben über den Titel und über den oder die Autor(en); sollte es mehrere geben, werden diese durch ein „and" getrennt. Danach folgen die bekannten bibliographischen Angaben, wie Name der Zeitschrift, Jahrgang etc.[6]

Für unsere Analysen ist die Zeile „Keyword-Plus" hervorzuheben. Sie enthält die durch Semikolon getrennten Schlüsselbegriffe, die später Gegenstand der Netzwerkanalyse sind. Bei den Vorbereitungen der Netzwerkanalyse ist ein Problem aufgetaucht, was zum einen methodisch näher beschrieben werden muss, zum anderen aber auch die Ergebnisse stark beeinflusst. Im Sinne einer „Co-Word"-Analyse werden Schlüsselbegriffe in der Regel nach ihrem gemeinsamen Vorkommen analysiert. D. h. es wird geprüft, wie einzelne Schlüsselbegriffe in verschiedenen Dokumenten gekoppelt, also verbunden sind. Das setzt voraus, dass die Schlüsselbegriffe in den verschiedenen Dokumenten auch einheitlich benannt sind. Eine Netzwerkanalyse kann dann aufzeigen, wie verschiedene Schlüsselbegriffe miteinander verbunden sind, mit anderen Worten: welche Schlüsselbegriffe in Kombination mit anderen häufiger auftreten. Das Problem der Beiträge im *International Journal of Microsimulation* ist allerdings, dass sich beispielsweise im Bereich der Simulation von fiskalpolitischen Entscheidungen die Modelle durch ihre Spezialisierung auf unterschiedliche Steuerformen auszeichnen. So gibt es eine sehr breite Varianz von Schlüsselbegriffen, die sich alle um das Thema Steuern verteilen. Ergebnis einer Netzwerkanalyse ist daher eine sehr unübersichtliche Wolke von einzelnen Schlüsselbegriffen. Unser Ziel ist es aber, die zentralen Themen, die im Journal publiziert wurden, zu visualisieren und gleichzeitig die Heterogenität des Forschungsfeldes aufrechtzuerhalten. Daher haben wir im Datensatz die Keywords, die durch Oberbegriffe klassifiziert werden können, durch diese übergeordneten Begriffe *ergänzt* (siehe Tabelle 2).

---

6   Die Angaben „Journal", „Volume", „Number", „Pages" und „Abstract" sind optional. Sie sind zwar automatisch in dem Datenimport enthalten, für unsere Analysen spielen sie allerdings keine Rolle. Das Package „bibliometrix" bietet zwar auch die Möglichkeit, die Abstracts nach Schlüsselbegriffen zu analysieren. Von dieser Möglichkeit wird im Rahmen dieses Beitrags allerdings kein Gebrauch gemacht.

Tab. 2   Schlüsselbegriffe und Oberkategorien für die „Co-Word"-Analyse

Original	Oberbegriff
(…)	(…)
dynamic ageing	dynamic microsimulation
dynamic microsimulation	dynamic microsimulation
dynamic model	dynamic microsimulation
(…)	(…)
Economic	Economic
Economic impact	Economic
Economic microsimulation modelling	Economic
Economic modellin	Economic
ECONOMIC SYSTEMS	Economic
(…)	(…)
tax	Tax
tax and transfers policy	Tax
tax evasion	Tax
tax expenditures	Tax
Tax incidence	Tax
(…)	(…)

Um die Genese der Zeitschrift sowohl hinsichtlich der publizierten Themen und Anwendungsfelder als auch im Hinblick auf die sich entfaltenden personalen Netzwerkstrukturen sichtbar zu machen, haben wir drei Datensätze mit unterschiedlichen „Entwicklungsabschnitten" erstellt. Der erste Datensatz enthält alle Artikel von 2007 bis 2009, der zweite die Artikel von 2007 bis 2012 und schließlich enthält der dritte Datensatz die Artikel von 2007 bis 2018.

4.2   Die Software

Zur Bearbeitung bibliometrischer Daten im Rahmen einer Netzwerkanalyse bieten sich mehrere Softwarelösungen an. Diese sind z. B. „UCINET", „Gephi" und „R" bzw. „R-Studio". UCINET ist zwar eine geeignete Software zur Analyse von sozialen Netzwerk-Daten, sie ist aber nur zeitlich begrenzt kostenfrei nutzbar (https://sites. google.com/site/ucinetsoftware/home). Die Stärke von Gephi liegt sicherlich im Bereich der Visualisierung, die Erstellung der Datensätze für dieses Programm ist allerdings sehr aufwendig (gephi.org). RStudio ist eine multifunktionale Software, die mit sogenannten ‚packages' arbeitet und daher sehr vielseitig einsetzbar ist. Wir

haben uns daher für die Software R entschieden und als ‚package' „bibliometrix"
verwendet (Aria und Cuccurullo 2017; http://www.bibliometrix.org).

5   Ergebnisse

Im *International Journal of Microsimulation* wurden zwischen 2007 und 2018 179
Beiträge von 293 Autoren veröffentlicht, welche 427 Mal in den Artikeln erschienen. Dies ergibt 1,64 Autoren pro Artikel. Der zehnte Jahrgang (2017) enthält mit
27 Beiträgen die meisten, während der erste Jahrgang sieben Artikel zählt. Insgesamt enthalten die Beiträge 392 Keywords, d. h. ca. 2,2 Keywords pro Beitrag. Die
geringe durchschnittliche Anzahl ist darin begründet, dass die Jahrgänge auch
einleitende Beiträge der Herausgeber oder Buchbesprechungen enthalten, die keine
Schlüsselbegriffe auflisten.

Tab. 3   Publikationsstärkste Autoren

	Authors	Articles	Authors	Articles Fractionalized
1	Dekkers, G.	18	Dekkers, G.	14,833
2	Richiardi, M.	12	Richiardi, M.	10,25
3	Tanton R.	8	Tanton, R.	4,444
4	Cockburn, J.	6	Williamson, P.	3,333
5	O'Donoghue, C.	6	Van de Ven, J.	3
6	Schofield, D.	6	O'Donoghue, C.	2,167
7	Harding, A.	5	Li, J.	2
8	Kelly, S.	5	Zhang, X.	2
9	Shreshta, R.	5	Zinn, S.	2
10	Brown, L.	4	Brown, L.	1,833

Tabelle 3 gibt eine Übersicht über die publikationsstärksten Autoren. Zum einen
sind in der Tabelle die Autoren entsprechend der Anzahl ihrer publizierten Beiträge
absteigend sortiert. Der Wert in der Spalte „article fractionalized" gibt Auskunft
über den Anteil der Autoren an ihren Beiträgen. Publiziert beispielsweise ein Autor
zusammen mit einem Koautor, so beträgt der Anteil des Autors an diesem Beitrag
0,5, publiziert er mit zwei Koautoren 0,33 etc.

Die meisten Beiträge für den betrachteten Zeitraum publizierte Gijs Dekkers. Sein sogenannter „article fractionalized" Wert beträgt 14,83.[7] Die hohen Werte für Dekkers, das gleiche gilt auch für Matteo Richiardi, sind darauf zurückzuführen, dass Dekkers von 2011 bis 2015 Herausgeber der Zeitschrift war und für die meisten Hefte ein Editorial verfasst hat. Richiardi übernahm ab 2015 dieses Amt und hielt an dieser Tradition fest, sodass beide zum einen mit vielen Beiträgen gelistet sind, zum anderen einen vergleichsweise großen Anteilswert aufweisen, da die Editorials, mit einigen Ausnahmen, nur von den Herausgebern publiziert wurden. Dies ist auch später bei der Interpretation des Koautorenschaftsnetzwerkes zu berücksichtigen.

Die restlichen Autoren bis zu Ann Harding sind ebenfalls publikationsstark, zeichnen sich aber durch wesentlich geringere Anteilswerte aus; Ann Harding taucht zum Beispiel in der rechten Tabelle gar nicht auf. Dies ist vor allem ein Anzeichen dafür, dass diese Autoren häufig in Autorenkollektiven publizieren, was auch ein Hinweis auf ihre Vernetzung ist.

Tabelle 4 besteht wieder aus zwei Bereichen. Die linke Tabelle enthält eine Aufzählung der Schlüsselbegriffe, die in den Beiträgen am häufigsten genannt wurden und der rechte Teil eine Häufigkeitsverteilung der von uns konstruierten Oberbegriffe.[8] Beide Tabellen zeigen die inhaltliche Schwerpunktsetzung der Zeitschrift, die sowohl methodisch als auch sozialpolitisch ausgerichtet ist. Die dominierenden Oberbegriffe sind „Tax" und „Income". Hier zeigt sich auch der sozialwissenschaftliche Schwerpunkt in der ökonomischen Entwicklung von Bevölkerungen. Insgesamt richten sich die zentralen inhaltlichen Themen daher auf fiskal- und gesundheitspolitische Fragen.

---

7   Gijs Dekkers hat insgesamt 18 Beiträge publiziert, davon 12 als alleiniger Autor (12), fünf mit einem Koautor (5 · 0,5 = 2,5) und einen Artikel mit zwei Koautoren (0,33). Zusammen ergibt sich somit ein Anteilswert von 14,833.

8   Auch an dieser Stelle sei noch einmal betont, dass die Zuordnung einzelner Schlüsselbegriffe zu den Oberbegriffen mittels einer einfachen Heuristik durchgeführt wurde. Je nach Wahl und Zuordnung der Oberbegriffe fallen die Ergebnisse der Netzwerkanalyse auch unterschiedlich aus. Wir hoffen allerdings, mit unserem Vorgehen eine realistische Einschätzung über die inhaltlichen Schwerpunkte der Zeitschrift geben zu können.

Tab. 4   Häufigste Schlüssel- und Oberbegriffe

	Original Keywords (ID)	Articles	main topics	Articles
1	Microsimulation	48	Tax	29
2	CGE	10	Income	25
3	Dynamic Microsimulation	10	CGE	17
4	Poverty	10	Spatial Microsimulation	14
5	Spatial Microsimulation	10	Dynamic Microsimulation	12
6	EUROMOD	7	Health	11
7	Health	5	Spatial Microsimulation	11
8	Income	5	Poverty	10
9	Inequality	5	EUROMOD	7
10	Alignment	4	Pension	7

5.1   Koautorenschaftsnetzwerk

Abbildung 6 zeigt die Ergebnisse der Netzwerkanalyse für die Koautorenschaft. Die Zeitspanne 2007 bis 2009 kann als Gründungsphase bezeichnet werden. 2007 gab es nur eine Ausgabe mit sieben Artikeln. 2008 erschien keine Ausgabe und 2009 zwei Hefte mit insgesamt zehn Beiträgen. Die Abbildung suggeriert zwar erste Anzeichen einer Netzwerkbildung, allerdings handelt es sich in den meisten Fällen nur um einen Beitrag mit mehreren Autoren. Lediglich C. O'Donoghue hat zwei Beiträge mit unterschiedlichen Autoren publiziert, sodass sich hier ein beitragsübergreifendes Netzwerk abzeichnet.

Bereits im nächsten Betrachtungszeitraum (siehe Abbildung 7) zeigen sich klare Anzeichen von Personenclustern bzw. ‚graphentheoretischen Cliquen' (Holzer 2009, S. 256). Ein Cluster bildet sich beispielsweise um Gijs Dekkers. Dekkers war von 2011 bis 2015 Herausgeber der Zeitschrift; er wurde 2011 auf der IMA World Conference in Stockholm offiziell gewählt (Dekkers 2015, S. 2). Die Clusterstruktur ist durch zwei Besonderheiten gekennzeichnet: Zum einen schreibt Dekkers viele Beiträge für die Zeitschrift, da er als Herausgeber regelmäßig den Beiträgen voranstehende „Editorials" veröffentlicht. Zum anderen publiziert Dekkers überwiegend allein, sodass dadurch auch die geringe Anzahl an Koautoren erklärt wird.

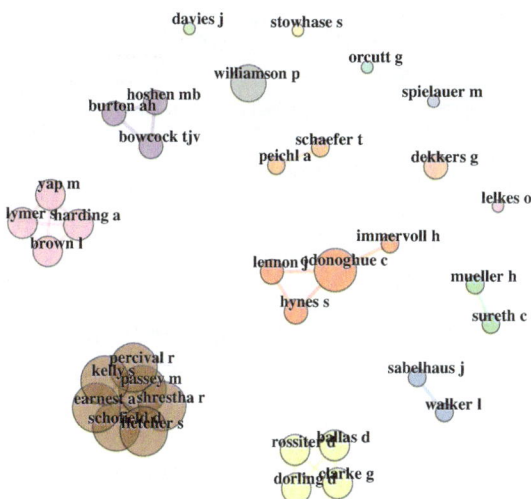

Abb. 6   Ergebnisse der Netzwerkanalyse für die Erscheinungsjahre 2007–2009

Das zweite Cluster um Cathal O'Donoghue zeichnet sich durch seine größere Einbindung in ein Koautorenschaftsnetzwerk aus. Somit wirkt dieses Cluster deutlich zentrierter.

Das Cluster um John Cockburn weist eine vergleichsweise komplexe Struktur mit einer linksseitigen Anhäufung an Koautoren auf. Cockburn veröffentlicht in dieser Periode vier Beiträge mit drei bis fünf Autoren zusammen.

Interessant sind die beiden Netzwerke um Ann Harding (blau) und Deborah Schofield (gelb), die zwar über den Autor Simon Kelly verbunden sind, aber durch die Software als eigenständige graphentheoretische Cliquen abgebildet werden. Hier deuten sich bereits zwei Zentren mit größerem Vernetzungspotential an.

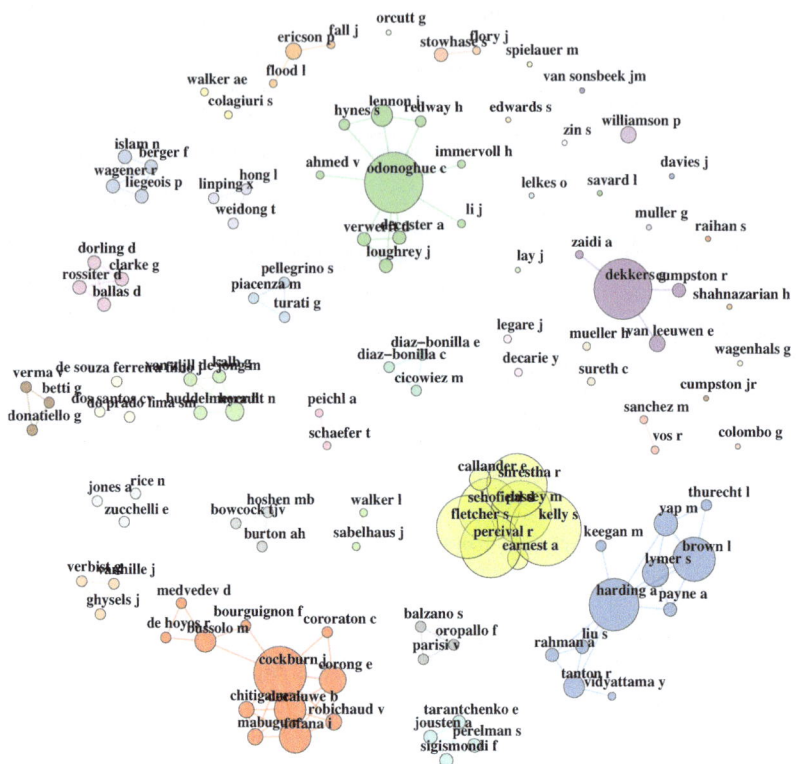

Abb. 7   Ergebnisse der Netzwerkanalyse für die Erscheinungsjahre 2007–2012

Das gesamte Autorennetzwerk für den Betrachtungszeitraum 2007 bis 2018 zeichnet sich durch eine ambivalente Struktur aus (siehe Abbildung 8). Auf der einen Seite sind viele einzelne Autoren sowie kleinere Autorenkollektive ‚bestehend aus bis zu vier Autoren, zu sehen. Daneben existieren aber auch Cluster, die eine komplexere Struktur aufweisen. Die aktuelle Situation der Zeitschrift zeichnet sich daher durch ein Netzwerk mit geringer Dichte und hoher Selektivität aus, d. h. durch mehrere sogenannte ‚geographische Cliquen'. Daher lohnt im Sinne Holzer (2009) auch ein genauerer Blick auf die einzelnen Gruppen.

Im Vergleich mit der Netzwerkstruktur bis 2012 zeichnet sich entlang der Ko-auternschaftsanalyse eine Fusion der Cluster Harding und Schofield ab, was für eine vermehrte gemeinsame publizistische Arbeit der Autoren spricht. Innerhalb dieses Clusters können mehrere Zentren ausgemacht werden (Schofield, Harding, Tanton und Lymer). Auffällig ist die in dieser graphischen Darstellung linkslastige Konzentration um Deborah Schofield (violett). Zusätzlich fällt die Ähnlichkeit in Bezug auf die Größe der „Blasen" auf, was darauf hinweist, dass sie mehrheitlich zusammen veröffentlichen.

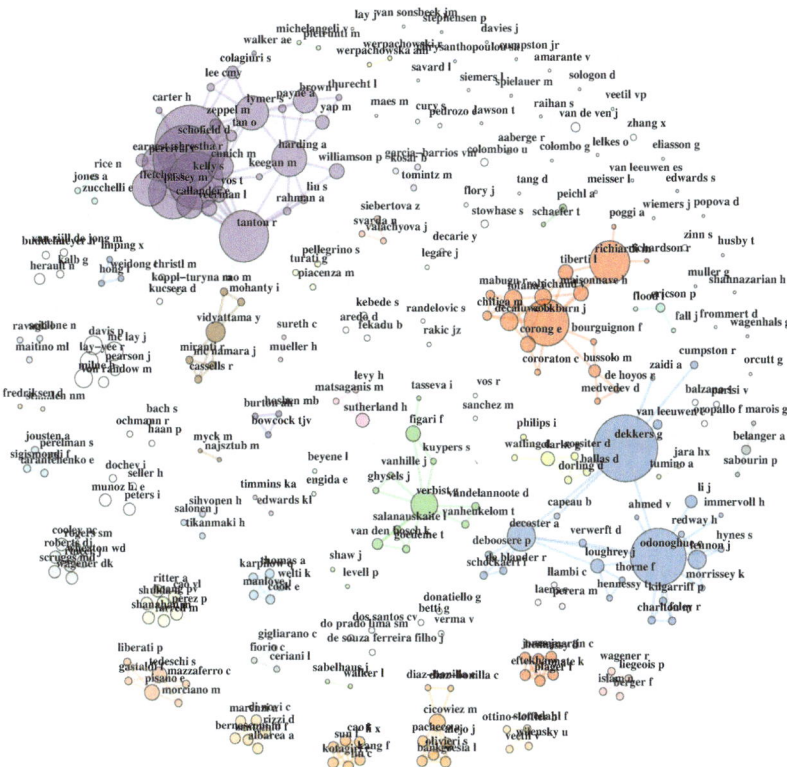

Abb. 8   Ergebnisse der Netzwerkanalyse für alle Erscheinungsjahre

Auch die Netzwerke von Dekkers und O'Donoghue scheinen zu fusionieren, was aber lediglich durch eine gemeinsame Publikation 2018 erklärt wird. Interessant ist, dass es sich hierbei um kein gemeinsames (Mikrosimulations-)Projekt handelt, sondern um eine Metabetrachtung im Sinne einer Standortbestimmung der dynamischen Mikrosimulation (O'Donoghue und Dekkers 2018). Vergleicht man Dekkers und

O'Donoghue, dann fällt auf, dass O'Donoghue deutlich stärker vernetzt ist, was an der zuvor beschriebenen „Sonderstellung" Dekkers als Herausgeber liegt. O'Donoghue hingegen veröffentlicht häufiger mit mehreren Autoren. Diese wiederum veröffentlichen mit anderen Partnern, sodass ein relativ komplexes Konstrukt um O'Donoghue entsteht. Ein weiterer auffälliger Punkt ist die latente Vernetzung zu anderen Clustern, wie beispielsweise die Verknüpfung mit Andre Decoster zeigt. Dieser wiederum ist latent über Koautoren mit dem Subcluster um Gerlinde Verbist (grün) verknüpft und dieses schließlich mit dem nächsten Subcluster um Holly Sutherland. In diesem Cluster, mit seinen weiteren Subclustern, publizieren daher viele publikationsstarke und gut vernetzte Autoren.

Das letzte hervorzuhebende Cluster ist das rote mit den Zentren John Cockburn und Matteo Richiardi. Interessant ist dieses Cluster, da Matteo Richiardi erst seit 2014 Beiträge in der Zeitschrift veröffentlicht und ab 2015 die Herausgeberschaft der Zeitschrift von Gijs Dekkers übernommen hat. Hier zeigt sich der Vorteil einer chronologischen Analyse von Netzwerkstrukturen, da so das Auftauchen neuer bzw. potentieller „Zentren" sichtbar wird. Das erklärt auch, weshalb Cockburn bislang noch in ein deutlich größeres Netzwerk eingebunden ist. Abzuwarten bleibt, wie sich das Cluster um Richiardi in den nächsten Jahren weiter entwickeln wird.

Die Entwicklung des Autorennetzwerkes innerhalb des *International Journal of Microsimulation* zeigt, dass an der Zeitschrift immer mehr Autoren in Form von Beiträgen mitgearbeitet haben. Auch Autoren, die weniger in größere Netzwerke eingebunden sind, haben die Möglichkeit, Beiträge für diese Zeitschrift erfolgreich einzureichen. Im Hinblick auf die institutionelle Einbettung der Autoren in größere Forschungseinrichtungen, wie NATSEM, LISER, Statistic Canada, Fraunhofer-Institut für Angewandte Informationstechnik etc., würde ein mehr qualitativ orientierter Ansatz sicherlich ein detaillierteres Bild geben. Gleichzeitig zeigen sich aber die in Zeitschriften bekannten Cluster- oder ‚Cliquenbildungen', d. h. eine Konzentration mehrerer Autoren um einige wenige publikationsstarke Autoren. Hier zeigt sich das Phänomen, das bereits mehrfach nicht nur im Zusammenhang mit bibliometrischen Analysen bereits von Robert Merton im Kontext seiner wissenssoziologischen Studien als „Matthäus-Effekt" (Merton 1968; siehe auch Holzer 2009, S. 263; Havemann 2009, S. 39) bezeichnet wurde. Diese Cluster nehmen auch über die betrachteten Zeitintervalle zu. D. h. es gelingt den publikationsstarken Autoren immer mehr, weitere Autoren in ihr Netzwerk einzubinden. Gleichzeitig zeichnen sich Fusionen und Binnendifferenzierungen ab, wie die Cluster um Dekkers und O'Donoghue sowie das Cluster um Harding und Schofield zeigen.

5.2 „Co-Word"-Analyse

In der ersten Ausgabe im Jahr 2007 (hier nicht als Netzwerk abgebildet) erschienen sieben Beiträge. Zieht man davon die Neuauflage des Beitrags von Guy Orcutt aus dem Jahr 1957, eine Buchbesprechung und das Editorial ab, dann wurden in der Erstausgabe vier inhaltliche Beiträge veröffentlicht, die insgesamt 15 Schlüsselbegriffe überschneidungsfrei auflisten. Versucht man diese begrifflich einem Oberthema zuzuordnen, dann ergeben sich drei Themen dieser Ausgabe: „Tax", „Pension" und „Health".

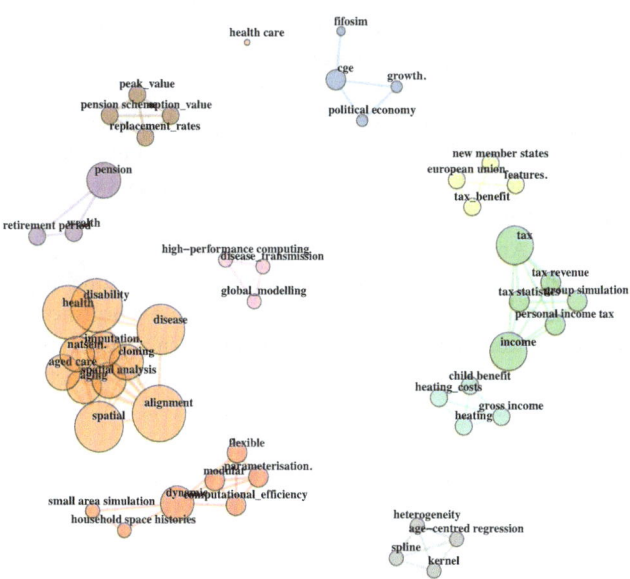

Abb. 9   „Co-Word"-Analyse für die Erscheinungsjahre 2007 bis 2009

Abbildung 9 bis 11 zeigen die Genese der „Co-Word" Analyse für die bekannten Erscheinungszeiträume. Für den ersten Zeitraum (Abbildung 9) zeigt sich eine Clusterbildung um die seit der ersten Ausgabe bestehenden Oberbegriffe[9] „Health" (orange), „Tax" (grün) und „Pension" (violett). Die Clusterstruktur wird aber ungleich komplexer. Das grüne Cluster um das Oberthema „Tax" wird ergänzt durch eine

---

9   Hier sei noch einmal daran erinnert, dass die Oberbegriffe von uns konstruiert und den originalen Schlüsselbegriffen zugeordnet wurden (siehe Abschnitt 3).

zusätzliche Konzentration um den Oberbegriff „Income", welcher eine – wenn auch schwächere[10] – Verbindung zum türkisenen Cluster aufweist. Das orangene Cluster ist inhaltlich noch sehr heterogen. So finden sich sowohl inhaltliche Schlüsselbegriffe, wie „disability", „disease", „aged care", die mehr oder weniger dem Oberbegriff „health" zugeordnet werden können als auch Verbindungen zum Cluster „Pension" (violett) und auffällig viele Verbindungen zu methodischen Schlüsselbegriffen (rotes Cluster). Ebenfalls sind einige methodische Schlüsselbegriffe, wie „imputation", „alignment" und „spatial" dem orangenen Cluster zugeordnet.

Die Netzwerkstruktur für den Zeitraum 2007 bis 2012 (Abbildung 10) zeigt die thematische und methodische Expansion der Mikrosimulation. Vor allem die bereits existierenden Cluster nehmen an Umfang und Heterogenität zu. So ist das rote Cluster um den Begriff „CGE" stark gewachsen und verzweigter als noch im Zeitraum bis 2009. Auch werden nun inhaltliche Thematiken mit Bezug aufeinander (bspw. „health" und „disease") zusammengefasst. Ferner ist die Vielzahl latenter Beziehungen zwischen dem blauen und den roten und violetten Clustern festzustellen. Hier zeigt sich bereits eine inhaltliche Nähe zwischen den fiskal- und gesundheitspolitisch orientierten Simulationsmodellen.

Die „Co-Word"-Analyse für den gesamten Zeitraum zeigt nun eine weitere Expansion in vielfältige Verwendungszusammenhänge, eine zunehmende Differenzierung bei gleichzeitig engen Verbindungen zwischen den Begriffen.[11] Letzteres ist sicherlich auf die von uns eingefügten Oberkategorien zurückzuführen, ohne die die einzelnen Schlüsselbegriffe nicht so stark miteinander vernetzt wären. Es zeigen sich dadurch aber die großen latenten Themen und Anwendungsgebiete, zu denen die oben beschriebenen zahlreichen Autoren und Autorengruppen Mikrosimulationsmodelle entwickelt, angewendet und deren Resultate schließlich im *International Journal of Microsimulation* publiziert haben.

Das größte Cluster bildet das blaue mit den Zentren „tax" und „income". In diesem Cluster sind zahlreiche Anwendungsfelder, wie „childcare", „personal income", „household income", „wealth taxation" etc. sowie methodische Schwerpunkte, wie „re-weighting", „calibration", „validation", zusammengefasst. Die Größe, Heterogenität und Verwobenheit dieses Clusters mit den restlichen Clustern zeigt sowohl die Breite dieses komplexen Anwendungsfeldes als auch dessen zentrale Position als inhaltlicher Schwerpunkt innerhalb der Zeitschrift seit der ersten Auflage. Eine besondere Brücke schlägt dabei der Begriff „Euromod", der zusätzlich weitere Verbindungen zu anderen methodischen Begriffen stärkt.

---

10 Schwächere Verbindungen werden durch graue Kanten symbolisiert.
11 Dies zeigt sich dadurch, dass nahezu nie einzelne Keywords, Dyaden oder Triaden auftreten.

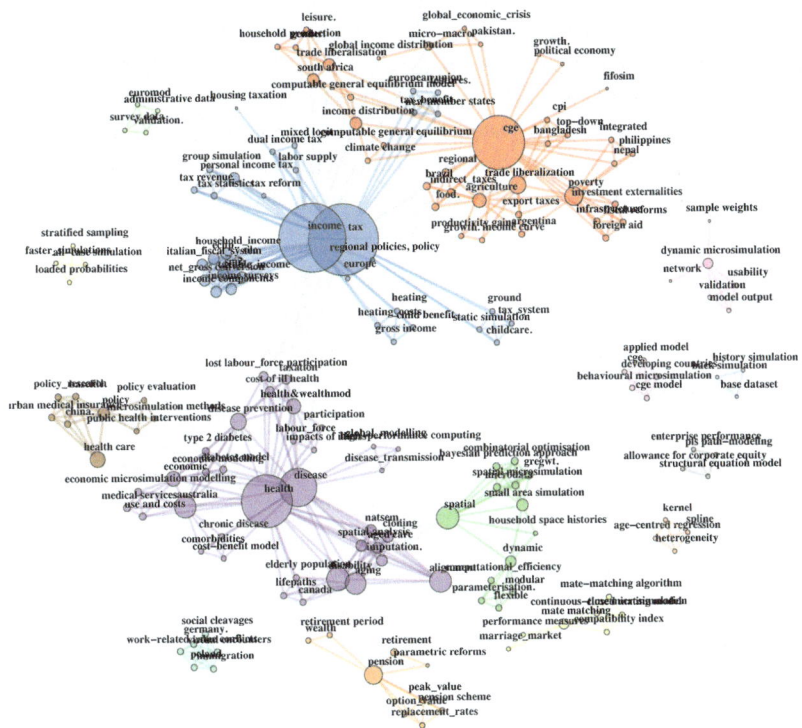

Abb. 10 „Co-Word"-Analyse für die Erscheinungsjahre 2007 bis 2012

Das Cluster „CGE", eine Abkürzung für „Computable General Equilibrium" (violett), erstreckt sich ähnlich über die ganze inhaltliche Breite der Mikrosimulation. Auch dieses Cluster ist bis auf vereinzelte methodische Schlüsselbegriffe vorwiegend inhaltlich geprägt, was allerdings darauf schließen lässt, dass diese Inhalte besonders erfolgreich mit dem CGE-Modell beschrieben werden können.

Das Cluster um den Begriff „spatial" (gelb) ist vorwiegend methodisch ausgeprägt. Enthalten sind verschiedene Modelle und Methoden der Mikrosimulation. Auch hier ist die hohe latente Verbindung zu anderen, clusterfremden Schlüsselbegriffen zu erkennen, was auf eine hohe Flexibilität in Bezug auf ein heterogenes Anwendungsfeld hinweist. Auch ist zu beachten, dass dieses Cluster im Gegensatz zu den anderen deutlich kleiner ausfällt.

Das Cluster „dynamic microsimulation" (rot) weist ein fast ausgeglichenes Verhältnis zwischen inhaltlichen und methodischen Schlüsselbegriffen auf. Auffällig hier ist die Zentralität des Hauptkeywords, von dem aus sich, bis auf wenige Ausnahmen, die restlichen Keywords gleichmäßig, teilweise in Verbindung mit anderen kleineren Keywords, verteilen. Auch hier hat das stärkste Keyword einige latente Verbindungen, welche den Rückschluss ermöglichen, dass nicht nur die clusterzugehörigen inhaltlichen Keywords anhand des methodischen Hauptknotens erklärt werden können.

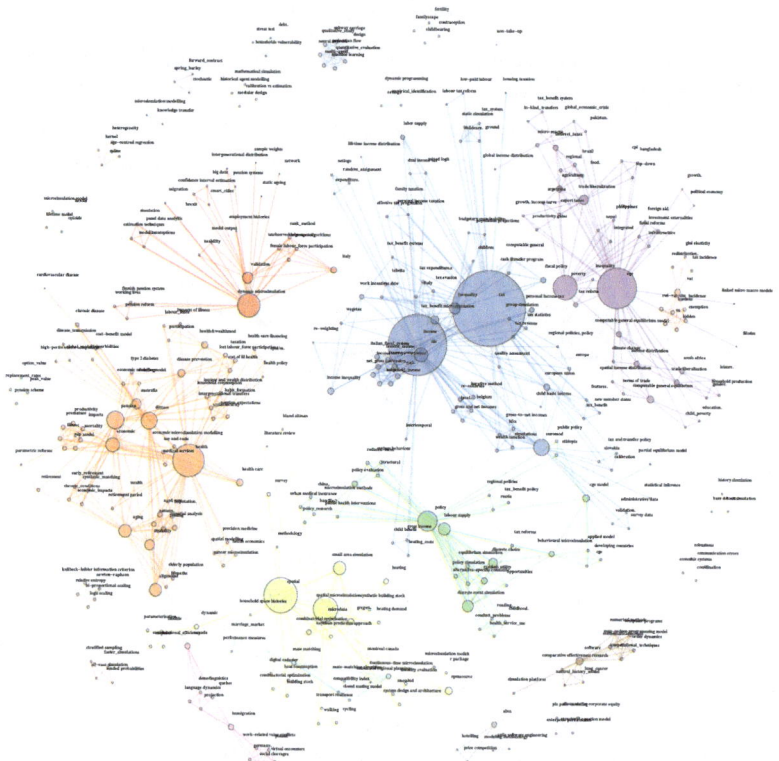

Abb. 11 „Co-Word"-Analyse für die Erscheinungsjahre 2007 bis 2018. Anmerkung: Die Abbildung ist auf der Internetseite des Verlags unter dem unten angegebenen Link[12] in besserer Auflösung einzusehen.

---

12 https://www.springer.com/de/book/9783658237011

Das vielleicht komplexeste bildet das orangene Cluster („health") mit einer im Vergleich großen Anzahl weiterer Subclustern. Inhaltlich finden sich hier weitere Schlüsselbegriffe, die (fast) alle den Bereich Gesundheit, körperliches Wohlbefinden, Alterung etc. betreffen. Auch dieses lässt sich als traditionelles Cluster charakterisieren, da diese Themen ebenfalls seit der ersten Ausgabe bearbeitet werden. Auffällig ist auch, dass nun das zuvor separate Cluster „Pension" in dieses Cluster integriert wurde, was auf die starke inhaltliche Gemeinsamkeit beider Themenbereiche hinweist.

6   Fazit und Diskussion

Trotz der nun über sechzig Jahre umfassenden Entwicklungsgeschichte der Mikrosimulation kann man diese Methode und ihr Umfeld ohne Untertreibung als ein noch sehr junges wissenschaftliches Feld bezeichnen. Die Analysen zu Beginn des Beitrages konnten zeigen, dass erst in den letzten zwanzig bis dreißig Jahren eine Expansion im Bereich der Entwicklung und Anwendung stattgefunden hat. Die Zeitpanne von Beginn der 1960er bis zum Ende der 1980er Jahre könnte man daher als *Entwicklungs-* oder *Pionierphase* beschreiben. Ab den 1990er Jahren wurden sukzessive mehr Modelle in verschiedenen Ländern entwickelt und ab der Jahrhundertwende findet dann ein starker Anstieg auch innerhalb der publizistischen Auseinandersetzung mit der Methode und den Anwendungsfeldern statt. Der Pionierphase schließt sich folglich eine *Expansionsphase* an. Dieser sollte nun, und dies ist auch das erklärte Ziel des *International Journal of Microsimulation*, eine *Phase der Etablierung* folgen.

Die interne Reflexion über die Genese und den Entwicklungsstand der Zeitschrift zeigt sich auch in einigen Beiträgen der Herausgeber (Dekkers 2015; Richiardi 2015) oder innerhalb der zehnjährigen Jubiläumsausgabe (*International Journal of Microsimulation* 2017 10(3)). Die Bilanz fällt von Seiten der Herausgeber und wichtiger Vertreter des Faches ambivalent aus. Auf der einen Seite hebt O'Donoghue in der Jubiläumsausgabe die inhaltliche Expansion der Zeitschrift und die Erschließung neuer Themengebiete positiv hervor. „In 2000, 'Pensions' was the main focus, now in third place. 'Spatial' and 'Environmental' papers are becoming increasingly important, taking advantage of improved computing power and available data" (O'Donoghue und Dekkers 2018, S. 68). Auch Wolfson (2009) bemerkt bereits zehn Jahre zuvor: „microsimulation modelling has already moved into other fields, most notably health" (Wolfson 2009, S. 28). Und schließlich verweist Dekkers (2015, S. 2) auf die erfolgreiche Aufnahme in wichtigen internationalen Datenbanken und Rankinglisten (Dekkers 2015, S. 2).

Auf der anderen Seite wird die mangelnde Verankerung der Mikrosimulation im *wissenschaftlichen* Feld bemängelt (Wolfson 2009, S. 29; O'Donoghue und Dekkers 2018, S. 67). Dies lässt sich auf Basis der Entwicklungen der Netzwerkstruktur der Schlüsselbegriffe sehr gut verdeutlichen. Eine zentrale Erkenntnis aus den „Co-Word"-Analysen ist, dass aller, auch inhaltlicher, Expansion zum Trotz, seit dem ersten Heft die Themen „Tax", „Pension" und „Health" nach wie vor die drei dominierenden *inhaltlichen* Forschungsschwerpunkte der Zeitschrift darstellen. Begünstigt wurde dies sicherlich auch durch die Entwicklung innerhalb der personellen Netzwerkstrukturen, die klare Personen-Cluster aufzeigen.[13] Gleichzeitig weist die Netzwerkstruktur aber auch insgesamt eine eher geringe Dichte auf. Das bedeutet, dass viele Autoren auch ohne Anbindung an größere Cluster die Möglichkeit haben, in dieser Zeitschrift zu publizieren, was als ein möglicher Indikator für ein funktionierendes peer-review Verfahren gedeutet werden kann. Diese Heterogenität zeigt auch die „Co-Word"-Analyse. Neben thematischen Schwerpunkten gibt es eine Vielzahl von Schlüsselbegriffen (und somit Themen), die nur wenige bis gar keine Beziehungen zu den großen Themenschwerpunkten aufweisen. So kann auch dies für eine generelle Offenheit der Zeitschrift bzw. der Verantwortlichen gegenüber einer breiten Themenvielfalt gedeutet werden. Insgesamt aber, so lassen es die Schlüsselbegriffe zumindest vermuten, beschreiben die Beiträge[14] primär Ansätze, die zur Folgenabschätzung sozialpolitischer Reformen eingesetzt werden.

Unterstützt wird diese Deutung durch O'Donoghue, der selbst das Feld der Mikrosimulation im Vergleich zur agentenbasierten Simulation als „comparably small, less academic/ more applied by nature" (O'Donoghue und Dekkers 2018, S. 63) beschreibt. Aus dieser sehr kritischen Reflexion zieht Richiardi als neuer Herausgeber folgende Konsequenzen: (1) Um sich mehr innerhalb des akademischen Feldes zu etablieren, fordert Richiardi 2015 die Autoren auf, die Quellcodes ihrer Modelle mit ihren Beiträgen zu veröffentlichen (Richiardi 2015, S. 2). Was 2015 noch als höfliche Bitte formuliert war, gehört seit dem ersten Heft 2018 zur Einreichungspolitik der Zeitschrift (Richiardi 2017, S. 2). Ferner öffnet sich (2) die Zeitschrift auch für agentenbasierte Simulationsmodelle (Richiardi 2015).

In seiner Vision zur Rolle und Funktion der Mikrosimulation hatte Guy Orcutt zwei Einsatzgebiete im Blick: Mikrosimulationen sollen zum einen im Rahmen *sozialpolitischer* Fragestellungen eingesetzt werden, als Modelle „for unconditio-

---

13 Ein Phänomen, was auch aus anderen Zeitschriften bekannt ist (Havemann und Scharnhorst 2010, S. 816)

14 Eine Ausnahme bilden die rein methodisch orientierten Arbeiten.

nal forecasting or for predictions of what would happen given specified external conditions and governmental actions" (Orcutt 1957, S. 122). Sie sollen aber auch im sozial*wissenschaftlichen* Bereich im Sinne einer Forschungsmethode eingesetzt werden (Orcutt 1957, S. 122; van Imhoff und Post 1998, S. 119; Wolfson 2009, S. 23). Seine erste Vision ist sicherlich in Erfüllung gegangen. An der zweiten muss weiterhin gearbeitet werden. Dazu gehört natürlich auch die Etablierung dieser Methode in das Methodenrepertoire der universitären Methodenausbildung in den Sozialwissenschaften. Damit wäre aus unserer Sicht ein wichtiger Schritt getan, um die dritte Phase, die *Phase der Etablierung* der Mikrosimulation einzuleiten.

Literatur

Albrecht, S. (2010). Knoten im Netzwerk. In C. Stegbauer & R. Häußling (Hrsg.), *Handbuch Netzwerkforschung* (S. 126–134). Wiesbaden: Springer VS.

Aria, M., & Cuccurullo, C. (2017). bibliometrix: An R-tool for comprehensive science mapping analysis. *Journal of Informetrics*, 11(4), 959–975.

Brandes, U. (2010). Graphentheorie. In C. Stegbauer, R. Häußling (Hrsg.), *Handbuch Netzwerkforschung* (S. 345–353), Wiesbaden: Springer VS.

Carrington, P. J., & Scott, J. (2011). Introduction. In J. Scott & Carrington, P. J. (Hrsg.), *The SAGE Handbook of Social Network Analysis* (S. 1–6), London: SAGE Publications Ltd.

Dekkers, G. (2015). Editorial. *International Journal of Microsimulation* 8(2), 1–3.

Favreault, M., & Smith, K. (2004). A Primer on the dynamic Simulation of Income Model (DYNASIM3). *Discussion Papers 4(2)*, 1–25.

Freeman, L. C. (2004). *The Development of Social Network Analysis. A Study in the Sociology of Science*. North Charleston: Empirical Press.

Havemann, F. (2009). *Einführung in die Bibliometrie*. Berlin: Gesellschaft für Wissenschaftsforschung.

Havemann, F. & Scharnhorst, A.. (2010). Bibliometrische Netzwerke. In C. Stegbauer, R. Häußling (Hrsg.), *Handbuch Netzwerkforschung* (S. 799–822), Wiesbaden: Springer VS.

Holzer, B. (2009). Netzwerktheorie. In G. Kneer, M. Schroer (Hrsg.), *Handbuch soziologische Theorien* (S. 259–275), Wiesbaden: Springer VS.

Imhoff, E. v., & Post, W. (1998). Microsimulation for Population Projection. *Population: An English Selection*, 12(1), S. 97–138.

Li, J., & O'Donoghue, C. (2013). A Survey of dynamic Microsimulation Models. Uses, Model Structure and Methodology. *International Journal of Microsimulation* 6(2), 3–55.

Meyer, M., Lorscheid, I., & Troitzsch, K.G. (2009). The Development of Social Simulation as Reflected in the First Ten Years of JASSS: a Citation and Co-Citation Analysis. *Journal of Artificial Societies and Social Simulation.* 12(4)

Merton, Robert K. (1968). The Matthew Effect in Science. The reward and communication systems of science are considered. *Science* 159(3810), 56–63.

O'Donoghue, C. (2001). Dynamic Microsimulation: A Methodological Survey. *Brazilian Electronic Journal of Economics*. 4(2).

O'Donoghue, C., & Dekkers, G. (2018). Increasing the Impact of Dynamic Microsimulation Modelling. *International Journal of Microsimulation*, 11(1), 61–96.

Orcutt, G. H. (1957): A new Type of socio-economic System. *Review of Economics and Statistics*. 39(2), 116–123.

Orcutt, G. H., Caldwell, S., & Wertheimer II., R. (1976). *Policy Exploration Through Microanalytic Simulation*. Washington D. C.: The Urban Institute.

Richiardi, M. (2015). Editorial. *International Journal of Microsimulation*. 8(3), 1–5.

Richiardi, M. (2017). Editorial. *International Journal of Microsimulation*. 10(3), 1–4.

Spielauer, M. (2000). *Microsimulation of Life Course Interaction between Education, Work, Partnership Forms and Children in Five European Countries*. Laxenburg: International Institute for Applied Systems Analysis.

Williamson, P. (2007). Editorial. The Role of the international Journal of Microsimulation. *International Journal of Microsimulation*. 1(1), 1–2.

Witte, D., Schmitz A., & Schmidt-Wellenburg, C. (2018): Geordnete Verhältnisse? Vielfalt und Einheit relationalen Denkens in der Soziologie. *Berliner Journal für Soziologie*. 27(3-4), 347–376.

Wolfson, M. (2009). Preface – Orcutt's Vision 50 Years on. In A. Zaidi, A. Harding & P. Williamson (Hrsg.), *New Frontiers in Microsimulation Modelling*. (S. 21–30), Surrey: Ashgate

Mikrosimulationsmodelle und agentenbasierte Simulation

Klaus G. Troitzsch

Zusammenfassung

Mikroanalytische Simulationsmodelle oder kurz Mikrosimulationsmodelle haben eine Geschichte, die bis in die 1950er Jahre zurückreicht. Sie wurden und werden als politisches Beratungsinstrument eingesetzt, indem sie zukünftige gesellschaftliche, insbesondere demographische Entwicklungen abschätzen sowie die Auswirkungen solcher politischer Entscheidungen, die sich unmittelbar auf Individuen und Haushalte auswirken. Sie sind, im Gegensatz zu anderen politischen Entscheidungsinstrumenten, individuenbasiert, modellieren also Prozesse auf der Ebene des Individuums oder des Haushalts, wobei sie allerdings das Entscheidungsverhalten dieser Entitäten nur rudimentär abbilden, insofern diese Entitäten fast ausschließlich isoliert gesehen und die Wechselwirkungen mit anderen Individuen oder Haushalten oder dem Zustand der Gesellschaft weitgehend ausgeblendet werden. Die agentenbasierte Modellierung, die seit den 1990er Jahren zu einem wichtigen Instrument sozialwissenschaftlicher Theoriebildung geworden ist, könnte die theoretischen Schwächen mikroanalytischer Simulationsmodelle beheben; dazu müssen ihre Stärken – die solide empirische Grundlage der Mikrosimulationsmodelle und die theoretische Fundierung der agentenbasierten Modelle – kombiniert werden.

Schlüsselbegriffe

Mikrosimulation, agentenbasierte Simulation, Validität, Interaktion, Emergenz, Mechanismus, Netzwerk

1   Einleitung

Der vorliegende Beitrag versucht, Unterschiede und Gemeinsamkeiten zwischen mikroanalytischen Simulationsmodellen und agentenbasierten Simulationsmodellen aufzuzeigen und die Versuche zur Integration beider Ansätze darzustellen. Während die ersteren seit Jahrzehnten als Instrumente zur Politikberatung eingesetzt werden, indem sie zukünftige gesellschaftliche, insbesondere demographische Entwicklungen oder die Auswirkungen politischer Entscheidungen abschätzen, ist die agentenbasierte Modellierung seit den 1990er Jahren zu einem wichtigen Instrument sozialwissenschaftlicher Theoriebildung geworden. Beiden gemeinsam ist, dass sie in den Mittelpunkt ihrer Modellierung menschliche Individuen – und nicht Aggregate wie Volkswirtschaften oder Bevölkerungen – setzen. In der Folge beschreibt der Beitrag im nächsten Abschnitt zunächst die beiden Simulationsansätze detaillierter und geht auf ihre Unterschiede und Gemeinsamkeiten ein, bevor in Abschnitt 3 einige bisherige mikroanalytische Simulationsmodelle, sortiert nach ihrem jeweiligen Gegenstandsbereich skizziert und daraufhin untersucht werden, welche Eigenschaften agentenbasierter Modelle in ihnen bereits angelegt sind. Abschnitt 4 betrachtet, welche zusätzlichen Elemente bisherige mikroanalytische Simulationsmodelle zu agentenbasierten Modellen erweitern könnten, damit die empirisch geschätzten Wahrscheinlichkeitsfunktionen (Überlebensfunktionen, Hazardraten) nicht nur einfach für die Modellierung verwendet werden, sondern als ein aus individuellen Entscheidungen emergentes Phänomen erklärt und verstanden werden können. Abschnitt 5 zieht dann Schlüsse für künftige Forschungsansätze.

2   Einordnung

Mikrosimulation hat eine Geschichte, die mehr als ein halbes Jahrhundert – bis 1957 (Orcutt 1957) – zurückreicht. Der Ansatz zählt zu den ersten, die man dem Oberbegriff „individuenbasierte Simulation" (Niazi und Hussain 2011) zuordnen kann.[1] Unter „individuenbasierter Simulation" versteht man insbesondere in der Biologie und in der Umweltforschung Ansätze, „die das Konzept eines Individuums, insbesondere bei der Konzipierung des Modells, verwenden. Ziel dieser Modelle ist also, das nachzubildende Verhalten auf der Ebene des Individuums zu erfassen und abzubilden." (Klügl 2000, S.60) Alle Arten der Mikrosimulation zählen

---

[1]   Um die gleiche Zeit gab es bereits die ersten Simulationsmodelle, die man heute den agentenbasierten Modellen zuordnen wurde (z.B. (Abelson und Bernstein 1963)).

insofern zur individuenbasierten Simulation, als sie die Individuen explizit durch Softwareobjekte repräsentieren.[2] Die sogenannte statische Mikrosimulation richtet sich lediglich auf „die mikroökonomischen Primäreffekte der Variation einzelner Politikparameter" (Hauser et al. 1994a, S. 12), also z. B. auf eine Änderung der Formel, nach der die Einkommensteuer berechnet wird. Demgegenüber dient die „anspruchsvollste Variante des Mikrosimulationsansatzes …[,] die dynamische Querschnittssimulation" (Hauser et al. 1994a, S. 12) dazu, die Lebensläufe der Personen einer repräsentativen Stichprobe über viele Jahre fortzuschreiben und aus der Simulation heraus abzuleiten, wie nach einigen Jahren die Alters-, Bildungs-, Einkommens- oder Vermögensstruktur der Bevölkerung aussehen könnte, aus der die Stichprobe stammt. Nur in diese Variante des Mikrosimulationsansatzes gehen also Annahmen über Verhalten und Handlungen von Akteuren ein, die in der Simulation durch Softwareobjekte repräsentiert werden – und nur diese Variante wird Gegenstand dieses Beitrages sein. Die Funktionsweise dynamischer Querschnittssimulation lässt sich folgendermaßen umreißen. Zunächst wird eine möglichst große Stichprobe aus der Bevölkerung[3] erhoben, die das Zielsystem des Modells darstellt. In dieser Stichprobe müssen alle Eigenschaften der Personen (und/ oder Haushalte) der Bevölkerung enthalten sein, die auch im Modell fortgeschrieben werden sollen, also zum Beispiel Alter, Geschlecht, Familienstand, Bildungsstand, Staatsangehörigkeit, Beschäftigungsstatus. Im Modell entsprechen diesen Eigen-schaften Attribute der die Individuen (und/oder Haushalte) repräsentierenden Softwareobjekte. Dazu muss das Modell Funktionen enthalten, die die Werte dieser Attribute in Abhängigkeit vom Zeitablauf (also etwa bei dem Attribut α für „Alter": $\alpha_{t+1} = \alpha_t + 1$) oder von anderen Variablen ändern. Im letzteren Fall ist eine einfache mathematische Gleichung meist nicht hinzuschreiben. Je nachdem, ob es sich bei der Simulation um eine periodenbasierte oder um eine ereignisorientierte[4] handelt,

---

2 Es mag fraglich sein, ob frühe Mikrosimulationen Individuen tatsächlich als Objekte im Sinne objektorientierter Programmiersprachen repräsentiert haben, umso mehr, als die meisten Modelle ihren Code nicht dokumentiert haben. Spätestens seit DMMS (Heike et al. 1996) und UMDBS (Sauerbier 2002) kann man aber von objektähnlichen Programmstrukturen sprechen, mit denen Individuen repräsentiert worden sind.

3 Alternativ kommt auch eine synthetische Stichprobe in Frage, die in allen relevanten Merkmalskombinationen die gleiche Verteilung aufweist wie die Grundgesamtheit. Vgl. (Harland 2013; Lovelace und Dumont 2016).

4 Verschiedentlich wird die ereignisorientierte Simulation auch als Simulation in kontinu-ierlicher Zeit bezeichnet (Zinn 2012, 2017), was insofern korrekt ist, als hier Ereignisse zu jedem beliebigen Zeitpunkt – und nicht nur zum Beginn einer Periode – eintreten können, aber nur solche Ereignisse Attribute von Objekten ändern; andererseits wird der Begriff „zeitkontinuierliches Modell" ansonsten aber für Differentialgleichungsmodelle verwendet (Cellier 1991, S. 11f.), bei denen sich alle Attribute in jedem Zeitabschnitt

wird die Funktion, die ein Attribut wie β für „Bildungsstand" berechnet, anders
aussehen. Mikrosimulation – oder, wie sie auch oft genannt wird, mikroanalytische
Simulation – wird üblicherweise (im Gegensatz zu konzeptgetriebenen) zu den
datengetriebenen (Spielauer, 2009)[5] Simulationsansätzen gezählt (Harbordt 1974,
S. 71ff.), es fragt sich aber, ob eine so klare Dichotomie der Mikrosimulation oder
irgendeinem Simulationsansatz überhaupt gerecht wird. Vielmehr entsteht jedes
Simulationsmodell aus konzeptionellen Annahmen über grundsätzlich empirisch
ermittelbare Vorgänge in einem Realsystem, die – vor der Programmierung des
Modells – mehr oder weniger stark formalisiert sein mögen, bevor das Modell
gegebenenfalls mit empirisch erhobenen Daten initialisiert und parameterisiert
wird. Im Falle schon einfachster mikroanalytischer Simulationsmodelle gehen
Annahmen über altersabhängige Mortalität und Fertilität ein. Diese Annahmen
– informell: alle Menschen sterben, die Wahrscheinlichkeit, das nächste Jahr
nicht zu überleben, steigt mit dem Alter; die Wahrscheinlichkeit, dass Frauen vor
Erreichen des 15. und nach Erreichen des 50. Lebensjahrs innerhalb der nächsten
zwölf Monate gebären, ist verschwindend gering, sie ist am höchsten irgendwo
zwischen dem 20. und dem 30. Lebensjahr – lassen sich mit empirischen Daten
für die Gesamtbevölkerung in analytischen oder Tabellenfunktionen mit einiger
Präzision schätzen und können als Parameter in ein Simulationsmodell übernommen werden. Demgegenüber entnehmen die so genannten konzeptbasierten
Simulationsmodelle ihre Initialisierungen und Parameterisierungen mehr oder
weniger plausiblen, aber nicht immer empirisch gestützten Vermutungen, wenn
sie sich überhaupt auf reale gesellschaftliche Prozesse und nicht nur auf Prozesse
in künstlichen Gesellschaften beziehen (Richiardi und Richardson 2017, S. 76f.).
Man kann sich zwar rein datenbasierte Modelle vorstellen, die auf der Grundlage
großer Datenmengen und kraft ihrer künstlichen Intelligenz selbständig Zusammenhänge entdecken, aber dies gilt sicher nicht für die bisher bekannt gewordenen
mikroanalytischen Simulationsmodelle; vielmehr starten Beiträge über solche
Modelle stets mit Übersichten über „die Grundstruktur des dynamischen Mikro-
modells" (Hauser et al. 1994b, S. 406) – die etwa „Hypothesenblöcke" miteinander
in Beziehung setzen – oder einer „Modellübersicht" (Hannappel 2015, S. 184), um
nur je ein älteres und ein neueres Beispiel zu nennen.

---

unendlich oft ändern, was in Mikrosimulationsmodellen allenfalls für Attribute wie
Alter und Körpergröße angemessen erscheint.

5   Spielauer weist in diesem Beitrag darauf hin, dass die Vertreter des mikroanalytischen
     Simulationsansatzes konzeptgetriebene Modelle gelegentlich nur als „toy models"
     bezeichnen, weil sie zwar manche soziale Phänomene hervorbringen, aber nur in sehr
     stilisierter Weise.

Obwohl verschiedentlich Beiträge über mikroanalytische Simulationsmodelle das Thema „Mikro-Makro-Link" anschneiden, ist auch bei diesen Modellen die Analyse dieses (doppelten) Links unvollständig. Dieser „Mikro- Makro-Link ist von Coleman mit seinem oft als „Boot" oder „Badewanne" beschriebenen Diagramm (siehe Abb. 1) (Coleman 1990, S. 10) als Kombination aus einer abwärts gerichteten und eine aufwärts gerichteten Ursache-Wirkung-Beziehung definiert und anschaulich gemacht worden. In Abb. 1 werden indessen die von Castelfranchi (1998) und Gilbert (1995) eingeführten Begriffe

- *Immergenz*: dem Individuum werden Eigenschaften, Regeln oder Gesetzmäßigkeiten der Makroebene bewusst; bei Coleman „abwärts gerichtete Verursachung" („downward causation");
- *Emergenz zweiter Ordnung* (Gilbert, 2002) oder *kognitive Emergenz* (Castelfranchi 1998, S. 29)[6]: Verhalten und Aktionen von Individuen, vor allem solche, die auf der Bewusstwerdung von Vorgängen auf der Makroebene beruhen, verändern Eigenschaften der Makroebene; bei Coleman „aufwärts gerichtete Verursachung" („upward causation");

verwendet, auch wenn sie für die weitaus meisten mikroanalytischen Simulationsmodelle eigentlich nicht passend sind.

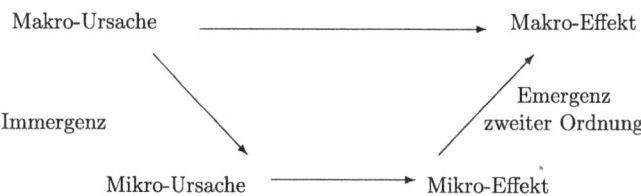

Abb. 1 Immergenz und Emergenz zweiter Ordnung und der Link zwischen der Makro- und der Mikroebene

---

6   Emergenz erster Ordnung setzt nicht voraus, dass die Entitäten der Mikroebene in der Lage sind, Veränderungen von Makroeigenschaften zu entdecken, darüber nachzudenken und zu versuchen, Makroeigenschaften bewusst zu verändern (Gilbert 1995, S. 151); emergente Phänomene erster Ordnung können daher auch in komplexen physikalischen, chemischen und biochemischen Systemen entstehen.

Auch die mikroanalytische Simulation kann möglicherweise einen Makro-Effekt erzeugen, jedoch stammt dieser dann nicht aus Verhaltensänderungen der simulierten Individuen als Folge der eingespielten Makro-Ursache (z. B. Steuersatzänderung nach fünf simulierten Jahren), sondern lediglich aus der Veränderung der Berechnungsvorschrift für den Makro-Effekt (im Beispiel die veränderten Einnahmen der Finanzverwaltung). Auch handelt es sich im mikroanalytischen Modell bei der Beziehung zwischen Makro-Ursache und Mikro-Ursache nicht um eine Änderung irgendwelcher Attribute der simulierten Individuen, sondern nur – um im Beispiel zu bleiben – um eine Änderung der Berechnungsvorschrift in der Steuersoftware, die die Individuen benutzen. Agentenbasierte Simulation ist eine andere Unterkategorie der individuenbasierten Simulation. Für die Individuen einer agentenbasierten Simulation gilt nach Wooldridge und Jennings (1995), dass sie typischerweise die folgenden Eigenschaften haben:

- *Autonomie* – Agenten operieren, ohne dass andere Softwareobjekte ihre Aktionen oder internen Zustände steuern,
- *Sozialfähigkeit* – Agenten interagieren mit anderen gleichartigen Agenten mit der Hilfe von Botschaften in irgendeiner (nicht natürlichen) Sprache,
- *Reaktivität* – Agenten können ihre (simulierte) Umgebung wahrnehmen, die aus der Softwareumgebung der Simulation besteht und andere Agenten einschließt, und auf sie reagieren,
- *Proaktivität* – Agenten können nicht nur auf ihre Umgebung reagieren, sondern auch die Initiative ergreifen, wobei sie zielgerichtetes Verhalten an den Tag legen (Gilbert und Troitzsch 2005:173).

Diese Eigenschaften kommen Softwareobjekten stets nur in begrenztem Umfang zu. Autonomie und Proaktivität sind insofern beschränkt, als irgendeine Methode des Simulationssystem ein Softwareobjekt erst in einen aktiven Zustand versetzen muss – in ereignisorientierten Modellen typischerweise ein Kalender, in den das Softwareobjekt einträgt, wann in der Zukunft es wieder ein Ereignis geben wird, an dem es beteiligt ist, und es ist dann der Kalender, der das Softwareobjekt aktiviert, in periodenorientierten Modellen ein Aufruf an alle Softwareobjekte (meist in zufälliger Reihenfolge nacheinander, bei geeigneter Hardware auch parallel), wieder aktiv zu werden und ihre internen Routinen abzuarbeiten. Die Aktivitäten bleiben aber autonom, da die übergeordnete Softwareinstanz nur bestimmt, dass etwas zu tun ist, aber nicht was und wie es zu tun ist. Aus diesem Grund haben die Pfeile in Abb. 1 für agentenbasierte Modelle auch eine andere Bedeutung: Attribute der Makroebene (z. B. Mehrheitsverhältnisse (Nowak und Lewenstein 1996) oder Verteilungen von Einstellungen (Troitzsch 1987) oder räumliche Verteilungen (Schelling

1971; da Fonseca Feitosa 2010) werden von den Softwareindividuen der Mikroebene wahrgenommen. Die Wahrnehmung führt dort – Immergenz – zu Veränderungen von Attributen der Individuen und in der Folge zu Aktionen auf der Mikroebene, die auf der Makroebene zu Veränderungen (z. B. der Mehrheitsverhältnisse, der Verteilungen von Einstellungen oder der räumlichen Verteilungen) – Emergenz zweiter Ordnung –, die dann wiederum auf die Mikroebene zurückwirken. Dieser Beitrag wird also zu untersuchen haben, inwieweit bisher beschriebene Mikrosimulationsmodelle Eigenschaften aufweisen, die sie zu agentenbasierten Modellen machen und inwieweit zukünftige Mikrosimulationsmodelle von solchen Eigenschaften profitieren können.

3   Überblick über bisherige Mikrosimulationsmodelle

Die meisten bisherigen mikroanalytischen Simulationsmodelle beschränken sich auf die Modellierung von Geburts- und Todesprozessen sowie von Partnerwahlen, von Übergängen im Bildungsbereich, von Wohnortswechseln und von Wechseln in Anstellungsverhältnissen. Darüber hinaus werden Effekte der Änderungen bei Steuersätzen und Abgaben für Sozialversicherungen in Betracht genommen, die jedoch nicht unmittelbar Verhalten oder Handlungen von Individuen zur Ursache haben. Das letztere gilt auch für das Ereignis „Tod", wenn man davon absieht, dass individuelles Verhalten und individuelle Handlungen durchaus den Tod zur Folge haben können, jedoch scheint es kein Mikrosimulationsmodell zu geben, das die Wahrscheinlichkeit, innerhalb der nächsten zwölf Monaten zu sterben, auf etwas anderes als rein biologische Fakten, also das bereits erreichte Alter und das Geschlecht, zurückführen würde. Beim Geburtsprozess gibt es durchaus Modelle, die die Fertilität in Abhängigkeit von Region, Bildungsstand, Religion, Ethnie oder Staatsangehörigkeit verschieden parameterisieren; lediglich bei den Einflussfaktoren Bildungsstand und Religion lässt sich eine Abhängigkeit von individuellem Verhalten oder individuellen Entscheidungen vermuten. Übergänge im Bildungsbereich sind demgegenüber das Ergebnis individueller Entscheidung (entweder der betroffenen Person selbst oder ihrer Eltern), ebenso der Wechsel von Anstellungsverhältnissen und der Wechsel des Wohnorts. Auch die Partnerwahl ist in der Realität praktisch immer das Ergebnis individueller Entscheidungen – in modernen Gesellschaften die individuelle Entscheidung der beiden Partner, in vormodernen Gesellschaften auch die Entscheidung der Familien der Partner. Bei den zuletzt genannten Ereignissen und Prozessen lohnt sich also ein genauerer Blick auf die konkrete Modellierung.

3.1   Fertilität in Abhängigkeit von Bildung, Religion und anderen Umwelteinflüssen

Die weitaus meisten dynamischen Mikrosimulationen behandeln die demographische Entwicklung einer Bevölkerung und deren Auswirkungen auf Erwerbsquote, Sozialsysteme und Daseinsvorsorge durch staatliches Handeln, weshalb sie vielfach im Auftrag staatlicher Institutionen erstellt und dann ihre Einzelheiten nicht immer öffentlich dokumentiert werden. Fertilität und Mortalität als die wesentlichen Treiber der demographischen Entwicklung sind zu einem Teil biologisch determiniert; die Mechanismen dieser Determiniertheit ändern sich aber durch gesellschaftliche Prozesse und den Fortschritt der Medizin. Beide Prozesse sind jedenfalls mittel- und langfristig schwer vorauszusagen, die Annahme, dass Sterbetafeln und Fertilitätsraten über längere Zeit konstant bleiben, ist empirisch schnell widerlegt, weswegen – ähnlich wie in Makromodellen der Bevölkerungsentwicklung (Statistisches Bundesamt 2015), bei denen die Parameter Geburtenrate, Lebenserwartung bei der Geburt langfristiger Wanderungssaldo über jeweils mehrere Stufen variiert werden – verschiedene Szenarien mit unterschiedlichen Annahmen über Fertilität, Mortalität und Wanderung gerechnet werden, um so einen breiteren Korridor möglicher Zukünfte zu eröffnen.

Im Vergleich zu Makromodellen lassen sich Fertilität und Mortalität in mikroanalytischen Simulationen wesentlich feiner modellieren: an die Stelle eines einzigen Parameters „Geburtenrate" treten dann, getrennt für unterschiedliche Gruppen von Frauen (nach Eigenschaften wie Bildungsgrad, Region, Religion) unterschiedliche Hazardraten für die erste Geburt und für Geburtenabstände, die für jede Kombination aus den Eigenschaften empirisch geschätzt werden können, wobei Annahmen über die Veränderung der Anteile dieser Eigenschaften hinzukommen. Es lässt sich dann zeigen, dass sich etwa die Änderung der Zusammensetzung der weiblichen Bevölkerung nach ihrem Bildungsgrad bei gruppenspezifisch konstant gesetzten Fertilitätsannahmen die globale Fertilität ändert (Hannappel 2015; Spielauer et al. 2003). Bei der Benutzung von Hazardraten und Survivalfunktionen bietet sich die Verwendung eines ereignisorientierten Simulationsansatzes an, weil die empirisch geschätzten Funktionen dieser Art ja gerade angeben, wie hoch die Wahrscheinlichkeit ist, dass ein bestimmtes Ereignis zu einer bestimmten Zeit in der Zukunft eintritt. Diese Angabe lässt sich unter Zuhilfenahme einer gleichverteilten Zufallszahl zwischen 0 und 1 in einen Termin für das in der Zukunft stattfindende Ereignis umwandeln: Das Softwareobjekt, welches für eine bestimmte (z. B. männliche) Person steht, kennt z. B. die Sterbetafel, die für eine Person mit diesen Eigenschaften gültig ist, zieht bei seiner Initialisierung eine solche Zufallszahl – beispielsweise 0.70186 – und setzt damit seinen Sterbetag – nach der Sterbetafel des Statistischen

Bundesamts 2014/2016 (Statistisches Bundesamt 2018) auf seinen 75. Geburtstag fest (nach dieser Sterbetafel ist L(74) = 0.70168, d. h. von 100 000 Lebendgeborenen haben 70 168 den 74. Geburtstag erlebt und werden auch den 75. Geburtstag noch erleben). Bei periodenorientierter Modellierung muss das Softwareobjekt am Beginn jeder Periode die Sterbetafel konsultieren und die Sterbewahrscheinlichkeit (z. B. 0.3091920) für sein aktuelles Lebensalter (z. B. 74) mit einer solchen Zufallszahl vergleichen, um zu ermitteln, ob dieses Softwareobjekt am Ende der laufenden Periode gelöscht sein wird. In beiden Fällen sind diese Softwareobjekte den Agenten der agentenbasierten Modellierung ähnlich, sie haben aber nicht alle Eigenschaften, die solchen Agenten im allgemeinen zugesprochen werden: sie sind zwar autonom, aber nicht kommunikativ, sie reagieren nicht auf ihre Umwelt, nehmen sie nicht einmal wahr, aber sie sind in beschränktem Umfang proaktiv, indem sie gegebenenfalls neue Softwareobjekte ihres eigenen Typs (d. h. Kinder) generieren. Nur soweit mikroanalytische Simulationsmodelle die Bildung von Partnerschaften (Hannappel 2015; Diaz et al. 2011; Thomson et al. 2012) oder gar Netzwerke (Bernardi und Klärner 2014; Diaz und Fent 2007) enthalten, gibt es in beschränktem Umfang Kommunikation und Reaktivität (Ba et al. 2016), letztere aber nicht auf die gesamte Umwelt bezogen, sondern nur innerhalb der jeweiligen Partnerschaft oder des Netzwerks.

3.2   Bildung von Partnerschaften

Die Bildung von Partnerschaften ist in manchen mikroanalytischen Simulationen „ausschließlich für die intergenerationelle Mobilität, d. h. für die ‚Vererbung' von Bildungsabschlüssen, von Bedeutung" (Hannappel 2015:222), also nur ein Vehikel, um bei der Erzeugung von Kindern sowohl väterliche als auch mütterliche Merkmale zur Initialisierung benutzen zu können (Sauerbier 1996); dabei werden meist sehr einfache Regeln angewandt, die versuchen, zwischen beiden Partnern einen geringen Altersunterschied (Spielauer et al. 2003, S. 126) und einen Unterschied im Bildungsgrad der Partner herzustellen, der empirischen Daten entspricht (Hannappel 2015, S. 341f.). In der Realität geschieht die Bildung von Partnerschaften natürlich auf andere Weise, wenn auch die beiden genannten Kriterien empirisch eine gewisse Rolle spielen dürften. Eine Modellierung realer Mechanismen der Partnerbildung wird jedoch in spezialisierteren Modellen versucht. In einer breit angelegten und auf Zensusdaten abgestützen Studie über den Heiratsmarkt in Neuseeland (Walker und Davis 2013; Walker 2010) (genauer: in den Bezirken Auckland, Wellington und Canterbury) geht als weiteres Kriterium für die Partnerfindung und -bildung vor allem die ethnische Herkunft ein. Der hier verwendete Algorithmus lehnt sich an die entsprechenden Algorithmen in DYNASIM (Zedlewski 1990) und APPSIM (Bacon und Pennec 2007) an. Da in diesem Projekt die Bildung von Partnerschaften über ethnische Grenzen hinweg im Fokus steht, benutzt es außer den schon genannten Eigenschaften der potentiellen Partner (Alter, Bildungsgrad) und neben der regionalen Herkunft eine weitere, die ethnische Herkunft (codiert als europäisch, Maori, asiatisch und pazifisch) und zusätzlich einen Indikator für die Häufigkeit ethnisch homogamer bzw. heterogamer Partnerschaften im vorherigen Zeitschritt. Partnersuche findet in einem Netzwerk (aus 18- bis 30-jährigen Männern und Frauen aus der gleichen der drei Regionen) statt, welches anfangs 50 und in jedem weiteren Zeitschritt zehn weitere potentielle Partnerschaften anbietet (Walker 2010, S. 133ff.). Die Männer repräsentierenden Softwareobjekte berechnen in jedem Zeitschritt einen Score, zusammengesetzt aus Altersunterschied, Bildungsunterschied und Häufigkeit homogamer Partnerschaften in der Vorperiode sowie einer Zufallszahl für jede potentielle Partnerschaft mit einem der Frauen repräsentierenden Softwareobjekte des Netzwerks, sodass am Ende eines jeden Zeitschritts für jede potentielle Partnerschaft ein solcher Score vorliegt; schließlich werden die potentiellen Partnerschaften mit den höchsten Scores zu festen Partnerschaften, und die Partner stehen in folgenden Zeitschritten für Partnerbildungen nicht mehr zur Verfügung (die Zahl der in jeder Periode zu bildenden Partnerschaften ist eine Konstante der Simulation). In diesem Modell verfügen die Softwareobjekte über eine gewisse Autonomie, insofern sie (wenigstens diejenigen, die Männer repräsentieren) den Score berechnen, der darüber bestimmt, ob und mit wem sie in dieser Periode eine Partnerschaft eingehen. Sie sind insofern proaktiv, als sie in jeder Periode aktiv werden (allerdings haben sie nicht die Chance, in einer Periode auf den Versuch zu verzichten, eine Partnerin zu finden), sie sind insofern reaktiv, als in den Score, den sie berechnen, Homogamietendenzen ihrer Umgebung eingehen; es gibt also einen Mechanismus, mit dem die Makroebene und die Mikroebene miteinander in Wechselwirkung stehen. Wie in den anderen Beispielen ist die Fähigkeit zur Kommunikation sehr eingeschränkt: die potentiellen Partner erfahren voneinander lediglich ihr Alter, ihren Bildungsstand und ihre ethnische Herkunft (genau genommen sogar nur, ob sie gleicher oder verschiedener Herkunft sind).

3.3   Übergänge im Bildungsbereich

Abgesehen davon, dass der Bildungsstand eine Eigenschaft ist, die in Mikrosimulationsmodellen der Fertilität und der Partnerbildung empirisch abgestützt eine Rolle spielt, sind Aussagen über die Entwicklung der Anforderungen an ein Bildungssystem von erheblicher politischer Bedeutung, weshalb Simulationsmodelle zur Vorhersage künftiger Schüler- und Studierendenzahlen und des künftigen Personalbedarfs an Bildungseinrichtungen schon früh entworfen worden sind (was Fehlprognosen bis in die Gegenwart allerdings nicht verhindert hat). Im Zentrum mikroanalytischer Simulationen zum Thema steht die Konstruktion von individuellen Bildungsbiographien (Hannappel 2015, S. 190ff.). In diesem Modell – einem ereignisorientierten – durchlaufen alle Fälle der Mikrozensus-Stichprobe, die bei Simulationsstart unter sechs Jahren sind, sowie alle in der Simulation erzeugten Fälle nacheinander mehrere Methoden: sie werden im August des Jahres, in dem sie sechs Jahre alt werden, in die Grundschule eingeschult; auf vier Jahre später legt diese Methode den Eintritt in die Sekundarstufe I fest (die Fälle, die bei Simulationsstart bereits im Alter zwischen sechs und zehn Jahren sind, legen dieses Ereignis als ihr erstes Bildungsereignis fest), wobei die Form der Sekundarstufe I, für die sie vorgesehen sind, vom höchsten Bildungsabschluss ihrer Eltern abhängig ist. Ähnlich wird beim Übergang in die Sekundarstufe II und – gegebenenfalls – in den tertiären Bildungsbereich vorgegangen, wobei die jeweiligen Übergangswahrscheinlichkeiten aus verschiedenen empirischen Quellen bestimmt werden (Hannappel 2015, S. 191f.), sodass in den ersten simulierten Jahren der ereignisorientierten Simulation jeweils aus der Initialisierungs-stichprobe stammende und in der Simulation erzeugte Fälle gleich behandelt werden. Die Validierung des Modells – das auf den Ergebnissen des Mikrozensus 2008 beruht – erfolgt für die kurze Zeitspanne zwischen dem Jahr des Mikrozensus und dem Jahr 2013, für das bei Abschluss des Projekts empirische Daten vorlagen, die mit den Simulationsergebnissen verglichen werden konnten (Hannappel 2015, S. 252f.), und kommt zu befriedigenden Ergebnissen – was natürlich nicht bedeutet, dass die aus dem Simulationsmodell abgeleiteten Resultate für spätere Jahre realistisch sind; sie sind vielmehr plausible Szenarien für Zukünfte, die sich aus der Setzung von alternativen Simulationsparametern ergeben.

3.4   Wohnortwechsel und (De-)Segregation

Innerstädtische Migration und aus ihr folgende Segregationseffekte sind spätestens seit Schellings (Schelling 1971) Segregationsmodell – das allerdings nicht die geringste empirische Fundierung besitzt, sondern lediglich eine Deduktion aus einer axiomatischen Annahme über individuelle Befindlichkeiten ist – immer wieder auch empirisch validiert worden. Frühe Modelle von Mobilität und Migration auf Makroebene (Zipf 1946) erklärten das Volumen von Wanderungen zwischen zwei Regionen als proportional zum Produkt der Bevölkerungsvolumina der beiden Regionen, dividiert durch die Distanz zwischen den beiden Regionen; auch wenn sich „mit dieser Formel […] zum Teil erstaunlich gute Annäherungen an empirische Wanderungsströme erreichen [lassen], [...] stößt dieser präzise formulierte Zusammenhang schnell an empirische Grenzen" (Kalter 2000, S. 441). Er stößt aber auch an theoretische Grenzen, denn ein Wanderungsereignis ist das Ergebnis einer Entscheidung einer Person oder eines Haushalts, die von vielen anderen Umständen abhängt als von der Bevölkerungsgröße und Distanz von Ausgangs- und Zielort (und die von Zipf gemeldeten Varianzreduktionen von unter 60 % lassen eben auch darauf schließen, dass diese anderen Umstände einen gehörigen Erklärungswert haben müssen). Kalter berichtet, „dass sich in der Wanderungsforschung mehr und mehr eine grundsätzliche Wendung zur individualistischen Theoriebildung vollzog" (Kalter 2000, S. 452) und bezieht sich dabei u. a. auf Lees Theorie der Wanderung (Lee 1966), der persönliche „Faktoren" explizit einbezieht. Erst einige Jahrzehnte später erscheinen die ersten Simulationsmodelle, die auf der „individualistischen Theoriebildung" aufbauen (Rindt et al. 2002; Benenson et al. 2003; Mahdavi et al. 2007; da Fonseca Feitosa 2010).

Feitosa stellt ein Simulationsmodell vor, das die innerstädtischen Wanderungsbewegungen in der südbrasilianischen Stadt São José dos Campos in den 1990er Jahren zu reproduzieren und Voraussagen für das folgende Jahrzehnt zu machen versucht. Dazu verwendet sie eine synthetische Stichprobe von etwas über 100 000 Haushalten (was der tatsächlichen Einwohnerzahl der Stadt von etwas über 600 000 Einwohnern beim Zensus 2000 jedenfalls in der Größenordnung entspricht). In jeder Simulationsperiode fällt jeder Haushalt eine Entscheidung, ob und gegebenenfalls wohin er in dieser Periode umzuziehen gedenkt. Diese Entscheidung ist abhängig sowohl von Charakteristika des Haushalts als auch von Charakteristika potentieller Umzugsziele. Die Entscheidung kann fallen zwischen

1. nicht umzuziehen (a),
2. innerhalb der Nachbarschaft umzuziehen (b),
3. in eine Nachbarschaft umzuziehen, die der eigenen ähnlich ist ($c_1 \dots c_n$),
4. in eine Nachbarschaft umzuziehen, die von der bisherigen verschieden ist ($d_1 \dots d_m$).

Im Falle des Umzugs in eine andere Nachbarschaft werden grundsätzlich alle anderen Nachbarschaften der Stadt – es gibt knapp 6 000 von ihnen, jede quadratisch, einen Hektar groß und so angeordnet, wie es der Besiedlung von São José dos Campos in etwa entspricht – in Betracht gezogen, soweit in ihnen Wohnungsangebote bestehen. In die Entscheidung eines Haushalts, eine neue Wohnung zu suchen, gehen einerseits seine eigenen Charakteristika Haushaltsgröße, Einkommen, Anzahl der Kinder, Wohngeldbezug, Alter und Bildungsgrad des Haushaltsvorstands –, andererseits die Charakteristika derjenigen Nachbarschaften ein, in denen es freie Wohnungen gibt: Anzahl der Haushalte und Bevölkerungsdichte, Anzahl der verfügbaren Wohnungen, Nachbarschaftstyp (gute Infrastruktur, gemischte Bewohnerschaft, Gebiete mit Sozialwohnungen und mäßiger Infrastruktur, Favelas) sowie die Anteile der Haushalte mit Einkommen von weniger als zwei bzw. mehr als zwanzig Mindestlöhnen. Jede der Entscheidungsmöglichkeit wird vom Haushalt auf deren Nutzen hin bewertet, der sich aus einem Vergleich der eigenen Charakteristika mit denen der in Frage kommenden Nachbarschaften ergibt; die Wahrscheinlichkeit jeder Entscheidungsmöglichkeit ist dem Nutzen proportional; die Entscheidungsmöglichkeiten mit ihren Wahrscheinlichkeiten werden in der Reihenfolge a...d_m mit ihrem Nutzen auf das Intervall [0, 1] abgebildet, es wird eine gleichverteilte Zufallszahl zwischen 0 und 1 gezogen, und die Entscheidung wird für die Möglichkeit getroffen, in deren Teilintervall die Zufallszahl fällt.[7]

Jede Entscheidung eines Haushalts, in eine andere Nachbarschaft umzuziehen, ändert deren Charakteristika, was für die nächste Runde bedeutet, dass die von den Haushalten in Betracht zu ziehenden Eigenschaften potentieller Umzugsziele sich geändert haben; Feitosas Modell bedient also alle Teile des Modells von Coleman (vgl. Abb. 1). Zugleich ist es gegen empirische Daten validiert, insofern die simulierte Entwicklung von 1991 bis 2000 der tatsächlichen einigermaßen nahe kommt, weswegen es nicht ausgeschlossen ist, das Modell zur Beurteilung von politischen Eingriffen – etwa Umzonungsmaßnahmen oder der Subventionierung von Mieten – zu verwenden (da Fonseca Feitosa 2010, S. 163ff.). Die Softwareobjekte in Feitosas Modell sind autonom, proaktiv, insofern sie ohne äußeren Anlass Umzugsentscheidungen treffen, und reaktiv, insofern sie ihre Umwelt perzipieren und ihre Entscheidungen von diesen Perzeptionen anhängig machen. Darüber hinaus verändern sie ihre Umwelt mit der Durchführung ihrer Entscheidungen. Sie verfügen allerdings nicht über die Möglichkeit, mit anderen Agenten zu kommunizieren.

3.5 Wechsel von Anstellungsverhältnissen

Die Modellierung von Arbeitsplatzwechsel kann ähnlich erfolgen wie in Feitosas Modell des Wohnsitzwechsels. Eine der wenigen Anwendungen einer solchen Modellierungstechnik findet sich in (Capéau et al., 2016). Auch hier, im RURO genannten Modell der Autoren, bewerten die Softwareobjekte (welche Arbeitsuchende in Belgien repräsentieren) Stellenangebote e auf ähnliche (allerdings kompliziertere) Weise, bevor sie sich für ein Stellenangebot entscheiden. Auch

---

7   Ein ähnliches Entscheidungsmodell findet sich auch im LARA-Modell (Briegel et al. 2012).

hier ist die Entscheidung von Charakteristika der angebotenen Stellen ebenso abhängig wie von eigenen Charakteristika (hier im wesentlichen Familienstand und Ausbildungsstand). Die maßgebenden Charakteristika der Stellenangebote sind Gehalt und Arbeitszeit; weitere (Herausforderung, Sicherheit, Ansehen, Verantwortung) werden erwähnt, jedoch lediglich stochastisch modelliert – hierfür steht RU, random utility; sie sind „however difficult to observe, especially as far it concerns the degree of job satisfaction they can provide to a person" (Capéau et al. 2016, S. 146). Jedes erreichbare Stellenangebot (nicht alle Stellenangebote sind jedem Stellensuchenden bekannt, hierfür steht RO, random opportunities) wird aus der Sicht jedes Stellensuchenden auf seinen Nutzen hin bewertet (es mag hier offen bleiben, wie die Nutzenberechnung im einzelnen aussieht). Der empirische Hintergrund ist eine für Belgiens Privathaushalte repräsentative Stichprobe, aus der drei Teilstichproben (Paarhaushalte, Haushalte lediger Frauen bzw. lediger Männer, in denen die Erwachsenen dem Arbeitsmarkt zur Verfügung stehen) ausgesondert werden, die zur Kalibrierung des Modells benutzt werden. Die eigentliche Simulation, über die in (Capéau et al. 2016) berichtet wird, – sie setzt auf dem Mikrosimulationsmodell EUROMOD (Sutherland, 2001; Sutherland und Figari 2013) auf – beschränkt sich auf den Effekt des Ausbildungsstandes auf den Arbeitsmarkt und liefert Aussagen für das grundlegende Modell und ein kontrafaktisches Modell; im ersteren werden die empirischen Daten genutzt, im kontrafaktischen Modell wird die Verteilung des Ausbildungsstandes der Frauen dem der Männer angenähert (der Ausbildungsstand ist in drei Kategorien – niedrig, mittel und hoch – codiert, über alle Altersstufen ist er im grundlegenden Modell bei den Frauen zu knapp 40 % hoch, bei den Männern nur zu etwas über 31 %, im kontrafaktischen Modell ist der Ausbildungsstand bei beiden Geschlechtern zu etwa 38 % hoch). Im Ergebnis unterscheiden sich die beiden Modellvarianten nur geringfügig; allenfalls ist die Arbeitsmarktbeteiligung der Frauen etwas geringer, wenn im kontrafaktischen Modell beide Geschlechter in ihrem Ausbildungsstand angeglichen sind. Ähnlich wie in Feitosas Modell sind auch in diesem Modell die Softwareobjekte autonom, proaktiv, insofern sie sich Stellenangebote zugänglich machen, und reaktiv, indem sie unter ihnen auswählen und damit den Arbeitsmarkt verändern. Auch hier verfügen sie nicht über die Möglichkeit der Kommunikation mit anderen Stellensuchenden, nicht einmal in den Partnerhaushalten; vielmehr wird bei Partnerhaushalten unterstellt, dass beide gleiche Präferenzen hinsichtlich Arbeitszeit und Konsumausgaben haben.

4 Erweiterungen bestehender Mikrosimulationsmodelle durch Aspekte der agentenbasierten Simulation

Der vorangehende Abschnitt hat gezeigt, dass auch bisherige mikroanalytische Simulationsmodelle gewisse Eigenschaften agentenorientierter Simulation aufweisen. Vor allem angesichts der Tatsache, dass längst nicht alle Modelle, die ihre Autoren als agentenorientiert bezeichnen, alle oben aufgezählten Bedingungen in voller Breite erfüllen, könnte man also versucht sein, mikroanalytische Simulationsmodelle als Spezialfälle agentenbasierter Modelle anzusehen, solcher nämlich, die mit großen empirischen Datenbeständen initialisiert und deren Parameter empirisch geschätzt werden. Will man darüber hinaus versuchen, die empirisch geschätzten Parameter, also Übergangswahrscheinlichkeiten, Überlebensraten und Hazardraten, durch stärker theoriebasierte Parameter zu ersetzen, so stößt man schnell an Grenzen. Individualdaten aus Großstichproben sind gerade zu denjenigen Eigenschaften schwer zu beschaffen, die man benötigt, um etwa die Wahrscheinlichkeit auf individueller Basis zu berechnen, dass zwei Personen aus der Stichprobe heiraten werden oder dass eine Person aus der Stichprobe den Arbeitsplatz wechselt. Sicher sind die Ähnlichkeiten zweier Personen nach Alter, Geschlecht, regionaler und ethnischer Herkunft wichtige Anzeichen dafür, ob sie einander begegnen und eine Beziehung eingehen, aber darüber hinaus spielen viele andere Eigenschaften – z. B. Wertorientierungen, politische und soziale Einstellungen, aber etwa auch ihr jeweiliges soziales Umfeld einschließlich ihrer Familienbeziehungen eine Rolle. Großstichproben erheben aber solche Daten gerade nicht, und Stichproben, die solche Daten erheben, sind im allgemeinen zu klein, um realistisch die Bildung von Partnerbeziehungen innerhalb der Stichprobe zu erlauben – schon weil es selbst bei einer Stichprobe wie dem deutschen Sozioökonomischen Panel (Schupp 2009) nur wenige Haushalte aus der gleichen eng umgrenzten Region[8] gibt, aus denen ledige Mitglieder eine hinreichend große Anzahl von potentiellen Partnern kennenlernen könnten, um dann, z. B. mit dem Algorithmus von (Walker 2010), die optimale Beziehung eingehen zu können. Das Problem besteht also in der Tat darin, die statistischen Individuen (Courgeau et al. 2018, S. 169) durch simulierte Individuen (Silverman et al. 2018, S. 194ff.) zu ersetzen (oder die beiden Konzepte ineinander zu integrieren), um damit „to investigate scenarios of demographic change over longer time horizons, as opposed to being limited by heavily data-dependent

---

8 SOEP 2004 gibt für die weitaus meisten Landkreise Deutschlands weniger als¨ 30 (im Mittel etwas über 50, im Maximum etwa 200 für die größten kreisfreien Städte und Stadtstaaten) Haushalte an, (Knies und Spiess 2007, S. 10, 32).

methodologies" (Silverman et al. 2013, 2.14). Drei dieser Ansätze, dieses Problem zumindest experimentell zu lösen, indem in zufällig erzeugten Netzwerken in virtuellen Gesellschaften das Problem der Partnerbildung und der ersten Elternschaft herausgelöst untersucht wird, seien im Folgenden vorgestellt.

Todd und Billari (2003) haben in einer agentenbasierten Simulation die Hazardfunktion für die Eheschließung mit mehreren Varianten untersucht und ihre Ergebnisse mit Schätzungen der Hazardfunktion aus empirischen Daten (Rumänien 1998, Norwegen 1978 und 1998) verglichen. In ihrem Modell lernt ein Softwareobjekt (1) bis zum Eintritt in das heiratsfähige Alter manches, was ihm später bei der Partnersuche hilfreich sein kann; dann (2) beginnt es, nach einem potentiellen Partner bzw. einer Partnerin zu suchen; wenn beide (3) einander akzeptieren, werden beide aus dem Pool der Ledigen entfernt, anderenfalls geht die Suche bis zu einem maximalen Alter wie in Schritt 2 weiter. Dabei haben die Agenten nicht die Chance, alle anderen Ledigen gleichzeitig zu beurteilen (was nur in sehr kleinen Gemeinschaften realistisch wäre), sondern die Agenten begegnen anderen Agenten nacheinander, wobei sie Erfahrungen über die Verteilung der Eigenschaften potentieller Partnerinnen sammeln, wobei sie mit der Zeit ein Anspruchsniveau herausbilden, und irgendwann die Suche abbrechen, weil sie einen das Anspruchsniveau erfüllenden Agenten mit dem anderen Geschlecht gefunden haben (einseitige Suche). Eine zweite Variante unterstellt eine Adoleszenzphase, in der zwar Partnersuche stattfindet, diese aber nie zu einer langfristigen Bindung führt. Alle Agenten sammeln hier Erfahrungen sowohl über die Einschätzung der eigenen Eigenschaften durch andere als auch über eigene Einschätzung der Eigenschaften anderer, sodass sie beim Eintreten ins heiratsfähige Alter sowohl ihr eigenes Anspruchsniveau als auch ihren eigenen Wert kennen und damit die Chance erhöhen, eine Partnerschaft mit jemand einzugehen, der oder die ein ähnliches Anspruchsniveau und einen ähnlichen Wert hat. Die Ergebnisse der Simulation in beiden Varianten sind empirischen Hazardfunktionen insoweit ähnlich, als ihr Anstieg sehr viel steiler ist als ihr Rückgang; mit den Parametern, die das Modell benutzt, liegt das Maximum jedoch in einem früheren Alter und ist weniger hoch als empirisch zu erwarten. Diese Diskrepanz konnte in späteren Arbeiten (Todd et al. 2005; Billari et al. 2007; Todd et al. 2013; Bijak et al. 2013; siehe auch (Zinn 2012) und (Prskawetz 2017, S. 55ff.)) weitgehend beseitigt werden. (Diaz et al. 2011) haben ein agentenbasiertes Modell (ausführlicher in (Diaz 2010)) vorgestellt, in dem die Rolle sozialer Interaktion für das Eintreten in Elternschaft modelliert wird. Sie streben dabei an, die Veränderung der Verteilung des Alters von Muttern bei ihrer ersten Geburt in Österreich zwischen 1984 und 2004 zu erklären. Das Maximum der Wahrscheinlichkeit, ein erstes Kind zu gebären, hatte sich von 1984 bis 2004 in Österreich von etwa 26 Jahren auf etwa 32 Jahre (der Mittelwert von 24 auf 27) erhöht – ein Effekt, der mit dem üblichen Simulationsansatz (Weiterverwendung der Verteilungsannahmen von 1984) selbstverständlich nicht repliziert werden konnte. Im Modell entsteht um jeden Agenten ein Netzwerk von nach Alter und Bildungsstand ähnlichen Agenten. Dieses Netzwerk übt nun einen Einfluss auf die Wahrscheinlichkeit, ein Kind zu haben, des zentralen Agenten aus: Jeder Agent vergleicht seine Kinderzahl sowohl mit der Kinderzahl innerhalb seines Netzwerks als auch mit der Kinderzahl aller Agenten der Population. Je mehr Mütter mit höherer Kinderzahl als seiner eigenen es im Vergleich zur Gesamtpopulation in seinem Netzwerk gibt, desto mehr wird diese Wahrscheinlichkeit, ein weiteres Kind zu bekommen, erhöht; fällt der Vergleich zwischen Netzwerk und Gesamtpopulation umgekehrt aus, d. h. sind Geburten im Netzwerk seltener als in der Gesamtpopulation, sinkt die individuelle Wahrscheinlichkeit für eine (weitere) Geburt. Mit diesem Modell gelingt es über 20 simulierte Jahre, die Funktion, die die Wahrscheinlichkeit in einem bestimmten Alter ein erstes Kind zu gebären, der empirisch geschätzten Funktion für Österreich 2004 sehr präzise anzunähern. Der Verlauf der totalen Fertilitätsrate ist dabei in der Simulation etwas glatter als in der österreichischen Wirklichkeit; glättet man die Schwingungen der letzteren, ist die Entwicklung von Simulation und Wirklichkeit aber ungefähr gleich. Das Modell konnte darüber hinaus auch gegen Daten für den Zeitraum 1991 bis 2006 sowohl für die altersspezifische Fertilitätsrate als auch die altersabhängige Wahrscheinlichkeit (und das mittlere Alter bei) einer ersten Geburt validiert werden, lediglich die totale Fertilitätsrate zeigt im Zeitverlauf stärkere Ausschläge als die Simulation. (Singh et al. 2018) präsentieren mit MAMD („microsimulation and agent-based modeling for demography") ein Werkzeug, mit dem der Unterschied zwischen statistischen und simulierten Individuen überwunden werden kann. Aspekte statistischer Individuen im Sinne von (Courgeau et al. 2018) werden mit stochastischen Prozessen und Übergangswahrscheinlichkeiten modelliert, während Aspekte simulierter Individuen als „deterministic processes […] handled by a rule set derived from the social norms of the target society, pervious research results, and assumptions based on these" modelliert werden (Singh et al. 2018, S. 136). Ihr Modell macht den Heiratsprozess insbesondere abhängig sowohl von konstanten Attributen der Partner (Geschlecht, Geburtsjahr und -region) als auch von dynamischen Attributen wie Alter, Beschäftigungsstatus, Ausbildung und Wohngebiet, die sich ihrerseits während der Simulation in Abhängigkeit voneinander auf der Basis der genannten Regeln ändern. Die Ergebnisse der Studie sind insofern validiert, als sie, mit den amtlichen Projektionen (auf Makro-Basis) verglichen, der mittleren oder wahrscheinlichsten Projektionsvariante entsprechen; ein Vergleich – im Sinne replikativer Validierung (Zeigler 1985, S. 5) – zwischen Ergebnissen von Simulationen, die in der Vergangenheit (2010) initialisiert wurden, mit aktuellen

(2016) Zensusdaten war offenbar erfolgreich (Singh et al. 2018, S. 141), ist allerdings nur in Abbildungen dargestellt, die die Übereinstimmung zwischen Simulation, Zensusdaten und Projektionen für die Zeit zwischen 2010 und 2040 zeigen.

5   Schlussfolgerungen

In ihrer Einführung zum Konferenzband „Celebrating 50 Years of Microsimula-tion. 1st General Conference of the International Microsimulation Association" (Williamson et al. 2009) verweisen Williamson, Zaidi und Harding auf Orcutts frühe Vision (Orcutt 1957) von Mikrosimulation als „an empirically-based, multi-agent, micro-macro modelling approach" (Williamson et al. 2009, S. 31). Zugleich weisen sie darauf hin, dass die Erfüllung dieses Traums „was hampered by a range of computational and data constraints" und dass sich zunächst zwei Typen von Modellen – die statischen und die dynamischen Mikrosimulationsmodelle – ent-wickelt hätten, bevor zunächst die Verknüpfung reiner Mikromodelle mit reinen Makromodellen gelang, „us[ing] outputs from microsimulation models as inputs to macro-economic models and vice versa, in order to better capture the interplay between individual behaviours and the macro-economic environment within which they operate." (Williamson et al. 2009, S. 32) (vgl. z. B. (Heike et al. 1994)). Aber das waren immer noch nicht Modelle, in denen Mikro- und Makroebene in die von Coleman geforderte Wechselwirkung (Abb. 1) traten, insofern das Makromo-dell immer noch ein gleichungsbasiertes System ist (Heike 1996, S. 126f.), dessen periodenbezogene Ergebnisse für Preise, Löhne und Einkommensentwicklung in das Mikromodell zurückgespielt und für dessen Berechnung der nächsten Periode genutzt werden, ohne dabei zu berücksichtigen, dass in der Realität die Entwicklung von Preisen und Löhnen von individuellen Entscheidungen abhängen. Die Beispiele in Abschnitt 4 haben gezeigt, dass mit dem Einschluss von Elementen der agenten-basierten Modellierung und Simulation in mikroanalytische Simulationsmodelle eine höhere Validität erreicht werden kann, im Sinne von Zeiglers „degrees of strength for this validity" (Zeigler 1985, S. 5) sowohl hinsichtlich der replikativen Validität – die altersabhängige Fruchtbarkeitsrate in Österreich zwischen 1984 und 2004 wurde deutlich genauer repliziert – als auch hinsichtlich der prädikti-ven Validität – auch eine Vorhersage bis 2006 wurde besser – als auch, schließlich hinsichtlich der strukturellen Validität, denn die Annahme, dass reale Frauen zur Bestimmung des Zeitpunkt der Geburt ihres ersten Kindes eine Zufallszahl mit einer altersabhängigen Wahrscheinlichkeit vergleichen, ein Kind zu bekommen, reflektiert sicher nicht „the way in which the real system operates to produce this behavior" (Zeigler 1985, S. 5). Natürlich reflektiert das Modell in Diaz (2010) das Verhalten realer Frauen auch nicht vollständig, aber es geht über frühere Ansätze deutlich hinaus: „While population forecasts are usually based on time series extrapolation of recent fertility trends combined with some expert knowledge, our approach has a theoretical foundation. We use a causal model to explain trends in timing of fertility rather than continuing existing trends" (Diaz 2010, S. 67), sodass Grund zu der Annahme besteht, dass mit der Hinzunahme weiterer Annahmen über den realen Mechanismus wie Ausbildungsstand, Erwerbstätigkeit oder Gesundheitszustand und darüber hinaus Werte, Normen, psychologische Aspekte, Kognition oder Emotion (Prskawetz 2017, S. 54) die strukturelle Validität weiter gesteigert werden kann. Zwar hat sich seit Celliers Feststellung, dass „in the 'darkest' of all worlds, i. e., in social and psychological modeling, the models used are mostly static. […] They are usually entirely inductive and depend on 'gut feeling' or the position of the stars in the sky" (Cellier 1991, S. 18) auch in der sozialwissenschaftlichen Modellierung und Simulation einiges geändert, insofern es heute vielfältige, sowohl theoriebasierte als auch empirisch angeleitete dynamische Modelle sozialer Prozesse gibt (und natürlich auch 1991 schon gab, sodass Celliers Gleichsetzung von Orwells „1984" mit Forresters „System Dynamics" schon damals unangemessen war), aber ein Grad an Realitätsnähe, wie er bei Modellen mechanischer Systeme möglich ist, ist bei Modellen sozialer Systeme wegen der Lücken in gesichertem empirischen Wissen – man muss sich gelegentlich auf „expert knowledge" oder „'gut feeling'" verlassen – auch mit den Mitteln agentenbasierter Modellierung einstweilen nicht zu erreichen.

Literatur

Abelson, R. P., & Bernstein, A. (1963). A Computer Simulation of Community Referendum Controversies. *Public Opinion Quarterly*, 27(1):93–122.

Ba, J. W., Paik, E., Kim, K., Singh, K., & Sajjad, M. (2016). Combining Microsimulation and Agent-Based Model for Micro-Level Population Dynamics. Procedia Computer Science, 80:507–517.

Bacon, B., & Pennec, S. (2007). APPSIM – Modelling Family Formation and Dissolution. *Technical Report November*, National Centre for Social and Economic Modelling, University of Canberra. Working Paper No. 4.

Benenson, I., Omer, I., & Hatna, E. (2003). Agent-Based Modeling of Householders' Migration and Its Consequences. In F. C. Billari, A. Prskawetz (Hrsg.), *Agent-Based Computational Demography. Using Simulation to Improve Our Understanding of Demographic Behaviour*, (S. 97–115). Berlin, Heidelberg, Physica.

Bernardi, L., & Klärner, A.¨ (2014). Social networks and fertility. Demographic Research, 80:641–670.

Bijak, J., Hilton, J., Silverman, E., & Cao, V. D. (2013). Reforging the Wedding Ring: Exploring a Semi-Artificial Model of Population for the United Kingdom with Gaussian process emulators. *Demographic Research*, 29(27):729–766.

Billari, F. C., Prskawetz, A., Diaz, B. A., & Fent, T. (2007). The "WeddingRing": An agent-based marriage model based on social interaction. *Demographic Research*, 17(3):59–81.

Briegel, R., Ernst, A., Holzhauer, S., Klemm, D., Krebs, F., & Martínez Piñánez, A. (2012). Social-ecological modelling with LARA: A psychologically well-founded lightweight agent architecture. In R. Seppelt, A. A. Voinov, S. Lange, D. Bankamp (Hrsg.), *International Congress on Environmental Modelling and Software 2012. Managing Resources of a Limited Planet: Pathways and Visions under Uncertainty.* Sixth Biennial Meeting. International Environmental Modelling and Software Society (iEMSs).

Capéau, B., Decoster, A., & Dekkers, G. (2016). Estimating and Simulating with a Random Utility Random Opportunity Model of Job Choice Presentation and Application to Belgium. *International Journal of Microsimulation*, 9(2):144–191.

Castelfranchi, C. (1998). Simulating with Normative Agents: The Importance of Cognitive Emergence. In J. S. Sichman, R. Conte, & N. Gilbert (Hrsg.), *Multi-Agent Systems and Agent-Based Simulation*, Bd. 1534 von *LNAI*, S. 26– 44. Springer.

Cellier, F. E. (1991). *Continuous System Modeling.* New York, NY: Springer-Verlag.

Coleman, J. S. (1990). *The Foundations of Social Theory.* Boston, MA: Harvard University Press.

Courgeau, D., Silverman, E., & Franck, R. (2018). Modelling in Demography: From Statistics to Simulations. In E.Silverman (Hrsg.), *Methodological Investigations in Agent-Based Modelling*, Bd. 13 von Methodological Prospects in the Social Sciences, S. 167–187. Cham, Springer.

da Fonseca Feitosa, F. (2010). *Urban segregation as a complex system. An agent-based simulation approach.* Dissertation, Rheinische Friedrich-Wilhelms Universität Bonn. http:// hss.ulb.uni-bonn.de/2010/2058/2058.pdf.

Diaz, B. A. (2010). *Agent Based Models on Social Interaction and demographic behaviour.* Dissertation, Technische Universität Wien.

Diaz, B. A., & Fent, T. (2007). An Agent-Based Simulation Model of Ageat-Marriage Norms. In F. C. Billari, T. Fent, A. Prskawetz, J. Scheffran (Hrsg.), *Agent-Based Computational Modelling*, (S. 85–116). Heidelberg, Physica.

Diaz, B. A., Fent, T., Prskawetz, A., & Bernardi, L. (2011). Transition to parenthood: The role of social interaction and endogenous networks. *Demography*, 48(2):559–579.

Gilbert, N. (1995). Emergence in Social Simulation. In N. Gilbert, & R. Conte (Hrsg.), *Artificial Societies: The Computer Simulation of Social Life*, S. 144– 156. London, UCL Press.

Gilbert, N. (2002). Varieties of emergence. In C. M. Macal, D. L. Sallach (Hrsg.), *Agent 2002 Conference: Social agents: ecology, exchange, and evolution*, (S. 41–50). Chicago, Argonne National Laboratory.

Gilbert, N., & Troitzsch, K. G. (2005). *Simulation for the Social Scientist.* Maidenhead, New York: Open University Press, 2. Aufl.

Hannappel, M. (2015). *(K)ein Ende der Bildungsexpansion in Sicht?! Ein Mikrosimulationsmodell zur Analyse der Wechselwirkungen zwischen demographischen Entwicklung und Bildungsbeteiligung.* Marburg: Metropolis.

Harbordt, S. (1974). *Computersimulation in den Sozialwissenschaften. 1: Einführung und Anleitung.* Reinbek: Rowohlt.

Harland, K. (2013). *Microsimulation model user guide (flexible Modelling Framework)*. Technical report, University of Leeds.

Hauser, R., Hochmuth, U., & Schwarze, J. (1994a). *Mikroanalytische Grundlagen der Gesellschaftspolitik. Band 1: Ausgewählte Probleme und Lösungsansätze. Ergebnisse aus dem gleichnamigen Sonderforschungsbereich an den Universitäten Frankfurt und Mannheim.* Berlin: Akademie-Verlag.

Hauser, R., Ott, N., & Wagner, G. (1994b). *Mikroanalytische Grundlagen der Gesellschaftspolitik. Band 2: Erhebungsverfahren, Analysemethoden und Mikrosimulation. Ergebnisse aus dem gleichnamigen Sonderforschungsbereich an den Universitäten Frankfurt und Mannheim.* Berlin: Akademie-Verlag.

Heike, H.-D. (1996). Some Thoughts on the Methodological Status of the Darmstadt Micro Macro Simulator. In: Hegselmann, R., Mueller, U., Troitzsch, K. G.(Hrsg.), *Modelling and Simulation in the Social Sciences from a Philosophy of Science Point of View, Theory and Decision Library, Series A: Philosophy and Methodology of the Social Sciences*, (S. 123–140). Dordrecht, Kluwer.

Heike, H.-D., Beckmann, K., Kaufmann, A., Ritz, H., & Sauerbier, T. (1996). A Comparison of a 4GL and an Object-oriented Approach in Micro Macro Simulation. In K. G. Troitzsch, U. Mueller, N. Gilbert, J. E. Doran (Hrsg.), *Social Science Microsimulation*, (S. 3–32). Berlin, Springer-Verlag.

Heike, H.-D., Beckmann, K., Kaufmann, A., & Sauerbier, T. (1994). Der Darmstädter Mikro-Makro-Simulator – Modellierung, Software-Architektur und Optimierung. In F. Faulbaum (Hrsg.), *SoftStat '93. Advances in Statistical Software 4*, S. 161–169. Stuttgart, Gustav Fischer.

Kalter, F. (2000). Theorien der Migration. In U. Mueller, B. Nauck, A. Diekmann (Hrsg.), *Handbuch der Demographie 1*, Kapitel 9, (S. 438–475). Berlin, Heidelberg, New York, Springer.

Klügl, F. (2000). *Aktivitätsbasierte Verhaltensmodellierung und ihre Unterstützung bei Multiagentensimulationen*. Dissertation, Universität Würzburg.

Knies, G. & Spiess, C. K. (2007). Regional Data in the German Socio-Economic Panel Study (SOEP). *Data Documentation 17*, DIW Berlin Deutsches Institut für Wirtschaftsforschung, Berlin.ˮ

Lee, E. S. (1972 (1966)). Eine Theorie der Wanderung. In G. Széll (Hrsg.), *Regionale Mobilität*: elf Aufsätze, (S. 115–129). Nymphenburger Verl.-Handl.,. A Theory of Migration 1966 deutsch.

Lovelace, R., & Dumont, M. (2016). *Spatial Microsimulation with R*. Boca Raton FL: CRC Press. Mahdavi, B.,

Niazi, M., & Hussain, A. (2011). Agent-based computing from multi-agent systems to agent-based models: a visual survey. *Scientometrics*, 89(2):479.

Nowak, A. Lewenstein, M. (1996). Modeling Social Change with Cellular Automata. In R. Hegselmann, U. Mueller, K. G. Troitzsch (Hrsg.), *Modelling and Simulation in the Social Sciences from a Philosophy of Science Point of View, Theory and Decision Library, Series A: Philosophy and Methodology of the Social Sciences*, (S. 249–286). Dordrecht, Kluwer.

Orcutt, G. H. (1957). *A New Type of Socio-Economic System. Review of Economics and Statistics*, 58(2):773–797.

O'Sullivan, D., & Davis, P. (2007). An Agent-based Microsimulation Framework For Investigating Residential Segregation Using Census Data. In L. Oxley, D. Kulasiri (Hrsg.), *MODSIM 2007. International Congress on Modelling and Simulation. Modelling and*

Simulation Society of Australia and New Zealand, (S. 365–371). Modelling and Simulation Society of Australia and New Zealand.

Prskawetz, A. (2017). The Role of Social Interactions in Demography: An Agent-Based Modelling Approach. In A. Grow, J. V. Bavel (Hrsg.), *AgentBased Modelling in Population Studies, Bd. 47 von The Springer Series on Demographic Methods and Population Analysis.* Cham, Springer Nature Switzerland.

Richiardi, M. G., & Richardson, R. E. (2017). JAS-mine: A new platform for microsimulation and agent-based modelling. *International Journal of Microsimulation*, 10(1):106–134.

Rindt, C. R., Marca, J. E., & McNally, M. G. (2002). Toward Dynamic, Longitudinal, Agent-Based Microsimulation Models of Human Activity in Urban Settings. *Technical Report UCI-ITS-AS-WP-02-5*, Institute of Transportation Studies University of California, Irvine, Irvine.

Sauerbier, T. (1996). *Konzeption und Realisierung eines objektorientierten Mikro-Makro-Simulators.* Dissertation, TU Darmstadt.

Sauerbier, T. (2002). UMDBS – A New Tool for Dynamic Microsimulation. *Journal of Artificial Societies and Social Simulation*, 5/2/5. http://jasss. soc.surrey.ac.uk/5/2/5.html.

Schelling, T. C. (1971). Dynamic Models of Segregation. *Journal of Mathematical Sociology*, 1:143–186.

Schupp, J. (2009). 25 Jahre Sozio-oekonomisches Panel – Ein Infrastrukturprojekt der empirischen Sozial- und Wirtschaftsforschung in Deutschland. *Zeitschrift für Soziologie* 38(5):350–357.

Silverman, E., Bijak, J., & Hilton, J. (2018). Model-Based Demography in Practice: I. In E. Silverman (Hrsg.), *Methodological Investigations in AgentBased Modelling, Bd. 13 von Methodological Prospects in the Social Sciences*, (S. 189–210). Cham, Springer.

Silverman, E., Bijak, J., Hilton, J., Cao, V. D., & Noble, J. (2013). When Demography Met Social Simulation: A Tale of Two Modelling Approaches. *Journal of Artificial Societies and Social Simulation*, 16(4):9.

Singh, K., Ahn, C.-W., Paik, E., Bae, J. W., & Lee, C.-H. (2018). A Micro-Level Data-Calibrated Agent-Based Model: The Synergy between Microsimulation and Agent-Based Modeling. *Artificial Life*, 24(2):128–148.

Spielauer, M. (2009). Microsimulation Approaches. *Technical report*, Statistics Canada – Modeling Division.

Spielauer, M., Schwarz, F., Stadtner, K., & Schmid, K." (2003). *Family and Education. Intergenerational educational transmission within families and the influence of education on partner choice and fertility. Analysis and microsimulation projection for Austria.* Number 11 in Schriftenreihe des Österreichischen Instituts für Familienforschung: Österreichisches Institut für Familienforschung.

Statistisches Bundesamt (2015). *Bevölkerung Deutschlands bis 2060.* Tabellenband. Ergebnisse der 13. koordinierten Bevölkerungsvorausberechnung. Wiesbaden:

Statistisches Bundesamt (2018). *Sterbetafeln. Ergebnisse aus der laufenden Berechnung von Periodensterbetafeln für Deutschland und die Bundesländer.* 2014/2016. Wiesbaden:

Sutherland, H. (2001). EUROMOD: An integrated European benefit-tax model. *Technical report*, EUROMOD. http://www.econ.cam.ac.uk/dae/mu/ publications/em901_cov.pdf.

Sutherland, H., & Figari, F. (2013). EUROMOD: the European Union taxbenefit microsimulation model. *International Journal of Microsimulation*, 16(1):4–26.

Thomson, E., Winkler-Dworak, M., Spielauer, M., & Prskawetz, A. (2012). Union Instability as an Engine of Fertility? A Microsimulation Model for France. *Demography*, 49:175–195.

Todd, P. M., & Billari, F. C. (2003). Population-Wide Marriage Patterns Produced by Individual Mate-Search Heuristics. In F. Billari, A. Prskawetz (Hrsg.), *Agent-Based Computational Demography. Using Simulation to Improve Our Understanding of Demographic Behaviour, Contributions to Economics*, (S. 117–137). Heidelberg, Physica.

Todd, P. M., Billari, F. C., & Simao, J.⁻ (2005). Aggregate age-at-marriage patterns from individual mate-search heuristics. *Demography*, 42(3):559–574.

Todd, P. M., Hills, T. T., & Hendrickson, A. T. (2013). Modeling reproductive decisions with simple heuristics. *Demographic Research*, 29(24):641–661.

Troitzsch, K. G. (1987). *Bürgerperzeptionen und Legitimierung. Anwendung eines formalen Modells des Legitimations-/Legitimierungsprozesses auf Wählereinstellungen und Wählerverhalten im Kontext der Bundestagswahl 1980.* Frankfurt: Lang.

Walker, L. (2010). *Modelling Inter-Ethnic Partnerships in New Zealand 19812006: A Census-Based Approach. Dissertation, University of Auckland*, New Zealand. http://hdl.handle.net/1959.3/200536.

Walker, L., & Davis, P. (2013). Modelling "Marriage Markets": A Population-Scale Implementation and Parameter Test. *Journal of Artificial Societies and Social Simulation*, 16(1):1.

Williamson, P., Zaidi, A., & Harding, A. (2009). New Frontiers in Microsimulation Modelling: Introduction. In A. Zaidi, A. Harding, P. Williamson (Hrsg.), *New Frontiers in Microsimulation Modelling*. Routledge.

Wooldridge, M. J., & Jennings, N. R. (1995). *Intelligent Agents: ECAI-94 Workshop on Agent Theories, Architectures, and Languages, Amsterdam, The Netherlands, August 8–9, 1994, Bd. 890 von LNAI.* Berlin: Springer-Verlag.

Zedlewski, S. R. (1990). The Development of the Dynamic Simulation of Income Model (DYNASIM). In G. H. Lewis, R. C. Michel (Hrsg.), *Microsimulation Techniques for Tax & Transfer Analysis*, (S. 109–136). Washington, The Urban Institute Press.

Zeigler, B. P. (1985). *Theory of Modelling and Simulation.* Malabar: Krieger. Reprint, first published in 1976, Wiley, New York, NY.

Zinn, S. (2012). A Mate-Matching Algorithm for Continuous-Time Microsimulation Models. *International Journal of Microsimulation*, 5(1):31–51.

Zinn, S. (2017). Simulating Synthetic Life Courses of Individuals and Couples, and Mate Matching. In A. Grow, J. V. Bavel (Hrsg.), *Agent-Based Modelling in Population Studies, Bd. 41 von The Springer Series on Demographic Methods and Population Analysis*, S. 113–158. Springer.

Zipf, G. K. (1946). The P1 · P2/D Hypothesis. On the Intercity Movement of Persons. *American Sociological Review*, 11(6):677–686.

Zur Entwicklung eines kleinräumigen und sektorenübergreifenden Mikrosimulationsmodells für Deutschland

Ralf Münnich, Rainer Schnell, Johannes Kopp, Petra Stein, Markus Zwick, Sebastian Dräger, Hariolf Merkle, Monika Obersneider, Nico Richter und Simon Schmaus[1]

Zusammenfassung

Eine sektorenübergreifende Mikrosimulationsinfrastruktur für Deutschland ermöglicht die Analyse auf kleinräumig differenzierter Ebene zu verschiedenen Themenkomplexen. Unter Verwendung verschiedener Datenquellen wird eine (teil-)synthetische Grundgesamtheit für Deutschland erstellt, die umfangreiche Informationen auf Individualebene enthält und geographisch differenzierte Auswertungen erlaubt. Zur dynamischen Fortschreibung der Population werden Übergangswahrscheinlichkeiten geschätzt und auf deren Grundlage individuelle Zustandsänderungen simuliert. Die ersten Anwendungsgebiete liegen in der Untersuchung der Arbeitsmarktintegration von Migranten sowie der Entwicklung des Pflegebedarfes unter Berücksichtigung familiärer Strukturen. Dieser Beitrag resümiert den Rahmen und die Methoden des kleinräumigen Mikrosimulationsmodells der DFG-Forschungsgruppe MikroSim.

Schlüsselbegriffe

Räumliche Mikrosimulationen; Dynamische Mikrosimulationen; Demographische Simulationen; Pflege; Migration; Arbeitsmarkt

---

1 Der vorliegende Text beruht auf einem Antrag, den die fünf zuerst genannten Personen gemeinsam bei der Deutschen Forschungsgemeinschaft eingereicht haben und der zu einer Forschungsgruppe (FOR 2559) an den Universitäten Duisburg-Essen und Trier sowie am Statistischen Bundesamt führte. Die weiteren hier genannten Personen haben wesentlich zur Konkretisierung des Antrages beigetragen und sind deshalb hier ebenfalls zu nennen. Wir alle danken der Deutschen Forschungsgemeinschaft für die Unterstützung der Forschungsgruppe FOR 2559.

1   Einleitung

Beginnend mit dem klassischen Beitrag von Orcutt (1957) werden Mikrosimulationsmodelle vorwiegend als Instrument der Politikberatung genutzt und dienen dazu, beispielsweise die positiven und negativen Auswirkungen politischen Handelns – wie etwa bei Gesetzesvorhaben und Reformen – abzuschätzen oder demographische Entwicklungen mit Hilfe von Prozessen auf der Individualebene zu modellieren. Neben diesen häufig finanz- und sozialpolitischen Anwendungsgebieten sind Mikrosimulationen jedoch auch dafür geeignet, theoretische Modelle mit Hilfe von Szenarien zu prüfen (für einen Überblick siehe Hannappel und Troitzsch 2015; Hannappel 2019). Mikrosimulationen sind in dieser Hinsicht bewährte Instrumente im Bereich der Sozialplanung oder des sogenannten *Social Engineering*.

Während in vielen Ländern wie etwa in Kanada, Australien, Schweden oder in den Vereinigten Staaten Mikrosimulationsprojekte in großem Umfang zur politischen und wirtschaftlichen Planung herangezogen werden, besteht in Deutschland ein deutlicher Handlungsbedarf. Die Zahl der in der Literatur beschriebenen Mikrosimulationen in der Bundesrepublik ist relativ gering (vgl. Handke und Schnell in diesem Band). Nachdem das im Rahmen des Sonderforschungsbereichs 3 für Deutschland erstellte Mikrosimulationsmodell bis in die frühen 1990er Jahre international viel Aufsehen erregte und als erste große Mikrosimulation Europas beschrieben wurde (vgl. Zwick und Emmenegger in diesem Band), sind Mikrosimulationsmodelle für Deutschland im engeren sozialwissenschaftlichen Sinne im internationalen Vergleich deutlich unterrepräsentiert. Zwar finden Mikrosimulationen in kleineren Projekten Anwendung, jedoch sind diese zum einen häufig thematisch beschränkt und zum anderen können aufgrund des geringen Umfangs der Basispopulation keine regionalisierten oder kleinräumigen Untersuchungen durchgeführt werden. Hierfür sind unseres Erachtens vor allem drei Gründe anzuführen:

- Erstens ist die Qualität derartiger Simulationen hochgradig von der Qualität der als Ausgangspopulation verwendeten Datenbasis und der Güte der Parameter für eine modellbasierte Fortschreibung abhängig. Man benötigt für Mikrosimulationen also einen tragfähigen und belastbaren Ausgangsdatensatz, sowie umfangreiche Datenbestände für die Modellierung der Simulationsparameter. Eine für regionalisierte Untersuchungen geeignete Basispopulation stand jedoch lange Zeit nicht zur Verfügung.
- Die Anforderungen an statistische Daten sowie Methoden zu deren Auswertung steigen aufgrund des zunehmenden Informationsbedarfs von Politik, Wirtschaft und Gesellschaft dabei zudem ständig an. Insbesondere im Bereich der praxis- und politikorientierten Forschung wird der Bedarf an regional und inhaltlich

sehr tief gegliederten validen Daten immer größer. Gerade in einem Zeitalter, das durch Phänomene wie den demographischen Wandel und hierbei vor allem die Alterung der Gesellschaft, teilweise dramatischen Veränderungen der Bevölkerungsstruktur – vor allem in ländlichen Gebieten – sowie gleichzeitig einer stark zunehmenden auch internationalen Migration gekennzeichnet ist, sind valide Kennziffern und die Erforschung des Einflusses des Wandels von zentraler Bedeutung. Dieses Argument gewinnt sogar noch an Bedeutung, wenn man regionale Unterschiede und Besonderheiten modellieren will. Gerade die Berücksichtigung regional abweichender Entwicklung kommt aber in den letzten und wohl auch in den kommenden Jahren eine immer größer werdende Bedeutung zu. Auch für diese regionalen Analysen stand bislang keine hinreichende Datenbasis zur Verfügung. Auch wenn sich diese These sicherlich nicht auf alle Felder übertragen lässt, so gilt im Bereich der Mikrosimulation für die beiden bislang genannten Probleme: *Size matters.*

- Selbst wenn man aber diese beiden Punkte geteilt hat und auch entsprechende Lösungen vorweisen könnte, waren entsprechende Simulationen allein – und dies kann als drittes Entwicklungshindernis festgehalten werden – aufgrund beschränkter Rechenkapazitäten bis vor kurzem fast nicht möglich oder zumindest sehr zeitaufwändig und eine entsprechende Infrastruktur ausgesprochen teuer.

Die unterschiedlichsten Entwicklungen haben jedoch dazu geführt, dass alle drei Beschränkungen – zuverlässige und regional tief gegliederte Daten und damit letztlich große Datenbestände sowie eine entsprechende technische Infrastruktur – in der letzten Zeit überwindbar geworden sind. Aufgrund dieser Tatsache hat sich im Jahr 2015 eine Arbeitsgruppe an den Universitäten Duisburg-Essen und Trier gebildet, die gemeinsam und in Kooperation mit dem Statistischen Bundesamt ein Forschungsprojekt bei der Deutschen Forschungsgemeinschaft beantragt hat. Ziel dieses Forschungsvorhabens ist es, als wesentliche Grundlage eine solide Datenbasis und eine entsprechende Simulationsinfrastruktur auch für die Bundesrepublik Deutschland aufzubauen und damit weitere Forschungen zu initiieren und zu unterstützen. Seit dem September 2018 hat die Gruppe ihre Arbeit aufgenommen, deren grundlegendes Vorgehen in diesem Beitrag skizziert werden soll.[2]

Bevor wir jedoch die einzelnen Teile des Projektes und damit der Forschungsgruppe vorstellen können, müssen in einem ersten Schritt kurz die bisherigen Mikrosimulationen betrachten und vor allem deren Datenbasis genauer fokussiert werden (Abschnitt 2). In diesem Abschnitt sollen auch einige Methoden zur Erstellung

---

2   Auf der Webseite des Projektes (www.german-microsimulation.de) finden sich weitere Einzelheiten der Forschungsgruppe 2559.

kleinräumiger Datenbestände und zur Erweiterung sogenannter synthetischer Daten diskutiert werden. Das Ziel des nächsten Abschnittes (3) ist es die eigene Datenbasis genauer vorzustellen sowie die Überlegungen hinsichtlich der Modellierung von Übergängen zu diskutieren. In den beiden abschließenden Absätzen sollen dann die konkreten Anwendungsfälle der geplanten Mikrosimulationen dargestellt werden. Dies sind einerseits Überlegungen zur Modellierung im Bereich von Pflege und Familie (Abschnitt 4.1) und andererseits im Bereich der Arbeitsmarktintegration von Personen mit Migrationserfahrung (Abschnitt 4.2) Ein kurzer Ausblick versucht weitere Möglichkeiten des geplanten Simulationsumfelds zu skizzieren (Abschnitt 5).

2   Einordnung und Aufgabenstellung: ein Überblick und einige Klärungen

Dynamische Mikrosimulationen beinhalten im Allgemeinen Modelle, die das Verhalten auf Individualebene simulieren (Li und O'Donoghue 2013). In den Sozialwissenschaften beschränken sich die Analysen in der Regel ausschließlich auf Personen und Haushalte. Hierbei werden Personen durch eine Vielzahl unterschiedlicher Variablen dargestellt, die Informationen zu unterschiedlichen Zeitpunkten beinhalten. Eine der Kernaufgaben liegt in der Erstellung und Erweiterung einer Basispopulation. Darüber hinaus erlaubt eine geographische Verortung umfassende und differenzierte Analysen auf kleinräumiger Ebene. Die Fortschreibung dieses Datenbestandes findet in festen Zeitschritten unter Anwendung empirisch geschätzter Übergangswahrscheinlichkeiten statt. Somit können alle relevanten individuellen Zustandsänderungen, wie Eheschließungen, Änderung des Erwerbsstatus und die Entstehung neuer Haushalte für die Population simuliert werden. So können die empirischen Grundlagen und Modelle für sektorenübergreifende bundesweite Vorhersagemodelle geschaffen werden. Weitere Aufgaben sind die Untersuchung und Verbesserung empirischer Vorhersagen durch Individualdaten auf der Grundlage sozialwissenschaftlicher Handlungstheorien.

2.1   Methodische Grundlagen und Diskussionen: Basispopulationen im Kontext dynamischer Mikrosimulationen

Die hier diskutierte Simulationstechnik entspricht einem populationsbasierten stochastischen Prognosemodell auf der Mikroebene. Die Mikroeinheiten sind

Personen und Haushalte in Deutschland, die möglichst detailgetreu nachgebildet werden. Da hier die gesamte Population und nicht eine interessierende Kohorte betrachtet wird, lässt sich die Simulation zudem als Populationsmodell klassifizieren (Li und O'Donoghue 2013). Ein Modell wird nach der international gebräuchlichen Definition als geschlossen betrachtet, wenn Ein- und Austritte von Individuen ausschließlich durch Geburten, Sterbefälle und Migrationsbewegungen möglich sind (Li und O'Donoghue 2013). Synthetische Ergänzungen von Individuen – beispielsweise zur Berücksichtigung neuer Partnerschaften – sind zur Erhaltung der Konsistenz daher dann nicht notwendig. An verschiedenen Stellen und zu verschiedenen Zeitpunkten können entsprechende Validierungsverfahren zur Überprüfung und gegebenenfalls Korrektur der Grundgesamtheit untersucht, entwickelt und implementiert werden. Ein derartiges Modell lässt sich somit klar von mikroökonometrischen Verhaltensmodellen und Zeitreihenmodellen abgrenzen. Auch handelt es sich um keine agentenbasierte Simulation, da es hier nicht um die Exploration der Implikationen von Verhaltens- und Interaktionstheoretischen Ansätzen geht, sondern um empirische Prognosen für kleinräumige Einheiten.

Bei der Durchführung dynamischer Mikrosimulationen wird ein Datensatz zum Startzeitpunkt mit Informationen auf Individualebene benötigt. Die Auswahl eines solchen Datensatzes trägt maßgeblich zur Qualität der Simulationsergebnisse bei. Die letztendliche Entscheidung für eine geeignete Datenbasis ist sowohl von den zu untersuchenden Fragestellungen als auch von der Datenverfügbarkeit – insbesondere hinsichtlich datenschutzrechtlicher Bestimmungen – abhängig. Grundsätzlich lassen sich mögliche Datenbestände in Survey-Daten, Zensus-Daten, synthetische Daten und administrative Daten analytisch unterscheiden und empirisch finden (Li et al. 2014). Die überproportional häufige Verwendung von Erhebungsdaten ist primär der Tatsache der leichten Verfügbarkeit und dem großen Umfang an enthaltenen Informationen geschuldet. In der Praxis werden aber auch Zensus-Daten verwendet, wobei es sich meist um Stichproben aus einem Zensus handelt (Li et al. 2014). Eine komplett aus administrativen Registerdaten erstellte Basispopulation kommt beispielsweise in Schweden zur Anwendung (Flood 2008).[3]

Bei der Durchführung dynamischer Mikrosimulationen in Deutschland werden bisher primär die Scientific-Use-Files des *sozioökonomischen Panels* (SOEP) oder der Datenbestand des deutschen Mikrozensus verwendet (vgl. Handke und Schnell

---

3   Die Basispopulation eines norwegischen Mikrosimulationsmodells beruht auf einer 12-Prozent-Stichprobe der Gesamtbevölkerung (Spielauer 2007). Das Mikrosimulationsmodell SVERIGE (Tanton 2014) verwendet sogar eine echte Grundgesamtheit aller Einwohner Schwedens, für das Projekt MOSES (Tanton et al. 2011) wurde eine synthetische Gesamtheit Großbritanniens erstellt.

in diesem Band). Letzterer wird als einzig in Deutschland verfügbarer Datensatz bezeichnet, der den hohen Anforderungen einer Basispopulation für Mikrosimulationen bezüglich Umfang und Datenstruktur gerecht wird. Aufgrund des geringen Umfangs an Beobachtungen ist eine präzise Analyse von regionalen Fragestellungen – vor allem auf Kreis- und Gemeindeebene – dennoch kaum möglich.

Darüber hinaus sind Survey-Daten als Basisdatensatz für Mikrosimulationen nur eingeschränkt geeignet, da diese meistens unter Verwendung von Auswahlverfahren mit ungleichen Inklusionswahrscheinlichkeiten erhoben werden, woraus häufig sehr unterschiedliche Gewichte resultieren. Im SOEP werden beispielsweise Haushalte mit einem hohen Einkommen und in Deutschland lebende Ausländer und Ausländerinnen mit höherer Wahrscheinlichkeit in die Stichprobe aufgenommen (Frick et al. 2007; Schupp und Wagner 1995).[4]

2.2   Methoden zur Erweiterung synthetischer Datensätze

Bei der Analyse der unterschiedlichen Themenkomplexe mit Hilfe einer Mikrosimulation muss sichergestellt werden, dass der Basisdatensatz alle erforderlichen Variablen enthält. Häufig sind diese Informationen jedoch nicht alle in einem einzigen Datensatz verfügbar. Daher ist oft eine synthetische Erzeugung von einzelnen Merkmalen oder ganzer relationaler Merkmalsgruppen unumgänglich. Im Bereich der synthetischen Datenerzeugung können die Methoden in strukturgebende, strukturerfassende, strukturerhaltende und strukturprüfende Verfahren unterteilt werden (Kolb 2013). Hierbei ist zu berücksichtigen, dass relevante Strukturen sowohl auf Individualebene als auch im Aggregat in den synthetischen Daten nachgebildet werden. Besonders auf Individualebene muss beachtet werden, dass keine aus logischer Sicht inkonsistenten Merkmalskombinationen entstehen. Nicht miteinander vereinbare, unplausible und unrealistische Kombinationen sind grundsätzlich zu vermeiden. Aggregierte Individualvariablen, beispielsweise auf Kreis- und Gemeindeebene, müssen darüber hinaus vom Basisdatensatz ausreichend realistisch nachgebildet werden. Besonders die als strukturerfassende Verfahren klassifizierten Methoden der statistischen Modellierung sind zur Erfassung individueller Strukturen geeignet. Hierbei sind sowohl Zusammenhangs- und Lagemaße

---

4   Hier wird dann vorgeschlagen, Haushalte oder Individuen entsprechend ihres Gewichtes zu replizieren und anschließend aus den replizierten Daten mittels einfacher Zufallsziehung die Basispopulation zu erstellen (Dekkers und Cumpston 2012). Probleme ergeben sich bei diesem Vorgehen aus nicht ganzzahligen Gewichten und der Tatsache, dass die gleichen Haushalte sehr häufig in der Ausgangspopulation vorkommen können.

als auch die Skalierung der zu generierenden Variablen für die Wahl der Methode zu berücksichtigen. Diese Verfahren umfassen unter anderem lineare, (multinomiale) Logit-, Probit-, Poissonregressionen und Mehrebenenmodelle (Gelman und Hill 2006; Faraway 2016). Da in der Regel mehrere Variablen zum Basisdatensatz hinzugefügt werden müssen, werden meist bereits vorhandene Variablen als Prädiktorvariablen für sukzessiv zu ergänzende Informationen herangezogen. Die Modellgüte beeinflusst dabei die Qualität der synthetisch ergänzten Variablen. Zur Beurteilung der Modellgüte werden verschiedene Diagnosewerkzeuge herangezogen (Davison und Tsai 1992). Die Methoden der Ergänzungsverfahren oder auch Imputationen werden den strukturerhaltenden Verfahren zugeordnet. Hauptsächlich wird mit diesen Methoden das Fehlen einzelner Ausprägungen, dem sogenannten Item Non-Response, kompensiert oder bestehende Datensätze anonymisiert, indem einzelne Variablen oder Variablengruppen durch künstliche Erzeugungen ersetzt werden (Drechsler 2011).

Statistische und logische Editingmethoden werden zu den strukturprüfenden Verfahren gezählt (Kolb 2013). Das logische Editing dient der Identifikation und der Korrektur unplausibler Merkmalskombinationen und kommt beispielsweise zur Anwendung, wenn ein Kind fälschlicherweise als Rentenbezieher klassifiziert wird. Ist ein hoher Einsatz von Editingverfahren erforderlich, muss eine Überprüfung der verwendeten Methoden zur Datengenerierung in Betracht gezogen werden, da ansonsten die Korrelationen, ein- und mehrdimensionale Randverteilungen oder sonstige im inhaltlichen Kontext als relevant erachteten Maße zu stark von den Zielwerten divergieren können. Das statistische Editing dient der Überprüfung von Verteilungseigenschaften, Variablenzusammenhängen, Klumpung und Stratifikation, hierarchischer Kongruenz, struktureller Konsistenz sowie Datenschutz und Nutzbarkeit der Daten. Neben Lagemaßen dienen auch Vergleichsanalysen von Modellparametern der Überprüfung von Verteilungseigenschaften. Normalerweise werden Parameter oder bedingte Verteilungen aus Stichprobendaten abgeleitet. Relevante Statistiken sollten sowohl im Ursprungsdatensatz, als auch in der Population idealerweise übereinstimmen.

Ein weiterer relevanter Aspekt bei der Generierung von Merkmalen ist die strukturelle Konsistenz. Hierbei muss differenziert werden, ob Merkmalskombinationen aufgrund von strukturellen Nullen, also Ausprägungskombinationen, deren Auftreten widersprüchlich ist, oder Stichprobennullen nicht in der Stichprobe auftreten. Stichprobennullen beschreiben Ausprägungskombinationen, die aufgrund der zufälligen Auswahl nicht in einer Stichprobe enthalten sind. Für die zu generierenden Daten gilt daher zu beachten, dass als Stichprobennullen klassifizierte Merkmalskombinationen in der synthetischen Grundgesamtheit auftreten dürfen, als strukturelle Nullen klassifizierte Merkmalskombinationen hingegen nicht. Die

Stichprobennullen stehen insbesondere in Verbindung mit seltenen Ereignissen. Für relevante Fälle gilt es, diese in den synthetischen Daten zu beachten. Eine Methode zur Sicherstellung von logischer Konsistenz und der Einhaltung von Randbedingungen bei metrisch skalierten Variablen in imputierten Datensätzen stammt von Zhang (2012). Die Ausprägungen werden dabei minimal adjustiert, um die Editing-Regeln einzuhalten. Als Nebenbedingung dieses Minimierungsproblems werden die Randverteilungen aufgenommen. Anschließend werden die Ausprägungen wiederum minimal adjustiert, um die Randbedingungen zu erfüllen, wobei nun die Editing-Regeln als Nebenbedingung aufgefasst werden. Diese Vorgehensweise wird iteriert, bis sowohl die Editing-Regeln, als auch die Randbedingungen erfüllt sind. Bei der Erstellung von kleinräumig unterteilten Informationen muss die räumliche Struktur gegebenenfalls aus zusätzlichen Datenquellen erzeugt werden, da diese häufig mangels Verfügbarkeit nicht aus Erhebungen gewonnen werden kann. Hierbei sollten nahe gelegene Gebiete in der synthetischen Grundgesamtheit realistische Zusammenhänge zueinander aufweisen.

2.3   Methoden zur Erstellung kleinräumiger Datenbestände

Der Bedarf an regionalen Informationen im Kontext von Mikrosimulationen zeigt sich an der gestiegenen Anzahl an Verfahren zur Durchführung kleinräumiger Analysen mit dem Ziel der Erfassung regionaler Unterschiede. Diese Methoden werden in der Literatur mit den Begrifflichkeiten der Small Area Microsimulation und Spatial Microsimulation beschrieben (Tanton 2014; Rahman und Harding 2016). Hierbei wird zwischen direkten Schätzern, wie dem Horviz-Thompson-Schätzer oder dem generalisierten Regressionsschätzer (GREG), und indirekten Schätzern unterschieden. Indirekte Schätzer lassen sich wiederum weiter in statistische Modelle und geographische Ansätze untergliedern. Im Mikrosimulationskontext finden sich primär die geographischen Ansätze, welche wiederum in synthetische Rekonstruktionen und Neugewichtungen unterteilt werden können. Erstere Gruppe umfasst neben Matching- und Fusionsmethoden auch iterative proportionale Anpassungsverfahren (IPF). Die Gruppe der Neugewichtungsverfahren beinhaltet unter anderem Methoden der kombinatorischen Optimierung und GREG-Kalibrierung.

Weitere Möglichkeiten ergeben sich aus Surveydaten, sofern ein Gewichtungsvektor vorliegt, welcher in der Regel standardmäßig zu Stichprobendaten geliefert wird. Die Individuen können entsprechend des dazugehörigen Gewichtes repliziert werden. Somit liegt anschließend zwar eine Grundgesamtheit vor, die jedoch nicht die kleinräumige Struktur geographischer Einheiten abbildet. Daher ist es notwendig, die Population entsprechend der gewünschten kleinräumigen Differenzierung nach beispielsweise Städten und Gemeinden aufzuteilen. Hierfür können GREG-Kalibrierungsverfahren angewendet werden (Rahman und Harding 2016), wobei hier auch metrische Variablen verwendet werden können. Weitere Vorteile der GREG-basierten Verfahren ergeben sich aus der einfachen Implementierung mehrerer Kalibrierungsebenen (Afentakis und Bihler 2005). Neuere iterative Anpassungsmethoden ermöglichen ebenfalls die Berücksichtigung mehrerer hierarchischer Ebenen (Zhu und Ferreira 2014).

Ein generelles Problem dieser Verfahren sind die nicht ganzzahligen Gewichte. Um Einheiten aus einer Stichprobe in kleine Raumeinheiten zu allozieren, sind ganzzahlige Gewichte notwendig. Eine simple Möglichkeit mit den nicht ganzzahligen Gewichten zu verfahren, ist die Rundung der Werte. Alternativ lassen sich aus den Gewichten Inklusionswahrscheinlichkeiten berechnen, die in der Regel die Wahrscheinlichkeit bezeichnen, dass eine Einheit in die Stichprobe gelangt. Mit den neu berechneten Gewichten kann die Wahrscheinlichkeit, dass eine Einheit der Stichprobe in die jeweilige Raumeinheit gelangt, berechnet werden, indem das Gewicht dieser Einheit durch die Summe aller Gewichte dividiert wird. Anschließend werden die Stichprobeneinheiten in die Raumeinheiten mit diesen Wahrscheinlichkeiten zugewiesen. Beide Verfahren können jedoch dazu führen, dass eine nicht unerhebliche Differenz zwischen den Randverteilungen der synthetischen Population und den Zielgrößen entsteht. Lovelace und Ballas (2013) entwickelten für dieses Problem eine Gewichtungsmethode, die in einer Simulationsstudie die besten Ergebnisse liefert (Lovelace und Dumont 2016).

Um ganzzahlige Gewichtungen zu erhalten, können wiederum Verfahren der kombinatorischen Optimierung herangezogen werden (Williamson 2012). Hierbei wird zunächst eine Zielfunktion definiert, die iterativ durch Auswahl geeigneter Einheiten optimiert wird. Dieses Verfahren besitzt den Vorteil, ein lokales Optimum wieder verlassen zu können und ist somit in der Lage, eine bessere lokale Lösung oder ein globales Optimum zu finden. Sie resultieren in einer ganzzahligen Gewichtung, die direkt verwendet werden kann.

2.4 Methoden zur Fortschreibung von Simulationsgesamtheiten

Zentral für dynamische Mikrosimulationen ist weiter, dass die zugrundeliegenden Simulationsgesamtheiten auf Basis statistischer Modellierungen in die Zukunft fortgeschrieben werden.[5] Hier gibt es wiederum zwei Ansätze, wie die Simulation gestaltet werden kann. Bei einer zeitstetigen respektive ereignisorientierten Fortschreibung nimmt man an, dass Ereignisse – wie etwa die Geburt eines Kindes – zu jeder Zeit geschehen können. Dabei werden Veränderungen in der Basispopulation anhand der Verweildauern in einem Zustand geschätzt, um dann mithilfe eines Zufallsexperimentes zu entscheiden, wann dieses oftmals biographische Ereignis bei einer Untersuchungseinheit auftritt. Hierzu nutzt man die Survival- beziehungsweise Hazardraten, die man wiederum aus der Auswertung verschiedener Datensätze gewinnen kann.

Demgegenüber werden Änderungen der Einheiten der Basispopulation in zeitdiskreten oder periodenorientierten Fortschreibungen immer zu einem festen Zeitpunkt vorgenommen. Ähnlich wie bei zeitdiskreten Modellen wird auch hier mit Hilfe eines Zufallsexperimentes an jedem dieser Zeitpunkte geschätzt, mit welcher Wahrscheinlichkeit sich der Zustand eines Untersuchungsobjektes verändert. Maßgeblich sind dabei aber nicht die Verweildauern, sondern die konkreten Wahrscheinlichkeiten mit denen ein solcher Wechsel einhergeht. Theoretisch kann dabei jede beliebige andere Zeitspanne zwischen den Simulationsschritten gewählt werden und sogar eine Annäherung an zeitstetige Modelle ist zumindest denkbar, wenn man die Abstände möglichst klein wählt. Allerdings ist zu beachten, dass jeder Simulationsschritt mit einer Vielzahl von Berechnungen und Zufallsexperimenten zusammenhängt, die für jede Einheit der Basispopulation durchgeführt werden. Aufgrund des enorm hohen Rechenaufwandes, selbst bei der in jüngster Zeit gestiegenen Rechenleistung der Computer, betrachtet man deshalb oftmals lediglich Jahresschritte.

Der Ablauf eines jeden Simulationsschrittes ist in Modulen organisiert. Die Modulstruktur erlaubt es mit relativ geringem Aufwand und je nach Fragestellung verschiedene Variablen in neuen Modulen in die Simulation mit aufzunehmen, wodurch eine zugrundeliegende Basispopulation für die Analyse einer Vielzahl von Problemstellungen nutzbar bleibt. Die Simulationsmodule repräsentieren dabei meist biographische Ereignisse, wie beispielsweise Geburt, Heirat oder Tod und strukturieren über Simulationsalgorithmen, ob ein Individuum in ein Modul eingelesen wird und wie der Fortschreibungsprozess konkret erfolgt. In ihnen sind somit auch die Fortschreibungsparameter enthalten, die wiederum aus dem Basisdatensatz selbst, oder aus externen Untersuchungen berechnet wurden.

---

5 Damit unterscheiden sich Mikrosimulationen grundsätzlich von Agentenbasierten Simulationsmodellen (vgl. Troitzsch in diesem Band), da in diesen vorwiegend theoretische Konstrukte und nicht empirisch gewonnene Parameter die Grundlage für die Fortschreibung bilden. Dennoch ist es auch in Mikrosimulationen durchaus denkbar komplexe Sachverhalte nicht empirisch zu modellieren, sondern theoretisch zu konstruieren, weshalb diese Unterscheidung nicht zwingend trennscharf zu sein scheint.

Neben den Parametern beziehungsweise den bedingten Übergangswahrscheinlichkeiten ist ein weiterer zentraler Aspekt eines Simulationsmoduls ein beziehungsweise mehrere Zufallsexperimente, die letztlich entscheidend dafür sind, ob eine Zustandsänderung bei einer Einheit stattfindet oder nicht. Die meisten Mikrosimulationsmodelle nutzen hierbei als probabilistische Fortschreibungstechnik die Monte-Carlo-Simulation (Galler 1997; van Imhoff und Post 1998). Hierbei wird jeder Einheit zufällig eine gleichverteilte Zufallszahl aus dem Intervall [0,1] zugewiesen, welche dann mit dem für jede Einheit spezifischen Fortschreibungsparameter verglichen wird. Liegt die Zufallszahl unter der Übergangswahrscheinlichkeit, so findet ein Wechsel in einen neuen Zustand statt. Die Logik dieser probabilistischen Fortschreibung basiert dabei auf dem Gesetz der großen Zahlen, da angenommen wird, dass dieses Zufallsexperiment bei genügend häufiger Durchführung letztlich in einer Approximation der in der Simulation realisierten Häufigkeiten an einen empirisch für dieses Ereignis ermittelten Erwartungswert mündet. Auch wenn sich damit annehmen lässt, dass bei gleichen Modulen und Fortschreibungsparametern auch die Ergebnisse mehrerer Simulationsdurchläufe auf der Makroebene gleichbleiben, handelt es sich dennoch um Ergebnisse stochastischer Natur, da auf der Mikroebene die Zufallszahlen immer wieder neu vergeben werden (van Imhoff und Post 1998; Hannappel und Troitzsch 2015).

Allerdings gibt es nicht nur einen Zusammenhang zwischen der Qualität der Module selbst und dem letztendlichen Simulationsoutput, sondern es ergeben sich auch Änderungen je nach Reihenfolge, in der die Module implementiert werden. Da spätere Module durchaus die Veränderungen der vorangegangenen aufnehmen und die Übergangswahrscheinlichkeiten dadurch in Abhängigkeit zu den zuvor eingetretenen Ereignissen verändert werden, muss also auch die Reihenfolge bei zeitdiskreten Simulationen berücksichtigt werden (Li und O'Donoghue 2013). Um den Einfluss konkurrierender Ereignisse auf den Simulationsoutput zu minimieren ist es in Mikrosimulationsmodellen daher erforderlich, eine inhaltlich möglichst sinnvolle Modulreihenfolge zu wählen.

3   Zum konkreten Vorgehen: methodische Aspekte

In diesem Abschnitt sollen die konkreten methodischen Vorhaben des Forschungsprojektes kurz vorgestellt und diskutiert werden. Hierbei muss zuerst ausführlicher auf die konkret verwendete Datenbasis und danach auf die Modellierung der jeweiligen Übergänge eingegangen werden.

3.1   Zur Datenbasis

Im Rahmen der Forschungsgruppe wird eine Datenbasis für Deutschland geschaffen, die grundlegende Informationen auf Individual- und Haushaltsebene enthält und gleichzeitig geographisch kleinräumig gegliedert ist, um regionalisierte, dynamische Mikrosimulationen zu ermöglichen und somit die oben genannten Schwächen zu überwinden. Die Grundlage für den Datenbestand stellt eine synthetische, realitätsnahe Grundgesamtheit von Deutschland dar, die zur Simulation des Stichprobendesigns für den Zensus 2011 erstellt wurde (Münnich et al. 2011). Dieser speziell zum Zwecke designbasierter Simulationen von Erhebungsverfahren erstellte Datensatz basiert auf anonymisierten Verteilungen von Registerdaten aus dem Jahre 2008 und beinhaltet bereits eine beschränkte Anzahl an Variablen wie Alter, Staatsangehörigkeit, Geschlecht oder Gemeindeschlüssel für alle enthaltenen Individuen (Münnich et al. 2012). Um diesen Datenbestand für regionalisierte Mikrosimulationen nutzen zu können, muss eine Anpassung an das Basisjahr 2011 unter Verwendung der Ergebnisse des Zensus 2011 erfolgen. Der somit erstellte Datenbestand muss anschließend umfassend validiert werden, um die notwendige Qualität zu gewährleisten.

Die Aktualisierung der Datenbasis an bekannte regionale Größen – insbesondere aus dem Zensus 2011 – erfolgt über eine Kombination von deterministischen Gewichtungsverfahren und Methoden der ganzzahligen Optimierung. Hierfür werden sowohl GREG-basierte Kalibrierungsmethoden als auch Methoden der kombinatorischen Optimierung angewendet. Es muss beachtet werden, dass die Kalibrierung auf die bekannten Werte des Zensus für einen Datenbestand dieser Größe enormen Rechenaufwand erfordert.

Die geographische Verortung der Population erfolgt unter Verwendung der Zensusgitterzellen, welche Verteilungsinformationen der Bevölkerung nach geographisch untergliederten 1000×1000 Meter und 100×100 Meter Zellen beinhalten (Kirchner et al. 2014). Da in der Population bereits die Information enthalten ist, welche Personen an einer Adresse leben, kann die synthetische Population durch ganzzahlige Optimierungsverfahren auf die quadratischen Zellen verteilt werden (Schrijver 2003). Die dadurch generierte räumliche Tiefe ermöglicht komplexe regionalisierte Simulationen verschiedenster Art, bis hin zur Analyse von Wohnraumbedarf und Leerständen.

Die Validierung des generierten Datenbestandes erfolgt in zweierlei Hinsicht. Zum einen wird die Beurteilung der erzeugten Population und die angewendeten Methoden auf Basis der angewendeten, bekannten Datenstrukturen durchgeführt. Zu diesem Zwecke werden neben den Zensusergebnissen und Tabellen der statistischen Ämter zur Bewertung der regionalen Benchmarks auch die Daten des Mikrozensus zur Beurteilung der multivariaten Verteilungsstruktur herangezogen. Zum anderen werden zur externen Evaluation auch regionale Datenbestände – beispielsweise von Statistischen Landesämtern – verwendet. Die Entwicklung geeigneter Gütemaße zur Beurteilung ganzer Datenbestände ist ebenso vorgesehen.

Da der erstellte Basisdatensatz eine ex-ante vorgegebene und stark beschränkte Anzahl an Variablen beinhaltet, müssen zur Umsetzung themenspezifischer Mikrosimulationen weitere Informationen ergänzt werden. Dabei werden insbesondere Informationen zu den Themenkomplexen Familie, Pflege und Migration aufgenommen. Neben der Ergänzung der Variablen ist die Erstellung eines umfassenden Methodenbaukastens für die Ergänzung zusätzlicher Variablen vorgesehen. Dadurch wird es langfristig ermöglicht, die Simulationsstruktur zur Untersuchung weiterer Themenkomplexe heranzuziehen.

Für die konkrete Erweiterung des Kerndatensatzes werden geeignete Methoden zusammengetragen, evaluiert und gegebenenfalls erweitert. Dies bedeutet, dass beobachtete Strukturen aus statistischen Erhebungen oder extern vorgegebenen ein- und mehrdimensionalen Randverteilungen bestmöglich modelliert (Schätzprozesse), anschließend in die synthetische Population übertragen (Prädiktionsprozesse) und letztendlich auf Plausibilität und Einhaltung externer Vorgaben geprüft (Validierungsprozesse) werden. Besonderer Wert wird neben der Erfassung und Abbildung von Mikrostrukturen auch auf die wirklichkeitsgetreue Berücksichtigung regionaler Strukturen auf der Makroebene gelegt. Dafür ist es zunächst notwendig, verfügbare Datensätze zu identifizieren, zu analysieren und zu bewerten. Insbesondere durch die Kooperation mit dem Statistischen Bundesamt steht hierfür eine Vielzahl unterschiedlicher Datenquellen bereit.

Sofern keine externen Werte zu bestimmten Ausprägungen vorliegen, müssen die geographischen Differenzen aus Erhebungsdaten geschätzt werden. Da es in bestimmten Subpopulationen zu sehr kleinen Stichprobenumfängen kommen kann, die teilweise sogar null betragen, können mit klassischen statistischen Methoden Schätzwerte nicht mehr mit einer hinreichend hohen Genauigkeit ermittelt werden. In diesem Fall werden sogenannte Small-Area Schätzungen angewendet (Münnich et al. 2013; Rao und Molina 2015).[6]

---

6   Diese Verfahren ermöglichen die Ermittlung verlässlicher Schätzer für regionale oder soziodemographische Einheiten, in denen nur wenige Beobachtungen vorliegen, indem Beobachtungen aus benachbarten oder ähnlichen Gebieten herangezogen werden, um die Gemeinsamkeiten und Unterschiede verschiedener Gebiete oder Teilpopulationen in statistischen Modellen abzubilden (Münnich et al. 2013).

3.2   Modellierung der Zustandsänderungen

Ein zentrales Element dynamischer Mikrosimulationen ist die Modellierung von
Zustandsänderungen der Simulationseinheiten, wie etwa Eheschließungen oder
Wohnortswechsel. Die Übergangswahrscheinlichkeiten für solche Änderungen
können in der Praxis anhand zahlreicher Methoden geschätzt werden, von einfachen
Tabellen bis zu komplexen Regressionsmodellen. Am häufigsten finden sich neben
einfachen Wahrscheinlichkeitsschätzungen durch relative Häufigkeiten (Leim 2008)
vor allem logistische Regressionen (O'Donoghue et al. 2013) und multinomiale
Logit-Modelle (Brouwers et al. 2014).

Als Datenbasen werden zumeist große Surveys oder Zensus-Daten verwendet,
wobei für die Modellierung der Übergangswahrscheinlichkeiten natürlich große
Panelstudien die bevorzugte Lösung darstellen (Li et al. 2014). Aufgrund der
angestrebten großen räumlichen Tiefe gelangen aber selbst die umfangreichen
Panelerhebungen in Deutschland wie das SOEP oder das Panel *Arbeitsmarkt und
soziale Sicherung* (PASS) rasch an ihre Grenzen. Daher werden zahlreiche weitere
Datensätze herangezogen.

Trotz der vielzähligen Datenquellen wird die Kleinräumigkeit der beabsichtigten
Simulationen die Anwendung statistischer Methoden zur räumlichen Allokation
bekannter Randverteilungen erfordern. Dazu sind einige vereinfachende Annahmen erforderlich, die häufig über die Anwendung eines iterierten proportionalen
Anpassens bei gegebenen Randverteilungen erfüllt wurden (Lovelace und Dumont
2016). Wie oben diskutiert sollen hier auch einfache Small-Area-Modelle eingesetzt werden sowie die Leistungsfähigkeit verschiedener Verfahren miteinander
verglichen werden.

Bei der Verwendung mehrerer unabhängiger Surveys stellt sich zudem das Problem der Kombination der Datenquellen. Liegen aus mehreren unabhängigen Surveys
Schätzungen für den gleichen Übergang vor, so ist nicht eindeutig geklärt, wie diese
Informationen kombiniert werden sollen. Für eine stabilere und möglicherweise
weniger verzerrte Schätzung wäre eine Kombination der beiden Surveys denkbar.
Dies ist aber kaum ohne zusätzliche Adjustierung auf Populationsrandverteilungen
sinnvoll. Solche Adjustierungen und Kombinationen sind auf verschiedene Arten
realisierbar. Daher gibt es unterschiedliche statistische Ansätze zum Pooling. De
Kramer (2016) unterscheidet in ihrer Übersicht Meta-Analysen, gepoolte designba-
sierte Cross-Survey-Analysen und „Bayesian Multilevel Regression mit Post-Stra-
tification" (BMRPS). Meta-Analysen zur Schätzung von Populationsparametern
eignen sich vor allem für Probleme, bei denen Zufallsstichproben aus derselben
Population vorliegen. Wie bei der Meta-Analyse experimenteller Studien werden
die einzelnen Schätzungen unabhängig auf der Basis jedes Surveys durchgeführt,

wobei deren Designparameter wie beispielsweise Schichtung, Klumpung und Auswahlwahrscheinlichkeiten berücksichtigt (Fox 2011) und dann kombiniert werden (Roberts und Binder 2009). Der zweite Ansatz basiert auf der Zusammenfassung aller Einzeldatensätze zu einem gemeinsamen Datensatz (Schenker und Raghunathan 2007). Der Datensatz wird dann als Stichprobe aus einer einzigen Population behandelt. Dieses Verfahren besteht aus zwei Schritten: der Berechnung neuer Gewichte und eine gemeinsame Parameterschätzung (Merz 2004). BMRPS hat das von Park et al. (2004) entwickelte Multilevel-Modell mit Poststratifikation zur Basis. Dabei werden die einzelnen Surveys zu einem gemeinsamen Datensatz zusammengefasst und mit einem hierarchischen Modell analysiert, welches Schichtung, ungleiche Auswahlwahrscheinlichkeiten und Klumpung berücksichtigt und eine gemeinsame Poststratifikation durchführt. Für Mikrosimulationen ist bislang ungeklärt, welche Verfahren der Kombination unabhängiger Studien Vorteile bieten. Bestandteil des Arbeitsprogramms ist daher auch ein Vergleich der unterschiedlichen Methoden.

Da statistische Modelle im Regelfall auf historischen Datensätzen beruhen, können Projektionen in die Zukunft auf Grundlage dieser Daten mit Fehlern behaftet sein und dazu führen, dass veränderte Verhaltensweisen fehlerhaft geschätzt werden (Duncan und Weeks 1998) und mit Hilfe von Kalibrierungsmethoden angepasst werden müssen.

Die neuere Literatur zu dynamischen Modellen (Li et al. 2014) zeigt, dass nahezu durchgängig zusätzliche Anpassungen notwendig sind. Hierzu zählen unter anderem „multiplicative scaling", „hybrid sidewalk method", „central limit theorem approach" und „sorting based algorithms" (Li und O'Donoghue 2014; Cumpston 2010, 2011). Ein Vergleich dieser Methoden ist Ziel des Projektes.

Eine weitere Aufgabe des Projektes ist die Implementierung externer Schocks. Zu solchen Ereignissen gehören etwa Effekte durch größere Zuwanderungen und Technik- oder Naturkatastrophen (White 2016; McLeman 2016). Schon die Modellierung einfacher Zuwanderungsprozesse erfordert in Mikrosimulationen einen nicht unbeträchtlichen Aufwand (Bélanger und Sabourin 2017; Willekens 2017). Diese Modelle basieren aber auf der Annahme der Abwesenheit externer Schocks. Große strukturelle Veränderung wie hohe Zuwanderung in kurzer Zeit sind in solchen Modellen bislang nicht vorgesehen. Weiterhin sind Schocks aufgrund von Industrieunfällen oder technisch bedingten Katastrophen denkbar. Auch hierbei ist eine größere Bevölkerungsreallokation in den betroffenen Gebieten zu erwarten. Bestandteil des Arbeitsprogramms sind daher Überlegungen zur experimentellen Modellierung solcher externen Schocks. Die Modellierung wird dabei zunächst nur die Implementierung entsprechender Routinen für die räumliche Verteilung und die Modifikation der demographischen Übergangsraten durch unterschiedliche Mobilitätsszenarien umfassen.

4   Anwendung von Simulationsmodellen

Die Zielsetzung des hier beschriebenen Projektes besteht aber nicht nur in der
Vorbereitung eines geeigneten Datensatzes und der theoretischen und empirischen
Aufarbeitung der entsprechenden methodischen Fragestellungen und Probleme.
Vielmehr soll auch – exemplarisch – die Anwendung dieser Modellierungsstrategie
auf konkrete Fragestellungen durchgeführt werden. Hierbei stehen zwei Themen
im Mittelpunkt des Interesses: Ein erster Schwerpunkt sollen Analysen zu Veränderung im Bereich der Pflege darstellen. Prozesse des demographischen Wandels
und hier vor allem die zunehmende Alterung der Bevölkerung in Synopse mit den
sich verändernden familialen Prozessen und Strukturen sollen in ihren vor allem
kleinräumigen Auswirkungen auf das vermutbare Pflegepotential, aber auch auf die
Nachfrage nach professioneller Pflege hin untersucht werden (für erste Analysen
vgl. Münnich und Kopp 2019). Als zweites Anwendungsgebiet liegt der Fokus im
Bereich der Migrationsforschung und hierbei vor allem auf der Integration der
Migrierenden auf dem Arbeitsmarkt.

Ergänzt werden diese beiden Schwerpunkte in der ersten Projektphase durch
eine Modellierung der kleinräumigen Nachfrage nach Grundschulen, die dem
Zweck dienen soll, die Methoden und die Datenbasis zu evaluieren. Der Grund-
schulbesuch eignet sich dafür besonders, da jährlich knapp 700.000 Kinder in etwa
15.400 Grundschulen eingeschult werden und die Zuordnung zu den Einrichtungen
üblicherweise durch die einfache Regel der Wohnortsnähe geregelt ist. Trotz dieser
eigentlich klaren Zuordnungen kommt es jedoch immer wieder zu Problemen.
Die Klassenstärken und die Auslastung der einzelnen Schulen schwanken stark
und führen zu schulpolitischen Spannungen. Diese Entwicklung wird dadurch
verschärft, dass es vielfältige Möglichkeiten gibt, diese Regelungen zu umgehen,
teilweise wurde auch eine Wahlfreiheit eingeführt (Makles und Schneider 2012).
Diese Auslastung von Grundschulen in kleinräumiger Perspektive bietet daher
ein ausgesprochen sinnvolles Feld, um die Möglichkeiten einer regionalisierten
Mikrosimulation zu testen und ihre Leistungsfähigkeit zu überprüfen. Den Ausgangspunkt bildet dabei die vorhandene Datenstruktur und die dort enthaltenen
Informationen über Zahl der Kinder der verschiedenen Altersklassen. Die entsprechenden Informationen sind prinzipiell verfügbar und müssen in den Datenbestand
integriert werden. Gerade in sozial und auch hinsichtlich der Altersstruktur relativ
homogenen Wohnbezirken kann es zu Phänomenen periodischer Schwankungen
zwischen Über- und Unterversorgung kommen. Allein die Modellierung dieser
Zyklen bietet einen deutlichen Erkenntnisgewinn und praktischen planerischen
Nutzen. Hierbei sind besondere Migrationsmuster von Familien (Schneider et al.
2009) ebenso zu berücksichtigen, wie lokal unterschiedliche Regeln (Riedel et al.

2010; Schuchart et al. 2011). Zudem muss die Möglichkeit des Besuchs konfessioneller Schulen oder solcher in privater Trägerschaft berücksichtigt werden. Ebenso ist es unabdingbar, die Veränderungen in der Nachfragesituation durch die große Zahl an Asylsuchenden und Flüchtlingen zu berücksichtigen, die ebenfalls eine besondere Herausforderung für die Schulplanung darstellen (vgl. beispielsweise Stadt Leipzig 2016, S. 20f.). Aufgabe ist es, die Schulbesuchszahlen unter Berücksichtigung der demographischen und sozialen Faktoren in angemessener Weise kleinräumig zu schätzen. Ausgangspunkt sind dabei die Daten aus dem Jahr 2011, die Schulbesuchszahlen aus den Folgejahren sind recherchierbar und können als Benchmark der Modellierung Verwendung finden.

4.1 Innerfamiliale Pflege im Kontext sich wandelnder Strukturen

Die Themenkomplexe Familie und Pflege stellen in diesem Forschungsvorhaben Anwendungsbeispiele für sektorenübergreifende kleinräumige Mikrosimulationsmodelle dar. Zunächst ist dabei festzustellen, dass die Zahl der empirischen Forschungsarbeiten und Publikationen im Bereich der Familie, intergenerationaler Beziehungen und schließlich auch der Unterstützung zwischen den Generationen einschließlich der Pflege nahezu unübersehbar ist (Hill und Kopp 2015; Hank 2015). Die Arbeiten konzentrieren sich aber auf die Beschreibung und die Analyse aktueller sozialer Strukturen und deren soziokultureller Ursachen. Es finden sich jedoch nur ausgesprochen selten empirisch belastbare Prognosen über die zukünftigen Entwicklungen und diese beschränken sich meist auf die Fortschreibung sehr allgemeiner sozialstruktureller Trends (Rothgang et al. 2012; Nowossadeck et al. 2016). Da die Themenbereiche Familie und Pflege aber nicht nur stark miteinander verknüpft sind, sondern zugleich auch Felder darstellen, in denen – nicht selten voneinander losgelöst – eine Fülle von (sozial-) politischen Maßnahmen implementiert werden, erscheinen beide Bereiche und ihre gezielte Verknüpfung als wichtige Anwendungsfelder von Mikrosimulationsmodellen.

Ein Blick in die internationale Forschung zeigt, dass hier zwar einige Mikrosimulationsmodelle existieren, die Themenbereiche Familie und Pflege stellen aber kaum mehr als Randerscheinungen dar (O'Donoghue 2014). Auch in der deutschen Familienforschung sind Mikrosimulationsmodelle kein Novum (siehe z. B. Möller 1982), gemeinsam ist diesen jedoch, dass die aus familiensoziologischer Sicht zentralen Mechanismen zumeist als Ausgangspunkt zur Analyse ökonomischer Fragestellung dienen. Darüber hinaus finden sich aber auch bereits Modelle mit dezidiert familienwissenschaftlichen Fragestellungen (Grunwald et al. 1988; Herlth und Strohmeier 2013), die jedoch in der allgemeinen familiensoziologischen Literatur erstaunlich konsequenzenlos blieben. Bevölkerungsprognosen finden aktuell hingegen nahezu unter Ausschluss der Familiensoziologie statt und beruhen nicht auf inhaltlich-theoretischen Modellen der Fertilität und der (potenziellen) Veränderung wichtiger Randbedingungen und Determinanten (Leim 2008). Festzuhalten ist, dass es ferner durchgehend selbst an groben regionalen Differenzierungen fehlt (Müller et al. 2013). Vorhandene Simulationen im Bereich der Familie konzentrieren sich vor allem auf die (finanzielle) Evaluation familienpolitischer Maßnahmen.

Das Potenzial von akteurszentrierten und kleinräumigen Mikrosimulationen ist damit bei Weitem nicht ausgeschöpft. Ausgangspunkt für die im Folgenden vorgestellten Überlegungen bildet die Diskussion um die starke Veränderung und Pluralisierung privater Lebensformen. Es ist inzwischen Konsens in der Familienforschung, dass die individuelle Wahl einer Lebensform von einer großen Zahl situativer Faktoren abhängig ist, welche unter Umständen in regionalen Kontexten deutlich unterschiedlich ausgeprägt sind und wirken. Erste Arbeiten zeigen dies etwa im Ost-West-Vergleich (Kreyenfeld und Konietzka 2015), aber feinere regionale Differenzierungen erscheinen angebracht. Ganz im Sinne der analytischen Soziologie (Hedström et al. 1998) ist es somit die Aufgabe der familienwissenschaftlichen Forschung, die entsprechenden Mechanismen in Form theoretischer Modelle mittlerer Reichweite zu identifizieren, die hier wirksam sind (Hannappel 2019). Die konkrete Ausarbeitung theoretischer Wirkprozesse in der familiensoziologischen Forschung ist zwar nicht neu, aber ihr wird bis heute zumeist nicht die Aufmerksamkeit gewidmet, die nötig wäre, um verschiedenste Phänomene besser erklärbar zu machen oder diese gar zu prognostizieren (Kopp und Richter 2016; Richter 2017). Eine gezielte Nutzung dieser Erkenntnisse für prognostische Zwecke mit einer kleinräumigen Perspektive fehlt somit bislang gänzlich. Hierfür sind die angedachten, komplexen Mikrosimulationsmodelle jedoch geradezu prädestiniert. Die unterschiedlichen Lebens- und Familienformen sind dabei nicht nur aus familiensoziologischer Perspektive von Interesse, sondern auch konkrete Unterstützungsleistungen und die Nachfrage etwa nach staatlichen Hilfen und Angeboten oder nach außerfamiliären Leistungen sind abhängig von der Verteilung privater Lebensformen. Auch hier sind Vorhersagen nur mit Hilfe entsprechender Schätzmodelle möglich, die die individuellen Verhaltensweisen und dadurch die Übergangswahrscheinlichkeiten theoretisch fundiert und somit unter Berücksichtigung von Opportunitäten und Restriktionen kleinräumig abbilden. Um derartige Prozesse und ihre Interdependenz letztlich abbilden zu können, ist es sinnvoll, die Veränderungen der familialen Strukturen in den Mittelpunkt der Simulationen zu stellen. Unter Berücksichtigung dieser Familienstrukturen und der durch die Bildungs- und Berufsbiographie bedingten Mobilität lassen sich beispielsweise Vorhersagen für die Struktur intergenerationaler Beziehungen und die Qualität dieser Kontakte machen.

Auch in Bezug auf die Versorgung im Pflegefall, welche als konkretes Anwendungsfeld eine zentrale Zielgröße der geplanten Simulationen darstellt, sind diese Erkenntnisse von großer Bedeutung. Berücksichtigt man die Struktur von Familien (etwa die Anzahl von Kindern und deren Geschlechterkomposition), so ermöglicht dies in einer Längsschnittperspektive Pflegepotenziale und -belastungen zu prognostizieren. Hierbei spielen die gerade diskutierten Familien- und Lebensformen eine bedeutsame Rolle (Häcker und Raffelhüschen 2006; Meyer 2006): Prozesse der Bildung und Trennungen von Partnerschaften sowie allgemeine demographische Trends verändern sowohl die Nachfrage nach Pflegeleistungen sowie das Potenzial, dass diese innerhalb der Familie erbracht werden. Welche Bedeutung diesem Punkt zukommt, ergibt sich direkt aus einem Blick auf die aktuelle Pflegestatistik (Statistisches Bundesamt 2017a): Über 70 Prozent der zu pflegenden Personen werden zuhause betreut, in den allermeisten Fällen teilweise oder vollständig durch Angehörige. Jegliche Veränderung in diesem Bereich verursacht demzufolge eine höhere Nachfrage nach institutionellen Angeboten, selbst wenn – wovon nicht auszugehen ist – der Anteil der zu pflegenden Personen in einer Population nicht weiter steigt. Sofern diese Prozesse im Rahmen einer Simulation also belastbar prognostiziert werden können, lässt sich abschätzen, welchen Aufgaben dann – und eben auch hier wieder: regional differenziert – öffentliche und private Träger gegenüberstehen. In all den genannten Bereichen sind kleinräumige Schätzungen unter sozialpolitischen Gesichtspunkten unumgänglich, denn eine bedarfsgerechte und nicht zuletzt ökonomisch effiziente Planung von Pflegeangeboten ist nur dann möglich, wenn einerseits die Entwicklung des Bedarfes an Pflegeleistungen und andererseits die voraussichtliche Deckung dieses Bedarfes durch Familienmitglieder (und damit beispielsweise die Nachfrage nach Weiterbildungsmöglichkeiten für private Pflegepersonen) belastbar und unter simultaner Berücksichtigung teilweise gegenläufiger Effekte vorhergesagt werden kann.

Vor dem Hintergrund des oben skizzierten Forschungsstandes wird in diesem Forschungsvorhaben eine Doppelstrategie zur Modellierung der Mechanismen verfolgt: Zum einen ist es das Ziel, den Bedarf an Pflegeleistungen aufgrund demographischer Entwicklungen und sozialstruktureller Trends regional differenziert zu simulieren. Zum anderen soll anhand der Prognose familialer Entwicklungen untersucht werden, ob und in welchem Ausmaß sich hierdurch das Potenzial für eine innerfamiliäre Pflege der ältesten Generationen verändert.

Die aktuelle Diskussion um eventuell steigende Geburtenraten (Statistisches Bundesamt 2017b) verdeutlicht, warum es nicht ausreicht, makrostrukturellen Tendenzen als Ausgangspunkt für die Bewertung zukünftiger Entwicklungen zu verwenden, denn es ist anzunehmen, dass hierbei große regionale Unterschiede bestehen, etwa zwischen städtischen und ländlichen Regionen (Hank 2001) oder im Ost-West-Vergleich (Huinink et al. 2012; Richter et al. 2012). Feinere regionale Differenzierungen sind aber auch hier notwendig und werden durch die klein-räumigen Mikrosimulationsmodelle realisiert. Sofern es sich überhaupt um mehr als eine Schwankung handelt, ist anzunehmen, dass einige Regionen des Landes stärker von diesem Trend profitieren, die Geburtenraten andernorts hingegen weiterhin stagnieren oder gar rückläufig sind. Die hier geplanten Arbeiten setzen an drei Punkten dieses Prozesses an: Zum einen können anhand der systematisch zu identifizierenden, aber weitestgehend bekannten Mechanismen und deren re-gionalen Ausprägungen, langfristige Prognosen über die regionale Entwicklung der Altersstruktur und des daraus resultierenden Pflegebedarfes getroffen werden. Zweitens kann analysiert werden, ob und inwiefern sich die entsprechenden, Trends auf das Potenzial einer informellen, familiären Pflege auswirken werden, wodurch spezifische regionale Bedarfe sichtbar gemacht werden können. Auf Ba-sis dieser Erkenntnisse ist es drittens schließlich möglich, geplante Maßnahmen und Leistungen zur Verbesserung der Situation bereits vorab auf ihre regionale Wirksamkeit zu überprüfen.

Die oben kurz skizzierte Diskussion über die Pluralisierung von Lebensformen und die daraus folgende Heterogenität von Partnerschaftsverläufen auf individueller Ebene macht deutlich, dass eine theoretisch fundierte Analyse von Wirkmecha-nismen, die etwa zur Wahl einer spezifischen Familienkonstellation führen, auch hier alternativlos sind. Einen spezifischen Anwendungsfall hierfür stellt neben bereits diskutierten Tendenzen zu alternativen Lebensformen die Neigung einer Population zu Trennung und Scheidung dar. Zunächst kann festgehalten werden, dass die sozialen Mechanismen, welche die Stabilität oder Instabilität einer Part-nerschaft begünstigen, in der Familienforschung ebenfalls zum großen Teil bekannt sind (Arránz Becker 2015; Kopp und Richter 2016). Ziel dieses Vorhabens ist auch hier, sie entsprechend zu systematisieren und für die akteurszentrierte Simulation regionaler Trends in den Auflösungstendenzen von Partnerschaften in einer Popula-tion nutzbar zu machen. Auch der soziale Tatbestand der Trennung oder Scheidung hat mithin weitreichende Konsequenzen für den bereits dargestellten Bereich der Pflege, da in der Regel Partner die bevorzugte Option im Pflegefall sind. An dieser Stelle lassen sich zahlreiche weitere Mechanismen anführen, die – ausgehend von der Wahl der Lebensform – einen wesentlichen Einfluss auf die Möglichkeit oder die normative Bereitschaft haben, Angehörige im Alter zu pflegen.

Es wird deutlich, dass eine zielorientierte Planung auch hier nur dann möglich ist, wenn – und auch hier regionalspezifisch – nicht nur die Nachfrage nach Pflege in den kommenden Jahren, sondern auch die Entwicklung der Möglichkeit, diesen

Bedarf innerfamiliär zu decken, belastbar prognostiziert werden kann. Und diese werden eben nicht nur durch demographische Prozesse, sondern in starkem Maße auch durch die Veränderungen privater Lebensentwürfe mitdeterminiert. Analog zum zuvor dargestellten Vorgehen hinsichtlich demographischer Entwicklungen werden auch hier zunächst die entsprechenden Mechanismen implementiert, um dann in einem zweiten Schritt die Auswirkungen auf entsprechende Zielgrößen zu schätzen und schließlich die Wirksamkeit gezielter Veränderungen situativer Faktoren vorab zu eruieren. An dieser Stelle sei ferner erwähnt, dass sich verschiedenste familiensoziologisch interessante Sachverhalte selbstverständlich auch gegenseitig beeinflussen. So verringert beispielsweise das Vorhandensein von Kindern das Trennungsrisiko, während die mangelnde Stabilität von Beziehungen die Neigung zur Reproduktion vermindert. Derartige Wechselwirkungen können im Rahmen des vorliegenden Vorhabens ebenfalls berücksichtigt und später auch weitere familiensoziologisch relevante Entwicklungen in die Simulationen implementiert werden.

Die so generierten Modelle müssen dann an vorhandenen Datenbeständen validiert, weiterentwickelt und schließlich zu langfristig belastbaren Prognosen über die untersuchten Phänomene ausgebaut werden, damit es schließlich möglich ist, konkrete Handlungsempfehlungen hinsichtlich zukünftiger Potenziale und Belastungen mit einem konkreten lokalen und somit administrativ tatsächlich umsetzbaren Bezug zu liefern, schwerpunktmäßig im Bereich der (häuslichen) Pflege im Alter.

4.2 Modellierung von Arbeitsmarktintegration von Migranten und Migrantinnen in Deutschland

Der Fokus dieses Teils des Forschungsvorhabens liegt auf der gesellschaftspolitisch und wissenschaftlich relevanten Herausarbeitung eines Mikrosimulationsmodelles zu Arbeitsmarktintegration von Migranten und Migrantinnen in der deutschen Bevölkerung.

4.2.1 Die theoretische Einordnung

Die Integration von Migranten und Migrantinnen in die Aufnahmegesellschaft kann als eine der bedeutsamsten gesellschaftlichen Herausforderungen der Gegenwart identifiziert werden und stellt Handlungsbedarfe für sämtliche beteiligte Akteure dar. Im Jahre 2017 waren aus den insgesamt circa 19 Millionen Personen mit einem Migrationshintergrund, dies sind circa 24 Prozent der Gesamtbevölkerung, knapp 13,2 Millionen Zuwanderer mit eigener Migrationserfahrung. In der Migrationsforschung wird vor allem die berufliche Integration als das zentrale

Integrationsmerkmal gekennzeichnet (Esser 1999; Kalter und Granato 2002). Des Weiteren ist aus der Ungleichheitsforschung bekannt, dass die Migranten in der deutschen Bevölkerung auf dem Arbeitsmarkt systematische und intergenerationale Nachteile im Vergleich zu der Mehrheitsbevölkerung vorweisen (Seifert 1995; Granato und Kalter 2001; Höhne und Buschoff 2015). Aus diesen Gründen wird die Erforschung von fördernden und hemmenden Faktoren der Arbeitsmarktintegration von Zuwanderern im Fokus stehen. Diese empirischen Forschungsergebnisse sind die Basis für die Modellierung der zukünftigen Entwicklungen der beruflichen Integration in Deutschland.

Für die Modellierung dieser Entwicklung sind mehrdimensionale Beeinflussungsmechanismen zu berücksichtigen. Hierzu gehört auf der Individualebene die Identifikation relevanter Einflussgrößen auf die berufliche Integration, auf der Kontextebene die Benennung von regionalen Effekten und die Ermittlung bevölkerungskompositorischer Veränderungen, welche die Verteilung beruflicher Integration unabhängig von individuellen Prozessen beeinflusst. Zur Bestimmung dieser Faktoren wird in diesem Projekt einer ressourcentheoretischen Perspektive (Esser 2009) gefolgt, nach welcher ein Großteil ethnischer Unterschiede auf Ressourcen der betrachteten Akteure sowie ihrer sozialen Herkunft zurückgeführt werden kann. Entsprechend empirischer Befunde werden neben schulischen und beruflichen Abschlüssen als zentrale Ressourcen (Becker 2011) aufnahmelandspezifische Kapitalarten, wie kulturelles Kapital und Sozialkapital, mit in die Analyse einbezogen.

In der Modellierung der Integrationsentwicklung werden neben individuellen Merkmalen und hier vor allem die Ausstattung mit relevanten Kapitalarten auch regionale Disparitäten zwischen den Gruppen der Migrierenden berücksichtigt. Der Stand der Forschung verdeutlicht die Relevanz der regionalen Betrachtung von Integrationsdynamiken und deren langfristige Betrachtung für den Integrationserfolg von Einwanderern. Der Anteil der Migranten variiert in Deutschland regional: In Westdeutschland hat mit 23,9 Prozent fast jede vierte Person einen Migrationshintergrund, wogegen in Ostdeutschland (ohne Berlin) bei nahezu jeder zwanzigsten Person dies der Fall ist. Darüber hinaus sind erhebliche Differenzen des Migrantenanteils zwischen städtischen und ländlichen Regionen zu verzeichnen (Statistisches Bundesamt 2016). Auch ist die Zusammensetzung der Zuwanderer nach Migrantengruppen regional unterschiedlich (Schönwälder und Söhn 2009; Granato 2009). Aus theoretischer Perspektive kann angenommen werden, dass die Höhe des regionalen Migrantenanteils einen Einfluss auf die berufliche Positionierung der Einwanderer hat. Zudem kann erwartet werden, dass die regionale Konzentration von ethnischen Minderheiten einen Effekt auf den Arbeitsmarkterfolg von den einheimischen Beschäftigten ausübt (Granato 2009). Somit gewinnt das Größenverhältnis zwischen Einheimischen und ethnischen Minderheiten für sämtliche gesellschaftliche Akteure an Bedeutung, welches bei der Betrachtung der Gesamtsozialstruktur Deutschlands eine relevante Rolle spielt.

Zur Erforschung der Integrationsentwicklung reicht es nicht aus, die Einflussfaktoren beruflicher Positionierung zu benennen und auf dieser Basis einen Prognosewert für einen zukünftigen Zeitpunkt hochzurechnen. Die Verteilung dieser Einflussfaktoren muss ebenfalls modelliert werden – und zwar in Abhängigkeit des Wandels der Verteilung sozialer und ethnischer Herkunft. Es finden sich zahlreiche Hinweise dafür, dass zwischen ethnischen Gruppen signifikante Unterschiede in der Verteilung von Ressourcen (z. B. für Bildungsabschlüsse: Esser 2001) und eine Korrelation des Migrationshintergrundes mit sozialer Herkunft (Kalter et al. 2011) bestehen. Ferner wird sich die Zusammensetzung der Migrantengruppen in den nächsten Jahren ändern, sodass Integrationsverläufe neben kausalen Mechanismen durch die demographisch bedingte bevölkerungskompositorische Entwicklung quasi-automatisch beeinflusst werden können. Ausschlaggebend ist die Tatsache, dass nicht alle Migrantengruppen im selben Zeitfenster eingewandert sind und die Altersstruktur unterschiedlich ist. Dadurch unterscheidet sich gegenwärtig die Generationen-Verteilung in einzelnen Gruppen (Gresch und Kristen 2011). Für die Zukunft bedeutet dies eine Veränderung der Anteile einzelner Gruppen mit der Zeit.

4.2.2 Datenbasis

Die Realisierbarkeit des Forschungsvorhabens ist erstens abhängig von der Möglichkeit, den demographischen Wandel und die damit verbundene Entfaltung möglicher migrantenbezogener Kompositionseffekte korrekt abzubilden. Zweitens müssen die als kausal angenommenen Integrationsmechanismen im Längsschnitt analysierbar sein. Drittens ist relevant, dass Daten über kleinräumige regionale Differenzierungen sowie Wanderungen zur Verfügung stehen. Zur Erfüllung dieser Forderungen wird auf den oben beschriebenen Basisdatensatz sowie auf die Erweiterung des Datenbestandes mit sozialwissenschaftlichen Studien zurückgegriffen. Als zusätzliche Datenquelle enthält das SOEP die als relevant angenommenen Variablen zu sämtlichen Kapitalarten und askriptiven Merkmalen, die dann anhand panelanalytischer Schätztechniken analysiert werden können. Die präzisen Angaben des Migrationshintergrundes in diesen Datensätzen ermöglichen eine differenzierte Einteilung in verschiedene Migrantengruppen. Ferner werden Daten unter anderem aus Mikrozensus, IAB-SOEP-Migrantenstichprobe und IAB-BAMF-SOEP Befragung von Geflüchteten integriert. Durch die Möglichkeit, befragte Haushalte regional zu lokalisieren und somit kontextbezogene Indikatoren einzubeziehen, können Informationen auf Individual-, Haushalts-, und Kontextebene für die empirische Umsetzung herangezogen werden.

4.2.3 Empirische und szenarienbasierte Modellierung der zukünftigen Arbeitsmarktintegration

Ausgehend von den theoretischen Annahmen zu den Entwicklungsmechanismen der beruflichen Integration werden Analysen mit dem Ziel durchgeführt, das Prognosemodell empirisch zu spezifizieren. Die Analysen beziehen sowohl Migranten als auch Einheimische mit ein. Die Analyseergebnisse definieren das Prognosemodell durch die Identifikation relevanter Einflussgrößen für die berufliche Positionierung und der korrespondierenden, die zeitlichen Dynamiken erfassenden, Fortschreibungsparameter. Demographische Prozesse können einen Einfluss auf diese Entwicklung haben, indem sie Kompositionseffekte auslösen. Zudem kann die berufliche Positionierung der ethnischen Minderheiten durch einen Wandel von kontextuellen Rahmenbedingungen beeinflusst werden. Die Anwendung der dynamischen Mikrosimulation erlaubt erstens eine Fortschreibung der beruflichen Positionierung, zweitens die genaue Analyse der sich im Wandel befindlichen kausalen Mechanismen der beruflichen Positionierung und drittens die Fortschreibung der Veränderungen in der Bevölkerungsstruktur der kleinräumigen Einheiten. Neben Merkmalen auf Individualebene werden regionale Rahmenbedingungen explizit in die Modellierung einbezogen. Die Größe und der Anteil der verschiedenen Migrantengruppen sowie besondere regionale Gegebenheiten sollen speziell auf kleinräumigen Gebieten mitberücksichtigt werden. Ebenso werden diejenigen Veränderungen in der regionalen Bevölkerungszusammensetzung, also natürliche Bevölkerungsbewegung, regionale Mobilität, Wanderung modelliert, die teilweise vermittelt über regionale Disparitäten, für die Entwicklung beruflicher Positionierung von Migranten maßgeblich sind.

Das Prognosemodell definiert sich zunächst über die aus den Analyseergebnissen resultierende Festlegung der zu berücksichtigenden Einflussgrößen. Die aus den Analysen gewonnenen Einflussparameter fungieren im Prognosemodell als Fortschreibungsparameter, mithilfe derer in der Mikrosimulation relevante Mechanismen unmittelbar in die Zukunft projiziert werden. Für empirisch nicht schätzbare Einflüsse werden Fortschreibungsparameter auf Basis theoretischer Überlegungen generiert. Diese Elemente können Bestandteil der zu entwickelnden Simulationsszenarien sein, welche die unterschiedlichen in der Migrationsforschung diskutierten Annahmen über die zukünftige Migration und Integration abbilden. Zur Erfassung des bevölkerungskompositorischen Wandels werden Migrantengruppen möglichst präzise beschrieben, wobei deren Fertilitätsverhalten, Alters- und Mortalitätsstruktur berücksichtigt werden. Gleichzeitig werden dieselben Prozesse für die autochthone Bevölkerung nachgezeichnet, um Aussagen darüber zu treffen, wie sich die Distanz der beruflichen Positionierung zwischen Migranten und Einheimischen in den nächsten Jahren verändern kann.

5   Ausblick

Ziel des hier skizzierten Forschungsvorhabens ist neben den geschilderten praktischen Anwendungen, eine Mikrosimulationsinfrastruktur zu schaffen, die als
Forschungsdateninfrastruktur der Forschungsöffentlichkeit zur Verfügung gestellt
werden soll. Die Rahmenbedingungen, insbesondere im Hinblick auf Datensicherheit,
Genauigkeit und Aktualisierung werden gemeinsam mit der amtlichen Statistik
erarbeitet, so dass die notwendige Nachhaltigkeit für die Dateninfrastruktur ge-
währleistet werden kann.

Eine thematische Erweiterung wird schrittweise erfolgen. Bildung und Arbeitsmarkt sind hierbei sicher besonders bedeutsam. Bereits in der Erprobung sind
Themen zur Gesundheit. Der Datenschutz stellt hier besondere Anforderungen an
die Modellierung und Implementation, da vielfach mögliche Datenquellen nicht
öffentlich zugänglich sind. Verkehr und Infrastruktur bieten sich auf Grund der
Verfügbarkeit zahlreicher Datenquellen in besonderer Weise an.

Ebenso von großer Bedeutung für das Mikrosimulationslabor ist das Thema
Open and Reproducible Research. Mit Hilfe von Metadaten sollen Mikrosimulationen eindeutig und reproduzierbar klassifiziert werden. Gleichzeitig spielt hierbei
auch die Archivierung der teilweise sehr großen Datenmengen, insbesondere bei
der Verwendung zahlreicher Szenarien eine große Rolle. Darüber hinaus stellt sich
die Frage, ob und inwieweit stets der Gesamtumfang des Datensatzes verwendet
werden muss. Methoden der Simulationseffizienz sollen hierbei helfen, die Daten
sparsam und effizient zu nutzen.

Literatur

Afentakis, A., & Bihler, W. (2005). Das Hochrechnungsverfahren beim unterjährigen Mikrozensus ab 2005. *Wirtschaft und Statistik 10 (2005)*. 1039–1049.

Arránz Becker, O. (2015). Determinanten und Konsequenzen von Trennung und Scheidung.
In P. B. Hill & J. Kopp (Hrsg.). *Handbuch Familiensoziologie* (S. 527–561). Wiesbaden:
Springer VS.

Becker, R. (2011). Integration von Migranten durch Bildung und Ausbildung: Theoretische
Erklärungen und empirische Befunde. S. 11–36 in R. Becker (Hrsg.): *Integration durch
Bildung* (S. 11–36). Wiesbaden: Springer VS.

Bélanger, A., Sabourin, P. (2017). *Microsimulation and Population Dynamics: An Introduction
to Modgen 12*. Cham: Springer.

Brouwers, L., Ellegård, L. M., Janlöv, N., Johansson, P., Mossler, K., & Ekholm, A. (2014).
Simulating the need for health-and elderly care in Sweden. A model description of

Sesim-LEV. In G. Dekkers, M. Keegan & C. O'Donoghue (Hrsg.): *New pathways in microsimulation* (S. 41–60). Farnham: Ashgate.

Cumpston, J. R. (2010). Alignment and matching in multi-purpose household microsimulations. *International Journal of Microsimulation*, 3, 34–45.

Cumpston, J. R. (2011). *New techniques for household microsimulation, and their application to Australia.* Canberra: Australian National University.

Davison, A. C., Tsai, C. L. (1992). Regression model diagnostics. *International Statistical Review/Revue Internationale de Statistique*, 60, 337–353.

De Kramer, R. M. (2016). *Evaluation of Cross-Survey Research Methods for the Estimation of Low-Incidence Populations.* Mimeo. Boston.

Dekkers, G., Cumpston, R. (2012). On weights in dynamic-ageing microsimulation models. *The International Journal of Microsimulation*, 5, 59–65.

Drechsler, J. (2011). *Synthetic Datasets for Statistical Disclosure Control. Theory and Implementation.* New York/Heidelberg: Springer.

Duncan, A., Weeks, M. (1998). Simulating transitions using discrete choice models. In *Papers and Proceedings of the American Statistical Association*, 106, 151–156.

Esser, H. (1999). Inklusion, Integration und ethnische Schichtung. *Journal für Konflikt- und Gewaltforschung*, 1, 5–34.

Esser, H. (2001). Integration und ethnische Schichtung. Mannheimer Zentrum für europäische Sozialforschung. *Arbeitspapier 40*. Mimeo. Mannheim.

Esser, H. (2009). Pluralisierung oder Assimilation? Effekte der multiplen Inklusion auf die Integration von Migranten. *Zeitschrift für Soziologie*, 38, 358–378.

Faraway, J. J. (2016). *Extending the linear model with R: generalized linear, mixed effects and nonparametric regression models, Bd. 124*: CRC.

Flood, L. (2008). SESIM: A Swedish Micro-Simulation Model. S. 55–83 in: A. Klevmarken & B. Lindgren (Hrsg.): *Simulating an Ageing Population: A microsimulation approach applied to Sweden*, Bingley: Emerald.

Fox, K. M. P. C. (2011). *A framework for the meta-analysis of survey data.* Kingston: Queen's University.

Frick, J. R., Goebel, J., Grabka, M. M., Groh-Samberg, O., Wagner, G. G. (2007). *Zur Erfassung von Einkommen und Vermögen in Haushaltssurveys: Hocheinkommensstichprobe und Vermögensbilanz im SOEP (No. 19).* Data Documentation.

Galler, Heinz H. P. (1997): *Discrete-Time and Continous-Time Approaches to Dynamic Microsimulation Reconsidered.* Canberra.

Gelman, A. & Hill, J. (2006). *Data analysis using regression and multilevel/hierarchical models.* Cambridge university press.

Granato, N.& Kalter, F. (2001). Die Persistenz ethnischer Ungleichheit auf dem deutschen Arbeitsmarkt: Diskriminierung oder Unterinvestition in Humankapital? *Kölner Zeitschrift für Soziologie und Sozialpsychologie*, 53, 497–520.

Granato, N. (2009). Effekte der Gruppengröße auf die Arbeitsmarktintegration von Migranten. *Kölner Zeitschrift für Soziologie und Sozialpsychologie*, 61, 387–409.

Gresch, C. & Kristen, C. (2011). Staatsbürgerschaft oder Migrationshintergrund? Ein Vergleich unterschiedlicher Operationalisierungsweisen am Beispiel der Bildungsbeteiligung. *Zeitschrift für Soziologie*, 40, 208–227.

Grunwald, M., Schiebel, B., Strohmeier, Klaus P., & Sensch, J. (1988): *Familienentwicklung in Nordrhein-Westfalen: Modellierung und Mikrosimulation mit Paneldaten. Ökonometrische Modelle mit qualitativen abhängigen Variablen.* IBS.

Häcker, J., & Raffelhüschen, B. (2006): Zukünftige Pflege ohne Familie: Konsequenzen des "Heimsog-Effekts". *Technischer Bericht Diskussionsbeiträge//Institut für Finanzwissenschaft der Albert- Ludwigs-Universität Freiburg im Breisgau.*

Hank, K. (2001). Regional fertility differences in Western Germany: an overview of the literature and recent descriptive findings. *International journal of population geography,* 7, 243–257.

Hank, K. (2015). Intergenerationale Beziehungen. In P. B. Hill & J. Kopp (Hrsg.): *Handbuch Familiensoziologie* (S. 463–486). Wiesbaden: Springer VS.

Hannappel, M. (2019). Mikrosimulationen und die ,Analytische Soziologie'. Zur Anwendbarkeit des Begriffs des sozialen Mechanismus auf die Mikrosimulation. In N. J. Saam, M. Resch & A. Kaminski (Hrsg.), *Simulieren und Entscheiden. Entscheidungsmodellierung, Modellierungsentscheidungen, Entscheidungsunterstützung* (S. 83–109). Wiesbaden: Springer VS.

Hannappel, M., Troitzsch, K. G. (2015). Mikrosimulationsmodelle. In N. Braun & N. J. Saam (Hrsg.): Handbuch Modellbildung und Simulation in den Sozialwissenschaften (S. 455–489). Wiesbaden: Springer VS.

Hedström, P., Swedberg, R., & Hernes, G. (Eds.) (1998). *Social mechanisms: An analytical approach to social theory.* Cambridge University Press.

Herlth, A. & Strohmeier, K. P. (Hrsg.). (2013). *Lebenslauf und Familienentwicklung: Mikroanalysen des Wandels familialer Lebensformen* (Vol. 7). Wiesbaden: Springer VS.

Hill, P. B. & Kopp, J. (Hrsg.), (2015): *Handbuch Familienforschung.* Wiesbaden: Springer VS.

Höhne, J., & Buschoff, K. S. (2015). Die Arbeitsmarktintegration von Migranten und Migrantinnen in Deutschland. Ein Überblick nach Herkunftsländern und Generationen. *WSI-Mitteilungen*, 68, 345–354.

Huinink, J., Kreyenfeld, M., & Trappe, H. (2012). Familie und Partnerschaft in Ost-und Westdeutschland: Eine Bilanz. In J. Huinink, M. Kreyenfeld & H. Trappe (Hrsg.): Familie und Partnerschaft in Ost- und Westdeutschland. Ähnlich und doch immer noch anders. Sonderheft 9 der Zeitschrift für Familienforschung. Opladen: Barbara Budrich.

Kalter, F., & Granato, N. (2002). Demographic Change, Educational Expansion and Structural Assimilation of Immigrants. The Case of Germany. *European Sociological Review,* 18, 199–216.

Kalter, F., Granato, N., & Kristen, C. (2011). Die strukturelle Assimilation der zweiten Migrantengeneration in Deutschland: Eine Zerlegung gegenwärtiger Trends. In R. Becker (Hrsg.), *Integration durch Bildung* (S. 257–288). Wiesbaden: VS Verlag für Sozialwissenschaften.

Kirchner, T., Pflanz, F., Techen, A., & Wagenknecht, L. (2014). Kleinräumige Gliederung, Georeferenzierung und Rasterdarstellung im Zensus. *Zeitschrift für amtliche Statistik Berlin-Brandenburg,* 3, 28–32.

Kolb, J.-P. (2013). *Methoden zur Erzeugung synthetischer Simulationsgesamtheiten. Dissertation an der Universität Trier.* Mimeo. Trier.

Kopp, J., & Richter, N. (2016). Social Mechanisms and Empirical Research in Social Mechanisms and Empirical Research in the Field of Sociology of the Family: The Case of Separation and Divorce. *Analyse & Kritik,* 38, 121–148.

Kreyenfeld, M., & Konietzka, D. (2015). Sozialstruktur und Lebensform. In P. B. Hill, J. Kopp (Hrsg.): *Handbuch Familiensoziologie* (S. 345–374). Wiesbaden: Springer VS.

Leim, I. (2008). *Die Modellierung der Fertilitätsentwicklung als Folge komplexer individueller Entscheidungsprozesse mit Hilfe der Mikrosimulation.* Marburg: Metropolis.

Li, J., & O'Donoghue, C. (2013). A survey of dynamic microsimulation models: uses, model structure and methodology. *International Journal of microsimulation*, 6, 3–55.

Li, J., O'Donoghue, C., & Dekkers, G. (2014). Dynamic Models. In B. H. Baltagi & E. Sadka (Hrsg.): *Handbook of Microsimulation Modelling* (S. 305–343). Bingley: Emerald.

Lovelace, R. & Dumont, M. (2016). *Spatial Microsimulation with R*. Boca Raton: CRC.

Lovelace, R., & Ballas, D. (2013). 'Truncate, replicate, sample': A method for creating integer weights for spatial microsimulation. *Computers, Environment and Urban Systems*, 41, 1–11.

Makles, A., & Schneider, K. (2012). Freie Wahl der Grundschule: wie entscheiden sich die Eltern und welche Konsequenzen hat die Schulwahl für die Segregation? *DDS – Die Deutsche Schule*, 104, 332–346.

McLeman, R. (2016). Conclusion: Migration as Adaptation: Conceptual Origins, Recent Developments, and Future Directions. In *Migration, risk management and climate change: evidence and policy responses* (S. 213–229). Cham: Springer.

Merz, J. (2004). Kumulation von Mikrodaten–Konzeptionelle Grundlagen und ein Vorschlag zur Realisierung. *Allgemeines Statistisches Archiv*, 88, 451–472.

Meyer, M. (2006). *Pflegende Angehörige in Deutschland: ein Überblick über den derzeitigen Stand und zukünftige Entwicklungen*, (S. 10–11). Hamburg: Lit Verlag.

Möller, K. P. (1982). *Entwicklung von Bevölkerung und Haushalten in der Bundesrepublik Deutschland bis zum Jahr 2000*. Berlin: Duncker & Humblot.

Müller, K. U., Spieß, C. K., Tsiasioti, C., Wrohlich, K., Bügelmayer, E., Haywood, L., Peter, F., Ringmann, M., & Witzke, S. (2013). *Evaluationsmodul: Förderung und Wohlergehen von Kindern. Endbericht: Studie im Auftrag der Geschäftsstelle für die Gesamtevaluation ehe- und familienbezogener Maßnahmen und Leistungen in Deutschland, Prognos AG, für das Bundesministerium für Familie, Senioren, Frauen und Jugend und das Bundesministerium der Finanzen*, 73, DIW Berlin: Politikberatung kompakt.

Münnich, R., Burgard, J. P., & Vogt, M. (2013). Small area-statistik: Methoden und Anwendungen. *AStA Wirtschafts- und Sozialstatistisches Archiv*, 6, S. 149–191.

Münnich, R., Gabler, S., Ganninger, M., Burgard, J. P., & Kolb, J. P. (2011). Das Stichprobendesign des registergestützten Zensus 2011. *Methoden, Daten, Analysen*, 5, 37–61.

Münnich, R., Gabler, S., Ganninger, M., Burgard, J.-P., & Kolb, J.-P. (2012). Stichprobenoptimierung und Schätzung im Zensus 2011. In *Bd. 21 Statistik und Wissenschaft*. Wiesbaden: Destatis.

Münnich, R., & Kopp, J. (2019). *Pflege an der Grenze. Entwicklungen, Fragestellungen, Herangehensweisen*. Wiesbaden: Springer VS.

Nowossadeck, S., Engstler, H., & Klaus, D. (2016). Pflege und Unterstützung durch Angehörige. In *Report Altersdaten*, 1/2016.

O'Donoghue, C., Ballas, D., Clarke, G., Hynes, S., & Morrissey, K. (Eds.). (2013). *Spatial microsimulation for rural policy analysis*. Berlin: Springer.

O'Donoghue, C. (2014). *Handbook of Microsimulation Modelling. Contributions to Economic Analysis*. London: Emerald.

Orcutt, G. H. (1957). A New Type of Socio-Economic System. Review of Economics and Statistics, 39, (S. 116–123) [nachgedruckt in: *International Journal of Microsimulation1* (2007), 3–9..

Park, D. K., Gelman, A., & Bafumi, J. (2004). Bayesian multilevel estimation with poststratification: state-level estimates from national polls. *Political Analysis*, 12(4), 375–385.

Rahman, A., & Harding, A. (2016). *Small area estimation and microsimulation modeling*. Boca Raton: Chapman and Hall.

Rao, J. N., & Molina, I. (2015). *Small area estimation*. Hoboken: John Wiley.

Richter, N. (2017). *Fertilität und Mechanismen sozialer Ansteckung*. Wiesbaden: Springer VS.

Richter, N., & Lois, D., Arránz Becker, O., & Kopp, J. (2012). Mechanismen des Netzwerkeinflusses auf Fertilitätsentscheidungen in Ost-und Westdeutschland. In *Zeitschrift für Familienforschung*, Sonderheft 9, (S. 95–118). Opladen: Budrich

Riedel, A., Schneider, K., Schuchart, C., & Weishaupt, H. (2010). School Choice in German Primary Schools: How Binding are School Districts? *Journal for Educational Research Online*, 2 (1), 94–120.

Roberts, G., & Binder, D. (2009). Analyses based on combining similar information from multiple surveys. In *Survey Research Methods Section of the Joint Statistical Meetings* (JSM), 2138–2147.

Rothgang, H., Müller, R., & Unger, R. (2012). *Themenreport" Pflege 2030": was ist zu erwarten-was ist zu tun?*. Bertelsmann Stiftung.

Schenker, N., & Raghunathan, T. E. (2007). *Combining Information from Multiple Surveys to Enhance Estimation of Measures of Health*. Statistics in Medicine, 26 (8), 1802–1811.

Schneider, M., Ruppertsthal, S., & Lück, D. (2009). Beruf, Mobilität und Familie. In G. Burkart (Hrsg.): *Zukunft der Familie. Sonderheft 9 der Zeitschrift für Familienforschung* (S. 111–136). Opladen: Barbara Budrich.

Schönwälder, K., & Söhn, J. (2009). Immigrant Settlement Structures in Germany: General Patterns and Urban Levels of Concentration of Major Groups. *Urban Studies*, 46: 1439–1460.

Schrijver, A. (2003). *Combinatorial Optimization: Polyhedra and Efficiency*. Berlin: Springer.

Schuchart, C., Schneider, K., Weishaupt, H., & Riedel, A. (2011). Welchen Einfluss hat die Wohnumgebung auf die Grundschulwahl der Eltern? Analysen zur Bedeutung von kontextuellen und familiären Merkmalen auf das Wahlverhalten. *Schumpeter Discussion Papers*, No. 2011–009. Mimeo. Wuppertal.

Schupp, J., & Wagner, G. G. (1995). Die Zuwanderer-Stichprobe des Sozio-oekonomischen Panels (SOEP). *Vierteljahrshefte zur Wirtschaftsforschung*, 64, 16–25.

Seifert, W. (1995). *Die Mobilität der Migranten: die berufliche, ökonomische und soziale Stellung ausländischer Arbeitnehmer in der Bundesrepublik: eine Längsschnittanalyse mit dem Sozio-Ökonomischen Panel, 1984–1989*. Berlin: Edition Sigma.

Spielauer, M. (2007). Dynamic microsimulation of health care demand, health care finance and the economic impact of health behaviours: survey and review. *International Journal of Microsimulation*, 1, 35–53.

Stadt Leipzig, 2016: Schulentwicklungsplan der Stadt Leipzig. *Fortschreibung 2016*. Mimeo. Leipzig.

Statistisches Bundesamt (2016): *Bevölkerung und Erwerbstätigkeit: Bevölkerung mit Migrationshintergrund. Ergebnisse des Mikrozensus 2015*. Wiesbaden.

Statistisches Bundesamt (2017a): *Pflegestatistik 2015. Pflege im Rahmen der Pflegeversicherung. Deutschlandergebnisse*. Wiesbaden.

Statistisches Bundesamt (2017b): Zusammengefasste Geburtenziffer nach Kalenderjahren.

Tanton, R. (2014). A review of spatial microsimulation methods. *International Journal of Microsimulation*, 7, 4–25.

Tanton, R., Vidyattama, Y., Nepal, B., & McNamara, J. (2011). *Small area estimation using a reweighting algorithm. Journal of the Royal Statistical Society: Series A (Statistics in Society)*, 174, 931–951.

van Imhoff, Evert; & Post, Wendy (1998). *Microsimulation Methods for Population Projection. Population: An English Selection*, 10, 97–136.

White, M. J. (Ed.). (2016). *International handbook of migration and population distribution.* Dordrecht: Springer.

Willekens, F. (2017). The decision to emigrate: A simulation model based on the theory of planned behaviour. In A. Grow & J. v. Bawel (Hrsg.): *Agent-Based Modelling in Population Studies* (S. 257–299). Cham: Springer.

Williamson, P. (2012). Spatial microsimulation: *A reference guide for users*, Bd. 6: Springer Science & Business Media.

Zhang, L.-C. (2012). *Topics of statistical theory for register-based statistics and data integration.* Statistica Neerlandica 66: 41–63.

Zhu, Y., & Ferreira, J. (2014). Synthetic population generation at disaggregated spatial scales for land use and transportation microsimulation. *Transportation Research Record: Journal of the Transportation Research Board,* 2429, (S. 168–177).

II
Methodik

Validierung in dynamischen Mikrosimulationsmodellen

Christopher Lütz und Petra Stein

Zusammenfassung

Das Thema Validierung wird in Zusammenhang mit dynamischen Mikrosimulationen tendenziell vernachlässigt. Es existiert kein Konsens darüber, welche Arbeitsschritte in einem Simulationsprojekt als Validierungsprozess aufgefasst werden. Aus den unterschiedlich umfangreichen Konzeptualisierungen wird in diesem Beitrag einer Konzeption gefolgt, die neben dem Abgleich des Simulationsoutputs mit externen Datenquellen zusätzlich Formen interner Validitätsprüfungen (z. B. durch Konsistenzchecks sowie Debugging des Programmcodes) und Sensitivitätsanalysen einschließt. Zum besseren Verständnis der Validierungsansätze und ihrer Konsequenzen werden die verschiedenen, vorrangig zufälligen, Fehlerquellen behandelt. So ist besonders durch die Hinzunahme von komplexeren statistischen Modellen zur Bestimmung von Übergangswahrscheinlichkeiten oder zur Fortschreibung metrischer Variablen die Zahl und Gewichtigkeit möglicher Fehlerquellen in aktuellen dynamischen Mikrosimulationsmodellen potentiell gestiegen. Im Anschluss daran wird ein erstes Grundlagenkonzept für die Validierung eines solchen Simulationsmodells formuliert. Darauf folgt die Vorstellung eines Fallbeispiels, an dem abschließend verschiedene Validierungsschritte demonstriert werden.

Schlüsselbegriffe

Validierung, Sensitivitätsanalyse, Monte-Carlo-Variabilität, interne Validierung, externe Validierung

© Springer Fachmedien Wiesbaden GmbH, ein Teil von Springer Nature 2020
M. Hannappel und J. Kopp (Hrsg.), *Mikrosimulationen*,
https://doi.org/10.1007/978-3-658-23702-8_7

1   Einleitung

Einen wesentlichen Grund für die Skepsis gegenüber der dynamischen Mikrosimulation in den 90er Jahren sahen Caldwell und Morrison (2000) in der geringen
Aufmerksamkeit, die einer effektiven und umfassenden Validierung der Simulationsmodelle zuteilwurde. Dies hat sich auch in den Folgejahren nicht wesentlich
geändert. Das Thema Validierung wird in Zusammenhang mit dynamischen Mikrosimulationen nach wie vor vernachlässigt (Harding et al. 2010, S. 47; Li et al. 2014,
S. 325). Dabei werden Validierungen aufgrund der wachsenden Modellkomplexität
zunehmend wichtiger, um den Vorwurf zu entkräften, bei Mikrosimulationen han-
dele es sich um undurchsichtige ‚black boxes‘ (Dekkers 2014). Zudem ist es gerade
eine Stärke dieses Simulationstyps, dass eine zweckmäßige Validierung prinzipiell
möglich ist. ‚Zweckmäßig‘ bedeutet hierbei, dass die Ergebnisse der Validierung
nicht nur eine Abschätzung der prognostischen Güte erlauben, sondern auch den
Weg für Optimierungen und zukünftige Forschungsvorhaben ebnen können.

  Es existiert kein Konsens darüber, welche Schritte eine Validierung umfassen
sollte. Das ist u. a. auf die große Variationsbreite bei Anwendungen dynamischer
Mikrosimulationen zurückzuführen. Viele Simulationsmodelle unterscheiden sich
hinsichtlich des Einsatzzwecks und des Designs erheblich, was ein einheitliches
Vorgehen bei der Validierung erschwert. Zudem liegt eine allgemeingültige Definition des Begriffs Validierung im Zusammenhang mit Simulationsmodellen nicht
vor. Der kleinste gemeinsame Nenner ist die Auffassung, dass bei einer Validierung
die Ergebnisse der Simulation gegen Fehler abgesichert und die Güte des Modells
abgeschätzt werden sollen. Dementsprechend verstehen Caldwell und Morrison
(2000, S. 202) Validierung allgemein als „proactive, diagnostic effort to ensure that
the model's results are reasonable and credible". Klevmarken und Lindgren (2008)
schlagen ferner vor, Validierung als Prozess zur Identifikation aller Fehlerquellen
eines Simulationsmodells zu verstehen. Dies schließt sowohl die Erfassung systematischer als auch zufälliger Fehler ein. Die Validierung prüft dem Namen nach
letztlich die *Validität* des Modells. Für Leim (2008, S. 166–167) lässt sich Validität
in diesem Zusammenhang als „Übereinstimmung zwischen realer und simulierter
Entwicklung" verstehen. Die Simulation soll den anvisierten Zielprozess realistisch
und plausibel abbilden. Dies ist allerdings etwas zu stark simplifiziert. Es muss
bedacht werden, dass auch reale Prozesse erheblich durch stochastische Elemente
beeinflusst werden (van Imhoff und Post 1998). Vor allem im Interessensbereich
der Sozialwissenschaften sind viele der untersuchten Prozesse zudem nicht-linear
und nicht-deterministisch, wie die Existenz des ‚non-linearity paradigm‘ unter-
streicht (Chattoe et al. 2000, S. 265). Realweltliche Prozesse lassen sich insofern als
Zufallsexperimente verstehen und besitzen genau wie das Simulationsmodell einen

Erwartungswert. Allerdings handelt es sich um einmalige ‚Experimente‘, weshalb kein Erwartungswert ermittelt werden kann. Als valide kann ein Simulationsmodell gelten, wenn sein Erwartungswert dem Erwartungswert des Zielprozesses gleicht bzw. nicht systematisch von jenem abweicht.[1]

In dem vorliegenden Beitrag wird sich zunächst den verschiedenen, vorrangig zufälligen Fehlerquellen gewidmet, damit die danach besprochenen Validierungsansätze in ihren Konsequenzen besser verstanden werden können. Im Anschluß daran wird ein erstes Grundlagenkonzept für die Validierung formuliert. Es folgt die Vorstellung eines Fallbeispiels, an dem abschließend verschiedene Validierungsschritte demonstriert werden.

2   Fehlerquellen in dynamischen Mikrosimulationen

Mit der Hinzunahme komplexerer statistischer Modelle zur Bestimmung von Übergangswahrscheinlichkeiten oder zur Fortschreibung metrischer Variablen (siehe Beitrag von Bekalarczyk und Deppenbrock Kapitel in diesem Band oder McLay et al. 2015) ist für dynamische Mikrosimulationsmodelle (DMSM) nicht nur das methodische Potential gewachsen, sondern auch die Möglichkeit, nicht-valide Ergebnisse zu produzieren. Die Vielzahl potentieller Fehlerquellen in DMSM können äquivalent zu bekannten statistischen Modellen in systematische und zufällige Fehlerquellen unterteilt werden. Im Folgenden werden diesbezüglich zwei besonders substantielle Punkte herausgegriffen. Dies sind erstens Fehlspezifikationen als Form systematischer Fehler und zweitens die verschiedenen Formen von Zufallsvariation.

Eine Fehlspezifikation kann z. B. durch das Fehlen einer zentralen erklärenden Variable oder die Aufnahme ‚falscher‘ Variablen in einem statistischen Modell bedingt sein (Biemer und Lyberg 2003, S. 40; Schneeweiß 1990). Dabei ist nicht nur entscheidend, dass alle relevanten unabhängigen Variablen und Interaktionen im Modell enthalten sind, sondern auch ob die Einflussformen korrekt spezifiziert sind. Die Implementation eines solchen Modells erhöht dabei nicht zwangsläufig die Streuung der Simulationsergebnisse, jedoch führen auf diese Weise verzerrte Schätzer zu verzerrten Outputs. Die Gefahr der Fehlspezifikation ist letztlich eine

---

1 Theoretisch können sich die Ergebnisse eines äußerst mangelhaft spezifizierten Simulationsmodells hervorragend mit der realweltlichen Entwicklung decken. Oder ein eigentlich präzise spezifiziertes Simulationsmodell versagt bei der Prognose. Chattoe et al. (2000, S. 265–266) präsentieren in einem anderen Zusammenhang ein anschauliches Beispiel, das zeigt, dass in der Rückbetrachtung diejenigen Startparameter eines Modells, die am sichersten zur empirisch beobachteten Entwicklung führen, de facto eine Fehlspezifikation des Zielprozesses darstellen können.

ähnliche wie in herkömmlichen statistischen Modellen. Zu bedenken ist allerdings, dass sich bei DMSM, die sich über einen langen Zeitraum erstrecken, Fehlspezifikationen fortpflanzen und sich ggf. potenzieren.

Der zweite Punkt behandelt die Zufallsvariation in DMSM. Van Imhoff und Post (1998, 109ff.) unterscheiden drei Formen von *randomness*, die auf den Simulationsoutput einwirken: Dies sind erstens *inherent randomness*, zweitens *starting-population randomness* und drittens *specification randomness*. Die Aufschlüsselung dieser Faktoren ermöglicht ein besseres Verständnis erstens für die stochastischen Vorgänge in einer Mikrosimulation, zweitens für die Fallstricke bei der Implementation statistischer Modelle, drittens für die Präsentation der Ergebnisse unter Berücksichtigung inferenzstatistischer Überlegungen und viertens für Validierungsprozesse im Allgemeinen.

Als *inherent randomness* bezeichnen van Imhoff und Post (1998, S. 110) die Variation des Ergebnisses zwischen wiederholten Durchläufen einer Mikrosimulation, die in Folge der Monte-Carlo-Experimente auftritt. *Inherent randomness* ist somit nur ein alternativer Begriff für die verbreitetere Bezeichnung *Monte-Carlo-Variabilität* (Spielauer 2011, S. 18). Es ist die quasi natürliche Zufallsquelle, die daraus entspringt, dass während der Mikrosimulation die Zielvariable stochastisch mithilfe von Zufallsexperimenten auf Individualebene fortgeschrieben wird. Jeder neue Durchlauf der Mikrosimulation bringt also ein leicht anderes Ergebnis.

Diese Schwankungen lassen sich durch eine Erhöhung der Fallzahl verringern, da sich in der Konsequenz die simulierten Werte den erwarteten Werten annähern. Alternativ kann eine große Anzahl von Durchläufen realisiert werden: Versteht man jeden Simulationsdurchlauf als Zufallsexperiment, so strebt der durchschnittlich berechnete Mittelwert mit wachsender Zahl an Durchläufen gegen den erwarteten Mittelwert. In der Praxis handelt es sich meist um einen Trade-off zwischen der Anzahl der Simulationsdurchläufe und der Größe des Startdatensatzes, da Rechenkapazitäten immer begrenzt sind.

Mit *starting-population randomness* wird die Variation bezeichnet, die durch den Stichprobenfehler eines Startdatensatzes in die DMSM einfließt. Viele DMSM nutzen als Startdatensatz eine Zufallsstichprobe mit dem Ziel, Projektionen für eine Grundgesamtheit zu erstellen. Während die Stichprobenvarianz in Publikationen mit klassischen statistischen Modellen mittlerweile standardmäßig berücksichtigt wird, z. B. über die Angabe von Standardfehler und Berechnung von Konfidenzintervallen, wird dieser Aspekt in vielen Mikrosimulationsprojekten eher vernachlässigt.

Die einfachste Möglichkeit, um diese Form der Varianz zu verringern, stellt abermals die Vergrößerung der Stichprobe dar (van Imhoff und Post 1998, S. 110). Um den Einfluss der Stichprobenvarianz völlig abzuwenden, müsste es sich beim Startdatensatz allerdings um eine Vollerhebung handeln. Aber auch für Vollerhebungen existieren weitere Varianzquellen wie die Interviewervarianz, die als Teil des zunehmend prominent gewordenen Total-Survey-Errors-Konzepts aufgefasst wird (Biemer und Lyberg 2003). All dies sind Faktoren, die zur *starting-population randomness* beitragen.

Die *specification randomness* ist nach van Imhoff und Post (1998, S. 110) die essenziellste Form von Zufallsvariation in Mikrosimulationen. Dennoch wird sie bei Anwendern des Mikrosimulationsverfahrens häufig unterschätzt. Unter *specification* wird allgemein verstanden, welche Variablen in einem Modell berücksichtigt werden und wie der Zusammenhang zwischen diesen Variablen parametrisiert wird. Nun könnte man im Falle von Mikrosimulationen dazu tendieren, das Sparsamkeitsgebot in der Modellbildung zugunsten der Vorhersagekraft zu missachten, wenn in vielen Projekten vor allem die prognostische Güte im Vordergrund steht. Dies ist jedoch ein Trugschluss: Je mehr erklärende Variablen im Simulationsmodell aufgenommen werden, desto größer fällt normalerweise die *specification randomness* aus (van Imhoff und Post 1998, S. 111). Dies lässt sich auf zwei Ursachen zurückführen. Zum einen muss in den implementierten statistischen Modellen jeder Einfluss einer unabhängigen Variable geschätzt werden – z. B. der Koeffizient eines Regressionsmodells. Jede unabhängige Variable bringt somit (mindestens) einen stichprobenbedingten Messfehler mit in die Simulation ein. Zum anderen sind viele unabhängige Variablen endogen, müssen also selbst im DMSM stochastisch fortgeschrieben und damit modelliert werden. Jede dieser Variablen erfordert damit ein zusätzliches Set an Monte-Carlo-Experimenten, was die Monte-Carlo-Variabilität der Simulation erhöht. Da es relativ leicht ist, in DMSM eine große Menge unabhängiger Variablen einzubinden, wird von dieser Möglichkeit ungeachtet deren Folgen für die *specification randomness* häufig Gebrauch gemacht.

Des Weiteren können komplexe Modelle unter potentiellem Overfitting leiden. Die Schätzung der in die Mikrosimulationen implementierten Modelle erfolgt oft nicht mit dem Mikrodatensatz, der später als Startdatensatz fungieren soll, sondern mit anderen Survey-Daten. Dies ist vergleichbar mit dem Overfitting-Problem, das bei Techniken des Machine Learining thematisiert wird (James et al. 2013, S. 22), da sich Survey-Daten im Kontext von Mikrosimulationen als analog zum Trainings-Datensatz und das Simulation Sample als analog zum Test-Datensatz verstehen lassen. Um das Problem des Overfitting zu vermeiden, können neben einer theoriegeleiteten Modellierung auch Verfahren wie *cross-validation* genutzt werden, die sich im Bereich des Predictive Modellings respektive Machine Learnings etabliert haben (Kuhn und Johnson 2016). Das Prinzip der cross-validation setzen z. B. McLay et al. (2015) ein, um verschiedene Regressionsmodelle für den Einsatz in Mikrosimulationen zu schätzen und zu vergleichen.

Aber auch die zuvor thematisierte Fehlspezifikation in Folge eines zu simplen Modells ist selbstverständlich nicht erwünscht. Wie so oft bei statistischen Modellierungen muss ein Mittelweg zwischen einer zu hohen Varianz und einem zu starkem Bias gefunden werden: „There is a trade-off between the additional randomness introduced by additional variables and misspecification errors caused by models that are too simplified" (Spielauer 2011, S. 18). In der Praxis führt dies meist dazu, dass in DMSM die Handlungen der Akteure oft nur rudimentär modelliert oder Übergangswahrscheinlichkeiten alternativ einfach auf Basis relativer Häufigkeiten bestimmt werden. Um ein vollständiges DMSM zu formulieren, fehlt es an Wissen über das ‚micro-behaviour' der Akteure (Li et al. 2014, S. 316). Es ist ein altbekanntes Problem in den Sozialwissenschaften, dass Modelle menschlichen Handelns selbst unter Einsatz zahlreicher erklärender Variablen in vielen Kontexten nur eine überschaubare Aufklärungskraft besitzen. Das ist nicht zuletzt dadurch bedingt, dass viele interessierende abhängige Variablen in einem hohen Maße von stochastischen Prozessen abhängen (van Imhoff und Post 1998, S. 103).[2]

In Publikationen zu DMSM werden die genannten Fehlerquellen in sehr unterschiedlichem Maße diskutiert und dokumentiert. Pudney und Sutherland (1994) wiesen schon früh daraufhin, dass für DMSM die Berechnung von Konfidenzintervallen geboten sei, um die zufallsbedingten Ergebnisschwankungen zwischen mehreren Simulationsdurchläufen abzubilden. Dabei bezogen sich die Autoren vorrangig auf die der Methode innewohnende Monte-Carlo-Variabilität.

Allerdings wurden gerade in früheren Veröffentlichungen zu Mikrosimulationsmodellen häufig nur die Ergebnisse eines einzelnen Simulationsdurchlaufs in Form von Punktschätzungen präsentiert, was van Imhoff und Post schon im Jahr 1998 kritisierten.

Lange Zeit konnte dieses Defizit durch fehlende Rechenkapazitäten erklärt werden. Durch massive Verbesserungen der Rechenleistung von Computern wurde es in Mikrosimulationsprojekten glücklicherweise gängiger, mehrere Simulationsdurchläufe durchzuspielen und Standardfehler zu berechnen (z. B. Pudney et al. 2006; Creedy et al. 2007; Richardson et al. 2018). Aber selbst in aktuellen Projekten werden diese Informationen laut O'Donoghue und Dekkers (2018, S. 24) relativ selten genutzt, um z. B. Konfidenzintervalle zu konstruieren. Hinzu kommt, dass selbst wenn Ergebnisse auf der Basis wiederholter Durchläufe dargestellt werden, indem die sich zeigenden Verteilungen geplottet oder Konfidenzintervalle berechnet

---

2   Zudem ist die Vorhersagekraft z. B. logistischer Regressionen in Mikrosimulationen auch dann zweifelhaft, wenn das Modell an sich gut spezifiziert wurde, aber das vorhergesagte Ereignis selten ist. Letzteres trifft auf viele Ereignisse im Lebensverlauf zu (Harding et al. 2010, S. 59).

werden (Hannappel und Troitzsch 2015, S. 480), die genaue Vorgehensweise kritisch zu hinterfragen ist. Dabei ist häufig zu lesen, Standardfehler zur Berechnung der Konfidenzintervalle ließen sich auf bekannte Weise generieren. (z. B. Pudney und Sutherland 1994; van Imhoff und Post 1998, S. 105). Allerdings ist wenig über die statistischen Eigenschaften simulierter Werte bekannt (Klevmarken 2002, S. 255). Um die Unsicherheit der Ergebnisse in Mikrosimulationsmodellen abzuschätzen, die aufgrund der unterschiedlichen Formen von Zufallsvariation auftritt, scheint die Anwendung von Resampling-Verfahren vielversprechend. Klevmarken (2002, S. 264) unterbreitet dazu einen Lösungsvorschlag, in dem alle genannten und genuinen Formen der Zufallsvariation in DMSM durch den variablen Einsatz von Bootstrapping berücksichtigt werden.[3] Ein solches Vorgehen in der Praxis vollständig umzusetzen, erfordert allerdings umfassende Ressourcen.

3   Validierung von DMSM

Wird eine Validierung angestrebt, muss zunächst geklärt werden, was sie umfassen soll. Es besteht Uneinigkeit darüber, welche Arbeitsschritte in einem DMSM als Teil des Validierungsprozesses zu betrachten sind. Hierzu lassen sich in der limitiert vorhandenen Literatur grob drei unterschiedlich umfangreiche Konzeptualisierungen identifizieren. In der ersten Konzeptualisierung wird unter Validierung lediglich der Abgleich des Simulationsoutputs mit externen Datenquellen verstanden (Gilbert und Troitzsch 2005, S. 22–25). Die zweite Konzeptualisierung schließt zusätzlich Formen interner Validitätsprüfungen (z. B. durch Konsistenzchecks sowie Debugging des Programmcodes) und Sensitivitätsanalysen mit ein (z. B. Leim 2008, S. 166). Für die dritte Gruppe zählen darüber hinaus auch Modelloptimierungen (Modellspezifikation und Re-Spezifikation) und damit die aktive Suche nach den bestmöglichen Parametern zur Validierung (Harding et al. 2010; Morrison 2008). Obwohl der Validierungsbegriff in den ersten beiden Fällen weniger inklusiv ist, bedeutet dies nicht, dass die ferner genannten Aspekte von den Autoren nicht anderweitig berücksichtigt würden. So bezeichnen Gilbert und Troitzsch (2005) sowie Hannappel (2015) schlicht die interne Validierung als ‚Verifikation‘ und führen Sensitivitätsanalysen als separaten Arbeitsschritt auf. Letztlich gibt es keinen Dissens darüber, dass die angesprochenen Aspekte

---

3   Erfolgt abschließend noch die Berechnung nicht-parametrischer Konfidenzintervalle (DiCiccio und Efron 1996, S. 200f.), ist man einer tatsächlichen Abschätzung der Unsicherheit von DMSM schon sehr nahegekommen.

allesamt wichtige Schritte in einem Simulationsprojekt sind und eng miteinander zusammenhängen. Im Folgenden wird sich auf die dreigeteilte Grundstruktur der zweiten Konzeptualisierung bezogen. Dazu zählen somit die Überprüfung der internen und der externen Validität sowie der Einsatz von Sensitivitätsanalysen.[4] Modelloptimierungen werden hier ausdrücklich nicht zur Validierung gezählt, da sie als Konsequenz aus den Validierungsprozessen folgen sollten.

3.1   Interne Validierung

Bei der internen Validierung wird geprüft, ob die Ergebnisse des DMSM – technisch und konzeptionell – plausibel in Bezug auf die im Modell enthaltenen Spezifikationen sind (Leim 2008, S. 165–166). Dazu lassen sich zwei Schritte unterscheiden: Die Durchführung von Konsistenzchecks, Debugging sowie weiterer Qualitätskontrollen einerseits und der Abgleich von simulierten mit erwarteten Werten andererseits. Bereits in frühen Entwicklungsstufen eines DMSM werden optimalerweise interne Konsistenzchecks bei der Datenaufbereitung durchgeführt und die Programmierung auf technische Fehler – ‚bugs‘ – kontrolliert. Dies ist wichtig, um für die Simulation sicherzustellen, dass es sich bei den beobachteten Effekten nicht bloß um Artefakte handelt, die auf eine fehlerhafte Programmierung oder logische Fehler bei der Datenaufbereitung bzw. der Implementation der Übergangswahrscheinlichkeiten zurückzuführen sind. Es sollte z. B. sichergestellt sein, dass die Merkmale verstorbener Personen nicht weiter fortgeschrieben werden. Im zweiten Schritt wird überprüft, ob die Simulation auch tatsächlich die stochastisch erwarteten Ergebnisse produziert. Wie bereits ausgeführt, sind Monte-Carlo-Experimente zentraler Bestandteil dynamischer Mikrosimulationen. Steigt die Anzahl der Monte-Carlo-Experimente durch eine Vergrößerung der Fallzahl oder zusätzliche Simulationsdurchläufe, sollten sich die simulierten Werte den erwarteten Werten annähern (Hannappel und Troitzsch 2015, S. 462).

Auch kann es sinnvoll sein, mit konstruierten Testfällen zu arbeiten, die extreme Ausprägungen besitzen und bei korrekter Programmierung ebenso extreme Resultate produzieren sollten (Gilbert und Troitzsch 2005, S. 22). Beispielsweise könnte in einer Simulation mit demographischer Modellierung die Geburtswahrscheinlichkeit für 30-jährige Frauen auf den Wert 1 gesetzt werden. Zeigen sich die erwarteten

---

4   Die interne Validität wird auch als Strukturvalidität (Hannappel und Troitzsch 2015, S. 482) und die externe Validität als Prognosevalidität bezeichnet (Fleck 1996; Leim 2008, S. 166).

Verteilungen bei den simulierten Daten, ist das ein starker Hinweis darauf, dass der Zufallsprozess korrekt programmiert wurde und gemäß den Vorgaben arbeitet.

3.2   Externe Validierung

Bei der externen Validierung wird untersucht, ob die Simulation in der Lage ist, externe Daten zu replizieren. Hannappel und Troitzsch (2015, S. 482–483) unterscheiden diesbezüglich zwischen retrospektiver und prospektiver Validierung. Ein DMSM kann retrospektiv validiert werden, wenn es einen älteren Datensatz fortschreibt, dessen Prognosehorizont spätestens in der Gegenwart endet. Der Output kann folglich – gegeben es liegen auch externe Daten vor – mit der tatsächlichen Entwicklung abgeglichen werden. Dieses Vorgehen wird auch als Ex-Post-Validierung bezeichnet (Caldwell und Morrison 2000, S. 201–202; Li et al. 2014, S. 325). Die prospektive Validierung wird dagegen im Falle einer prospektiven Mikrosimulation eingesetzt, bei jener der Prognosehorizont in der Zukunft liegt. Dadurch können die Ergebnisse der Simulation entsprechend nicht mit der realweltlichen Entwicklung abgeglichen werden. Zu diesem Problem finden sich verschiedene Lösungsvorschläge, die alle Vor- und Nachteile besitzen. Für Hannappel und Troitzsch (2015, S. 483) besteht in diesem Fall die einzige Möglichkeit einer externen Validierung darin, den Prognosehorizont abzuwarten und die Mikrosimulation erst im Anschluss zu validieren. Eine Alternative stellt der Abgleich des Outputs mit Projektionsdaten anderer Modelle dar, die als zuverlässig gelten (Morrison 2008).

Aber selbst gut erprobte Projektionsverfahren, wie die der amtlichen Statistik, müssen Fehlermargen berücksichtigen, weshalb bei dieser Validierungsstrategie unsicher bleibt, wie zuverlässig der gewählte Benchmark tatsächlich ist (Harding et al. 2010). Im schlimmsten Fall wird das eigene zuverlässige Modell aufgrund eines weniger präzisen Benchmarks verworfen.[5] In der Praxis wird bei großen Mikrosimulationsprojekten oft ein Mittelweg zwischen retro- und prospektiver Validierung ermöglicht, da nicht selten etwas ältere Datensätze in die Zukunft fortgeschrieben werden (Li et al. 2014, S. 325–326). So könnte der Startdatensatz aus dem Jahr 2000 stammen und die Ergebnisse des Simulationsmodells bis in die Gegenwart mit der realen Entwicklung validiert werden, der Prognosehorizont

---

5   Für die Mikrosimulation MIDAS wurde ein alternativer Ansatz gewählt, indem ein simplifiziertes Modell der eigenen Simulation als Benchmark gewählt wurde, das sich auf wenige Aspekte wie die demographische Modellierung begrenzte (Li et al. 2014, S. 326).

reicht aber bis 2050.[6] Generell sollte berücksichtigt werden, dass ein schlechtes Abschneiden bei einer externen Validierung nicht sicher auf fehlerhafte Modellierungen zurückzuführen ist, sondern durch eine schlechte Qualität der Startdaten bedingt sein kann. Zudem ist es auch möglich, dass die realweltliche Entwicklung einfach einen ‚unwahrscheinlichen' Verlauf genommen hat bzw. nicht absehbare Ereignisse eingetreten sind (in Bezug auf die demographische Entwicklung in Deutschland z. B. die Flüchtlingsströme 2015/16). Deckungsgleiche Ergebnisse können demnach ohnehin kaum erwartet werden (Gilbert und Troitzsch 2005, S. 23).

Externe Validierungen werden besonders intensiv eingesetzt, wenn das Ziel des DMSM darin besteht, eine hohe Prognosegüte zu besitzen (z. B. in EUROMOD, s. Sutherland 2018, S. 206). Wenn in diesen Fällen eine deutliche Abweichung zwischen simulierten und externen Daten beobachtet wird, kann dies als Begründung für die Anwendung von Alignment-Verfahren herangezogen werden, die später in einem Exkurs vorgestellt werden. Je abstrakter das Modell ist, desto geringer ist außerdem die Chance, über Daten für eine externe Validierung zu verfügen (Li et al. 2014, S. 326). Das gilt auch für Mikrosimulationen, die bestimmte Ausschnitte der Welt nur unterkomplex nachbilden: Wenn in einem geschlossenen Modell sämtliche Migrationsbewegungen bei der demographischen Modellierung ignoriert werden, ist der Abgleich mit amtlichen Prognosen, die Wanderungsbewegungen einbeziehen, nur mit Abstrichen möglich. In solchen Fällen können meist lediglich Plausibilitätschecks durchgeführt werden.

3.3   Sensitivitätsanalysen

Sensitivitätsanalysen umfassen ein Set an Verfahren, um das Verhalten eines Simulationsmodells zu überprüfen und die Ergebnisse abzusichern. In den Natur- und Ingenieurswissenschaften werden sie standardmäßig in Rahmen von Simulationsprojekten verwendet, während ihr Einsatz im Bereich der Sozialwissenschaften eher vernachlässigt wird (Chattoe et al. 2000, S. 243). Unter dem Begriff Sensitivitätsanalysen werden generell Verfahren verstanden, bei denen die Startparameter einer Simulation in vielfältiger Weise geändert werden und die Auswirkung dieser Änderungen auf den Output untersucht wird. Dieses sehr breite Verständnis spiegelt das Fehlen einer allgemein akzeptierten Definition wider (Chattoe et al. 2000, S. 243). In einer engeren Definition werden mit Sensitivitäts-

---

6   Ein Beispiel wäre das Vorgehen bei APPSIM in Australien, die eine externe ‚short-term'-Validierung mit den Daten eines Haushalt-Surveys, HILDA, durchführten (Harding et al. 2010, S. 54–55).

analysen drei Ziele verfolgt: Die Bestätigung der zentralen Simulationsergebnisse, das Aufdecken möglicher Variationen in den Ergebnissen und die Erzeugung von Ideen für zukünftige Forschungsprojekte durch das Herausfiltern der wichtigsten Modellprozesse (Chattoe et al. 2000, S. 249). Im Kern geht es um die Frage, welche Teile des Simulationsmodells den größten Einfluss auf die Ergebnisse haben und daher besonders sorgfältig untersucht werden sollten (Klevmarken und Lindgren 2008, S. 48–49). Sensitivitätsanalysen helfen in der Folge Ressourcen zu sparen, weil der Fokus auf die zentralen Stellschrauben des DMSM gelenkt werden kann – sowohl in Hinblick auf zukünftige Forschung als auch bezüglich potenzieller Modelloptimierungen innerhalb eines Projekts. So sind Sensitivitätsanalysen grundsätzlich verschieden von interner und externer Validierung, Modelloptimierungen und Szenarioentwicklungen ('what if'-Analysen) (Chattoe et al. 2000, S. 268). Der Unterschied liegt in der Intention bei Anwendung der Verfahren: Die Änderungen der Startparameter haben in Sensitivitätsanalysen allein die Identifikation sensitiver Elemente zum Ziel. Erst in weiteren Schritten kann dem beispielsweise durch Modelloptimierungen Rechnung getragen werden.

Eine damit eng verknüpfte weitere Intention für Sensitivitätsanalysen kann die Überprüfung der generellen Robustheit eines Simulationsmodells sein (Gilbert und Troitzsch 2005, S. 24; Opp 2015, S. 205). Einer verbreiteten Vorstellung nach sollte eine Simulation so konzipiert werden, dass nicht bereits kleine Manipulationen der Parameter zu stark abweichenden Ergebnissen führen. Die Ergebnisse eines ,guten' Modells sollten innerhalb eines zu definierenden Intervalls liegen, obgleich die Startparameter ,bedeutsam' geändert wurden (Chattoe et al. 2000, S. 244). Wie groß das Intervall ausfällt und ab wann Änderungen als bedeutsam gelten, muss von Fall zu Fall entschieden werden. Im Falle sozialwissenschaftlicher Simulationen existieren in der Regel Anforderungen an die Robustheit eines Modells, die von anderen Disziplinen abweichen, wie Chattoe et al. (2000, S. 265) aufzeigen. Dies liegt daran, dass die Unsicherheit bei der Modellierung menschlicher Entscheidungen auch konzeptionell in der Simulation zu verankern ist. Im Vergleich zu anderen Disziplinen ist daher zwangsläufig eine erhöhte Schwankungsbreite bei den Ergebnissen zu erwarten. Das stochastische Element menschlicher Handlungen wird insbesondere beim Verfahren der Mikrosimulation mustergültig berücksichtigt. Diesbezüglich ist allerdings eine Differenzierung notwendig: Kleine Änderungen an Parametern sollten den Output möglichst wenig beeinflussen. Gleichzeitig sollten markante Änderungen an den Parametern zumindest potentiell zu unterschiedlichen

Ergebnissen führen können. Nur so sind Szenarien in den Sozialwissenschaften sinnvoll zu testen.[7]

Es gibt zahlreiche Möglichkeiten, die Startsettings einer Simulation zu ändern. Welche das sind, hängt wesentlich vom Simulationstyp und -aufbau ab. Chattoe et al. (2000, S. 244–247) geben einen allgemeinen Überblick über verschiedene Optionen. Drei prominente werden hier vorgestellt: (1) Für die *Random Seed Variation* müssen stochastische Prozesse entweder immanenter Simulationsbestandteil sein oder durch anderweitige Parametervariationen (z. B. das Hinzufügen eines Zufallsterms) implementiert werden. Für jeden Simulationsdurchlauf kann nun das benötigte Set an Pseudozufallszahlen variiert werden – beispielsweise durch verschiedene Startwerte des Pseudozufallsprozesses (random seeds). Zusätzlich können verschiedene Pseudozufallsgeneratoren genutzt werden. (2) Die *Noise Type* und *Noise Level Variation* bezieht sich auf den Typ und die Parameter der zugrundeliegenden Zufallsverteilung. Hinsichtlich des *Noise Type* können beispielsweise Zufallszahlen alternativ aus einer logistischen Verteilung statt aus einer Normalverteilung gezogen werden. Der Einfluss des *Noise Level* kann über die Manipulation der Momente einer Verteilung wie dem Erwartungswert überprüft werden. (3) Die dritte Option umfasst generell *Parameter Variation*, wobei dies die ersten beiden Optionen de facto bereits einschließt. Da es sich aber gewissermaßen um Sonderfälle handelt, wurden sie getrennt aufgeführt (analog der Logik bei Chattoe et al. 2000, S. 244–247). Parameter Variation kommt am ehesten dem Nahe, was unter Manipulationen im Zuge von Sensitivitätsanalysen verstanden wird.

Ist die Auswahl des Parameters erfolgt, wird dieser nun systematisch verändert (Chattoe et al. 2000, S. 250). Ausnahmen bilden Sensitivitätsanalysen, die als Zufallsexperimente konzipiert sind (Kleijnen 1987). Im Folgenden werden in Anlehnung an die Arbeit von Chattoe et al. (2000) drei mögliche Formen von Sensitivitätsanalysen vorgestellt, die bereits in sozialwissenschaftlichen Simulationen angewendet wurden: Erstens *konventionelle quantitative Verfahren*, zweitens *meta modelling* und drittens *semi quanitative sensitivity analysis*.

Die *konventionellen quantitativen Verfahren* sind am weitesten verbreitet und werden auch mit „tuning by hand" (Chattoe et al. 2000, S. 252) umschrieben. Es kann zwischen zwei wichtigen Ansätzen differenziert werden: Erstens Sensitivitäts-Tests, bei denen nur ein Startparameter systematisch geändert wird und die anderen fixiert bleiben, und zweitens Stresstests, bei denen Parameter auf

---

7   Die statistische Signifikanz der Output-Variation zwischen Szenarien kann dann z. B. mit einer Diskriminanzanalyse geprüft werden (Hannappel 2015, S. 243–247).

extreme Werte gesetzt werden und das Modellverhalten beobachtet wird.[8] Stehen die Ergebnisse der Durchläufe fest, müssen diese untereinander verglichen und Unterschiede quantifiziert werden. Dies geschieht u. a. durch die Berechnung von Sensitivitäts-Indizes.

Das Problem dieser konventionellen Formen der Sensitivitätsanalyse ist es, dass lediglich ein Ausschnitt des Simulationsmodells untersucht wird und die Resultate damit nur eine isolierte Betrachtung ermöglichen (Chattoe et al. 2000, S. 254). Hinzu kommt, dass mit der steigenden Komplexität eines Simulationsmodells auch die Anzahl der manipulierbaren Startparameter steigt. Theoretisch ist es möglich, Startparameter auch kombiniert zu variieren, allerdings ergibt sich dadurch schnell eine enorme Zahl möglicher Kombinationen. Jede dieser Kombinationen erfordert es, die Simulation teils hundertfach durchzuführen, um die Ergebnisse abzusichern. Forscher müssen sich daher meist auf wenige Parameter beschränken. In der Praxis, erklären Gilbert und Troitzsch (2005, S. 24), hätten die meisten Forscher ohnehin eine gute Intuition dafür, welche Parameter am wichtigsten seien und untersucht werden sollten.

Meta-Modelling ist eine weitere Form der Sensitivitätsanalyse (Chattoe et al. 2000, S. 254–256). Im Gegensatz zum vorangestellten Typ wird hier direkt der Einfluss aller Startparameter – auch in Abhängigkeit untereinander – auf den Output untersucht, indem ein Meta-Modell geschätzt wird. Dies kann beispielsweise mit einem linearen Regressionsmodell geschehen, das sowohl Haupteffekte als auch Interaktionseffekte einbezieht. Nach Durchführung einer großen Anzahl von Simulationen mit verschiedensten Startparametervariationen wird das Regressionsmodell geschätzt. Der interessierende Output repräsentiert den abhängigen Teil der Regressionsgleichung, die Startparameter stellen den unabhängigen Teil dar. Die geschätzten Regressionskoeffizienten bilden in Konsequenz die Einflussstärken der Parameter ab. Dies hat den Vorteil, dass nicht nur alle Parameter gleichzeitig betrachtet, sondern auch die Einflüsse untereinander beurteilt werden können. Es bietet sich zudem an, mit weniger stark parametrisierten Modellformen als der linearen Regression zu arbeiten. Chattoe et al. (2000, S. 255) weisen dazu auf den möglichen Einsatz von Machine-Learning-Verfahren hin. Der große Nachteil des *Meta-Modelling* ist es, dass eine sehr große Anzahl von Simulationsdurchläufen mit entsprechenden Startparametervariationen durchgeführt werden muss, damit

---

8 Bekannt sind Stresstests in der öffentlichen Wahrnehmung vor allem durch Simulationen des Bankensystems, in denen untersucht wird, bei welchen Konstellationen es zu einem ‚Blow-Up' des Systems kommt. Die Europäische Union lässt regelmäßig solche Tests durchführen. Mehr dazu unter [Zugriff 20.03.2018]: https://www.eba.europa.eu/risk-analysis-and-data/eu-wide-stress-testing.

eine robuste Schätzung möglich wird. Ist das Simulationsmodell komplex, werden besonders große Rechenkapazitäten nötig.

Die *Semi-Quantitative Sensitivity Analysis*, als letzter hier vorgestellter Typus einer Sensitivtätsanalyse, ist ein von Vester (1990) entwickelter Ansatz. Zunächst werden Personen, die eine Expertise über das zu simulierende System besitzen, über die Wichtigkeit von Parameter und die Einflüsse der Parameter untereinander befragt. Auf Grundlage der Befragungsdaten wird eine Einfluss-Matrix erstellt, in der die erhobenen Informationen abgebildet werden und aus der sich der Einfluss einzelner Parameter schätzen lässt (Chattoe et al. 2000, S. 257). Dieses Verfahren mag valider sein als eine einfache Heuristik, dennoch sind die Ergebnisse hochgradig subjektiv und die Korrelation zu den Ergebnissen quantitativer Sensitivitätsanalysen ist noch nicht untersucht worden, kritisieren Chattoe et al. (2000, S. 258). Der Vorteil des Ansatzes ist, dass hier keine Rechenkapazitäten beansprucht werden.

Welche Schlüsse können nun speziell für DMSM gezogen werden? Besonders problematisch ist, dass viele Formen der Sensitivitätsanalyse hunderte von Durchläufen erfordern. Selbst bei einer hohen Effizienz des Simulationsprogramms ist dies bei DMSM oft nicht umsetzbar. Dies liegt zum einen an der oft recht hohen Komplexität und damit den vielen Stellschrauben der Simulationsmodelle, weshalb eine große Anzahl von Parametern zu beachten ist. Zum anderen arbeiten die meisten Mikrosimulationen mit sehr großen Datensätzen, was die Zeit eines Durchlaufs stark erhöhen kann. Angesichts dessen scheint vor allem ein gezielter und überlegter Einsatz konventioneller Sensitivitätstests für DMSM sinnvoll, bei denen immer nur ein Parameter geändert wird. Die Auswahl der Parameter kann dabei auf die Intuition des Forschenden und Erfahrungen mit älteren Simulationsmodellen gestützt werden. Da davon auszugehen ist, dass die Rechenkapazitäten in Zukunft zu einem weniger stark begrenzenden Faktor werden, sind zudem die Ansätze des *Meta-Modelling* in Verbindung mit Machine-Learning-Algorithmen vielversprechend.

3.4   Exkurs: Alignment

Besonders in komplexen Modellen kann die „randomness caused by accumulated errors and biases" (Spielauer 2011, S. 18) dazu führen, dass die Ergebnisse in DMSM insbesondere für größere Prognosehorizonte teils erheblich von den Projektionen amtlicher Statistiken abweichen. Vor allem bei DMSM im Rahmen von Policy-Analysen stellt dies ein Problem dar, denn politische Entscheidungsträger vertrauen eher Bevölkerungsprognosen der öffentlichen Statistik (Hannappel und Troitzsch 2015, S. 483). Als Lösung wird bei den meisten solcher DMSM auf Alignment-Verfahren zurückgegriffen (Li und O'Donoghue 2013). Der gängigste Ansatz dabei ist, dass gezielt Verteilungen des Simulationsmodells – meist auf Aggregatebene – an externe Daten angepasst werden. Ein klassischer Fall wäre eine Korrektur des Erwartungswertes für die Anzahl geborener Kinder eines DMSM. Solche Verfahren werden auch als ‚mean-correction alignment' bezeichnet (z. B. Stephensen 2016).

Alignment kann außerdem dazu eingesetzt werden, die Monte-Carlo-Variabilität einer Mikrosimulation zu reduzieren (Harding 2007, S. 59; van Imhoff und Post 1998). Eine solche ‚künstliche' Form der Varianzreduktion sollte gut begründet sein, da die Monte-Carlo-Variabilität ein zentraler Bestandteil der Methode ist. Allzu rudimentäre Alignment-Verfahren können einem DMSM vollständig das stochastische Element entziehen – z. B. die einfache Variante der Ranking-Methode: Hierbei wird für die Akteure zunächst die Übergangswahrscheinlichkeit eines Ereignisses in der Simulation bestimmt. Im Anschluss werden die Akteure nach der Größe der berechneten Wahrscheinlichkeiten sortiert (Harding et al. 2010, S. 60). Wenn die externen Daten vorgeben, dass das Ereignis für 5 % der Population eintrifft, so tritt nun in der Simulation für diese 5 % mit der höchsten Übergangswahrscheinlichkeit das Ereignis ein. Dagegen stellen Harding et al. (2010) auch Möglichkeiten vor, die durch die Ranking-Methode geforderte Fallauswahl mit Zufallsprozessen zu verbinden. Andere Alignment-Verfahren erzeugen Gewichtungsvariablen, um im Nachhinein die erwünschten Verteilungen wie die Altersstruktur im Output zu erreichen (Hannappel und Troitzsch 2015, S. 483). Häufig werden solche Gewichte über Kalibrierungsverfahren berechnet (Klevmarken 2002).

Ob Alignment sinnvoll ist, hängt vor allem von den Zielen des Simulationsmodells ab. Während sich Alignment-Verfahren in großen Mikrosimulationsprojekten für Policy-Analysen etabliert haben (Harding 2007, S. 14–15; Li und O'Donoghue 2013, S. 14–15), finden sie in rein akademischen Projekten in der Regel keine Anwendung (Fleck 1996; Hannappel 2015; Leim 2008). An der Verwendung von Alignment-Verfahren wird vor allem kritisiert, dass sie die Legitimität der Mikrosimulation in Frage stellt, wenn der Output am Ende ohnehin an die Ergebnisse von Makrosimulationen angepasst wird. Dabei basieren Makrosimulationen ihre demographische Fortschreibung oft auf eher groben, wenig theoretisch fundierten Annahmen über Fertilität, Mortalität und Wanderungsbewegungen, moniert Hannappel (2015, S. 166). Diese Kritik ist zwar nicht unberechtigt, doch verfolgen die Umsetzungen von Mikrosimulationsmodellen in der akademischen Forschung in der Regel nicht vorrangig die Erzeugung exakter, realweltlicher Prognosen. Die Populationsmodelle der Policy-Analyse werden dagegen exakt daran gemessen. Und auch wenn eine Anpassung der Simulationsergebnisse auf Aggregatebene erfolgt, liefern diese Mikrosimulationen wertvolle Erkenntnisse auf der Individual- und Gruppenebene, welche Makrosimulationen nicht zur Verfügung stellen.

Zu beachten ist außerdem, dass Alignment die Möglichkeiten einer externen Validierung stark beschränkt. Es ist logischerweise wenig sinnvoll den Output erst an externe Daten anzupassen und anschließend den angepassten Output mit den gleichen externen Daten zu validieren (Caldwell und Morrison 2000, S. 208). Der Einsatz von Alignment-Verfahren sollte infolgedessen gut abgewogen und die Notwendigkeit überprüft werden. Mittlerweile wurde eine große Bandbreite an Verfahren vorgestellt (Li und O'Donoghue 2014). Für den Anwender ist es dabei von größter Wichtigkeit, die Auswirkungen des gewählten Ansatzes auf das gesamte DMSM zu untersuchen und zu berücksichtigen.

3.5   Zwischenfazit und Grundlagenkonzept

Validierungen von Mikrosimulationen, insofern sie denn stattfinden, werden häufig nicht detailliert mit den Simulationsergebnissen publiziert. Nicht selten beschränken sich die Validierungsprozesse auf interne Konsistenzchecks (eine kurze Übersicht zu den Validierungen ausgesuchter Mikrosimulationen aus Deutschland und Großbritannien findet sich bei Handke (2016)). Zu den Ausnahmen gehören im Bereich der Policy-Analyse die ausführlichen Dokumentationen zu CORSIM (Caldwell und Morrison 2000), DYNACAN (Caldwell und Morrison 2000; Morrison 2008), APPSIM (Harding et al. 2010), AVID (Frommert 2015) und MIDAS (Dekkers 2014). Bei den deutschsprachigen akademischen Mikrosimulationsprojekten wurden unterschiedlich umfangreiche Validierungen eingesetzt. Die Simulationsmodelle von Fleck (1996) und Leim (2008) waren retrospektiv, konnten also extern retrospektiv validiert werden.[9] In beiden Arbeiten wurde die interne Validität durch Konsistenztests geprüft. Leim (2008) führte zudem Sensitivitätsanalysen durch, indem die Modulreihenfolge variiert und das Fertilitätsmodul schrittweise aufgebaut wurde. Wolter (2010, S. 92–93) beschränkte sich auf eine einfache externe Validierung seiner Simulation auf Basis des Mikrozensus (2005), indem er die Ergebnisse mit den Daten des Mikrozensus im Folgejahr (2006) verglich. Hannappel (2015) prüfte die interne Validität seines Modells mit einem Vergleich der simulierten und erwarteten Werten zunächst ausführlich, bevor er in Ansätzen eine prospektive externe Validierung vornahm.

---

9   Für ihre Validierung konnte Fleck (1996, S. 367–369) nur auf fünf Simulationsdurchläufe zurückgreifen. Die Simulation wurde auf einem 486er mit 12 MB Hauptspeicher durchgeführt. Ein Durchlauf des vergleichsweise kleinen Modells mit SOEP-Startdatensatz dauerte ca. 210 Minuten.

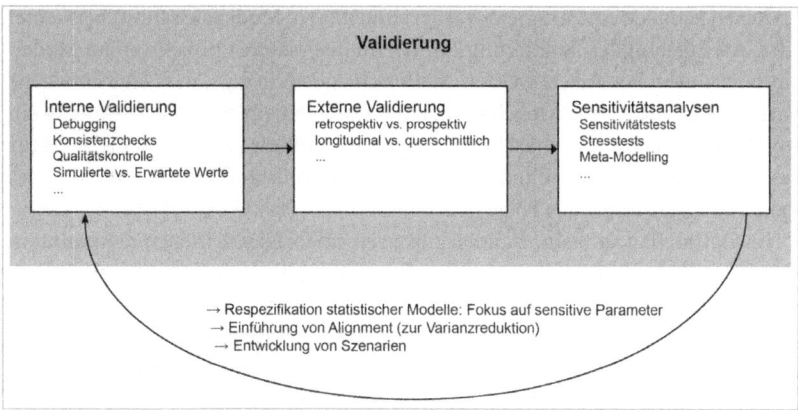

Abb. 1 Grundlagenkonzept der Validierung eines DMSM

Festzuhalten ist, dass angesichts knapper Ressourcen entschieden werden muss, auf welche Aspekte eines Modells sich die Validierung konzentriert (Caldwell und Morrison 2000, S. 202–203). Diese Entscheidung ist abhängig von den inhaltlichen Schwerpunkten der Mikrosimulation. In Abbildung 1 ist ein Grundlagenkonzept für die Validierung eines DMSM dargestellt, das als grobe Orientierung herangezogen werden kann. Die Reihenfolge der Schritte ist in der Praxis nicht immer trennscharf einzuhalten, prinzipiell ist es allerdings sinnvoll zunächst die interne Validierung abzuschließen, bevor weitere Validierungsschritte unternommen werden. Auf eine interne folgt die externe Validierung: Eine Differenzierung kann dabei nicht nur hinsichtlich der bereits diskutierten retrospektiven vs. prospektiven Dimension erfolgen, auch die Unterscheidung zwischen einer longitudinalen und querschnittlichen externen Validierung ist hilfreich. Im querschnittlichen Fall liegt der Fokus auf den Verteilungen, die innerhalb der Simulation erzeugt werden. Daneben kann sich eine externe Validierung auch auf die longitudinale Dimension konzentrieren, bei der die simulierten Übergängen geprüft werden (Harding et al. 2010, S. 49). Zeitraubend kann bei der externen Validierung die Suche nach geeigneten Vergleichsdaten ausfallen. Falls andere Projektionen für eine prospektive Validierung herangezogen wurden, muss untersucht werden, ob die Vergleichbarkeit durch unterschiedliche Grundgesamtheiten oder den Einsatz von Alignment-Verfahren kompromittiert ist. Als dritter Validierungsschritt können Sensitivitätsanalysen eingesetzt werden, bei denen die Identifikation sensitiver Parameter im Vordergrund steht. Aufgrund beschränkter Rechenkapazitäten sind für Mikrosimulationsmodelle eher klassische Ansätze wie Sensitivitätstests attraktiv, bei denen lediglich ein Parameter variiert und nur ein Modellausschnitt betrachtet wird. Als Ergebnis der Validierung können für den weiteren Projektverlauf Modelloptimierungen konzipiert werden. Stellt sich zudem heraus, dass eine endogene Variable besonders einflussreich für den interessierenden Output ist, kann dies ein Ansatzpunkt sein, um Szenarien zu entwickeln. Größere Eingriffe in die Struktur des Simulationsmodells sollten dabei eine nahezu vollständige Wiederholung des Validierungsprozesses zur Folge haben.

Im Optimalfall läuft eine Validierung zu einem fortgeschrittenen Zeitpunkt im Projekt weitgehend automatisiert ab, so dass unmittelbar aussagekräftige Grafiken und Statistiken erzeugt werden können. Dazu ist es notwendig, schon beim Design des Simulationsmodells die später geplanten Validierungsprozesse zu berücksichtigen. In diesem Zusammenhang kann insbesondere ein modularer Aufbau der Programmierung sowie eine externe Speicherung der Übergangswahrscheinlichkeiten hilfreich oder gar notwendig sein (siehe dazu das Vorgehen bei APPSIM Harding et al. (2010). Letztlich muss das Validierungskonzept in Abhängigkeit der Projektziele und der verfügbaren Ressourcen erstellt werden. Auch wenn dies zwangsläufig zu individuellen Lösungen führen muss, wäre für die Zukunft ein höheres Maß an Standardisierung wünschenswert, um das Vertrauen von Skeptikern in DMSM zu stärken. Dazu kann das präsentierte Grundlagenkonzept ein Anfang sein.

4   Validierung: Ein Fallbeispiel

4.1   Vorstellung des Fallbeispiels

Das im vorhergehenden Abschnitt beschriebene Validierungskonzept wird im Folgenden auf ein DMSM angewendet. Das Fallbeispiel ist Gegenstand des Forschungsprojekts „Die longitudinale Modellierung der zukünftigen Entwicklung beruflicher Platzierung in der dritten Migrantengeneration mithilfe der dynamischen Mikrosimulation", das von der DFG gefördert wird (Laufzeit 2016–2019). Das Projekt hat zum Ziel, die zukünftige Integrationsentwicklung (insbesondere die berufliche Positionierung) von in Deutschland lebenden Migranten der dritten Generation (3G) in einem mittelfristigen Zeitraum (30-40 Jahren) zu modellieren (Bekalarczyk und Stein 2017; Stein und Bekalarczyk 2016a, 2016b, 2017). Die Prognoseergebnisse sollen einen innovativen Beitrag zur Frage nach der langfristigen Integrationsentwicklung von in Deutschland lebenden Personen mit Migrationshintergrund leisten. Die Besonderheit liegt in der Modellierung des Zusammenspiels demographisch bedingter Veränderung der Bevölkerungszusammensetzung nach

Migrantengruppen (Kompositionseffekte) mit kausalen Mechanismen auf der Individualebene. Hierbei wird auf ressourcentheoretische Ansätze zurückgegriffen, nach denen ein Großteil der migrationsbezogenen Unterschiede auf Ressourcen der betrachteten Akteure sowie auf ihre soziale Herkunft zurückgeführt werden können (Esser 2008; Kalter 2006; Kalter et al. 2011). Als empirische Basis für das DMSM werden theoriegeleitete Erkenntnisse aus Längsschnittanalysen generiert.

Die Existenz vieler verschiedener theoretischer Integrationsmodelle, aus denen sich nicht selten entgegengesetzte Entwicklungen schlussfolgern lassen, lässt ein szenariobasiertes Vorgehen zur Abschätzung des zukünftigen Integrationsverlaufs sinnvoll erscheinen. Insbesondere ein dynamisches Mikrosimulationsmodell (DMSM) ist dafür geeignet, variierende Szenarien zu untersuchen.

Die Prognosen des Projekts erfolgen mittels einer periodenorientierten dynamischen Mikrosimulation (Hannappel und Troitzsch 2015; Leim 2008) mit ,cross-sectional ageing' (Dekkers und Belloni 2009, S. 9; Li et al. 2014, S. 315). Als zentrale abhängige Variable wird die berufliche Positionierung, die als wichtiges Kriterium zur Beurteilung des Integrationsfortschritts anerkannt ist (z. B. Kalter und Granato 2002), gewählt und über die Messung des Berufsprestiges – konkret der Magnitude-Prestige-Skala (Wegener 1988) – operationalisiert. Das Berufsprestige (kurz MPS) ist in der aktuellen Simulationsversion die einzige endogene Variable, die auf Grundlage eines panelanalytischen Verfahrens modelliert wird. Das verwendete Random-Effects-Modell wurde mit Daten des SOEP (bis Welle 2014) geschätzt.

Die Simulation besteht aus sechs Modulen, die in der derzeitigen Variante der Simulation nicht variiert werden und einer festen Abfolge unterliegen (Abbildung 2). Im ersten Modul ,Soziale Herkunft' werden Bildung und Berufsprestige der Eltern bestimmt. Danach wird im zweiten Modul ,Schulform' festgelegt, was die höchste Schulform darstellt, die Personen zwischen 11 und 21 Jahren in ihrer Schullaufbahn besucht haben. Mit 16 Jahren besteht für ,Nicht-Gymnasiasten' nochmals die Chance, das Gymnasium als höchst erreichte Schulform zugewiesen zu bekommen. Davon technisch getrennt ist das Modul ,Bildung', in dem für Personen zwischen einschließlich 15 und 20 Jahren der ISCED-Wert fortgeschrieben wird; ab 21 Jahren bleibt der Wert konstant. Im vierten Modul ,Arbeit' findet die wichtige Fortschreibung des Berufsprestiges statt. Zunächst wird in diesem Modul jedoch für Personen ab 16 Jahren bestimmt, ob diese arbeiten oder nicht. Nur für Personen mit Arbeit in der jeweiligen Welle wird das Berufsprestige geschätzt und fortgeschrieben. Im fünften Modul ,Tod' wird mittels altersspezifischer Übergangswahrscheinlichkeiten getrennt nach Geschlecht das Monte-Carlo-Experiment zum Ereignis ,Tod' durchgeführt. Abschließend durchlaufen Frauen zwischen einschließlich 15 und 44 Jahren das sechste Modul ,Geburt', wobei die eingelesenen Übergangswahrscheinlichkeiten abhängig von Altersjahren und Migrationshintergrund variieren. Als Startdatensatz des Projekts dient das Scientific-Use-File (SUF) des Mikrozensus 2009.

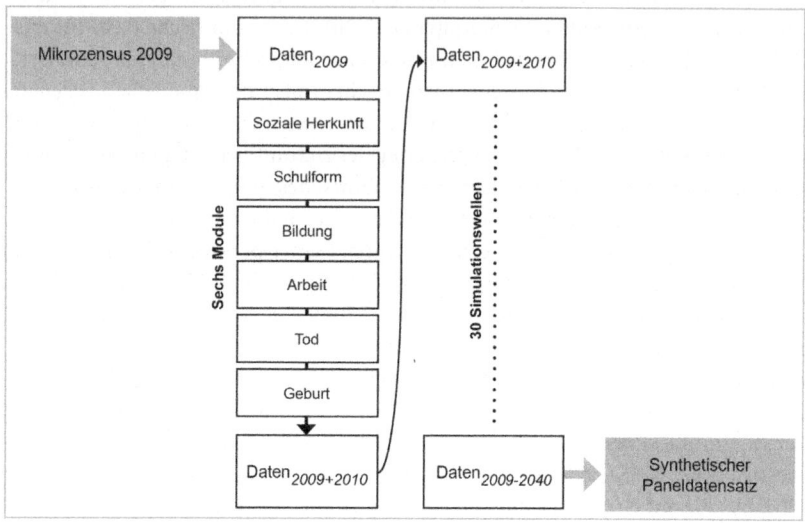

Abb. 2 Schematischer Aufbau des validierten Fallbeispiels

Für die Verwendung des Mikrozensus 2009 sind insbesondere zwei Argumente ausschlaggebend: Erstens lässt sich mit den fast 490.000 Fällen die Wohnbevölkerung auch in Hinblick auf die Merkmale Herkunftsland und Generation präzise abbilden. Zweitens werden seit dem Mikrozensus 2005 alle vier Jahre zusätzliche Informationen über die Migrationsgeschichte der Eltern abgefragt, wodurch eine Person auch dann der zweiten Generation zugerechnet werden kann, wenn sie nicht mit ihren Eltern einen gemeinsamen Haushalt bildet. Diese Zusatzinformationen stehen somit auch im Mikrozensus 2009 zur Verfügung.[10]

Innerhalb des Projekts werden die Migranten in vier Subgruppen unterteilt: Türken, Osteuropäer, ehemalige Anwerbeländer (,Gastarbeiter-Länder', z. B. Italien)

---

10 Jüngst wurde auch das SUF des Mikrozensus 2013 für die Forschung zur Verfügung gestellt, was ein ,Update' der Simulation ermöglichen würde. Es ist jedoch, wie angesprochen, ein übliches Vorgehen im Rahmen von Mikrosimulationsprojekten, einen zeitlich um einige Jahre vorgelagerten Startzeitpunkt der Simulation zu wählen, um die Möglichkeiten einer Validierung zu verbessern.

und die Residualkategorie ‚Sonstige'. Für eine kompaktere Darstellung werden im weiteren Verlauf des Beitrags die Gruppe der Osteuropäer mit ‚Ost', die Gruppe der Personen aus ehemaligen Anwerbeländern mit ‚Gast' und die Residualkategorie mit ‚Sonstige' abgekürzt. Es sei betont, dass die Einteilung entlang des Migrationshintergrundes und nicht der Staatsbürgerschaft per se erfolgte.

Die demographische Modellierung ist ein oft notwendiger und charakteristischer Bestandteil von Mikrosimulationen mit menschlichen Akteuren. Zwar sind Bevölkerungsprognosen nicht genuin das Ziel des Projekts, damit jedoch die Veränderungen in der Komposition der 3G realistisch simuliert werden können, sollte eine möglichst zuverlässige demographische Fortschreibung angestrebt werden. Die demographische Entwicklung einer Bevölkerung wird von den drei Faktoren Fertilität, Mortalität und Migration bestimmt.

Das Ereignis Geburt wird im Projekt mittels altersspezifischer Geburtsziffern nach Migrantengruppen auf Basis des Erhebungsjahres 2009 fortgeschrieben. Da für die im Projekt definierten Gruppen keine amtlichen altersspezifischen Geburtsziffern vorliegen, werden diese, wie angesprochen, mit dem Mikrozensus selbst berechnet.

Die Übergangswahrscheinlichkeiten für das Ereignis Tod entstammen einer aktuellen Sterbetafel, in denen das altersspezifische Sterberisiko getrennt nach Geschlecht angegeben ist. Im Simulationsmodell durchlaufen alle Akteure in jeder Welle das Modul Tod. Um die Komplexität der Simulation zu reduzieren, sterben in der aktuellen Version alle Akteure spätestens mit 86 Jahren. Nur in der Startwelle sind somit Personen vertreten, die älter als 85 Jahre sind.

Wanderungsbewegungen werden im Projekt nicht modelliert, da diese hinsichtlich der 3G und dem gewählten Prognosehorizont nur eine untergeordnete Rolle spielen. Dies lässt sich theoretisch begründen, da herkunftsspezifische Einwanderungen meist in Wellen erfolgen und diese Wellen für die untersuchten Migrantengruppen als weitgehend abgeschlossen betrachtet werden können.[11]

4.2   Aufbau und Schwerpunkt der Validierung

Die vorab zusammengetragenen Erkenntnisse über die Validierung von DMSM werden nun dem Praxistest ausgesetzt. Die hier umgesetzten Validierungsschritte orientieren sich in ihrem Aufbau am Grundlagenkonzept, das eingangs präsentiert wurde. Zunächst erfolgt eine interne Validierung mit Fokus auf die Geburtenentwicklung in der Simulation. Danach soll bei der externen Validierung die Prognosegüte der demographischen Fortschreibung beurteilt werden. In der

---

11 Dies gilt selbstverständlich nicht für die Residualkategorie ‚Sonstige'.

abschließenden Sensitivitätsanalyse wird die Bedeutung der Geburtenziffer für die Komposition der 3G untersucht.

Bei der Validierung wird somit die Aufmerksamkeit auf die demographische Modellierung im Projekt gerichtet. Ein Grund hierfür ist in der Verfügbarkeit externer Daten der amtlichen Bevölkerungsvorausberechnungen zu sehen. Da die externe Validierung prospektiv erfolgen muss, ist der Umfang zuverlässiger Benchmarks überschaubar. Inhaltlich ist eine Konzentration auf den demographischen Teil der Simulation dadurch begründet, dass ein spezieller Fokus des Projekts auf der Identifikation eines Kompositionseffekts liegt. Dieser kann sich nur zeigen, wenn die zugrundeliegenden demographischen Prozesse korrekt arbeiten und sich die erwarteten Änderungen in der Zusammensetzung der 3G auch tatsächlich ergeben. Eine Untersuchung der demographischen Fortschreibung ist daher von hoher Priorität. Ziel des Simulationsmodells ist es, verlässliche Resultate auf aggregierter Ebene zu produzieren, um potentielle Kompositionseffekte identifizieren zu können. Die longitudinale Perspektive der Validierung, bei der insbesondere die Übergänge zwischen Zuständen betrachtet und z. B. der Realismus von Berufsbiographien überprüft wird, ist für die Validierung des Projekts daher nur von nachrangiger Bedeutung.

Die im Rahmen der Validierung durchgeführten Simulationen basieren nicht auf dem vollständigen Startdatensatz, sondern einer Substichprobe, in der die deutsche Referenzgruppe nur 10 % ihrer ursprünglichen Größe besitzt. Die Migrantengruppen sind in dieser Substichprobe dagegen mit voller Fallzahl vertreten. Um die statistische Signifikanz der möglichen Unterschiede zwischen den Simulationsvarianten zu berücksichtigen bzw. die Unsicherheit des DMSM abzubilden, wurden in der Regel 95 %-Konfidenzintervalle berechnet. Die Berechnung der Konfidenzintervalle erfolgte für einen Teil der Validierung nach einer Methode, die innerhalb des Projekts entwickelt wurde und noch getestet wird. Bei diesem Ansatz wird neben der *inherent randomness* zumindest auch die *starting-population randomness* berücksichtigt. Dazu muss die Simulation zunächst mit den gleichen Startparametern z-mal wiederholt werden, damit die *inherent randomness* der Simulation erfasst wird. Um die *starting-population randomness* einzubeziehen, wird für jeden Simulationsdurchlauf gesondert ein Bootstrapping mit k-Replikationen zur Schätzung des interessierenden Parameters – hier immer Mittelwerte bzw. Anteile – durchgeführt. Folglich liegen für jeden Durchlauf k-Schätzungen des Parameters vor. Diese werden nun für alle Simulationsdurchgänge zusammengeführt, so dass der entstehende Pool z ∗ k Schätzer umfasst. Abschließend wird für die Schätzung des Standardfehlers die Standardabweichung der gepoolten Schätzer berechnet. Da auch dieses Vorgehen zur Konstruktion der Konfidenzintervalle mehrere Simulationsdurchläufe verlangt, wurde es nur an den Stellen der Validierung eingesetzt, bei denen für die

Analysen auf mehrere Durchläufe zurückgegriffen werden konnte.[12] Wenn nur ein Simulationsdurchlauf für die Analyse vorlag, konnte in den Konfidenzintervallen nur die *starting-population randomness* abgebildet werden, indem ein simpler Standardfehler über die Varianz des Merkmals und die Fallzahl berechnet wurde.

Im Folgenden wird für die Validierung zwischen den drei Szenarien M0, M1 und M2 unterschieden. M0 symbolisiert die derzeitige Version der Simulation und damit das Basisszenario. Die Geburtenwahrscheinlichkeiten wurden hier mittels des Mikrozensus 2009 bestimmt und berücksichtigen das Alter der Frauen sowie die Zugehörigkeit zu einer Migrantengruppe. In Szenario M1 stammen die altersspezifischen Geburtenziffern aus amtlichen Geburtsdaten des Kalenderjahres 2015 und liegen für Frauen zwischen 15 und 49 Altersjahren vor (Statistisches Bundesamt Deutschland 2017, S. 45). In der Simulation können Frauen nur bis einschließlich 44 Jahren das Ereignis Geburt erleben, daher wurden die altersspezifischen Geburtswahrscheinlichkeiten der 44- bis 49-Jährigen in Szenario M1 ignoriert. Das ist unproblematisch, da diese Altersgruppe für deutlich weniger als 1 % der Geburten verantwortlich ist. Mangels verfügbarer Daten wurde in M1 keine Unterscheidung nach Migrationshintergrund vorgenommen. Die Geburtenwahrscheinlichkeit variiert also nur noch in Bezug auf das Alter. Ansonsten unterscheidet sich M1 nicht von M0. In Szenario M2 wurden ebenfalls andere Geburtenwahrscheinlichkeiten verwendet. Diese basieren wie in Szenario M0 auf dem Mikrozensus und sind nach Alter sowie Migrantengruppen differenziert, allerdings erfolgt die Unterscheidung des Alters nicht in Altersjahren, sondern nach größeren Altersgruppen (i. d. R. 3-Jahres-Intervalle).

4.3   Interne Validierung am Beispiel der Geburten

Mittels der internen Validierung wird vorrangig die technisch korrekte Umsetzung des Simulationsmodells überprüft. Im Rahmen des Fallbeispiels wurden Konsistenzchecks durchgeführt mit dem Ergebnis, dass keine fundamentalen Fehler bei der Aufbereitung vorliegen. Im Folgenden wird nun die korrekte Implementierung der stochastischen Fortschreibung überprüft. Der Fokus liegt auf einem Abgleich zwischen den erwarteten und den simulierten Werten. Die Abweichungen der Werte voneinander sollten lediglich auf die stochastische Fortschreibungsweise des

---

12 Es wurden sowohl normalverteilte Schätzer als auch die Kenntnis der ‚wahren' Simulationsvarianz unterstellt, was eine für diesen Aufsatz zweckgemäße Vereinfachung darstellt. Für die eigentliche Validierung wird der Rückgriff auf die bereits angesprochene nicht-parametrische Berechnungsweise von Konfidenzintervallen empfohlen.

Simulationsmodells zurückzuführen sein. Zu starke bzw. systematische Differenzen können als Indiz für Fehler bei der Implementation der Zufallsprozesse gewertet werden. Die Überprüfung erfolgt exemplarisch für die Fertilität und Mortalität durch eine graphische Analyse unter Einbeziehung von Konfidenzintervallen. Die interne Validierung wird nur für das Basisszenario M0 durchgeführt. Wenn die stochastische Fortschreibung für M0 erwartungsgemäß funktioniert, kann dies auch für die M1 und M2 angenommen werden.[13]

In Abbildung 3 sind die erwarteten (graue Linie) und die tatsächlich simulierten (schwarz gestrichelt) altersspezifischen Geburtenwahrscheinlichkeiten (AGW) beispielhaft für die gesamte Population und die Gruppe ‚Ost‘ geplottet.[14] Zur Berechnung der simulierten AGW wurde für jedes Altersjahr die Anzahl der Frauen mit Geburtsereignis durch die entsprechende Risikopopulation geteilt. Dies geschah einmalig für den gesamten Simulationszeitraum und nicht nach Wellen getrennt, da die AGW als zeitkonstante Übergangswahrscheinlichkeiten implementiert sind. Ein simulierter Wert in den Grafiken entspricht dem Mittelwert der AGW auf Basis von fünf Simulationsdurchläufen. Die dazugehörigen 95 %-Konfidenzintervalle basieren auf jeweils 30 Bootstrap-Replikationen. Aus den Plots lässt sich ablesen, dass die Konfidenzintervalle der simulierten Werte die erwarteten Werte gut umschließen. Der Simulationsoutput nähert sich also bei der Fertilität stochastisch zuverlässig an die erwarteten Werte an. Allerdings wird mit der Grafik ein anderes Problem dokumentiert: Die teils niedrigen Fallzahlen bei der Berechnung der AGW mit dem Mikrozensus 2009 führen zu einer mangelhaften Modellierung des generativen Verhaltens für einige Migrantengruppen.[15] In Abbildung 3 zeigt sich diese Problematik am ‚zackigen‘ Kurvenverlauf für die Gruppe ‚Ost‘. Solche Schwankungen in der AGW sind wenig realistisch. Es ist theoretisch nicht haltbar, dass die Geburtenwahrscheinlichkeit stellenweise derart abfällt. Diese Beobachtung war der Auslöser für die Entwicklung der Szenarien M1 und M2.

---

13 Die Unterschiede zwischen den Szenarien beruhen schließlich nur auf einer Variation der Geburtenwahrscheinlichkeiten, während die Programmierung unangetastet bleibt.

14 Eine alternative Darstellungsweise kann für die Zukunft des Projekts das Plotten der absoluten Abweichungen der simulierten von den erwarteten Werten sein (z. B. wie bei Hannappel 2015). Allerdings erlaubt die hier gewählte Variante einen groben Vergleich der AGW zwischen den Gruppen nach Augenmaß, da die Skala fixiert wurde.

15 Zwar verfügt der Mikrozensus generell über eine große Fallzahl, die Geburt eines Kindes ist jedoch nach Altersjahren betrachtet ein durchaus seltenes Ereignis für kleinere Migrantengruppen.

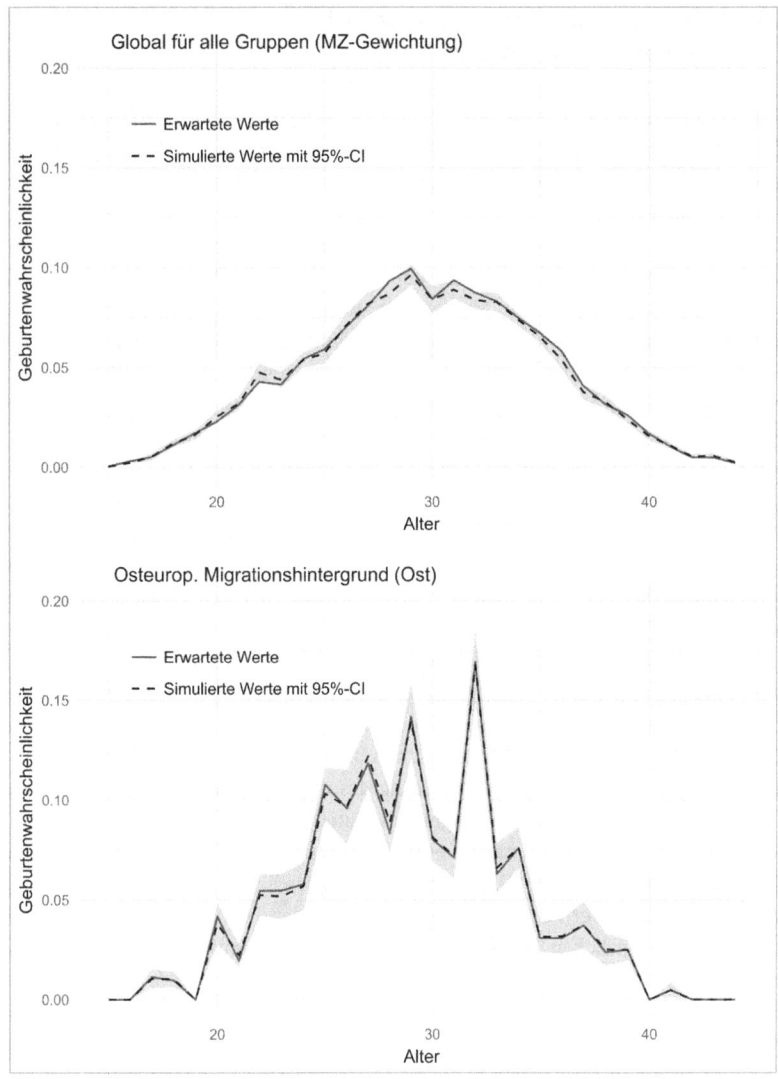

Abb. 3 Interne Validierung durch Abgleich simulierter und erwarteter Werte (Geburten)

4.4   Externe Validierung am Beispiel der Bevölkerungsentwicklung

Im Idealfall kann eine externe retrospektive Validierung auf der Basis unabhängig erhobener Daten erfolgen, die selbst wiederum eine präzise realweltliche Schätzung der untersuchten Merkmale darstellen. Diese Ausgangsbedingungen finden sich aber für die meisten DMSM nicht vor und treffen auch in dem Fallbeispiel nicht zu. Das ist allein schon dadurch bedingt, dass der weit überwiegende Teil des simulierten Zeitraums in der Zukunft liegt. Hinzu kommen inhaltliche Probleme: Während die differenzierte Identifikation des Migrationshintergrunds konzeptionelle Vorteile mit sich bringt, ist sie im Hinblick auf die externe Validierung problematisch, da für die so definierten Migrantengruppen keine gruppenspezifischen externen Daten vorliegen. Zwar existieren zum Teil amtliche Daten, die nicht nur nach Staatsbürgerschaft, sondern auch nach Migrationshintergrund unterscheiden, jedoch reichen bereits kleine Unterschiede bei den Definitionen, um einen wirklichen Vergleich nahezu unmöglich zu machen. Eine präzise externe Validierung kann innerhalb des Projektzeitraums somit nur mit dem Mikrozensus 2013 erfolgen, der alle Daten liefert, um den Migrationshintergrund wieder in derselben Weise zu konstruieren. Zusätzlich können durch das (rotierende) Panel-Design des Mikrozensus auch die Mikrozensen der Jahre 2010 bis 2012 teils zu Validierungszwecken herangezogen werden.

Es ist nicht das Ziel des Projekts, die demographische Entwicklung Deutschlands zu prognostizieren. Dies zeigt sich schon anhand der fehlenden Berücksichtigung von Wanderungsbewegungen. Dennoch kann ein Abgleich der Simulationsergebnisse mit Bevölkerungsprojektionen des Statistischen Bundesamtes wichtige Anhaltspunkte für die konzeptionell korrekte Umsetzung des demographischen Moduls liefern. Die Bevölkerungsvorausberechnungen des Statistischen Bundesamtes werden auf der Basis verschiedener Szenarien entwickelt (zur Methodik siehe Statistisches Bundesamt Deutschland 2014), die sich vor allem hinsichtlich des gewählten Wanderungssaldos und der Fertilität (in Form der Totalen Fertilitätsrate: TFR) unterscheiden. Die eigentlichen Szenarien enthalten alle einen positiven Wanderungssaldo variierender Höhe, es wandern also mehr Personen ein als aus. Jedoch existieren für Vergleichszwecke zusätzliche Modellberechnungen, die mit einem ausgeglichenen Wanderungssaldo arbeiten (Statistisches Bundesamt Deutschland 2015, S. 239–267). Migration findet in der gewählten Modellrechnung zwar auch statt, allerdings nur in einem verringerten Maße. Dabei ist zu beachten, dass in dieser Modellrechnung generell junge Menschen ein- und alte Menschen auswandern. Die immigrierten Personen befinden sich bzw. durchlaufen noch die reproduktive Phase, weshalb auch hier ein direkter Vergleich mit den Simulationsergebnissen schwierig ist. Im Simulationsmodell findet diese ‚Verjüngung‘ durch Migration entsprechend nicht

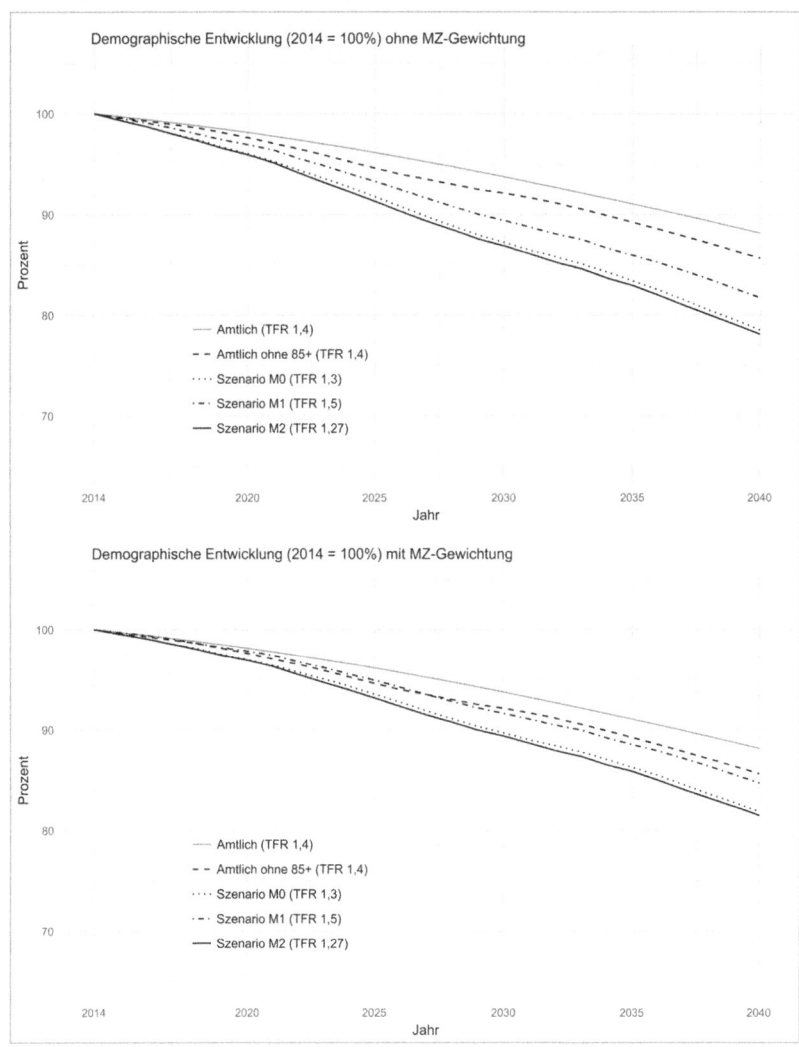

Abb. 4   Versuch einer graphischen externen Validierung der Bevölkerungsentwicklung

statt. Hinzu kommt, dass, anders als im DMSM, in den amtlichen Projektionen Personen mit 86 Jahren nicht automatisch versterben und der Anteil Hochaltriger generell zunimmt. Daher wurde in der Abbildung 4 bei einer Variante der amtlichen

Projektionen (graue Linie) die Anzahl der Personen älter als 85 zugunsten einer besseren Vergleichbarkeit subtrahiert. In der Abbildung sind neben diesen beiden Varianten der amtlichen Modellrechnung mit einer TFR von 1,4 die demographischen Projektionen der drei Szenarien M0, M1 und M2 dargestellt.

Die Daten des oberen Graphen wurden anders als die Daten des unteren Graphen nicht mit dem Jahreshochrechnungsfaktor des Mikrozensus gewichtet.[16] Gezeigt werden die prozentualen Änderungen der Bevölkerungsgröße vom Ausgangsjahr 2014 (100 %) bis zum Jahr 2040. Es lässt sich grundsätzlich die erwartete Entwicklung festhalten: In allen Projektionen schrumpft die Bevölkerung deutlich. Aufgrund der niedrigeren TFR und der fehlenden ‚Verjüngung' durch Migration ist die Verkleinerung der Bevölkerung in M0 und M2 besonders drastisch. In beiden Szenarien beträgt die Populationsgröße in Welle 2040 weniger als 80 % des Ausgangsniveaus. Die Einführung der Mikrozensus-Gewichte im unteren Graphen führt zu einer deutlichen Anpassung der Kurvenverläufe, aber auch hier zeigt sich grundsätzlich das gleiche Muster.

Die TFR ist in den Szenarien M0 und M2 für eine realitätsnahe Projektion zu niedrig gewählt, bedenkt man, dass die TFR seit 2009 von unter 1,4 Kindern pro Frau auf über 1,5 gestiegen ist (Statistisches Bundesamt Deutschland 2017, S. 12). Des Weiteren könnte eine Berücksichtigung weiterer Variablen für die Modellierung des Geburtsmoduls, wie der höchste Bildungsabschluss (Hannappel 2015) oder der Erwerbsstatus (Leim 2008), vorteilhaft sein. Höher gebildete Frauen bekommen z. B. weniger Kinder als niedrig gebildete Frauen (Hannappel 2015, S. 233–235). Da die Bildung eine bedeutende Rolle bei der beruflichen Platzierung spielt, sind

---

16 Die simple Übernahme der Gewichte des Mikrozensus für alle Simulationswellen ist problematisch, da äußerst unrealistische Annahmen nötig sind. Dazu gehört abhängig von den für die Gewichtung verwendeten Variablen die Prämisse, dass sich die Grundgesamtheit in Bezug auf diese Variablen nicht verändert hat. Das Gewicht einer Person quantifiziert letztlich die relative Anzahl der Personen, die die betreffende Person im Verhältnis zu anderen Stichprobenelementen in der Grundgesamtheit repräsentiert. In diesem Beitrag wurden die Querschnittsgewichte des Mikrozensus dennoch an einigen Stellen in dieser vereinfachenden Weise verwendet. Die Umsetzung eines alternativen Vorgehens hätte den Rahmen des Projekts gesprengt. Die Gewichtung eines DMSM stellt insbesondere bei Verwendung eines Startdatensatzes basierend auf Haushalts-Surveys eine besondere Herausforderung dar (Dekkers und Cumpston 2012), da sich die individuellen Gewichte im Zeitverlauf ändern können (Li et al. 2014, S. 312). In MIDAS und anderen Simulationen wurde dieses Problem gelöst, indem Haushalte entsprechend der Größe ihres Gewichts im Datensatz repliziert wurden (Li et al. 2014, S. 312): Ein Haushalt mit dem Gewicht 3 ist am Ende des Vorgangs dreimal im Datensatz vertreten. Somit besitzen alle Haushalte schließlich das gleiche Basisgewicht. Dieses Vorgehen führt natürlich zu einem erheblich größeren Datensatz und erfordert somit mehr Rechenleistung.

Wechselwirkungen zwischen Berufsprestige, Kompositionseffekt und Bildung wahrscheinlich. Soll die Zugehörigkeit zu den Migrantengruppen dabei weiter berücksichtigt werden, würde sich das Problem geringer Fallzahlen jedoch weiter verschärfen. Neben einer Berechnung auf der Basis von Altersgruppen wie in Szenario M2 könnte auch das Kumulieren von Mikrozensusdatensätzen eine Lösung des Fallzahlproblems sein, auch wenn die Konstruktion der Migrantengruppen erst wieder für das Jahr 2013 in vollem Umfang möglich ist. Sollte die Migrantengruppe nicht mehr als Determinante des reproduktiven Verhaltens herangezogen werden, bietet sich der Rückgriff auf amtliche Daten wie in Szenario M1 an. Amtliche AGW liegen insbesondere differenziert nach Staatsbürgerschaft und Bildungshintergrund der Mutter vor. Ein solcher Schritt sollte aber gut überlegt sein, denn trotz Anzeichen, dass sich mit zunehmender Aufenthaltsdauer das generative Verhalten von Frauen mit Migrationshintergrund an die Einwanderungsgesellschaft angleicht, sind die unterschiedlichen TFR zwischen deutschen und ausländischen Frauen gut dokumentiert (Schmid und Kohls 2011, S. 171–176). Welchen Einfluss die altersspezifische Geburtenziffer konkret auf die Komposition der 3G ausübt, wird im Folgenden mit einem Sensitivitätstest untersucht.

4.5   Sensitivitätsanalyse am Beispiel der AGW

Als Beispiel für eine mögliche Anwendung von Sensitivitätsanalyse für DMSM wird ein klassischer Sensitivitätstest durchgeführt, in dem nur ein Parameter variiert wird, während die anderen Startparameter fixiert bleiben. Nach Durchlauf der Simulationen wird die jeweils interessierende Output-Variable in den Fokus gerückt und mögliche Folgen der Parameteränderungen analysiert. Dazu werden wiederholt graphische Analysen genutzt. Reine Stresstests, bei denen Parameter auf extreme Werte gesetzt werden, wurden nicht realisiert. Wie bereits betont, ist ein Problem von Sensitivitätstests die Fokussierung auf einen nur kleinen Ausschnitt des Gesamtmodells. Die Mehrzahl der Input- und Output-Parameter können bei dieser Variante der Sensitivitätsanalyse nicht berücksichtigt werden. Im vorliegenden Fall ist dies nicht problematisch, da der Einfluss der Geburtenziffern auf die Komposition der 3G untersucht wird. Die Fertilität in den Szenarien M0, M1 und M2 wird schließlich nur durch das Alter und teilweise den Migrationshintergrund modelliert und es sind keine Wechselwirkungen mit anderen Größen wie dem Bildungsniveau zu erwarten.[17] Insofern ist die alleinige Konzentration auf Geburtenziffer und Komposition nicht problematisch.

Es ist keineswegs sicher, dass zwischen den Migrantengruppen variierende Geburtenziffern zu einer bedeutsamen Veränderung der 3G-Komposition führen. Die Entwicklung der 3G-Komposition hängt wesentlich vom betrachteten Zeitraum und der vorliegenden Altersstruktur ab. Über letztere ist festgelegt, wie viele Frauen sich tatsächlich in einem gebärfähigen Alter befinden. Demographische Prozesse werden durch die große Bedeutung der Altersstruktur für die Zahl der Geburten auch als ‚träge‘ oder ‚stabil‘ charakterisiert. Änderungen im generativen Verhalten haben kurzfristig nur einen geringen Effekt auf die Bevölkerungsentwicklung (Höhn 2017, S. 60–62). Die zwischen den betrachteten Migrantengruppen variierende Altersstruktur ist wesentlich für die prognostizierte Kompositionsänderung verantwortlich.

Der Sensitivitätstest beschäftigt sich mit den altersspezifischen Geburtenwahrscheinlichkeiten (AGW). Dazu wird jede AGW mit einem Faktor multipliziert, so dass die AGW in 5 %-Schritten zwischen 80 % und 120 % der Ausgangswerte variieren. Es ergeben sich damit insgesamt acht zusätzliche Simulationsvarianten mit unterschiedlich hohen TFR. Ein Teil der Ergebnisse ist in Abbildung 5 zu sehen. Die oberen zwei Graphen zeigen die Auswirkungen der AGW-Variation auf die Anteile zweier Migrationsgruppen an der 3G in Welle 2040. Die Konfidenzintervalle umfassen hier nur die *inherent randomness* der Simulation, da nur einzelne Durchläufe erstellt werden konnten. Die Baselines dienen der Orientierung und zeigen an, wo der jeweilige Anteil der Migrantengruppe im Basisszenario mit den ursprünglichen AGW (Faktor 1) liegt.

Die Höhe der TFR scheint insgesamt nur wenig Einfluss auf die Anteilsgröße der einzelnen Migrantengruppen an der 3G auszuüben. Die weit überwiegende Anzahl der Konfidenzintervalle schließt die Baselines mit ein. Zwei leichte Trends lassen sich allerdings herauslesen. Zum einen scheint eine hohe TFR sich tendenziell negativ auf die Anteilsgröße der Migrantengruppe ‚Türken‘ auszuwirken. Zum anderen profitiert die junge Gruppe ‚Ost‘ von einer steigenden TFR und ihr Anteil an der 3G wächst dementsprechend. Allerdings sind die Verschiebungen im Vergleich der Migrantengruppen nicht sehr groß, wie auch die Teilgrafik links unten zeigt. Die eingezeichneten Linien verlaufen fast parallel zur X-Achse. Dagegen zeigt sich im Graph rechts unten, dass die Höhe der AGW einen erheblichen Einfluss auf die Anteile der Migranten in Bezug auf den Generationenstatus ausübt. Mit steigender AGW erhöht sich der Anteil der 3G-Migranten an allen Migranten im Jahr 2040

---

17 Das gilt natürlich nur, solange die Bildung nicht als Determinante der Fertilität eingesetzt wird.

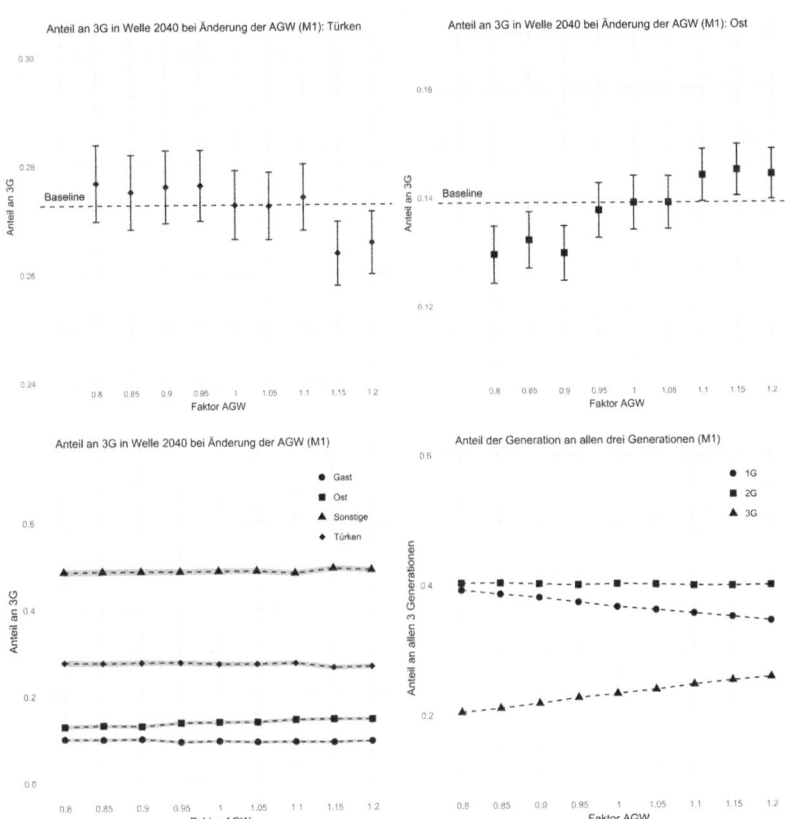

Abb. 5   Sensitivitätstest am Beispiel der altersspezifischen Geburtswahrscheinlichkeit

erheblich. Diese relative Vergrößerung des 3G-Anteils schlägt sich in einem Anstieg der Fallzahl von 15584 auf 22278 zwischen der 0,8-fachen AGW (TFR = 1,2) und der 1,2-fachen AGW (TFR = 1,8) nieder. Daraus kann geschlussfolgert werden, dass die in den Szenarien M0 (TFR 1,3) und M2 (TFR 1,27) niedrig angesetzten AGW ebenfalls zu vergleichsweise niedrigen Fallzahlen für die 3G führen. Die TFR der Migrantengruppen ‚Türken‘, ‚Ost‘ und ‚Sonstige‘ weichen in den Szenarien M0 und M2 zwar gegenüber der globalen TFR nach oben ab, allerdings bleiben alle unter der globalen TFR von M1 von 1,5 Geburten pro Frau. Eine Erhöhung der AGW im Simulationsmodell würde nicht nur eine empfehlenswerte Anpassung der TFR an die aktuelle empirische TFR darstellen. Auch die Fallzahl der 3G im gewählten Prognosezeitraum könnte spürbar vergrößert werden, was zu Präzisionsgewinnen bei den geplanten Prognosen führt. Im Resultat konnte der Sensitivitätstest zeigen, dass eine Erhöhung der TFR im gewählten Prognosezeitraum zu einer beachtlichen Beschleunigung des Generationenwechsels führt.

4.6   Zusammenfassung der Ergebnisse

Die hier durchgeführten Analysen sollten den Einsatz verschiedener Validierungs-ansätze an einem Fallbeispiel demonstrieren. Die interne Validierung zeigte auf, dass das Geburtsmodul entsprechend der Vorgaben arbeitet und sich die simulierte der erwarteten Verteilung annähert. Die demographische Fortschreibung des Simulationsmodells bewegte sich für alle drei Szenarien in einem plausiblen Rahmen, wie die externe Validierung ergab, wobei die aktuell im Basisszenario niedrig angesetzte TFR eine wichtige Vorbedingung ist. Das SUF des Mikrozensus 2013 wird zukünftig neue Möglichkeiten für eine externe Validierung des Projekts eröffnen, auch wenn sich mit diesen Daten nur ein kleiner Ausschnitt des Progno-sehorizonts validieren lässt.

Mittels der Sensitivitätsanalyse konnte festgestellt werden, dass die AGW und somit die unterschiedliche Modellierung der Fertilität in den drei betrachteten Szenarien eher geringe Effekte auf die Komposition der 3G hat, jedoch erheblich die Geschwindigkeit des Generationenwechsels beeinflusst. Ob die Differenzierung der Geburtenziffern nach Migrantengruppen eine Notwendigkeit darstellt, kann zumindest hinterfragt werden. Wichtiger scheint es, für eine allgemeine Erhö-hung der TFR durch eine Aktualisierung der AGW zu sorgen, um insgesamt die Fallzahlen in der 3G zu erhöhen. Der angestrebte Prognosezeitraum von 30 bis 40 Jahren reicht aus, damit in dieser Hinsicht ein spürbarer Effekt zu erwarten ist. Das Problem geringer Fallzahlen ist besonders für die junge Gruppe ‚Ost' präsent.

5   Ausblick

Richtige Validierungskonzepte werden bisher in Projekten mit DMSM eher sparsam eingesetzt. Dass ein solches Konzept immer auf das betroffene Simulationspro-jekt zugeschnitten werden muss, ist dabei selbsterklärend. Die Validierung eines Simulationsmodells erfordert einen nicht unerheblichen Einsatz von Ressourcen. Dynamische Mikrosimulationen, wie sie von staatlichen Stellen international eingesetzt werden, sind finanzielle Großprojekte (Harding 2007, S. 4) und planen Validierungsprozesse zum Teil von Beginn an mit ein. Wenn eine Validierung direkt als fester Bestandteil eines Projekts verbucht ist und beim Modelldesign berücksichtigt wird, fällt die Implementation von Validierungsroutinen vergleichs-weise leicht. In der akademischen Forschung müssen Forschende jedoch meist mit erheblich weniger Ressourcen – und oft auch Erfahrung – auskommen. Allein deshalb ist es nicht verwunderlich, dass gerne auf ‚lästige' Validierungen verzichtet wird, die potenziell die Simulationsergebnisse in Zweifel ziehen. Validierungen erfolgen wenn eher unsystematisch und werden nur in wenigen Fällen ausführlich dokumentiert, wobei dies insbesondere auf nicht-akademische Simulationsprojekte zutrifft. Das ist nicht nur zum Schaden der Projekte selbst, sondern verringert auch das Vertrauen in die Methode insgesamt. Dabei kann eine Validierung nicht nur dazu dienen, die Ergebnisse des bestehenden Modells abzusichern, sondern über Sensitivitätsanalysen auch Modelloptimierungen anregen und Forschungslücken offenbaren. Generell wären Arbeiten, die zu einer Standardisierung von Validie-rungsvorhaben beitragen, gefragt.

Weitere Kritik lässt sich an der Art und Weise üben, wie die Ergebnisse von Mikrosimulationen präsentiert werden. Die zahlreichen Varianzquellen korrekt abzubilden, ist zwar nicht trivial, jedoch nur Punktschätzer zu berichten – wie es vereinzelt vorkommt – kann keine tragfähige Lösung sein. Die exponentiell stei-genden Rechenkapazitäten werden die Möglichkeiten sowohl zur ausführlichen Validierung als auch zur korrekten Schätzung der Simulationsvarianz in den kommenden Jahren nochmals nachdrücklich verbessern. Augenscheinlich besteht noch großes Potenzial, Validierungsroutinen zu entwickeln und dabei neue, kreative Wege zu beschreiten. Bedingt durch die Struktur und inhaltliche Schwerpunkset-zung des Fallbeispiels wurde in diesem Beitrag z. B. kaum auf die longitudinale Validierung von DSMS eingegangen: Es bietet sich eine Reihe von Verfahren an, um die simulierten Lebensläufe der Akteure hinsichtlich ihrer Plausibilität zu überprüfen. Angefangen von einem simplen Auszählen von Statusübergängen bis hin zu fortgeschreneren Verfahren wie der Sequenzanalyse existieren Ansätze, um DMSM im Längsschnitt zu validieren.

Literatur

Bekalarczyk, D. & Stein, P. (2017). Eine dynamische Mikrosimulation zur zukünftigen Integrationsentwicklung in der dritten Migrantengeneration. In S. Lessenich (Hrsg.), *Geschlossene Gesellschaften* (S. 1–12). Bamberg: Deutsche Gesellschaft für Soziologie.

Biemer, P. P. & Lyberg, L. E. (2003). *Introduction to Survey Quality* (Wiley series in survey methodology). Hoboken, NJ: Wiley-Interscience.

Caldwell, S. & Morrison, R. J. (2000). Validation of Longitudinal Dynamic Microsimulation Models. Experience with CORSIM and DYNACAN. In L. Mitton, H. Sutherland & M. Weeks (Hrsg.), *Microsimulation Modelling for Policy Analysis. Challenges and Innovations* (Occasional Papers, Bd. 65, S. 200–225). Cambridge: University Press.

Chattoe, E., Saam, N. J. & Möhring, M. (2000). Sensitivity Analysis in the Social Sciences. Problems and Prospects. In R. Suleiman, K. G. Troitzsch & N. Gilbert (Hrsg.), *Tools and Techniques for Social Science Simulation* (S. 243–273). Heidelberg: Physica-Verlag HD.

Creedy, J., Kalb, G. & Kew, H. (2007). Confidence intervals for policy reforms in behavioural tax microsimulation modelling. *Bull Economic Research 59* (1), 37–65. doi:10.1111/j.0307-3378.2007.00250.x

Dekkers, G. (2014). What are the Driving Forces behind Trends in Inequality among Pensioners? Validating MIDAS Belgium Using a Stylized Model. In G. Dekkers, M. Keegan & C. O'Donoghue (Hrsg.), *New Pathways in Microsimulation* (S. 287–304). Routledge.

Dekkers, G. & Belloni, M. (2009). *Micro simulation, pension adequacy and the dynamic model MIDAS. An introduction* (Project AIM-Deliverable Nr. 4).

Dekkers, G. & Cumpston, R. (2012). On Weights in Dynamic-Ageing Microsimulation Models. *International Journal of Microsimulation 5* (2), 59–65.

Esser, E. (2008). Assimilation, ethnische Schichtung oder selektive Akkulturation? Neuere Theorien der Eingliederung von Migranten und das Modell der intergenerationalen Integration. In F. Kalter (Hrsg.), *Migration und Integration. Sonderheft 48 der Kölner Zeitschrift für Soziologie und Sozialpsychologie* (S. 81–107). Wiesbaden: VS Verlag für Sozialwissenschaften.

Fleck, C. (1996). *Konzeption eines Mikrosimulationsmodells für die Bereiche 'Demographie' und 'Erwerbsbeteiligung' auf der Grundlage des Sozioökonomischen Panels.* Dissertation, Universität Darmstadt.

Frommert, D. (2015). Spot On or Way Off? Validating Results of the AVID Microsimulation Model Retrospectively. *International Journal of Microsimulation 8* (1), 3–32.

Gilbert, N. & Troitzsch, K. G. (2005). *Simulation for the Social Scientist* (2. Aufl.). Maidenhead: Open University Press.

Handke, T. (2016). *Anwendungen bevölkerungsbezogener Mikrosimulationen in Großbritannien und Deutschland seit 2005.* Masterarbeit, Universität Duisburg-Essen.

Hannappel, M. (2015). *(K)ein Ende der Bildungsexpansion in Sicht!? Eine Simulation zukünftiger Entwicklungen im deutschen Bildungssystem unter Berücksichtigung demographischer Entwicklungen in einem sozial selektiven Bildungssystem* (1. Aufl.). Marburg: Metropolis.

Hannappel, M. & Troitzsch, K. G. (2015). Mikrosimulationsmodelle. In N. Braun & N. J. Saam (Hrsg.), *Handbuch Modellbildung und Simulation in den Sozialwissenschaften* (S. 455–489). Wiebaden: Springer VS.

Harding, A. (2007). *Challenges and Opportunities of Dynamic Microsimulation Modelling.* Plenary paper presented to the 1st General Conference of the International Microsimulation Association, Wien.

Harding, A., Keegan, M. & Kelly, S. (2010). Validating a Dynamic Population Microsimulation Model. *International Journal of Microsimulation 3* (2), 46–64.

Höhn, C. (2017). Die demografische Trägheit und ihre Politikresistenz. In T. Mayer (Hrsg.), *Die transformative Macht der Demografie* (S. 59–71). Wiesbaden: Springer Fachmedien Wiesbaden.

James, G., Witten, D., Hastie, T. & Tibshirani, R. (2013). An Introduction to Statistical Learning with Applications in R. Springer: New York

Kalter, F. (2006). Auf der Suche nach einer Erklärung für die spezifischen Arbeitsmarktnachteile von Jugendlichen türkischer Herkunft. Zugleich eine Replik auf den Beitrag von Holger Seibert und Heike Solga: „Gleiche Chancen dank einer abgeschlossenen Ausbildung?" (ZfS 5/2005). *Zeitschrift für Soziologie 35* (2), 144–160.

Kalter, F. & Granato, N. (2002). Demographic Change, Educational Expansion and Structural Assimilation of Immigrants. The Case of Germany. *European Sociological Review 18* (2), 199–216.

Kalter, F., Granato, N. & Kristen, C. (2011). Die strukturelle Assimilation der zweiten Migrantengeneration in Deutschland: Eine Zerlegung gegenwärtiger Trends. In R. Becker (Hrsg.), *Integration durch Bildung* (S. 257–288). Wiesbaden: VS Verlag für Sozialwissenschaften.

Kleijnen, J. P. C. (1987). *Statistical Tools for Simulation Practitioners.* New York: Dekker.

Klevmarken, A. (2002). Statistical Inference in Micro-Simulation Models. Incorporating External Information. *Mathematics and Computers in Simulation 59*, 255–265.

Klevmarken, A. & Lindgren, B. (Hrsg.). (2008). *Simulating an Ageing Population. A Microsimulation Approach Applied to Sweden.* Bingley: Emerald.

Kuhn, M. & Johnson, K. (2016). *Applied Predictive Modeling* (5. Aufl.). New York: Springer.

Leim, I. (2008). *Die Modellierung der Fertilitätsentwicklung als Folge komplexer individueller Entscheidungsprozesse mit Hilfe der Mikrosimulation.* Marburg: Metropolis-Verlag (Dissertation).

Li, J. & O'Donoghue, C. (2013). A Survey of dynamic Microsimulation Models. Uses, Model Structure and Methodology. *International Journal of Microsimulation 6* (2), 3–55.

Li, J. & O'Donoghue, C. (2014). Evaluating Binary Alignment Methods in Microsimulation Models. *Journal of Artificial Societies and Social Simulation 17* (1), 1–19.

Li, J., O'Donoghue, C. & Dekkers, G. (2014). Dynamic Models. In C. O'Donoghue (Hrsg.), *Handbook of Microsimulation Modelling* (Contributions to economic analysis, Bd. 293, First edition, S. 305–344). Bingley UK: Emerald Group Publishing Limited.

McLay, J. M., Lay-Yee, R., Milne, B. J. & Davis, P. (2015). Regression-style models for parameter estimation in dynamic microsimulation. An empirical performance assessment. *International Journal of Microsimulation 8* (2), 83–127.

Morrison, R. J. (2008). *Validation of Longitudinal Microsimulation Models. DYNACAN Practices and Plans* (Working Paper). Canberra: National Centre for Social and Economic Modelling, University of Canberra.

O'Donoghue, C. & Dekkers, G. (2018). Increasing the Impact of Dynamic Microsimulation Modelling. *International Journal of Microsimulation 11* (1), 61–96.

Opp, K.-D. (2015). Modellbildung und Simulation: Einige methodologische Fragen. In N. Braun & N. J. Saam (Hrsg.), *Handbuch Modellbildung und Simulation in den Sozialwissenschaften* (S. 181–212). Wiebaden: Springer VS.

Pudney, S., Hancock, R. & Sutherland, H. (2006). Simulating the Reform of Means-tested Benefits with Endogenous Take-up and Claim Costs. *Oxford Bulletin of Economics and Statistics 68* (2), 135–166. doi:10.1111/j.1468-0084.2006.00156.x

Pudney, S. & Sutherland, H. (1994). How reliable are microsimulation results? *Journal of Public Economics 53* (3), 327–365. doi:10.1016/0047-2727(94)90030-2

Richardson, R., Pacelli, L., Poggi, A. & Richiardi, M. (2018). Female Labour Force Projections Using Microsimulation for Six EU Countries. *International Journal of Microsimulation 11* (2), 5–51.

Schmid, S. & Kohls, M. (2011). *Generatives Verhalten und Migration. Eine Bestandsaufnahme des generativen Verhaltens von Migrantinnen in Deutschland.* Forschungsbericht 10. Nürnberg: Bundesamt für Migration und Flüchtlinge.

Schneeweiß, H. (1990). Kollinearität und Fehlspezifikation. In H. Schneeweiß (Hrsg.), Ökonometrie (S. 128–162). Heidelberg: Physica-Verlag HD.

Spielauer, M. (2011). What is Social Science Microsimulation? *Social Science Computer Review 29* (1), 9–20. doi:10.1177/0894439310370085

Statistisches Bundesamt Deutschland. (2014). *Modell der Bevölkerungsvorausberechnungen,* Wiesbaden.

Statistisches Bundesamt Deutschland. (2015). *Bevölkerung Deutschlands bis 2060. Ergebnisse der 13. koordinierten Bevölkerungsvorausberechnung.*

Statistisches Bundesamt Deutschland. (2017). *Bevölkerung und Erwerbstätigkeit. Natürliche Bevölkerungsbewegung. 2015* (Fachserie 1 1.1), Wiesbaden.

Stein, P. & Bekalarczyk, D. (2016a). On the Prognosis of Third Generation Migrants' Occupational Status in Germany. In American Statistical Association (Hrsg.), *JSM Proceedings. Social Statistics Section* (S. 3354–3376). Alexandria.

Stein, P. & Bekalarczyk, D. (2016b). Zur Prognose beruflicher Positionierung von Migranten der dritten Generation. In R. Bachleitner, M. Weichbold & M. Pausch (Hrsg.), *Empirische Prognoseverfahren in den Sozialwissenschaften* (S. 223–257). Wiesbaden: Springer Fachmedien.

Stein, P. & Bekalarczyk, D. (2017). *On the Prognosis of Third Generation Migrants' Occupational Status in Germany. A dynamic microsimulation: (Im Erscheinen; Konferenzband zum "European Meeting of the International Microsimulation Association 22–23 September 2016, Budapest").*

Stephensen, P. (2016). Logit Scaling. A General Method for Alignment in Microsimulation models. *International Journal of Microsimulation 9* (3), 89–102.

Sutherland, H. (2018). Quality Assessment of Microsimulation Models. The Case of EURO-MOD. International Journal of Microsimulation 11 (1), 198–223.

van Imhoff, E. & Post, W. (1998). Microsimulation Methods for Population Projection. *Population: An English Selection 10* (1), 97–138.

Vester, F. (1990). *Ausfahrt Zukunft. Strategien für den Verkehr von morgen; eine Systemuntersuchung.* München: Heyne.

Wegener, B. (1988). *Kritik des Prestiges.* Opladen: Westdeutscher Verlag.

Wolter, U. (2010). *Die Prognose der sozio-demographischen Entwicklung mit Hilfe der dynamischen Mikrosimulation, untersucht am Beispiel der Prognose der sozio-demographischen Entwicklung der Bundesrepublik Deutschland bin in das Jahr 2050.* Unveröffentlichte Diplomarbeit, Universität Duisburg-Essen.

Implementation panelanalytischer Modelle in die Mikrosimulation unter Berücksichtigung inter-individueller Unterschiede und intra-individueller Dynamiken

Dawid Bekalarczyk und Eva Depenbrock

Zusammenfassung

Eine zentrale Stärke dynamischer Mikrosimulationen ist die Fortschreibung von sich wechselseitig bedingenden Prozessen, insbesondere auf Individualebene. Zur Realisierung der Fortschreibung werden Übergangsparameter benötigt, welche das Resultat der statistischen Modellierung derartiger Prozesse darstellen. Als besonders vielversprechend erscheint hierfür der Rückgriff auf Modelle, die auf Paneldaten basieren. Denn mithilfe von Paneldaten ist es u. a. möglich, die wechselseitige zeitverzögerte Beeinflussung mehrerer Variablen zu modellieren und dabei zwischen inter-individuellen Niveauunterschieden und der Stabilität von intra-individuellen Entwicklungen zu trennen. Der vorliegende Beitrag konzentriert sich daher auf Ansätze zur Implementation von Ergebnissen panelanalytischer Modelle in die Mikrosimulation. Diese Ansätze werden mithilfe empirischer und fiktiver Daten getestet. Ein Schwerpunkt liegt dabei auf Techniken zur Imputation unbekannter individueller Effekte in Form von Random Intercepts. Hier erscheint vor allem die von Richiardi (2014) entwickelte Rank-Method als aussichtsreich. Ein weiterer Fokus liegt auf *dynamischen* Panelmodellen. Gerade diese Modelle schöpfen das oben genannte Potential von Paneldaten voll aus, wobei mit ML-SEM ein auf Strukturgleichungsmodellen basierender und sehr flexibler Ansatz besonders hervorsticht. Gleichzeitig sind mit diesen Modellen einige statistische Herausforderungen verbunden und auch die Einbindung in Mikrosimulationsmodelle geht mit speziellen Problemen einher. Die von den AutorInnen zur Lösung dieser Probleme entwickelten und getesteten Vorschläge bieten eine Grundlage für weitere Methodenforschung, von der zukünftige Mikrosimulationsmodelle profitieren könnten.

Schlüsselbegriffe

Übergangsparameter, Dynamische Panelmodelle, Random Intercept, Lagged dependent variable, umgekehrte Kausalität

1   Einleitung

Mikrosimulationen zeichnen sich dadurch aus, dass sie synthetische Daten produzieren, indem Merkmale auf der Mikroebene fortgeschrieben werden (Spielauer 2011, S. 11). Diese Merkmale entstammen meist Datensätzen, welche zumindest zum Großteil aus empirischen Daten bestehen. Die Modellierung von Prozessen auf Individualebene ist eine zentrale Stärke der Mikrosimulation im Kontrast zu Makrosimulationen (Spielauer 2011, S. 17). Damit geht einher, dass biographische Ereignisse wie die Geburt eines Kindes oder der Tod im Zeitverlauf fortgeschrieben werden können und dabei das Eintreten oder Ausbleiben von Ereignissen wiederum andere Ereignisse beeinflussen kann (Spielauer 2011, S. 12). Somit wird in der dynamischen Mikrosimulation im Gegensatz zur statischen, bei der die Zeit nicht modelliert wird, die Lebensverlaufsperspektive eingenommen.

Um Prozesse und Ereignisse auf Individualebene fortschreiben zu können, werden Übergangsparameter benötigt. Diese stellen für die Fortschreibung biographischer Ereignisse in der Regel Übergangswahrscheinlichkeiten dar, die anhand von Tabellen aus amtlichen Daten generiert werden. Allerdings kann neben solchen Tabellen auch auf fortgeschrittene multivariate Analyseverfahren zurückgegriffen werden. So kommen in vielen Mikrosimulationen beispielsweise Regressionstechniken zur Schätzung der Übergangsparameter zum Einsatz (z. B. Richardson et al. 2018; Lay-Yee et al. 2015; Harding et al. 2009). Ist die Zielvariable kategorial, dann handelt es sich bei den zu ermittelnden Parametern um modellbedingte Übergangswahrscheinlichkeiten, bei kontinuierlichen Variablen werden hingegen Vorhersagewerte bestimmt. Somit betreffen typische in der statistisch-methodischen Auseinandersetzung mit Regressionstechniken diskutierte Probleme[1] auch die Methodologie der Mikrosimulation.

Nicht nur das Skalenniveau der relevanten Variablen spielt bei der Wahl der Regressionstechnik eine Rolle, auch das den Daten zugrundeliegende Erhebungs-

---

1   Z. B. die korrekte Interpretation und Vergleichbarkeit von Koeffizienten logistischer Regressionsmodelle (Mood 2010).

design ist von zentraler Bedeutung für die Qualität von Schätzungen in Regressionsmodellen. In diesem Zusammenhang gewinnen Paneldaten immer mehr an Bedeutung. Sie stellen einen Spezialfall von Längsschnittdaten dar und bezeichnen die wiederholte Beobachtung identischer Einheiten (z. B. Personen, Haushalte) über die Zeit. Die Reflexion der spezifischen Vorteile sowie Herausforderungen, die mit der Verwendung von Paneldaten einhergehen, hat sich in den Wirtschafts- und Sozialwissenschaften in den letzten Jahrzehnten fest etabliert (z. B. Hsiao 2014; Baltagi 2013; Arminger und Müller 1990; Brüderl 2010; Vaisey und Miles 2017; Leszczensky und Wolbring 2018). Auch im Kontext dynamischer Mikrosimulationen hat die Gegenüberstellung verschiedener statistischer Methoden der Kausalanalyse zugenommen (O'Donoghue und Dekkers 2018). Dabei werden vermehrt Versuche unternommen, die Vorteile panelanalytischer Methoden zu nutzen, was sich unter anderem in Publikationen wie McLay et al. (2015) oder Richiardi (2014) niederschlägt.

Mithilfe von Paneldaten lassen sich intra-individuelle Entwicklungen in Bezug auf einzelne Merkmale sowie, sobald das Zusammenspiel mehrerer Merkmale betrachtet wird, die gegenseitige Beeinflussung dieser Entwicklungen verfolgen. Ein entscheidender Vorteil von Paneldaten besteht also in der Möglichkeit, zeitliche Dynamiken, die in sozialen Kontexten in der Regel eine zentrale Rolle spielen, bis auf Entwicklungen auf Individualebene herunterzubrechen und Aussagen darüber testbar zu machen (Arminger und Müller 1990, S. 5). Zudem kann die Tatsache, dass pro Individuum mehrere Messungen vorliegen, genutzt werden, um die Qualität von Schätzern in statistischen Modellen zu verbessern (s. u.). Von beiden Vorteilen können auch dynamische Mikrosimulationsmodelle profitieren – erstens, weil dort ebendiese dynamische Perspektive auf Individualebene eingenommen wird und zweitens, weil es naturgemäß von Vorteil ist, wenn regressionsanalytische Ergebnisse auf qualitativ hochwertigen Schätzern basieren, sobald diese in der Mikrosimulation als Übergangsparameter fungieren.

Daher sollen zunächst in Kap. 2 einige Varianten panelanalytischer Modelle besprochen und dabei potenzielle Vorteile, aber auch Grenzen und Herausforderungen herausgearbeitet werden. Dies erfolgt insbesondere vor dem Hintergrund der Frage, inwieweit solche Ansätze in Mikrosimulationsmodelle implementierbar sind. In Kap. 3 wird konkretisiert, wie die Implementation diverser panelanalytischer Modelle funktionieren kann. Es werden zunächst Ansätze diskutiert, die sich auf sogenannte statische Panelmodelle beziehen, welche ein individuenspezifisches Intercept inkludieren (insbesondere die sog. Rank-Method). Daneben werden vorhandene Ansätze und neue Ideen für die Implementation sogenannter dynamischer Panelmodelle vorgestellt. Die Überprüfung dieser Ansätze anhand konkreter Daten erfolgt in Kap. 4. Dabei wird sowohl auf empirische (für statische Modelle) als auch auf fiktive Daten (für dynamische Modelle) zurückgegriffen. Die

Grenzen im Hinblick auf die Aussagekraft dieser Überprüfungen werden in Abschnitt 4.3 diskutiert. Der Text schließt mit einem Fazit und einem Ausblick (Kap. 5). Dort wird kompakt bilanziert, welches Potential die Implementation einzelner panelanalytischer Methoden für die dynamische Mikrosimulation hat und an welchen Stellen noch zu lösende Herausforderungen hinsichtlich der konkreten Implementationstechniken bestehen.

2 Ein Abriss der für die Mikrosimulation relevanten panelanalytischen Verfahren

Wie bereits in der Einleitung deutlich wurde, wird bei den hier vorgestellten panelanalytischen Verfahren zwischen statischen und dynamischen Modellen unterschieden. Diese Differenzierung entspricht der in diesem Kapitel vorgenommenen Aufteilung in Modelle ohne endogene Dynamiken (Kap. 2.1) und Modelle, welche diese berücksichtigen (Kap. 2.2).

2.1 Panelanalytische Modelle ohne endogene Dynamik

Im sozialwissenschaftlichen Kontext wird Paneldaten häufig eine hierarchische Datenstruktur unterstellt, und zwar derart, dass Einzelbeobachtungen in Fälle (meist Personen) eingebettet sind (Giesselmann und Windzio 2012, S. 88). In der einfachsten Variante panelanalytischer Modelle ohne endogene Dynamik wird dieser hierarchische Charakter der Datenstruktur ignoriert. Die Regressionskoeffizienten werden entsprechend undifferenziert mithilfe der gewöhnlichen Kleinstquadratmethode geschätzt. Dieses sogenannte Pooled Model behandelt die Daten analog zu Querschnittsdaten und basiert dadurch implizit auf der Annahme, dass es neben den im Modell explizit spezifizierten unabhängigen Variablen keine weiteren zeitkonstanten individuellen Effekte gibt, die es innerhalb des Residuums zu berücksichtigen gälte.

Generell sind Regressionsmodelle gerade im Kontext sozialwissenschaftlicher Fragestellungen von dem Problem betroffen, dass relevante erklärende Variablen im Modell fehlen, welche zudem mit den im Modell enthaltenen erklärenden Variablen korrelieren. Dadurch sind letztere mit dem Störterm des Modells korreliert, was zur Verzerrung der Schätzer führt (Wooldridge 2013, S. 351). Paneldaten zeichnen sich gerade dadurch aus, dass sie aufgrund ihrer Beschaffenheit Möglichkeiten bieten, dieses Problem im Vergleich zu Querschnittsdaten zu dezimieren (Arellano 2003,

S. 2; Allison 2009, S. 3; Halaby 2004, S. 508). Da die Einheiten einer Panelstudie zu verschiedenen Zeitpunkten beobachtet werden, können diese als ihre eigene Kontrollgruppe eingesetzt werden. Dadurch können zumindest die Einflüsse *zeitkonstanter* unbeobachteter Merkmale kontrolliert werden (Allison 2009, S. 1).

Wie oben dargestellt, wird in dem einfachen Pooled Model von dieser Möglichkeit allerdings nicht Gebrauch gemacht – im Gegensatz zu dem Fixed-Effects- (FEM) und (mit deutlichen Abstrichen) dem Random-Effects-Modell (REM). Um diese und weitere Modelle formal darstellen und mathematische Aspekte präzise diskutieren zu können, wird zunächst eine entsprechende Schreibweise eingeführt. Sie bezieht sich auf den linearen Fall:

$$y_{it} = \lambda y_{i,t-1} + \mathbf{x}'_{it}\boldsymbol{\beta} + f'_i\boldsymbol{\delta} + u_{it} \tag{2.1}$$

y_{it} ist die abhängige Variable, wobei i ein Laufindex für die einzelnen Objekte in der Querschnittsbetrachtung mit $i = 1,2,...,N$ und t ein Laufindex für die einzelnen Zeitpunkte bzw. Wellen mit $t = 1,2,...,T$ ist. $y_{i,t-1}$ ist die um eine Zeiteinheit verzögerte abhängige Variable, die mit dem Regressionskoeffizienten λ einen Einfluss auf y_{it} hat.[2] $\mathbf{x}'$ ist ein 1 x K Zeilenvektor für zeitveränderliche unabhängige Variablen mit $x_{1it},...,x_{Kit}$ und $\boldsymbol{\beta}$ ist ein K x 1 Vektor konstanter Regressionskoeffizienten. f_i ist ein Vektor zeitkonstanter Variablen mit dem dazugehörigen Parameter δ und u_{it} das Residuum. Die oben erwähnte hierarchische Struktur der Daten wird berücksichtigt, indem das Residuum u_{it} in zwei Komponenten aufgeteilt wird:

$$u_{it} = \alpha_i + \epsilon_{it} \tag{2.2}$$

α_i stellt hierbei eine zeitkonstante Komponente dar, die für alle Individuen homoskedastisch ist. ϵ_{it} stellt eine Störkomponente dar, die über die Beobachtungen und Zeitpunkte hinweg variiert und von der in Standardmodellen angenommen wird, dass sie homoskedastisch und nicht über die Zeit korreliert ist. Letzteres kann dadurch angenommen werden, dass die zeitliche Korreliertheit des Gesamtresiduums schon in α_i gebündelt wird (dass diese Annahme möglicherweise nicht gerechtfertigt ist, wird weiter unten diskutiert).

Bei den hier diskutierten Modellen ohne endogene Dynamik werden Effekte, die potenziell von verzögerten Werten der abhängigen Variable ($y_{i,t-1}$) ausgehen können, nicht inkludiert ($\lambda = 0$). Der zentrale Unterschied zwischen den oben ein-

---

2 Da der Zeitindex bei $t = 1$ beginnt, ist folglich die erste Beobachtung für y, falls der Effekt von $y_{i,t-1}$ modelliert wird, y_{i0} (und nicht y_{i1}). In diesem Fall beträgt die Anzahl der Wellen, für welche Beobachtungen von y zur Verfügung stehen müssen, somit $T + 1$.

geführten und bekanntesten Varianten solcher Modelle (FEM und REM), besteht in der Rolle, die α_i annimmt. Im Fixed-Effects-Modell stellt α_i einen zu schätzenden Parameter in der Regressionsgleichung dar und die beobachteten zeitveränderlichen erklärenden Variablen dürfen mit dem zeitkonstanten Fehlerterm korreliert sein (Allison 2009, S. 3).

Fixed-Effects-Modelle können umgesetzt werden, indem alle im Modell enthaltenen Variablen der sogenannten Within-Transformation unterzogen werden (und dann eine OLS-Regression gerechnet wird). Bei dieser Transformation wird von jeder Einzelmessung einer Einheit bzw. eines Individuums der einheitenspezifische Mittelwert derselben Variablen abgezogen (Giesselmann und Windzio 2012, S. 40). Für zeitkonstante individuelle Effekte bedeutet dies, dass sie auf diesem Wege aus dem Modell herausdifferenziert werden. Dadurch können unberücksichtigte zeitkonstante Merkmale der Individuen trotz beliebiger Korrelationen mit den zeitvariablen Regressoren keinen verzerrenden Einfluss auf die Schätzer dieser Regressoren haben. Allerdings ist es dann nicht möglich, Koeffizienten (δ in Gl. (2.1)) zeitkonstanter Merkmale (f_i' in (2.1)) zu schätzen. Es geht hier also ausschließlich darum zu analysieren, wie das Zusammenspiel zeitvarianter Merkmale innerhalb von Individuen im Zeitverlauf beschaffen ist. Diese Strategie kommt dem Versuch nahe, die Art von Kausalhypothesen zu überprüfen, die Behauptungen über Prozesse auf Individualebene darstellen (Giesselmann und Windzio 2014, S. 97). Genau solche Prozesse sind häufig Bestandteil von Fortschreibungen innerhalb einer dynamischen Mikrosimulation.

Im Random-Effects-Modell werden die zeitkonstanten Einflüsse eines Individuums dagegen nicht als fix, sondern als zufällig und somit als Teil des Fehlerterms aufgefasst. Dies muss in der Schätztechnik berücksichtigt werden (für Details s. StataCorp. 2017, S. 442; Giesselmann & Windzio 2012, S. 82ff.; Hsiao 2014, S. 41ff.). Aufgrund der Deklaration von α_i als Zufallselement ist es im Random-Effects-Modell möglich, auch Koeffizienten für zeitkonstante Variablen zu schätzen (Wooldridge 2013, S. 493), was im Kontext typischer Mikrosimulationsmodelle notwendig sein kann (z. B. beim Effekt des Bildungsgrads). Jedoch geht mit dieser Spezifikation einher, dass alle unabhängigen Variablen als unabhängig von jeglichen nicht im Modell enthaltenen zeitkonstanten Merkmalen angenommen werden. Eine solche Annahme ist in den meisten Fällen unrealistisch, so dass der entscheidende und im Fixed-Effects-Modell genutzte Vorteil von Paneldaten, alle unbeobachteten zeitkonstanten Variablen vollständig kontrollieren zu können, im Random-Effects-Modell wieder aufgegeben wird.

Somit ist das Fixed-Effects-Modell auch für dynamische Mikrosimulationsmodelle dem Random-Effects-Modell vorzuziehen. Eine Ausnahme würde dann vorliegen, wenn zeitkonstante unabhängige Variablen aus inhaltlicher Sicht von zentraler Bedeutung sind. Dies könnte der Fall sein, wenn für bestimmte Gruppen, wie z. B. Migrantengruppen, sichergestellt werden muss, dass der gruppenspezifische Einfluss auf die abhängige Variable während der mikrosimulativen Fortschreibung einen bestimmten Wert oder eine bestimmte parametrisierte Entwicklung annimmt (für ein Beispiel s. Stein und Bekalarczyk 2016). Dann bleibt keine andere Wahl, als auf das Random-Effects-Modell (oder auf das Hybrid-Modell: Allison 2009; im Kontext von Mikrosimulationen: McLay et al. 2015, S. 92ff.) auszuweichen. Nehmen zeitkonstante Merkmale hingegen „nur" den Status von Kontrollvariablen ein, dann kann mit dem Fixed-Effects-Modell gearbeitet werden, da dort sowieso die Effekte aller zeitkonstanten Merkmale vollständig herausgerechnet werden.

In beiden Modellen wird zusätzlich angenommen, dass innerhalb einer Person i die Gesamtfehler u_{it} einzelner Zeitpunkte untereinander korreliert sein können. Diese Korrelation wird vollständig α_i zugeschrieben (Verbeek 2017, S. 384). Daraus folgt eine Fehlerstruktur, in der die Korrelation innerhalb einer Person als konstant angenommen wird, unabhängig davon, wie groß die zeitliche Distanz zwischen den Residuen ist. Diese Annahme kann jedoch falsch sein, z. B. dann, wenn der Restfehler ϵ_{it} zusätzlich eine zeitabhängige Struktur aufweist (Kohler und Kreuter 2016, S. 346ff.). Die Implementation komplexerer Fehlerstrukturen in die Mikrosimulation (z. B. über die Ziehung von Fehlerwerten aus extrem hochdimensionierten Normalverteilungen) kann allerdings sehr schnell enorm aufwändig werden. Daher liegt im Folgenden der Fokus auf Modellen, bei denen Systematiken in Fehlerkomponenten (endogene Dynamiken) von vornherein reduziert werden, anstatt diese Systematiken selbst zu modellieren.

2.2   Panelanalytische Modelle mit endogener Dynamik

Ein Weg, endogene Dynamiken explizit in der Schätzung von panelanalytischen Modellen zu berücksichtigen, besteht darin, zeitverzögerte Effekte zu schätzen, bei denen auch vorhergehende Werte unabhängiger oder abhängiger Variablen den Wert einer abhängigen Variable bedingen können. Dies lässt sich statistisch überprüfen, indem verzögerte Werte der Variablen, sogenannte Lags, als zusätzliche Regressoren in das Modell aufgenommen werden.

Der Fokus liegt hier auf Lags, die von der abhängigen Variablen ausgehen. Modelle, die eine solche gelagte abhängige Variable (Lagged-Dependent-Variable oder LDV) in der Regressionsgleichung enthalten, werden entsprechend als Modelle mit endogener Dynamik, in der Ökonometrie als *dynamische* Modelle bezeichnet (Allison 2009, S. 95; Rabe-Hesketh und Skrondal 2012a, S. 269). Die Einbindung einer LDV ist nicht nur dann relevant, wenn es explizit darum geht, die Einflussstärke der verzögerten Werte zu spezifizieren, sondern sie kann auch hilfreich sein, um die kausale Richtung von Einflüssen besser bestimmen zu können (Allison 2009, S. 94). Die Aufnahme einer gelagten abhängigen Variable als zusätzliche unabhängige Variable in die in Kap. 2.1 diskutierten Standard-Modelle verursacht einige statistische Probleme. Da unter diesen Problemen auch die Qualität der Fortschreibung in einer Mikrosimulation leiden kann, sollen sie an dieser Stelle kurz diskutiert werden.

Auch bei dynamischen Modellen besteht die einfachste Variante darin, ein gepooltes Modell zu schätzen, bei dem eine endogene verzögerte Variable (z. B. $y_{i,t-1}$) auf der Seite der Regressoren im Modell aufgenommen wird (OLS-LDV). Analog zum statischen gepoolten Modell werden die unberücksichtigten personenspezifischen zeitkonstanten Einflüsse (α_i) ignoriert. Die Schätzer bei dieser Methode sind folglich nur dann unverzerrt, wenn die Annahme der Einbettung von Beobachtungen zu verschiedenen Zeitpunkten in Personen nicht haltbar ist und zudem alle relevanten erklärenden Variablen im Modell enthalten sind. Durch die Einbeziehung verzögerter abhängiger Variablen kommt bei dynamischen Modellen noch eine weitere Besonderheit hinzu: Da y_{it} eine Funktion des personenspezifischen zeitkonstanten Störterms α_i ist, folgt daraus automatisch, dass auch $y_{i,t-1}$ eine Funktion von α_i ist (Baltagi 2013, S. 155; Bond 2002, S. 5). Daher ist die gelagte abhängige Variable zwangsläufig mit dem Random Intercept korreliert, sofern letzteres vorhanden ist. Da die einzelnen α_i im OLS-LDV aber nicht explizit modelliert, sondern zusammen mit dem Restfehler zur allgemeinen Störgröße u_{it} zusammengefasst werden, ist die gelagte abhängige Variable im OLS-LDV-Modell in der Folge positiv mit u_{it} korreliert (Bond 2002, S. 4). Daher ist der auf Basis dieses Modells geschätzte LDV-Koeffizient nach oben verzerrt (Richiardi und Poggi 2014, S. 7). Jedoch bietet diese Methode gerade in Hinblick auf Mikrosimulationen den Vorteil, dass die Schätzung der Koeffizienten sowie die Implementierung in die Simulation relativ einfach sind (McLay et al. 2015, S. 88f.). Daher wird das Risiko, dass die Koeffizienten aufgrund von Annahmeverletzungen verzerrt sein könnten, bei einigen Mikrosimulationsmodellen in Kauf genommen (z. B. Lay-Yee et al. 2015, Bækgaard 2002, Toder et al. 2002, Wolfson 1995), was jedoch aufgrund der oben genannten gravierenden methodischen Schwächen nicht zu empfehlen ist.

Zur Überwindung dieser Schwächen könnte auf ein Fixed-Effects-Modell mit gelagter abhängiger Variable (FEM-LDV) zurückgegriffen werden. Dort werden durch die Within-Transformation alle α_i herausgerechnet, wodurch im Gegensatz zu OLS-LDV die Korrelation zwischen $y_{i,t-1}$ und α_i implizit modelliert wird. Allerdings kommt hier ein neues Problem hinzu: Es verbleibt eine Korrelation zwischen der within-transformierten gelagten abhängigen Variable ($y_{i,t-1} - \bar{y}_{i,-1}$) und dem within-transformierten idiosynkratischen Fehler ($\epsilon_{it} - \bar{\epsilon}_{i.}$), wobei $\bar{y}_{i,-1} = T^{-1} \Sigma_{t=1}^{T} y_{i,t-1}$ und $\bar{\epsilon}_{i.} = T^{-1} \Sigma_{t=1}^{T} \epsilon_{it}$. Diese Korrelation kommt z. B. für $t = 2$ dadurch zustande, dass

y_{i1} als Element auf Seiten der unabhängigen Variablen mit dem Fehlerterm $\epsilon_{i2} - \overline{\epsilon_i}$ assoziiert ist, da $\overline{\epsilon_i}$ auch ϵ_{i1} und somit das Residuum von y_{i1} enthält. Dies wird in der Schätzung nicht adäquat berücksichtigt, weshalb der Effekt der gelagten abhängigen Variablen massiv unterschätzt wird (Nickell 1981, S. 1422f.).

Ein Random-Effects-Modell mit gelagter abhängiger Variable (REM-LDV) ist ebenfalls von diesem Problem betroffen[3] und weist zusätzlich eine ähnliche Schwäche auf, wie das OLS-LDV: Da α_i als Fehlerkomponente jeden Wert von y_{it} beeinflusst, kann die gelagte abhängige Variable per Konstruktion nicht unabhängig vom zusammengesetzten Fehlerterm sein (Baum 2006, S. 233). Somit kommt in einem dynamischen Random-Effects-Modell als Problem hinzu, dass die unvermeidlich existierende Korrelation zwischen $y_{i,t-1}$ und α_i fälschlicherweise als nicht existent angenommen wird.

2.2.1 Erste Ansätze für Instrumentvariablenschätzungen in dynamischen Panelmodellen

Es wurde deutlich, dass sowohl das Fixed-Effects- als auch das Random-Effects-Modell von Verzerrungen betroffen sind, sobald eine gelagte abhängige Variable eingeführt wird. Das Fixed-Effects-Modell erscheint hierbei als „das kleinere Übel". Es existiert aber eine Alternative zu der dort vorgenommenen Within-Transformation zum Eliminieren zeitkonstanter individueller Effekte α_i, die in Bezug auf die mit gelagten abhängigen Variablen verbundenen Probleme neue Lösungsansätze bietet. Es handelt sich um die First-Difference-Transformation (FD-Transformation). Der zentrale Unterschied zur Within-Transformation besteht darin, dass nicht alle Realisierungen des idiosynkratischen Fehlers ($\epsilon_{i1}, \epsilon_{i2}, \dots, \epsilon_{iT}$), die dort in $\overline{\epsilon_i}$ gebündelt werden, hier im Fehlerterm der transformierten Gleichung enthalten sind (Bond 2002, S. 7). Angewendet auf Gl. (2.1) und (2.2), wobei in (2.1) neben der gelagten abhängigen Variable keine weiteren erklärenden Variablen enthalten sind, lässt sich die FD-Transformation wie folgt darstellen:

$$y_{it} - y_{i,t-1} = \lambda(y_{i,t-1} - y_{i,t-2}) + (\epsilon_{it} - \epsilon_{i,t-1}), \ t = 2,3, \dots, T \tag{2.3}$$

Das auf dieser Gleichung basierende Modell wird als Lagged-First-Difference-Modell (LFDM) bezeichnet. Gl. (2.3) lässt sich ebenfalls schreiben als

$$\Delta y_{it} = \lambda \Delta y_{i,t-1} + \Delta \epsilon_{it} \tag{2.4}$$

---

3   Schließlich wird im Zuge der Transformation, die für die Schätzung des Random-Effects-Modell nach der Generalized-Least-Squares-Methode notwendig ist, ebenfalls der idiosynkratische Fehler über die Zeit gemittelt (Giesselmann & Windzio 2012, S. 87).

Das Symbol Δ in Verbindung mit einer Variablen zum Zeitpunkt t steht also für die Veränderung dieser Variablen zum Zeitpunkt t gegenüber $t - 1$. Bei der Differenz des Restfehlers ($\epsilon_{it} - \epsilon_{i,t-1}$) handelt es sich um einen Moving-Average-Prozess erster Ordnung (MA(1)-Prozess) (Baltagi 2013, S. 157). Diese Fehlerstruktur impliziert, dass Beobachtungen, die zwei oder mehr Perioden auseinanderliegen, nicht korreliert sind (Verbeek 2017, S. 291). Im LFDM besteht allerdings nach wie vor eine Korrelation zwischen der differenz-transformierten gelagten abhängigen Variablen ($\Delta y_{i,t-1}$) und dem differenz-transformierten Fehlerterm ($\Delta\epsilon_{it}$). Nun können aber weiter zurückliegende Lags und Differenzen von y als interne Instrumente für die gelagte abhängige Variable herangezogen werden. Dieser Ansatz wurde erstmals von Anderson und Hsiao (1981, 1982) vorgeschlagen. Wird angenommen, dass die idiosynkratischen Fehler (ϵ_{it}) nicht seriell korreliert sind, wie es beim Modell von Anderson und Hsiao (AHM) der Fall ist, lässt sich aufbauend auf dieser Annahme die Bedingung auferlegen, dass

$$E(\Delta\epsilon_{it} y_{i,t-2}) = 0 \tag{2.5}$$

In Gl. (2.5) lautet die Momentbedingung[4], dass $\Delta\epsilon_{it}$ und $y_{i,t-2}$ unabhängig voneinander sind. Daraus resultierend schlagen Anderson und Hsiao (1982, S. 59) für das LFDM vor, $y_{i,t-2}$ als Instrument für $\Delta y_{i,t-1}$ einzusetzen, da $y_{i,t-2}$ mit $\Delta y_{i,t-1}$ korreliert ist, jedoch nicht mit $\Delta\epsilon_{it}$. Einen konsistenten Schätzer für λ erhält man dann mit der Two-Stage Least Squares-Methode (kurz: 2SLS; Roodman 2009a, S. 88; siehe auch ausführlich bei Wooldridge 2013, S. 529ff.): Zuerst wird die zu instrumentierende Variable auf ihr Instrument regressiert (Hilfs-Regression). In der eigentlichen Regression werden dann statt der Werte der zu instrumentierenden Variablen die Vorhersagewerte auf Basis der Hilfs-Regression genutzt.

Das AHM lässt sich somit als eine Erweiterung des LFDM verstehen, aufgrund derer der Effekt von $\Delta y_{i,t-1}$ konsistent geschätzt werden kann, obwohl $\Delta y_{i,t-1}$ im LFDM endogen ist. Die Annahme, dass die idiosynkratischen Fehler ϵ_{it} nicht autokorreliert sind, ist dabei zentral: Ist diese Annahme nämlich verletzt, dann wären zurückliegende Lags von y auf indirektem Wege doch mit $\Delta\epsilon_{it}$ korreliert.

---

4   Als Momente werden prägnante Eigenschaften verstanden, die sich auf die im Modell enthaltenen Variablen beziehen (wie z. B. Erwartungswerte, Varianzen oder Kovarianzen). Die Momentbedingungen ergeben sich aus den Annahmen, die über das Modell getroffen werden, also aus der auferlegten Modellstruktur. Annahmen, wie z. B. die Annahme nicht seriell korrelierter Fehlerterme oder die Annahme strikt exogener Regressoren, resultieren wiederum in der Regel aus theoretischen Überlegungen (Arellano und Honoré 2001, S. 328ff.).

Sie wären damit keine geeigneten Instrumente, um die Endogenität der LDV im LFDM zu beheben.

Es ist ohne Weiteres möglich, die Logik der Instrumentvariablenschätzung entsprechend des AHM um unabhängige Variablen zu erweitern. Im Falle einer unabhängigen Variablen (x_{it}) werden hierfür in der Hilfsregression die First-Differences dieser Variablen (Δx_{it}) als zusätzliches Instrument aufgenommen. Dies ist zulässig, sofern x als exogen betrachtet wird (Hsiao 2014, S. 98). Es lassen sich aber auch unabhängige Variablen in das AHM-Gerüst integrieren, die als vorbestimmt angenommen werden (predetermined x), wodurch zusätzlich umgekehrte Kausalität (y beeinflusst x) modelliert werden kann (Roodman 2009b; Leszczensky und Wolbring 2018). Hierzu werden statt der First-Differences der betroffenen unabhängigen Variablen die einfachen Lags dieser ($x_{i,t-1}$) als Instrumente für $\Delta y_{i,t-1}$ und Δx_{it} verwendet. Da es nun mit Δx_{it} eine zweite zu instrumentierende Variable gibt, kommt entsprechend eine zusätzliche zu schätzende Hilfs-Regression hinzu. Diese Erweiterung wird hier als AHM-XP bezeichnet.

AHM und AHM-XP liefern zwar einen konsistenten Schätzer für λ. Dieser ist allerdings nicht effizient, was anhand der dritten Welle eines Panels ($t = 3$) verdeutlicht werden soll. In diesem Fall lautet (2.4) wie folgt:

$$y_{i3} - y_{i2} = \lambda(y_{i2} - y_{i1}) + (\epsilon_{i3} - \epsilon_{i2}). \tag{2.6}$$

Hier qualifizieren sich sowohl y_{i0} als auch y_{i1} als gültige Instrumente für Δy_{i2}. Bei einem Panel mit $T \geq 3$ existieren somit ab der Gleichung für $t = 3,4, \ldots , T$ mehr Instrumente als zu schätzende Parameter, so dass das Modell insgesamt überidentifiziert ist (Roodman 2009a, S. 88). Da im AHM typischerweise nur $y_{i,t-2}$ als Instrument vorgesehen ist[5], somit nicht alle zur Verfügung stehenden Instrumente zum Einsatz kommen, ist der Schätzer des AHM nicht effizient (Arellano und Bond 1991, S. 279).[6] Theoretisch können im AHM auch weiter zurückliegende Lags als zusätzliche Instrumente aufgenommen werden. Sobald jedoch die Anzahl der Instrumente die Anzahl der Variablen übersteigt, kann 2SLS nicht mehr angewandt werden. Arellano und Bond (1991) schlagen daher eine Erweiterung dieser Methode

---

5 Dass im AHM neben der Niveauvariablen $y_{i,t-2}$ auch alternativ die Differenzvariable $\Delta y_{i,t-2}$ als potenzielles Instrument vorgeschlagen wird (Andersion und Hsiao 1981, S. 604), wird aus Platzgründen nicht diskutiert, insbesondere da in der Literatur Differenzen als Instrumente gegenüber Lags als unterlegen bewertet werden (Arellano 1989, S. 340).

6 Arellano und Bond (1991) veranschaulichten zudem mithilfe von Monte-Carlo-Simulationen, dass das AHM unter der Hinzunahme weiterer exogener unabhängiger Variablen im Modell hohe Standardfehler aufweist und es vor allem bei kleinen Stichproben zu inkonsistenten und verzerrten Schätzern kommen kann.

vor, die auf der *Generalisierten Momentenmethode* (Generalized Method of Moments oder GMM) sowie auf Arbeiten von Chamberlain (1984) und Holtz-Eakin, Newey und Rosen (1988) aufbaut.

2.2.2   Generalized Method of Moments (GMM)

Auch diese Methode basiert darauf, das dynamische Modell zunächst in ersten Differenzen auszudrücken und im zweiten Schritt gelagte Werte der erklärenden Variablen als Instrumente einzusetzen. Anders jedoch als im klassischen AHM wird anschließend nicht nur $y_{i,t-2}$ als Instrument für $\Delta y_{i,t-1}$ in Gl. (2.4) eingesetzt, sondern alle als Instrumente in Frage kommenden Niveauvariablen.

In Tabelle 1 werden die Instrumente, die typischerweise im Modell von Anderson und Hsiao (1981; 1982) eingesetzt werden, den Instrumenten bei Arellano und Bond (1991) im exemplarischen Fall $T = 5$ gegenübergestellt: Für $t = 2$ stimmen beide Modelle bezüglich der Instrumente überein, da nur y_{i0} als Instrument für Δy_{i1} vorliegt. In der dritten Welle ($t = 3$) werden bei Arellano und Bond sowohl y_{i0} als auch y_{i1} als Instrument verwendet, während im AHM lediglich y_{i1} eingesetzt wird, usw.

Zur Schätzung des Modells greifen Arellano und Bond auf die von Hansen (1982) vorgeschlagene Generalized Method of Moments zurück, welche die Anforderung erfüllt, dass die Modellparameter unmittelbar aus allen in Frage kommenden Momentbedingungen geschätzt werden, die sich aus den im Modell getroffenen Annahmen ergeben (Diff-GMM; für mathematische Details s. Arellano und Bond 1991, S. 278ff.; Hsiao 2014, S. 99ff.). Diese Methode ist sehr flexibel. So wird z. B. auch hier in der Standardvariante angenommen, dass die idiosynkratischen Fehler nicht seriell korreliert sind. Es lassen sich jedoch problemlos komplexere Fehlerstrukturen spezifizieren (Arellano und Bond 1991, S. 279). [7]

Eine Erweiterung des Diff-GMM um unabhängige Variablen (x_{it}) erfolgt analog zu der oben dargestellten Vorgehensweise im AHM. Auch hier werden die First-Differences Δx_{it} als zusätzliche Instrumente für die gelagte abhängige Variable eingesetzt, sofern x als exogen betrachtet wird (StataCorp 2017, S. 42). Ebenso wird das Set an Instrumenten für vorbestimmte unabhängige Variablen Δx_{it} (s. Zeile (x_{ip}) in Tabelle 1) in derselben Logik gegenüber AHM erweitert, wie dies in Bezug auf $\Delta y_{i,t-1}$ der Fall ist. So fungieren als Instrumente für Δx_{it} (und $\Delta y_{i,t-1}$), wenn x

---

7   Die Generalized Method of Moments schließt eine Reihe anderer Schätzmethoden als
    Spezialfälle ein, so auch OLS und 2SLS (Harris & Mátyás 1999, S. 8f.; Roodman 2009a,
    S. 87).

vorbestimmt ist, neben $x_{i,t-1}$ auch $x_{i,t-2}, x_{i,t-3}, \dots, x_{i1}$ (Diff-GMM-XP; Arellano und Bond 1991, S. 280; s. Zeile 2 in Tabelle 1).[8]

Tab. 1 Gegenüberstellung AHM(-XP)-Instrumente und Diff-GMM(-XP)-Instrumente im Fall $T = 5$

		$y_{i,p-1}$ ▶	y_{i0}	y_{i1}	y_{i2}	y_{i3}
t	$\Delta y_{i,t-1}$ ▼	(Δx_{it}) ▼ (x_{ip}) ▶	(x_{i1})	(x_{i2})	(x_{i3})	(x_{i4})
2	Δy_{i1}	(Δx_{i2})	■			
3	Δy_{i2}	(Δx_{i3})	▨	■		
4	Δy_{i3}	(Δx_{i4})	▨	▨	■	
5	Δy_{i4}	(Δx_{i5})	▨	▨	▨	■

Der Zeitindex p bezieht sich auf die Instrumente und kann die Ausprägungen $1,2, \dots, T-1$ annehmen.

Spalte $\Delta y_{i,t-1}$ gibt die zu instrumentierenden Variablen in den Differenzgleichungen zum jeweiligen Zeitpunkt t im AHM oder Diff-GMM an; Zeile $y_{i,p-1}$ enthält die dazugehörigen potenziellen Instrumente.

Spalte (Δx_{it}) enthält die zusätzlich zu instrumentierenden Variablen im AHM-XP oder Diff-GMM-XP, wenn x vorbestimmt ist; in Zeile (x_{ip}) sind die zusätzlichen potenziellen Instrumente enthalten.

Schwarze Zelle: Instrument wird sowohl in AHM (AHM-XP) als auch in Diff-GMM (Diff-GMM-XP) verwendet; Graue Zelle: Instrument wird nur in Diff-GMM (Diff-GMM-XP) verwendet.

Diese von Arellano und Bond vorgeschlagene GMM-basierte Methode ist speziell für Datensätze mit einer großen Zahl an Beobachtungen und wenigen Wellen („small T, large N") ausgelegt (Arellano und Bond 1991, S. 278), was die Methode insbesondere für Mikrosimulationen attraktiv macht. Sowohl dieses Modell als auch AHM teilen jedoch den für viele empirische Anwendungen relevanten Nachteil, dass der

---

8 Die Auswahl von Instrumenten und zu instrumentierenden Variablen in Diff-GMM bzw. Diff-GMM-XP folgt der Logik des Basismodells, das in Stata über das Kommando „xtabond" geschätzt wird, wenn alle Voreinstellungen in Bezug auf Instrumente und auf die Beschaffenheit der LDV übernommen werden. Wenn x als strikt exogen und nicht als vorbestimmt angenommen wird, wird von Stata im AHM und Diff-GMM statt $x_{i,t-1}$ (und in Diff-DMM-XP zusätzlich statt $x_{i,t-2}, \dots, x_{i1}$) Δx_{it} als zusätzliches Instrument verwendet (s. o.; in Tabelle 1 nicht aufgeführt).

Einfluss zeitkonstanter Variablen nicht geschätzt werden kann, da zeitkonstante Regressoren durch die First-Difference-Transformation eliminiert werden.[9]

Im Kontext der Implementation in die Mikrosimulation ergibt sich aus der Beschaffenheit der diskutierten Modelle die zentrale Frage, wie sich die ermittelten Schätzer vom Estimation-Sample auf das Simulation-Sample[10] übertragen lassen, falls diese nicht übereinstimmen sollten. Dies gilt u. a. für die Übertragung von Instrumenten. Insbesondere die im Difference-GMM-Gerüst genutzten Instrumente weisen teilweise starke zeitliche Abstände zu t auf. Eine adäquate Einbeziehung dieser Instrumente in die Mikrosimulation würde daher erfordern, dass es sich bei den Daten des Simulation-Sample um Paneldaten handelt, die Informationen zu vielen Zeitpunkten liefern. Dieser kritische Punkt wird in Kap. 3 diskutiert.

2.2.3 Maximum-Likelihood-SEM

Trotz gewisser Nachteile sind GMM-Modelle sehr populär, insbesondere in der Ökonometrie (Roodman 2009b, S. 136; Moral-Benito et al. 2018, S. 2). Eine Alternative dazu stellt die Möglichkeit dar, dynamische Modelle im Gerüst von Strukturgleichungsmodellen umzusetzen (Allison 2009, S. 95). Der entsprechend von Moral-Benito, Allison und Williams (2018) vorgeschlagene Modellierungsansatz (ML-SEM) ist asymptotisch äquivalent zu Difference-GMM, wird jedoch mit Maximum Likelihood geschätzt und leidet daher nicht unter „finite-sample"-Verzerrungen (Fuhrer et al. 1995, S. 150; Clark 1996, S. 370).

Strukturgleichungsmodelle zeichnen sich ähnlich wie GMM-Modelle durch eine sehr generelle und flexible Modellierung aus. Es ist u. a. möglich, den Einfluss endogener Variablen auf andere endogene Variablen zu modellieren, was im Kontext der Schätzung von LDV-Effekten in dynamischen Panelmodellen ein großer Vorteil ist. Im Gegensatz zu Difference-GMM lassen sich zudem auch Effekte zeitkonstanter Variablen schätzen (Moral-Benito 2012, S. 12). Zusätzlich können, analog zum Diff-GMM-XP, vorbestimmte x-Variablen einbezogen werden. Hierzu ist folgende Bedingung notwendig (Williams et al. 2018, S. 296):

---

9   An der Stelle soll nicht auf das sog. System-GMM-Modell (Arellano und Bover 1995; Blundell und Bond 1998) eingegangen werden, das eine bekannte Erweiterung des Difference-GMM darstellt, in welchem u. a. auch die Schätzung der Effekte zeitkonstanter Variablen möglich ist. Dieses Verfahren geht mit einer Reihe von Besonderheiten einher, deren Bezug zur Mikrosimulation von den AutorInnen in zukünftiger Forschung geklärt werden soll.

10 Beim Estimation-Sample handelt es sich um die Stichprobe, auf Basis derer die relevanten Parameter geschätzt werden. Das Simulation-Sample ist die Stichprobe, die mithilfe der ermittelten Parameter fortgeschrieben wird. Eine ausführliche Erläuterung findet sich in Kap. 3.

$$E(\epsilon_{it}|y_i^{t-1}, x_i^t, f_i, \alpha_i) = 0 \qquad (2.7)$$

x_i^t in Gl. (2.7) ist ein Vektor der akkumulierten Beobachtungen für x bis zum Zeitpunkt t ($x_i^t = (x_{i1}', \ldots, x_{it}')'$) und y_i^{t-1} ist ein Vektor der akkumulierten Beobachtungen von y bis zum Zeitpunkt $t - 1$ ($y_i^{t-1} = y_{i0}, y_{i1}, \ldots, y_{i,t-1}$). Annahme (2.7) besagt, dass der Fehlerterm ϵ_{it} mit späteren Werten von x korreliert sein kann. So wird beispielsweise für $t = 5$ angenommen, dass ϵ unkorreliert ist mit x für $t = 1, 2, \ldots, 5$. x darf aber mit ϵ zu einem späteren Zeitpunkt, z. B. $t = 6$, $t = 7$, etc. zusammenhängen. Genau diese Möglichkeit zur Korrelation von x mit früheren Werten von ϵ, mit der indirekt ein möglicher Einfluss von vorhergehenden Werten der abhängigen Variablen y auf x modelliert wird, erlaubt die Einbeziehung von vorbestimmten x-Variablen (Williams et al. 2018, S. 296).

Zur Identifikation des Modells werden einige Restriktionen eingeführt, welche sich auf Kovarianzen (Phi-Matrix) der exogenen Variablen beziehen (y_{i0}, x_{it}, f_i, α_i und ϵ_{it}; s. Gl. (2.1) und (2.2)): Die Kovarianz zwischen α_i und f_i wird auf null gesetzt ($Cov(\alpha_i f_i) = 0$), was in Bezug auf die Schätzung von δ der Spezifikation eines Random-Effects-Modells (siehe Kap. 2.1) entspricht. Genau wie im klassischen Random-Effects-Modell ist diese Annahme kritisch zu bewerten, da sie impliziert, dass im Modell alle relevanten zeitkonstanten Einflüsse, die nicht dem Random Intercept α_i zuzuschreiben sind, in Form von zeitkonstanten unabhängigen Variablen enthalten sind. Die Restriktion ist jedoch zwangsläufig notwendig, wenn das Modell die Schätzung des Einflusses zeitkonstanter Variablen ermöglichen soll (Williams et al. 2018, S. 298). In Bezug auf die anderen Schätzer λ und β entspricht das Modell dem Fixed-Effects-Ansatz, solange die standardmäßig im ML-SEM zugelassenen Korrelationen zwischen y_{i0} und x_{it} einerseits und α_i andererseits nicht auf den Wert 0 restringiert werden.

Des Weiteren wird die Kovarianz zwischen dem Random Intercept und dem idiosynkratischen Fehler sowie zwischen allen anderen zeitkonstanten Variablen und dem idiosynkratischen Fehlerterm auf null restringiert ($Cov(\alpha_i \epsilon_{it}) = 0$; ($Cov(f_i \epsilon_{it}) = 0$). Außerdem werden, genau wie im AHM und in den Standardvarianten der GMM-Modellen, serielle Korrelationen der idiosynkratischen Fehler ausgeschlossen ($Cov(\epsilon_{it} \epsilon_{is}) = 0$ für $t \neq s$).

Die Parameter des Modells werden mit der Maximum-Likelihood-Methode geschätzt. Im Kontext dynamischer Panelmodelle besitzt diese Methode die unerwünschte Eigenschaft, dass die Interpretation des Modells maßgeblich von Annahmen abhängt, die über sog. Initial Conditions (Startwert der als endogen geltenden y-Variablen, also y_{i0}) getroffen werden (Anderson und Hsiao 1981, S. 599). Erstens ist es schwer, unter inhaltlichen Gesichtspunkten die richtigen Annahmen zu treffen. Zudem ist die Berechnung der Likelihood aufwändig (Hsiao 2014, S. 90

ff.) und die Maximierung dieser führt nicht immer zu konsistenten Schätzern (ebd., S. 92). Im Strukturgleichungsgerüst von Williams et al. (2018) lässt sich das Initial Conditions-Problem allerdings umgehen, da es dort ohne weiteres möglich ist, y_{i0} als einzige der y-Variablen als exogen zu deklarieren.

Allison (2009, S. 97) hält fest, dass die Umsetzung panelanalytischer Regressionsmodelle im Gerüst von Strukturgleichungsmodellen zwar umständlicher sei, aber zentrale Vorteile habe. So ist es aufgrund der flexiblen Modellierung exogener und endogener Variablen auch möglich, zwei oder mehrere abhängige Variablen, von denen angenommen wird, dass sie einen verzögerten, reziproken Effekt aufeinander haben, in das Modell aufzunehmen (Allison 2009, S. 97). Außerdem ermöglicht die Umsetzung mit Maximum Likelihood praktische Erweiterungen wie Likelihood-Ratio-Tests, die einen Vergleich zwischen Fixed- und Random-Effects-Modellen erlauben. Darüber hinaus leidet das ML-SEM unter deutlich geringeren Verzerrungen als Difference-GMM, wenn die Stichprobengröße N gering ist (Moral-Benito et al. 2018, S. 10) oder der Effekt der gelagten Variablen besonders stark ist (Moral-Benito 2012, S. 30).

2.3   Zwischenfazit

Bei den soeben dargestellten panelanalytischen Techniken handelt es sich lediglich um einen Auszug aus einer Vielzahl statistischer Modellierungsmethoden für Paneldaten (s. z. B. Baltagi 2013, Kap. 8). Fixed-Effects- und Random-Effects-Modelle sind dabei die mit Abstand am häufigsten angewendeten Verfahren der Längsschnittdatenanalyse, vor allem im sozialwissenschaftlichen Kontext (Halaby 2004). Sie zeichnen sich dadurch aus, unbeobachtete Heterogenität, die durch im Modell nicht berücksichtigte zeitkonstante Variablen zustande kommt, vollständig oder zumindest teilweise zu kontrollieren (s. Kap. 2.1). Beide Modelle entsprechen einer statischen Modellierung. In vielen empirischen Szenarien ist jedoch plausibel, anzunehmen, dass auch zurückliegende Zustände oder Veränderungen einer Variablen einen Einfluss auf die aktuelle Ausprägung derselben Variable haben (Bollen und Brand 2010, S. 2). In solchen Fällen kann die Aussagekraft eines regressionsanalytischen Modells maßgeblich durch die Einbindung von Lags der abhängigen Variable auf der Seite der Regressoren verbessert werden (dynamische Modellierung). In der Ökonometrie wurde dies schon früh erkannt (z. B. Balestra und Nerlove 1966). In anderen wissenschaftlichen Disziplinen gewinnen dynamische Modelle ebenfalls zunehmend an Bedeutung, z. B. in den Politikwissenschaften (Bellemare et al. 2017). Es wurde allerdings in Kap. 2.2 deutlich, dass die Einbindung endogener Dynamiken mit erheblichen statistischen Herausforderungen einhergeht. Dabei wurden unterschiedliche Modellierungsstrategien vorgestellt, welche zur Bewältigung dieser Herausforderungen entwickelt wurden (u. a. Instrumentvariablenschätzungen, dynamische Panelmodelle als Strukturgleichungsmodelle). In allen Methoden müssen unterschiedliche, teilweise nicht testbare Annahmen getroffen werden. Die Anwendung dieser Modelle erfordert zudem eine Reihe von Detailentscheidungen, welche nur in Abhängigkeit der konkreten Fragestellung und der Beschaffenheit der vorliegenden Paneldaten getroffen werden können.

Im Kontext von Mikrosimulationen ist die Implementation der Ergebnisse panelanalytischer Modelle noch selten, was insbesondere für dynamische Panelmodelle gilt (McLay et al. 2015, S. 119). Schon für statische Modelle ergeben sich Besonderheiten im Vergleich zu Querschnittsmodellen, wenn erstere Random Intercepts inkludieren. Im Falle dynamischer Modelle kommen zusätzliche Schwierigkeiten hinzu. Im weiteren Verlauf dieses Textes wird ausführlich diskutiert, wie diese Herausforderungen zu lösen sind und wo die Grenzen liegen (Kap. 3). Für einen Teil der in diesem Kapitel vorgestellten Modelle werden existierende Implementationsstrategien vorgestellt und neue Ideen entwickelt. Diese Ansätze werden dann auf empirische und fiktive Daten angewendet und hinsichtlich ihrer Vorhersagequalität überprüft (Kap. 4).

3 Möglichkeiten und Grenzen in Bezug auf die Implementation panelanalytischer Modelle in die Mikrosimulation

Es wurde deutlich, dass mithilfe von panelanalytischen Modellen versucht wird, die Qualität von Schätzern in statistischen Modellen zu verbessern und Dynamiken innerhalb von Einheiten (im Folgenden: Personen) zu berücksichtigen oder gar explizit zu modellieren. Eine Verbindung aus der Inklusion autoregressiver Effekte über gelagte abhängige Variablen und der Einbeziehung unbeobachteter zeitkonstanter Effekte über Random Intercepts ist hierbei für Mikrosimulationen besonders vielversprechend. Diese Verbindung erlaubt die Trennung zweier Gründe für die bei Paneldaten zu erwartende Korreliertheit von Residuen innerhalb von Personen: unbeobachtete Heterogenität aufgrund ebendieser fehlenden zeitkonstanten Merkmalen und Trägheit von Veränderungen bzw. Stabilität in Bezug auf die abhängige Variable (Rabe-Hesketh und Skrondal 2012a, S. 273). Durch die Berücksichtigung der Trennung dieser beiden Aspekte können konsistente und kohärentere Lebensverläufe erzeugt werden. Ferner könnte das Niveau, auf dem sich die Werte der abhängigen Variablen eines Individuums auch in Abhängigkeit unbeobachteter zeitkonstanter Eigenschaften bewegen, besser reproduziert werden. So reizvoll solche Modelle für die Mikrosimulation auch sind, so wurde oben ebenso gezeigt, dass sie mit einer Reihe statistischer Probleme verbunden sind, die entweder ignoriert werden (Allison 2009) oder sich nur durch aufwändige Modellierungsansätze lösen lassen. Wie zudem die Arbeit von Leszczensky und Wolbring (2018: S. 28) impliziert, ist die Methodenentwicklung in diesem Bereich noch bei Weitem nicht abgeschlossen. Neben den zu lösenden statistischen Problemen ergeben sich beim Versuch, diese Modelle in die Mikrosimulation zu implementieren, zusätzliche Herausforderungen. Diese resultieren vor allem daraus, dass häufig der Startdatensatz für eine Mikrosimulation (Simulation-Sample) nicht mit dem Datensatz bzw. den Datensätzen übereinstimmt, die für die Schätzung von Regressionsmodellen verwendet werden (Estimation-Sample; Richiardi und Poggi 2014, S. 8).

Insbesondere die Einbindung von Random Intercepts ist dann mit einigen Herausforderungen verbunden (Richiardi 2014), da diese für Personen des Simulation-Sample nicht bekannt sind. Wenn aber im Simulation-Sample dieselben unabhängigen Variablen und die abhängige Variable enthalten sind, wie im Estimation-Sample, in dem das entsprechende panelanalytische Modell geschätzt wurde, dann kann im Simulation-Sample auf Individualebene die Differenz zwischen der Vorhersage auf Basis des fixen Parts der Regressionsgleichung[11] und dem beobachteten Wert der abhängigen Variablen berechnet werden. Diese Differenz, die in Standard-Varianten der Random- und Fixed-Effects-Modelle dem Gesamtresiduum entspricht, kann genutzt werden, um Personen im Simulation-Sample möglichst passende Random Intercepts zuzuweisen. Hierzu hat Richiardi (2014) die sogenannte Rank-Method entwickelt, die im Folgenden vorgestellt wird.

3.1   Die Rank-Method

3.1.1   Umsetzung im linearen Fall

Die Rank-Method ist ein Verfahren, mit dem Personen im Simulation-Sample passgenaue Random Intercepts auf Basis von im Estimation-Sample geschätzten

---

11 Mit „fix" sind hier alle direkt beobachteten Variablen gemeint. Nicht dazu zählt hingegen das „fixed Intercept" im Kontext des Fixed-Effects-Modells, das zwar als fixe Größe begriffen wird, für Personen, die nicht unmittelbar in der Schätzung des Fixed-Effects-Modells inkludiert sind, aber unbekannt ist – was im vorliegenden Kontext für alle Personen aus dem Simulation-Sample gilt. Aus dem Grund wird auch im Kontext von Fixed-Effects-Modellen der Begriff *Random* Intercept genutzt.

Random- oder Fixed-Effects-Modellen zugewiesen werden. Zunächst wird der lineare Fall ohne endogene Dynamik (für eine entsprechende Erweiterung s. 3.2) betrachtet, für den Richiardi (2014) verschiedene bereits existierende Techniken diskutiert:

Die einfachste Variante besteht darin, die Schätzer des fixen Parts der Modellgleichung auf das Simulation-Sample anzuwenden, das Random Intercept aber wegzulassen. Diese Methode ist aufgrund ihrer Simplizität verlockend. In der Regel ist allerdings zu erwarten, dass eine Imputation der Random Intercepts den Vorhersagefehler deutlich reduziert. Sozialwissenschaftliche Anwendungen zeigen nämlich häufig, dass der Anteil des Random Intercepts am Gesamtresiduum (Rho) relativ hoch ist (z. B. Angel und Heitzmann 2013, S. 473). Deshalb würde im Umkehrschluss im Schnitt eine große Lücke in der Vorhersage des -Wertes einer Person im Simulation-Sample entstehen, wenn ihr Random Intercept einfach auf null gesetzt werden würde.

Eine weitere simple Lösung besteht darin, Personen aus dem Simulation-Sample Random Intercepts zuzuweisen, die zufällig anhand der unkonditionalen Wahrscheinlichkeitsverteilung gezogen werden. Eine solche Vorgehensweise ignoriert allerdings die normalerweise im Simulation-Sample vorliegenden Angaben, womit sich, wie oben erwähnt, das Gesamtresiduum ausrechnen lässt. Diese Informationen können genutzt werden, um passendere Random Intercepts zu bestimmen. Denn die wahren Random Intercepts sind als Bestandteil des Gesamtresiduums naturgemäß abhängig von dessen Größe.

Es gibt eine Reihe von Ansätzen, in denen versucht wird, diese empirischen Informationen zu verwerten. Eine relativ intuitive Methode wäre, nach der Schätzung des Modells im Estimation-Sample und der Bestimmung von Random Intercepts für Individuen dieses Samples die Werte der Random Intercepts dort auf die unabhängigen Variablen und die abhängige Variable zu regressieren. Der fixe Part dieser Regressionsgleichung ließe sich auf das Simulation-Sample anwenden, um für die dort enthaltenen Individuen Vorhersagen ihrer Random Intercepts zu generieren. Allerdings zeigt Richiardi (2014, S. 12ff.) im Kontext des Random-Effects-Modells, dass die auf diesem Wege imputierten Random Intercepts nicht mehr der ursprünglichen Wahrscheinlichkeitsverteilung dieser Intercepts folgen.

Eine Alternative hierzu wäre, mithilfe von Techniken Bayesscher Statistik konditionale Wahrscheinlichkeitsverteilungen für die Random Intercepts, also die Verteilung von Random Intercepts gegeben der abhängigen Variablen (Rabe-Hesketh und Skrondal 2012a, S. 109), zu bestimmen. Aus dieser a posteriori-Verteilung können dann Random Intercepts für Personen im Simulation-Sample so gezogen werden, dass die empirisch vorliegenden Informationen über die unabhängigen und die abhängige Variable (und damit über das Gesamtresiduum) berücksichtigt werden. Richiardi (2014, S. 14) zeigt, dass diese Methode für das lineare Random-Effects-Modell relativ leicht anwendbar ist und somit eine gute Alternative zur Rank-Method darstellt. Im Falle eines linearen Fixed-Effects-Modells wird allerdings keine Annahme darüber getroffen, wie die Random Intercepts verteilt sind. Daher kann diese Methode für dieses Modell nicht angewendet werden.

Eine letzte Klasse an Lösungsansätzen stellen Techniken des Optimal Assignment dar. Angewendet auf diesen Kontext werden zunächst so viele Random Intercepts unkonditional gezogen, wie sie für Personen aus dem Simulation-Sample benötigt werden. Dann wird entsprechend der vorliegenden Informationen zum Gesamtresiduum auf Individualebene mittels Zuweisungsalgorithmen versucht, diese gezogenen Random Intercepts optimal auf Personen im Simulation-Sample zu verteilen. Die hier im Mittelpunkt stehende Rank-Method lässt sich ebenfalls den Optimal-Assignment-Techniken zuordnen (mathematische Beweisführung bei Richiardi 2014, S. 30ff.). Im Gegensatz zu den klassischen Algorithmen aus diesem Feld, die Richiardi (2014) diskutiert, arbeitet die Rank-Method jedoch wesentlich schneller und ist leichter zu programmieren. Ihre Zeitkomplexität liegt bei nur $0(N \log N)$, was dadurch zustande kommt, dass lediglich Elemente aus zwei geordneten Listen einander zugewiesen werden müssen (Richiardi 2014, S. 20).

Am einfachsten lässt sich die von Richiardi (2014) entwickelte Rank-Method am Beispiel eines linearen Random-Effects-Modells beschreiben. Ausgangspunkt ist ein entsprechend geschätztes Modell in einem Estimation-Sample. Da der erste (und oft einzige) Erhebungszeitpunkt des Simulation-Sample als Start der Mikrosimulation fungiert, wird hier als Ausprägung des Zeitindex s (mit $s = 0,1,2, \dots ,S$) null gewählt. Entsprechend kann das auf Basis des im Estimation-Sample geschätzten Modells ausgerechnete Gesamtresiduum einer Person i aus dem Simulation-Sample mit $\hat{u}_{i0}$ bezeichnet werden (mit $i = 1,2, \dots ,N$).

In einem nächsten Schritt, der losgelöst vom Simulation-Sample ist, werden für die beiden Fehlerkomponenten α und ϵ jeweils N-mal Schätzungen gezogen. Im Kontext des Random-Effects-Modells wird dabei angenommen, dass beide Komponenten jeweils normalverteilt ($\alpha \sim N(0, \sigma_\alpha^2)$; $\epsilon \sim N(0, \sigma_\epsilon^2)$) und untereinander unkorreliert sind (Corr(α_i, ϵ_{it}) = 0). Aus letzterem folgt, dass beide Fehlerkomponenten unabhängig voneinander auf Basis der jeweiligen im Estimation-Sample geschätzten Wahrscheinlichkeitsverteilungen ($\bar{\sigma}_\epsilon^2$ für σ_ϵ^2 und $\bar{\sigma}_\alpha^2$ für σ_α^2) gezogen werden können. Die so gezogenen Fehlerkomponenten, die als $\tilde{\alpha}$ und $\tilde{\epsilon}_{j0}$ (mit $j = 1,2, \dots, N$) bezeichnet werden können, ergeben für eine fiktive Person j das simulierte Gesamtresiduum $\tilde{u}_{j0} = \tilde{\alpha}_j + \tilde{\epsilon}_{j0}$.[12]

---

12 Die Ausprägung „0" des Zeitindex ist hier willkürlich festgelegt. Die Aufführung eines Zeitindex ist zudem eigentlich überflüssig, da pro fiktiver Person j nur ein Restfehler

Nun werden jeweils alle N Werte von $\hat{u}y_{i0}$ und alle N Werte von $\tilde{u}_{j0}$ sortiert und beide Listen anhand des Rangs, der sich aus der Sortierung ergibt, zusammengeführt. Sollte es innerhalb der Listen Ties geben, dann werden diese mit einer Zufallssortierung aufgelöst (Randomized Tie-Breaking). Auf diesem Wege wird jeder Person i aus dem Simulation-Sample ein simuliertes Residuum einer fiktiven Person j zugewiesen, das möglichst gut zu dieser Person passt.

Dadurch, dass sich alle $\tilde{u}_{j0}$ in $\tilde{\alpha}_j$ und $\tilde{\epsilon}_{j0}$ zerlegen lassen, wird somit auch jeder Person i ein simuliertes Random Intercept $\tilde{\alpha}$ unter Berücksichtigung der Information über das Gesamtresiduum $\hat{u}_{i0}$ zugeordnet. Da die simulierten Random Intercepts $\tilde{\alpha}_j$ zudem gemäß ihrer geschätzten Wahrscheinlichkeitsverteilung gezogen werden, bleiben mit dieser Vorgehensweise, im Gegensatz zu alternativen Verfahren, die für α_i getroffenen Verteilungsannahmen im Zuge der Imputation von α_i im Simulation-Sample erhalten (Richiardi 2014, S. 12). Da ferner die $\tilde{\alpha}_j$-Werte den Personen im Simulation-Sample unabhängig von ihren Werten auf den unabhängigen Variablen zugeordnet werden, wird bei der Imputation von α_i die im Random-Effects-Modell getroffene Annahme der Unkorreliertheit zwischen Random Intercepts und unabhängigen Variablen korrekt umgesetzt.

Der wesentliche Unterschied in der Übertragung dieser Prozedur auf das lineare Fixed-Effects-Modell liegt in der Bestimmung der $\tilde{\alpha}_j$-Werte, da dort keine Verteilungsannahmen für α_i vorliegen. McLay et al. (2015), die sich auf die Rank-Method beziehen, schlagen daher vor, die $\tilde{\alpha}_j$-Werte zu ermitteln, indem aus der Liste der *individuellen* Schätzungen von α_i im Estimation-Sample N-mal mit Zurücklegen gezogen wird. Diese individuellen Schätzungen lassen sich mit Standard-Software (z. B. Stata) leicht berechnen. Die Korrelationen zwischen α_i einerseits und den unabhängigen Variablen (kurz: x) andererseits, die im Fixed-Effects-Modell zulässig sind, werden in der Rank-Method implizit durch den Rückgriff auf das Gesamtresiduum $\hat{u}_{i0}$ umgesetzt. $\hat{u}_{i0}$ kann nämlich in Folge der zugelassenen Korrelation ebenfalls mit x korreliert sein. Die sonstigen Schritte zur Umsetzung der Rank-Method im Falle des Fixed-Effects-Modells sind identisch mit denen, die für den REM-Fall oben beschrieben wurden.

3.1.2 Besonderheiten bei der Anwendung auf ein binäres Random-Effects-Modell (Logit oder Probit)

Eine Übertragung der Ergebnisse nichtlinearer Modellvarianten, wie die des Random-Effects-Logit- oder des konditionalen Fixed-Effects-Logit-Modells, auf das

---

gezogen und damit nur ein simuliertes Gesamtresiduum gebildet wird. Um aber zu signalisieren, welche Größen zeitveränderlich und welche zeitkonstant sind, wird der Zeitindex beibehalten.

Simulation-Sample, geht mit einer Reihe weiterer Probleme einher. Zumindest in
der Logit- und Probit-Variante des *Random*-Effects-Modells existiert trotz einer
gegenüber dem linearen Fall komplizierteren Schätztechnik auch eine Schätzung für
die Varianz des Random Intercepts (Rabe-Hesketh und Skrondal 2012b, S. 537ff.).
Ebenfalls wird angenommen, dass die Random Intercepts normalverteilt sind, so
dass die Anwendung der Rank-Method analog zum linearen Random-Effects-Modell möglich.[13]

Zusätzlich zu den Vorteilen der Rank-Method gegenüber anderen Imputationsmethoden, die im linearen Falle bestehen, kommen im Kontext binärer Random-Effects-Modelle weitere Vorzüge hinzu. So führt z. B. die simple Methode,
alle Random Intercepts auf 0 zu setzen, im binären Fall aufgrund der nichtlinearen
Transformation zwischen fixem Part und der binären abhängigen Variable zu einer verzerrten Fortschreibung von *y* in der Mikrosimulation (Richiardi 2014, S. 5;
mathematische Beweisführung: S. 29f.).

Ein weiterer Vorteil der Rank-Method besteht darin, dass sie, angewendet auf
das binäre Random-Effects-Modell, lediglich annähernd an eine Optimal-As-
signment-Lösung herankommt. Es erscheint kontraintuitiv, dies als Vorteil zu
bezeichnen. Allerdings führen Optimal-Assignment-Methoden im binären Fall,
im Gegensatz zum linearen Fall, unweigerlich zu einer im Random-Effects-Modell
auch im binären Fall unzulässigen Korrelation zwischen den zugewiesenen Random
Intercepts und den unabhängigen Variablen (Richiardi 2014, S. 17ff.). Dadurch,
dass die Rank-Method hier keine optimale Lösung produziert, kann diese Korrelation niedrig gehalten werden (s. u.; für eine mathematisch-präzise Darstellung
s. Richiardi 2014, S. 24f.).

Wie die Rank-Method bei der binären Variante des *Fixed*-Effects-Modells (Logit
oder Probit) umgesetzt werden soll, ist hingegen unklar, obwohl Richiardi (2014,
S. 1) andeutet, dass es möglich sein könnte. Die Probleme rühren daher, dass im
Gegensatz zum linearen Fall hier auf eine Maximum-Likelihood-Schätzung zurückgegriffen werden muss, was in der FEM-Variante aufgrund der Behandlung der
Random Intercepts als fixe Größen zum bekannten Incidental Parameters-Problem
führt (für mathematische Details siehe z. B. Lancaster 2000; Hsiao 2014, S. 236;
Giesselmann und Windzio 2012, S. 143; Baltagi 2013, S. 239). Der für den Logit-Fall
bekannte Ausweg, durch einen „technischen Trick" das Problem zu beheben und

---

13 Im Falle eines binären Random-Effects-Modells ist zudem die Anwendung der Rank-Me-
    thod auch dann angezeigt, wenn das Simulation-Sample dem Estimation-Sample
    entspricht. Richiardi (2014, S. 3) führt an, dass keine Möglichkeit besteht, in binären
    Modellen Schätzer für die einzelnen Random Intercepts zu erhalten. Es existieren zwar
    nach eigenen Recherchen mindestens drei Optionen, welche allerdings nicht frei von
    Problemen sind (Rabe-Hesketh & Skrondal 2012b, S. 543–548).

gleichzeitig Within-Schätzer für unabhängige Variablen zu erlangen (Conditional Fixed-Effects-Logit; Giesselmann und Windzio 2012, S. 143ff.), liefert aber weder Schätzungen individueller Random Intercept-Werte noch der Varianz der Random Intercepts. Ohne solche Informationen ist unklar, wie sich die Rank-Method anwenden lassen soll.

Daher beschränken sich die Ausführungen für binäre Modelle auf das *Random-Effects*-Modell. Das empirische Gesamtresiduum[14] $\hat{u}_{i0}$ wird nun im Simulation-Sample über die Differenz zwischen dem tatsächlichen y-Wert und einer Vorhersage von y allein auf Basis des fixen Parts der linearen Gleichung berechnet. Ist der fixe Part, welcher in der logistischen Regression dem Logit entspricht, größer null, dann würde die Vorhersage für y_{i0}, $\hat{y}_{i0}$, 1 ergeben, ansonsten $\hat{y}_{i0} = 0$ (Richiardi 2014, S. 22). Die restliche Vorgehensweise in der Rank-Method ist identisch mit der, die für den linearen Fall beschrieben wird (s. o.; ebd.).[15]

Der binären Natur des Modells ist es geschuldet, dass $\hat{u}_{i0}$ nur drei Werte annehmen kann: +1, 0 oder -1. Diese kleine Anzahl an Werten führt unvermeidlich dazu, dass in der Sortierung sehr häufig Randomized Tie-Breaking zum Zuge kommt. Innerhalb dieser drei Residualgruppen basiert somit die Imputation von α_i alleine auf dem Zufall. Daher handelt es sich bei der Rank-Method im binären Fall nicht um eine Optimal-Assignment-Methode.

Alternativ dazu schlägt Richiardi (2014, S. 33ff.) die *konditionale* Rank-Method vor, die ein Optimal Assignment erzeugt (ebd., S. 34f.). Der wesentliche Unterschied zur „normalen" Rank-Method besteht darin, dass für das erste Ranking statt nach $\hat{u}_{i0}$ nach dem fixen Part (gegeben y_{i0}) sortiert wird. Da dieser Part theoretisch eine kontinuierliche Größe ist und praktisch meist aus zumindest deutlich mehr als drei Ausprägungen besteht, entstehen erheblich weniger Ties. Im Anschluss wird $\tilde{u}_{i0}$ analog zur normalen Rank-Method erzeugt. Dann werden beide Listen zusammengeführt (für Details s. Richiardi 2014, S. 33f.).

Wie oben erwähnt wurde, besteht bei der konditionalen Rank-Method als Realisierung des Optimal Assignment-Ansatzes die Gefahr, dass eine künstliche Korrelation zwischen dem Random Intercept und den unabhängigen Variablen entsteht. Der hohe Zufallsanteil bei der normalen Rank-Method vermindert hingegen diese künstliche Korrelation deutlich. Da diese Methode zudem trotz des

---

14 Dass sich diese Größe auch im binären Fall aus einem Random Intercept α_i und einem Restfehler ϵ_{it} zusammensetzt, wird deutlich, wenn wie gewöhnlich angenommen wird, dass sich hinter der beobachteten binären Variablen y eine latente kontinuierliche Variable y^* verbirgt, wobei der Übergang zwischen 0 und 1 bei y an der Stelle $y^* = 0$ stattfindet (Best und Wolf 2012, S. 379).

15 Bei der Bestimmung von $\tilde{u}_{i0}$ wird für $\tilde{\epsilon}_{i0}$ im Logit-Fall die standard-logistische Verteilung (Varianz: $\frac{\pi^2}{3}$) und im Probit-Fall die Standardnormalverteilung (Varianz: 1) unterstellt.

hohen Zufallsanteils das Potential hat, gute Vorhersageergebnisse für y_{i0} zu liefern (s. z. B. Kap. 4.1.2), ist sie der konditionalen Rank-Method vorzuziehen.

In Kap. 4.1 werden Ergebnisse der Anwendung der Rank-Method (m_rank) auf ein empirisches Beispiel diskutiert. Dies erfolgt im Vergleich mit zwei alternativen und leichter umsetzbaren Imputationsmethoden (Richiardi und Poggi 2014): In der ersten Variante werden alle Random Intercepts auf null gesetzt (m_zero), in der zweiten werden sie aus der unkonditionalen Wahrscheinlichkeitsverteilung gezogen, ohne dass empirische Informationen aus dem Simulation-Sample berücksichtigt werden (m_uncond). Die Methoden werden auf das lineare Random- und Fixed-Effects-Modell sowie auf das binär-logistische Random-Effects-Modell angewendet. Für letzteres wird zusätzlich anhand der konditionalen Rank-Method (m_crank) imputiert.

3.2   Erste Ansätze zur Erweiterung der Rank-Method und Implementations-Strategien für dynamische Panelmodelle

Die Ausführungen in 3.1 bezogen sich bislang auf Modelle ohne endogene Dynamiken. Hier werden erste Ideen für Implementations-Strategien für eine Auswahl der in (2.2) diskutierten dynamischen Modelle vorgestellt, für die anschließend in Kap. 4.2 diese Strategien anhand fiktiver Daten getestet werden. Zwei Punkte werden dabei für alle Strategien vorausgesetzt: Im Vorfeld der Fortschreibung von y zu einem Zeitpunkt t wurden bereits alle unabhängige Variablen in separaten, hier nicht diskutierten Vorgängen, bis zum Zeitpunkt t fortgeschrieben. Zudem wird der Restfehler $\tilde{\varepsilon}_j$, sofern die Rank-Method keine Anwendung findet, immer aus der im Estimation-Sample geschätzten Wahrscheinlichkeitsverteilung gezogen. Für die Implementation eines Standard-OLS-Modells in die Mikrosimulation würde die Erfüllung dieser zwei Punkte bereits ausreichen, um y fortschreiben zu können. Ferner erfolgen der Einfachheit halber die folgenden Darstellungen anhand einer einzigen unabhängige Variable, die mit x bezeichnet wird. Als Zeitindex für das Simulation Sample gilt: $s = 0,1,1, \ldots , S$.

Im *OLS-LDV*, bei dem kein Random Intercept spezifiziert wird, ergeben sich keine Besonderheiten bei der Implementation in Mikrosimulationen. Als einziges der hier diskutierten dynamischen Panelmodelle kommt dieses Modell mit einem querschnittlichen Simulation-Sample aus. Beim *REM-LDV* und *FEM-LDV* werden hingegen zwei Wellen benötigt, da für die Bildung des Gesamtresiduums im Zuge der Rank-Method die -Werte von zwei aufeinanderfolgenden Zeiteinheiten benötigt werden.[16] Ansonsten ist die Vorgehensweise identisch mit der Anwendung der Rank-Method für statische Panelmodelle.

Beim *LFDM* ist eine Anwendung der Rank-Method hingegen nicht notwendig, da sich die Random Intercepts aufgrund der Differenzbildung herausrechnen. y_{i0} und y_{i1} werden zur Bildung der Lagged-First-Difference von y genutzt. Auch hier werden folglich Informationen aus zwei Wellen benötigt. Dann kann mithilfe der auf Basis des Estimation-Sample vorhergesagten Differenz zwischen y_{i1} und y_{i2} eine Vorhersage für y_{i2} erreicht werden, indem diese Differenz zu y_{i1} addiert wird.

Bei dem auf dem LFDM basierenden *AHM* wird mit $y_{i,s-2}$ eine um zwei Einheiten verzögerte LDV (und zusätzlich Δx_{is}) als Instrument für die Lagged-First-Difference von y eingesetzt. In diesem Fall reichen zur Umsetzung in der Mikrosimulation ebenfalls zwei Wellen innerhalb des Simulation-Sample aus, da $y_{i,s-2}$ in der ersten Fortschreibungsrunde dann y_{i0} entspricht. Die Hilfs-Regression zur Umsetzung des Instruments ist technisch gesehen eine Standard-OLS-Regression, so dass hierfür die Standard-Vorgehensweise zur Fortschreibung verwendet werden kann. Wird x_{is} als vorbestimmt deklariert (*AHM-XP*), dann kommt eine zusätzliche Hilfs-Regression hinzu, in welcher $x_{i,s-1}$ (und zusätzlich $y_{i,s-2}$) als Instrument für Δx_{is} fungiert. Auch die für diese Erweiterung notwendigen Informationen stehen in einem Simulation-Sample mit zwei Wellen zur Verfügung.[17]

Der *ML-SEM*-Ansatz kommt im Gegensatz zu AHM(-XP)-Modellen ohne Instrumente aus. Die Endogenität der LDV wird modellinhärent berücksichtigt. Für

---

16   Zwar wird in Mikrosimulationsmodellen für das Simulation-Sample häufig auf Querschnittsdaten zurückgegriffen. Allerdings ist aufgrund der wachsenden Popularität von Panelstudien (Halaby 2004, S. 507) davon auszugehen, dass die im Kontext von Mikrosimulationen häufig gestellten Anforderungen an Simulation-Samples (großer repräsentativer Querschnitt aus einer umfassenden Grundgesamtheit) immer häufiger von Datenbeständen erfüllt sein werden, die aus mindestens zwei Wellen im Paneldesign bestehen. Dies gilt im deutschen Kontext u. a. zumindest eingeschränkt für den Mikrozensus (zur Nutzung der Panelstruktur für Forschungszwecke s. Herter-Eschweiler & Schimpl-Neimanns 2018).

17   Es wird an dieser Stelle verzichtet, Vorschläge zu entwickeln, um Difference-GMM-Modelle in die Mikrosimulation zu implementieren (für eine weiterführende Diskussion hierzu s. Kap. 4.3). Zwar unterscheiden sich Schätzergebnisse auf Basis der GMM-Schätztechnik von denen auf Basis von 2SLS selbst dann, wenn der Diff-GMM-Schätzer auf Instrumente bzw. Momentbedingungen reduziert wird, die im AHM vorgesehen sind. Diese Unterschiede fallen allerdings in diversen Rechenbeispielen, welche von den AutorInnen rechnerisch durchgespielt wurden (nicht in diesem Text aufgeführt), gering aus. Die eigentliche Stärke gegenüber AHM entwickeln GMM-Modelle erst dann, wenn Instrumente mit stärkerem zeitlichen Abstand zu s eingesetzt werden. Dies würde aber ein Simulation-Sample erfordern, das deutlich mehr als zwei Wellen aufweist, was hier vermieden werden soll.

eine als vorbestimmt deklarierte x-Variable müssen die Korrelationen zwischen x und dem Restfehler zur Schätzung freigesetzt werden, bei denen der Restfehler den unabhängigen Variablen zeitlich vorausgeht. Zur Gewährleistung der Implementierbarkeit in Mikrosimulationen wird vorgeschlagen, bei der Schätzung dieser Korrelationen im Estimation-Sample all diese Korrelationen gleichzusetzen. Die Notwendigkeit dieser Restriktionen geht darauf zurück, dass sich der Prognose-Horizont einer Mikrosimulation in der Regel nicht mit der Anzahl an Wellen decken wird, welche im Estimation-Sample für die Schätzung genutzt werden.

Im Gegensatz zu Modellen, die auf ersten Differenzen basieren, wird bei ML-SEM auf die Rank-Method zur Imputation der Random Intecepts zurückgegriffen. Hierfür muss als zusätzliche Restriktion bei der Schätzung des Modells im Estimation-Sample die Varianz des Restfehlers über die Zeit konstant gehalten werden. Für die Ziehung des Restfehlers muss nämlich die Festlegung auf eine geschätzte Wahrscheinlichkeitsverteilung erfolgen. Um nun simulierte Gesamtresiduen $\tilde{u}_{j1}$ entsprechend der Logik der Rank-Method zu generieren, werden die beiden Bestandteile $\tilde{\alpha}_j$ und $\tilde{\epsilon}_{j1}$ separat aus den jeweiligen empirischen Verteilungen (mit Zurücklegen) im Estimation-Sample gezogen. Diese empirischen Verteilungen ergeben sich in der Logik von Strukturgleichungsmodellen aus Faktorwerten latenter Variablen.[18] Die übrigen Schritte der Rank-Method sind identisch mit der oben beschriebenen Anwendung.

Allerdings weist die hier vorgeschlagene Anwendung der Rank-Method auf das ML-SEM den Nachteil auf, dass sie die Korrelationen beider Residualkomponenten mit x nicht adäquat berücksichtigt. Im Gegensatz zum Fixed-Effects-Modell, in welchem die Korrelation des Gesamtresiduums $\hat{u}_{i0}$ mit x ausschließlich von der Korrelation von α_i mit x abhängt, ist im ML-SEM-Kontext diese Korrelation von den jeweiligen Korrelationen *beider* Residualkomponenten mit x abhängig. Für einen einzelnen $\hat{u}_{i1}$-Wert ist daher nicht klar, in welchem Bezug die einzelnen Fehlerkomponenten zu x stehen. Dieser Bezug wird im Rahmen dieses Vorgehens lediglich zufällig hergestellt. Zusammen mit der unrealistischen Vereinfachung in Bezug auf die Korrelationen zwischen x und dem Restfehler (s. o.) wird das hier vorgestellte Vorgehen somit nur ansatzweise der Komplexität des ML-SEM gerecht.

Trotzdem wird davon ausgegangen, dass die Anwendung der Rank-Method auf die beschriebene Art und Weise zu einer besseren Imputation von α_i und ϵ_{it} führt, als wenn diese beiden Größen rein zufällig ohne Berücksichtigung empirischer Informationen aus dem Simulation-Sample zugeordnet werden würden. Dieser

---

18 Dies funktioniert z. B. in Stata über die Option „latent" des „SEM-Postestimation"-Befehls „predict".

Ansatz ist als ein erster Entwicklungsschritt zu verstehen und soll weitere Methodenforschung in Bezug auf das ML-SEM anregen.

Die Vorschläge zur Implementation der in diesem Kapitel diskutierten dynamischen Modelle in die Mikrosimulation werden anhand von fiktiven Paneldaten in Kap. 4.2.2 umgesetzt. Dort wird ferner diskutiert, wie die kurzfristige Vorhersage von y und ggf. des Random Intercepts in Abhängigkeit des jeweils implementierten Modells ausfällt.

4 Vergleich verschiedener Ansätze zur Implementation panelanalytischer Modelle in die Mikrosimulation anhand empirischer und fiktiver Daten

Für den Methodenvergleich wurde zweigeteilt vorgegangen. Zuerst wurden in Anlehnung an Richiardi und Poggi (2014) die Rank-Method und konkurrierende Ansätze zur Implementation von Random Intercepts in die Mikrosimulation für verschiedene Varianten statischer Standard-Panelmodelle (Random- und Fixed-Effects-Modelle) auf empirische Daten angewendet. Diese Daten entstammen einem laufenden Mikrosimulationsprojekt (Stein und Bekalarczyk 2016). Auf diese Art und Weise kann geprüft werden, wie gut diese Methoden in einem reellen Mikrosimulationssetting funktionieren.

Für die Implementation dynamischer Panelmodelle wurden fiktive Daten erzeugt. Dies hat den Vorteil, dass ein Szenario geschaffen werden konnte, aus dem typische Dateneigenschaften resultieren, die im Kontext dynamischer Modelle problematisiert werden (z. B. ein Random Intercept, das mit x und der LDV korreliert ist, oder eine unabhängige Variable, die predetermined ist). So ist es möglich, im Vorfeld der Implementation in die Mikrosimulation zu evaluieren, wie gut die einzelnen Modelle diese Eigenschaften berücksichtigen und damit in der Lage sind, eine Schätzung zu generieren, welche nah an den wahren Parametern ist.

4.1 Performance der Rank-Method und anderer Methoden im Kontext statischer Panelmodelle

4.1.1 Datenbasis und Vorgehensweise beim Methodenvergleich

Bei dem oben genannten Mikrosimulationsprojekt, in dessen Kontext die Rank-Method angewendet wird, handelt es sich um ein laufendes und von der DFG gefördertes Projekt. Es hat die zukünftige Entwicklung beruflicher Platzierung von in

Deutschland lebenden Migrantinnen und Migranten der dritten Generation zum Gegenstand. Der Schwerpunkt liegt dort auf der Verbindung dieser Entwicklung mit der demographisch und migrationsgeschichtlich bedingten Veränderung der ethnischen und sozialstrukturellen Bevölkerungskomposition, welche zusätzlich zu kausalen Faktoren den Integrationsstand in der dritten Generation beeinflussen kann (für Details s. Stein und Bekalarczyk 2016). Zentrale abhängige Variable in diesem Projekt ist der berufliche Erfolg, der über eine Berufsprestigeskala (Magnitude-Prestige-Skala, logarithmiert – lnmps) operationalisiert wird. Am Ende der theoriebasierten empirischen Analyse der Wirkungsmechanismen in Bezug auf den beruflichen Erfolg steht eine zweistufige Modellierung: Zunächst wird auf Basis von Daten des Sozio-Oekonomischen Panels (SOEP) mithilfe eines Random-Effects-Logit-Modells für arbeitsfähige Personen[19] analysiert, wovon die Wahrscheinlichkeit abhängt, erwerbstätig zu sein (arb01). Für Personen, die erwerbstätig sind, wird anschließend, ebenfalls mit SOEP-Daten, ein lineares Random-Effects-Modell mit lnmps als abhängiger Variable geschätzt. Bislang wurden für die Fortschreibung dieser Modelle in der Mikrosimulation die Random Intercepts imputiert, indem für Personen aus dem Simulation-Sample (Mikrozensus 2013) Werte aus der jeweiligen unkonditionalen Wahrscheinlichkeitsverteilung gezogen wurden. Dies entspricht der weiter oben vorgestellten Methode m_uncond, welche hier als eine Alternative zur Rank-Method Bestandteil des Methodenvergleichs ist.

Im Gegensatz zu den Berechnungen innerhalb des Mikrosimulationsprojekts wird hier aus praktischen Gründen die SOEP-Datenbasis eingeschränkt und vereinfacht und eine Aufteilung in einen Trainingsdatensatz (Estimation-Sample; drei Wellen) und einen Testdatensatz (Simulation-Sample; eine Welle) vorgenommen. Personen aus dem Simulation-Sample sind ebenfalls im Estimation-Sample enthalten, allerdings geht die Welle, die für das Simulation-Sample verwendet wird, nicht in die Schätzung der Modelle im Trainingsdatensatz ein. Voraussetzung für die Aufnahme einer Person in die Analysen ist, dass sie entsprechend der Logik des listenweisen Fallausschlusses in mindestens zwei der drei Wellen des Trainingsdatensatz und definitiv im Testdatensatz enthalten ist.

Die Grundgesamtheit, die dem Modell zugrunde liegt, besteht grob gesagt aus Personen mit Migrationshintergrund, wobei der Identifikation dieses Migrationshintergrundes eine relativ aufwändige Datenaufbereitung zugrunde liegt (für Details s. Stein und Bekalarczyk 2016). Wichtig ist dabei, dass sich die Grundgesamtheit nicht auf selbst eingewanderte Personen beschränkt, sondern auch die zweiten und höheren Migrantengenerationen umfasst. Da aus theoretischen Gründen die Sprach-

---

19 Ausgeschlossen sind Personen im Ruhestand und Personen, die sich in schulischer und/ oder beruflicher Ausbildung befinden.

kenntnisse von zentraler Bedeutung sind, ist die Analysegesamtheit gegenüber der Grundgesamtheit eingeschränkt auf Personen, denen filterbedingt die entsprechenden Items vorgelegt wurden. Da diese Items nicht in jeder Welle abgefragt werden, existieren zudem teilweise ungleiche Abstände zwischen den Zeitpunkten. Um auf vertretbare Fallzahlen zu kommen, wurden zwei Sets an Erhebungswellen für das Estimation-Sample und das Simulation-Sample zusammengeführt (s. Tabelle 2). Ist eine Person in beiden Sets enthalten, dann wird sie aus dem Set, das aus älteren SOEP-Wellen besteht, gelöscht. Die Analysen erfolgen ungewichtet.

Diese Vorgehensweise ist daher in mehrfacher Hinsicht unsauber. Da im Kontext des hier vorgenommenen Methodenvergleichs aber keine inhaltlichen Aussagen getroffen werden sollen, erschienen diese Maßnahmen dennoch vertretbar. Im Vordergrund stand, eine ausreichend große Datenbasis zu schaffen, um eine stabile Schätzung von Random Intercepts zu erhalten.

Tab. 2   Zuordnung abstrakter Wellennamen zu Jahren beider Erhebungssets im SOEP und Fallzahlen

	Erhebungs-jahre Set 1	Erhebungs-jahre Set 2	Abstrakter Wellenname	Personenzahl linear (lnmps)	Personenzahl binär (arb01)
Estimation-Sample	2003	2009	t_1	560	800
	2005	2010	t_2	539	733
	2007	2011	t_3	566	806
Simulation-Sample	2008	2013	t_4	604	845

Grobe deskriptive Statistiken zu den abhängigen und den zentralen unabhängigen Variablen sind in Tabelle 3 zu finden. Da die Analysen ungewichtet erfolgen, sind insbesondere aus den Anteilswerten keine Rückschlüsse auf die entsprechende Verteilung in der Grundgesamtheit zu ziehen. Aus diesem Grund, und da zudem migrationstheoretisch relevante inhaltliche Schlussfolgerungen hier nicht im Vordergrund stehen, wird auf eine theoriegeleitete Einordnung der Ergebnisse an dieser Stelle verzichtet. Ferner werden keine Vergleiche der Statistiken zwischen dem Wellenbündel t_1 bis t_3 und der Welle t_4 diskutiert, da sich an keiner Stelle ein signifikanter Unterschied gezeigt hat (für Details s. Erläuterungen in Tabelle 3 unten).

Im Einklang mit den Voranalysen liegt der Durchschnittswert auf der Magnitude-Prestige-Skala (nicht logarithmiert) in einem relativ niedrigen Bereich (Range: 30–216). Da es sich um eine linkssteile Verteilung handelt, fallen die entsprechenden Mediane noch etwas niedriger aus.[20] Rund drei Viertel der Personen, die im „arb01"-Modell berücksichtigt sind, sind erwerbstätig.

Zudem findet sich in Tabelle 3 die Verteilung auf große Migrationsgruppen. Für selbst Eingewanderte ist dabei das Herkunftsland ausschlaggebend, für Personen aus der zweiten Generation das Herkunftsland der Eltern. Für höhere Generationen werden zusätzlich Informationen zum Herkunftsland der Großeltern hinzugezogen. „Gast" steht für einen Teil der Länder, mit welchen in den 1950er- und 1960er-Jahren Anwerbeabkommen mit Deutschland vereinbart wurden. „Ost" umfasst die meisten osteuropäischen Staaten. Alle sonstigen Personen mit Migrationshintergrund, die keiner der drei Gruppen zugeordnet werden konnten, finden sich in der Komplementärgruppe „Sonstiges" (für Details zur Konstruktion der Gruppen und zum Umgang mit konkurrierenden Informationen, z. B. wenn beide Elternteile einer Person in unterschiedlichen Ländern geboren sind, s. Stein und Bekalarczyk 2016). Die Verteilung auf Migrationsgenerationen zeigt, dass ungefähr drei Viertel der betrachteten Personen selbst Eingewanderte sind.

Das Geschlechterverhältnis ist in beiden Fällen relativ ausgeglichen. Zur Operationalisierung der Bildung wurde die ISCED-Skala (1997er-Klassifikation) herangezogen. Wir folgen dabei anderen Autorinnen und Autoren, indem wir diese Skala als quasi-metrisch behandeln (z. B. Obersneider et al. 2018; Fuchs und Sixt 2007), auch wenn die Unterstellung, die Skalenpunkte stünden im äquidistanten Verhältnis zueinander, gewagt ist (Fuchs und Sixt 2007, S. 13). Die Durchschnittswerte bewegen sich demnach im mittleren Skalenbereich.

Für die Sprachfähigkeiten wurde ein Index aus der subjektiven Einschätzung danach gebildet, wie gut die Befragungsperson deutsch sprechen und wie gut sie deutsch schreiben kann. Beide Items werden auf derselben ausverbalisierten 5er-Skala abgefragt, wobei diese Skala als quasi-metrisch interpretiert wird. Nach Umkodierung steht ein höherer Wert für bessere Sprachfähigkeiten. Erkenntnisse aus Voranalysen implizieren, dass das Schreiben für den beruflichen Erfolg wichtiger ist, als das Sprechen. Daher wurde ein additiver Index gebildet, bei dem das Schreiben der deutschen Sprache doppelt gezählt wird. Entsprechend kann der Index Werte zwischen 3 und 15 annehmen. Die hier ausgewiesenen Mittelwerte liegen im oberen Drittel dieser Skala. Schließlich zeigen die hohen Prozente in

---

20 Eigentlich wäre zu erwarten, dass die Mittelwerte für Personen im „arb01"-Modell identisch mit denen im „lnmps"-Modell sind, da sich die Berechnung im „arb01"-Modell logischerweise nur auf Erwerbstätige beziehen kann. Allerdings basieren beide Modelle auf unbalancierten Paneldaten. Zudem gibt es Einzelfälle, von denen zwar bekannt ist, dass diese Personen erwerbstätig sind. Der Prestigewert konnte aber nicht ermittelt werden. Daher gibt es leichte Abweichungen zwischen den Werten beider Modelle.

Tab. 3 Univariate deskriptive Statistiken für unabhängige und abhängige Variablen

Variable(n)/Ausprägungen (ggf. Zeitpunkt)	Statistiken für Personen, die im Modell mit folgender AV berücksichtigt werden:				Variable(n)/Ausprägungen (ggf. Zeitpunkt)
	lnmps	arb01	lnmps	arb01	
e^{lnmps}=mps (t_1 bis t_3/t_4)	54,73/55,75	54,70/56,24	26,23 %	24,50 %	Generation: 2.+
arb01 = arbeitend (t_1 bis t_3/t_4)	100 %/100 %	75,83 %/76,09 %	52,65 %	45,97 %	Geschlecht: männlich
Herkunft: „Gast"	34,60 %	33,14 %	3,60	3,45	Bildung (ISCED; t_4)
Herkunft: „türkisch"	20,70 %	24,14 %	12,11/12,30	11,75/11,98	Sprachfähigkeit (t_1 bis t_3/t_4)
Herkunft: „Ost"	22,52 %	22,13 %	72,52 %	70,77 %	Anteil „Set 2 (2009–2013)"

Werden Statistiken als Prozentwerte ausgewiesen, dann handelt es sich um den Anteil der Personen, die in die betrachtete Kategorie fallen, an allen Personen, die in der Analyse berücksichtigt wurden (bei zeitveränderlichen Variablen eingeschränkt auf den Zeitpunkt t_4. Ansonsten werden entsprechende arithmetische Mittel ausgewiesen. Alle Statistiken wurden ohne Gewichtung berechnet. Bei zwei Werten in einer Zelle bedeutet ein „*" hinter dem zweiten Wert, dass der Unterschied zwischen t_1 bis t_3 und t_4 statistisch signifikant ist (t-Test auf Mittelwerts- oder Anteilswertsunterschiede, p <0,05).

Bezug auf „Set 2 (2009–2013)", dass Angaben aus Set 1, das aus Informationen aus älteren Wellen (2003–2008) besteht, nur ergänzend genutzt werden. Die Analysen enthalten nur einen Teil der für das oben erwähnte Mikrosimulationsprojekt relevanten unabhängigen Variablen. So fehlen z. B. die soziale Herkunft und das Ausmaß interethnischer Kontakte. Die Aufnahme dieser Variablen hätten zu einem zu großen Fallzahlverlust geführt. Zudem ist die Konstruktion dieser Merkmale in dem Bezugsprojekt noch nicht abgeschlossen (z. B. steht die Imputation fehlender Werte noch aus). Mit dem Alter der Befragungspersonen wurde nicht kontrolliert, da sich in Voranalysen (entgegen den Erwartungen) weder ein bedeutsamer linearer noch ein bedeutsamer quadratischer Effekt gezeigt hat.

Wie anhand Tabelle 4 deutlich wird, werden ein lineares Random und ein lineares Fixed-Effects-Modell sowie ein Random-Effects-Logit-Modell geschätzt. Für jedes dieser Modelle erfolgen jeweils Imputationen von Random Intercepts auf Basis unterschiedlicher Ansätze. Entsprechend der Erläuterungen in Kapitel 3.1 werden im linearen Fall neben der Rank-Method (m_rank) die Ansätze „m_zero" und „m_uncond" und im Logit-Fall zusätzlich die konditionale Rank-Method (m_crank) für den Methodenvergleich einbezogen. In allen Modellen wird evaluiert, wie gut die Vorhersage der abhängigen Variablen im Simulation-Sample auf Basis der jeweiligen Imputationsmethode gelingt. Da im linearen Fall bei den Individuen im Simulation-Sample die auf Basis der Zeitpunkte t_1 bis t_3 geschätzten Random Intercepts bekannt sind, kann dort zudem ein direkter Abgleich zwischen diesen geschätzten und den für t_4 imputierten Random Intercepts erfolgen.

4.2.2 Ergebnisse

In Tabelle 4 sind die Schätzergebnisse verschiedener Varianten von Standard-Random und Fixed-Effects-Modellen aufgeführt, welche die Basis für den Vergleich der Imputationsmethoden darstellen. Wie weiter oben aufgeführt, soll darauf verzichtet werden, die Ergebnisse inhaltlich zu interpretieren. Ausgehend von dem Bezugsprojekt lässt sich aber grob konstatieren, dass die Effektrichtungen und -stärken größtenteils den Erwartungen entsprechen.[21]

Die unabhängigen Variablen sind zum Großteil zeitkonstant. Für diese Variablen kann im Fixed-Effects-Modell kein Effekt ausgewiesen werden. Die Schätzung des ISCED-Effekts besteht zudem im Fixed-Effects-Modell erwartungsgemäß aus einer sehr dünnen Datenbasis, da sich der ISCED-Wert bei lediglich 3,3 % aller Personen innerhalb der Wellen im Estimation-Sample verändert. Dementsprechend

---

21 Aktuell wird in dem Bezugsprojekt geklärt, warum unterschiedliche Prestigeskalen zu unterschiedlichen Richtungen der Geschlechterunterschiede führen.

fällt die Within-Variation sehr niedrig aus. Das Ausmaß der Within-Variation in Bezug auf den Sprachfähigkeiten-Index wird hingegen als ausreichend beurteilt (Within-Standardabweichung: 0,92; Between-Standardabweichung: 2,75). Aus inhaltlicher und pragmatischer Perspektive würde hier trotz aller Vorteile von Fixed-Effects-Modellen (Brüderl 2010) die Dominanz zeitkonstanter Anteile in den unabhängigen Variablen für die Verwendung des Random-Effects-Modells sprechen (wie es auch im Bezugsprojekt der Fall ist). Da es hier aber Ziel ist, die Performance der Rank-Method und konkurrierender Methoden in Bezug auf unterschiedliche Modelle zu testen, wird das Fixed-Effects-Modell als Variante beibehalten. Der im Vergleich zum Random-Effects-Modell kleinere Koeffizient der Sprachfähigkeiten und die größere Varianz des Random Intercepts (in der Tabelle als Standardabweichung sd(α_i ausgewiesen) sprechen zudem dafür, dass die Schätzer im Random-Effects-Modell durch unberücksichtigte zeitkonstante Variablen verzerrt sind, die mit den berücksichtigten unabhängigen Variablen korreliert sind.

Tab. 4 Ausgangsmodelle für den Vergleich von Imputationsmethoden

		Magnitude-Prestige-Scale (logarithmiert)		Logit („arbeitend vs. erwerbslos")
		REM	FEM	REM
Herkunftsland (ref.: Gast)	türkisch	0,032	-	-2,008 ***
	Ost	0,080 *	-	-0,698
	Sonstige	0,083 *	-	-0,997 *
Generation (ref.: 1. Gen.)	Zweite Generation und höher	0,168 ***	-	0,196
Geschlecht	Männlich	-0,075 **	-	2,647 ***
	Bildung (ISCED)	0,109 ***	0,064 **	0,434 **
	Sprachfähigkeiten	0,014 ***	0,006 *	0,217 ***
	Chi²	353,020 ***	-	95,380 ***
	F-Test	-	17,140 ***	-
	sd(α_i)/ rho	0,296 0,849	0,339 -	4,101 0,836
	Personen / Personenjahre	604 1.665	604 1.665	845 2.379

*p < 0,1 **p < 0,01 ***p < 0,001; eigene Berechnungen, basierend auf Daten des SOEP zu den Zeitpunkten t_{1-3}

Insgesamt wurden in allen drei Modellen erstens bedeutsame fixe Effekte geschätzt. Zweitens ist der zeitkonstante Anteil am Fehlerterm relativ hoch, so dass Random

Intercepts einen bedeutsamen Teil des Gesamtresiduums auszumachen scheinen.[22] Beide Punkte zusammen ergeben ein günstiges empirisches Szenario, innerhalb dessen die Rank-Method und konkurrierende Methoden angewendet werden können. In Tabelle 5 sind kompakte Kennzahlen aufgeführt, welche die Performance der Imputationsmethoden vergleichbar machen. Im linearen Setting zeigt sich für t_4, dass die Korrelation zwischen dem empirischen y-Wert und dem auf Basis der Imputation von Random Intercepts vorhergesagten y-Wert in beiden Modellen für die Rank-Method mit Abstand am höchsten ist. Mit der Rank-Method lassen sich somit, zumindest für einen kurzfristigen Zeitraum von einer Welle, y-Werte deutlich besser vorhersagen als mit den anderen beiden Methoden. Es zeigt sich zudem an diesen Korrelationen, dass es mehr „Schaden" anrichtet, Random Intercepts ausschließlich per Zufall zuzuweisen (m_uncond), als ganz auf die Imputation zu verzichten (m_zero). Dieser Befund fällt womöglich so deutlich aus, da hier Random Intercepts einen großen „erklärenden" Anteil an y haben. Ein ähnliches Bild zeichnet sich für das Random-EffectsLogit-Modell ab. Auch hier fällt die Vorhersage für y (Vorhersage der Werte 0 und 1) mithilfe der Rank-Method deutlich besser aus, als für die beiden anderen Methoden. Die Überlegenheit der Rank-Method wird zudem im linearen Falle durch die gegenüber m_uncond deutlich höher ausfallende Korrelation zwischen den für t_4 imputierten und den auf Basis von t_1 bis t_3 geschätzten Random Intercepts untermauert.

Werden innerhalb des linearen Settings die Ergebnisse für die Rank-Method zwischen beiden Modellvarianten verglichen, dann fällt auf, dass die Korrelation der y-Werte im Fixed-Effects-Modell höher ausfällt, als im Random-Effects-Modell. Dies könnte daran liegen, dass trotz der oben erwähnten Probleme, die das Fixed-Effects-Modell in diesem Fall betreffen, die Imputation dort Random Intercepts ergibt, die näher an den wahren Random Intercepts liegen, als im Random-Effects-Modell. Schließlich wird im Fixed-Effects-Modell eine Korrelation dieser Random Intercepts mit den unabhängigen Variablen zugelassen, was für die meisten sozialwissenschaftlichen Anwendungen eine realistische Annahme darstellt (s. o.).

Laut Richiardi (2014) soll, im Vergleich zu anderen Methoden des Optimal Assignment, ein weiterer wichtiger Vorteil der Rank-Method darin bestehen, dass keine künstliche Korrelation zwischen den Random Intercepts und den Vorhersagewerten auf Basis der unabhängigen Variablen entsteht (für Details s. o.). Im linearen Random-Effects-Modell, in dem diese Korrelation a priori als nichtexistent angenommen wird, fällt diese Korrelation mit 0,046 entsprechend niedrig aus.

---

22 Entsprechende Tests für die linearen Modelle bestätigen, dass die Aufnahme eines Random Intercepts in die Regressionsgleichung gerechtfertigt ist.

Im linearen Fixed-Effects-Modell ist diese Korrelation (0,348) sehr nah an der im Modell geschätzten Korrelation (0,347). Auch im Random-Effects-Logit-Modell ist diese Korrelation nahe null. Hier zeigt sich der entscheidende Vorteil gegenüber der konditionalen Rank-Method: Mit letzterer gelingt es zwar, y perfekt vorherzusagen, dafür wird mit -0,384 eine betragsmäßig unerwünscht hohe Korrelation zwischen den imputierten Random Intercepts und dem fixen Part der linearen Gleichung erzeugt. Diese künstliche Korrelation könnte in der langfristigen Fortschreibung innerhalb einer dynamischen Mikrosimulation zu einem stärker wachsenden Vorhersagefehler führen, als die normale Rank-Method, die im Logit-Fall hinsichtlich der Vorhersage von y ebenfalls akzeptable Ergebnisse liefert.

Tab. 5 Kennzahlen zur Beurteilung der Performance einzelner Imputationsmethoden

	Magnitude-Prestige-Scale (logarithmiert)						Logit („arbeitend vs. erwerbslos")		
	REM			FEM			REM		
Methode	Korr. y_{i4}^{emp} mit $y_{i4}^{m_-*}$	Korr. α_i^{emp} mit $\alpha_i^{m_-*}$	Korr. xb^{emp} mit $\alpha_i^{m_-*}$	Korr. y_{i4}^{emp} mit $y_{i4}^{m_-*}$	Korr. α_i^{emp} mit $\alpha_i^{m_-*}$	Korr. xb^{emp} mit $\alpha_i^{m_-*}$	Anteil falsch positiv	Anteil falsch negativ	Korr. α_i^{emp} mit $\alpha_i^{m_-*}$
m_zero	0,512	-	-	0,413	-	-	83,17%	7%	-
m_uncond	0,399	0,031	0,008	0,158	-0,010	-0,027	75,74%	20,84%	-0,010
m_rank	0,893	0,764	0,046	0,927	0,824	0,348	20,79%	3,11%	-0,038
m_crank	-	-	-	-	-	-	0%	0%	-0,384

Eigene Berechnungen

Um für den linearen Fall den Zusammenhang zwischen den empirischen und den vorhergesagten y-Werten genauer zu inspizieren, wird in Abb. 1 die Verteilung der auf Individualebene berechneten quadrierten Abweichung zwischen dem empirischen und dem vorhergesagten y-Wert in Abhängigkeit der Imputationsmethode graphisch dargestellt. Analog dazu wird in Abb. 2 der Zusammenhang zwischen den geschätzten und den imputierten Random Intercepts veranschaulicht. Hierzu werden die jeweiligen Abweichungen entlang ihrer Größe sortiert, so dass sich diese Abweichungen anhand von Perzentilen auf der x-Achse darstellen lassen.

Es zeigt sich für beide Modelle, sowohl in Bezug auf y als auch in Bezug auf das Random Intercept, dass die Rank-Method die wenigsten und kleinsten Ausreißer bei quadrierten Abweichungen produziert. Für rund 40–45 % aller Personen im Simulation-Sample führt eine Imputation nach der m_uncond-Methode hingegen zu deutlichen quadrierten Abweichungen. Am Ende dieser Verteilung sind extreme

Ausreißer zu verzeichnen. Auch hier zeigt sich, dass die Vorhersagequalität am schlechtesten ist, wenn Random Intercepts ausschließlich per Zufall zugewiesen werden. Gerade in Bezug auf quadrierte Abweichungen zwischen geschätzten und imputierten Random Intercepts ist dieser Befund beachtlich. Für m_zero besteht die Imputation nämlich schlicht darin, alle Random Intercept-Werte auf null zu setzen. Folglich entspricht die quadrierte Abweichung dort den quadrierten geschätzten Random Intercepts. m_uncond produziert für einen Großteil der Fälle größere quadrierte Abweichungen als m_zero. In solchen Fällen ist somit das Random Intercept, welches durch m_uncond zugewiesen wird, um mehr als den Betrag des geschätzten Random Intercepts von diesem entfernt.

Im Vergleich zwischen dem Fixed- und dem Random-Effects-Modell zeigt sich, dass größere Ausreißer für y produziert werden, wenn die Rank-Method auf dem Random-Effects-Modell basiert. Dies deckt sich mit den Korrelationen zwischen den empirischen und den imputierten y-Werten in Tabelle 5. Kontraintuitiv ist hingegen der umgekehrte Befund hinsichtlich der quadrierten Abweichungen bei Random Intercepts (Abb. 2). Trotz einer höheren Korrelation weisen die auf Basis des Fixed-Effects-Modells zugewiesenen Random Intercepts stärkere Ausreißer auf. Dies kann damit zusammenhängen, dass der Wertebereich und die Streuung der im Estimation-Sample geschätzten Random Intercepts im Falle des Fixed-Effects-Modells größer sind als im Random-Effects-Modell. Diese Unterschiede reproduzieren sich zudem für die auf Basis der Rank-Method imputierten Random Intercepts.[23] Daher ist der „Raum" für Ausreißer im Fixed-Effects-Modell etwas größer als im Random-Effects-Modell. Dies zeigt sich besonders im letzten Quartil der geschätzten Random Intercepts (s. Tabelle 6): Die durchschnittliche quadrierte Abweichung zu den jeweils imputierten Random Intercepts ist im Falle des Fixed-Effects-Modells etwas höher (0,066) als im Random-Effects-Modell (0,047). Im ersten Quartil zeigt sich hingegen das umgekehrte Verhältnis (0,03 vs. 0,04). In diesem empirischen Beispiel scheint also insbesondere bei höheren positiven Random Intercepts das Potenzial für Ausreißer in Bezug auf die durch die Rank-Method zugewiesenen Random-Effects im Fixed-Effects-Modell etwas größer zu sein.

Da, wie oben diskutiert wurde, für viele sozialwissenschaftliche Anwendungen die Streuung der Random Intercepts im Fixed-Effects-Modell mutmaßlich näher an der tatsächlichen Streuung liegen wird als im Random-Effects-Modell, sind diese Ausreißer im Fixed-Effects-Modell in Kauf zu nehmen. Da es für die Qualität der Fortschreibung in einer Mikrosimulation entscheidend ist, ein Ausgangsmodell

---

23 Wertebereich (Standardabweichung) für geschätzte Random Intercepts im REM/FEM: [-0,713;1,057] (0,289) / [-0,616;1,266](0,339). Wertebereich für imputierte Random Intercepts im REM/FEM: [-0,792;0,872] (0,3) / [-0,616;1,187](0,346).

zu haben, dessen Schätzer möglichst unverzerrt sind, sind trotz dieser Ausreißer Fixed-Effects-Modelle vorzuziehen, solange pragmatische Gründe nicht für ein Random-Effects-Modell sprechen (s. o.).

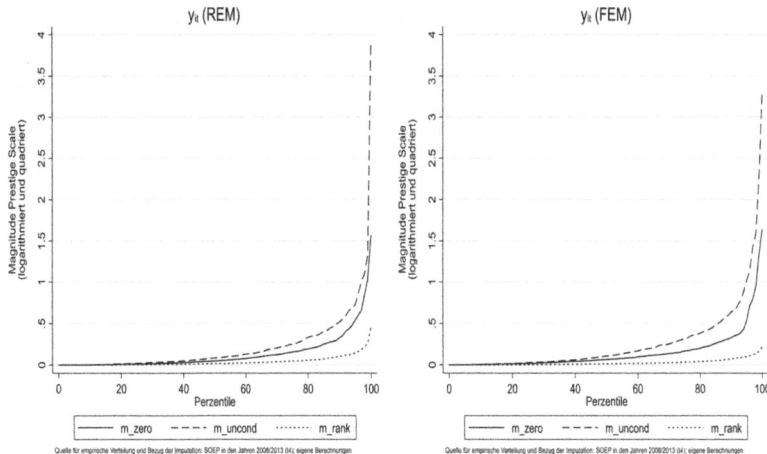

Abb. 1 Verteilung quadrierter Abweichungen zwischen empirischen und methodenreproduzierten -Werten

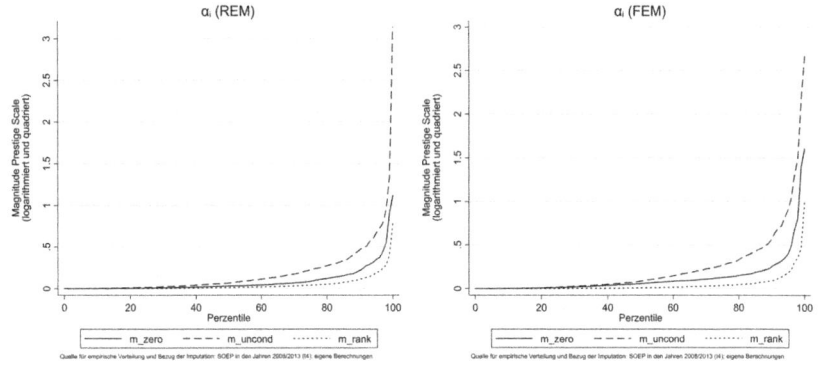

Abb. 2 Verteilung quadrierter Abweichungen zwischen empirischen und methodenreproduzierten Random Intercept-Werten

Hier nicht ausgewiesene Korrelationen zwischen den oben diskutierten quadrierten Abweichungen und den Ausgangswerten (empirische y-Werte für t_4/auf Basis von t_1 bis t_3t geschätzte Random Intercepts) deuten an, dass das Ausmaß dieser Abweichungen teilweise von der Höhe der Ausgangswerte abhängen könnte. Hierzu werden diese Ausgangswerte entlang ihrer Quartile gruppiert. In Tabelle 6 werden für diese vier Gruppen pro Kombination aus Schätzmodell und Imputationstechnik arithmetische Mittel der jeweiligen quadrierten Abweichungen aufgeführt. Während die Unterschiede in den Mittelwerten im Falle der Rank-Method gering sind (kleinere Unterschiede wurden weiter oben diskutiert), zeigt sich bei m_zero und m_uncond fast durchgängig ein klares Muster: Die quadrierten Abweichungen sind stärker, wenn die Ausgangswerte relativ klein (unteres Quartil) oder relativ groß (oberes Quartil) sind. m_uncond produziert dabei, im Einklang mit den bisherigen Befunden, an den Rändern stärkere Abweichungen als m_zero. Diese Abweichungen scheinen zudem im oberen Bereich der Ausgangswerte (oberes Quartil) noch größer zu sein als im unteren Bereich. Dass m_uncond gerade an den Rändern „versagt", ist nicht verwunderlich. Die größten quadrierten Differenzen entstehen, wenn einem betragsmäßig hohem geschätzten Random Intercept ein zufällig ermitteltes Random Intercept zugewiesen wird, welches ebenfalls betragsmäßig hoch ist, aber ein anderes Vorzeichen hat als der geschätzte Wert. Da aus einer Zuweisung unpassender Random Intercepts unmittelbar eine schlechte Vorhersage von y resultiert, wird somit der Befund unterstrichen, dass eine rein zufällige Zuordnung von Random Intercepts im Kontext der Mikrosimulation eine schlechte Vorhersage-Performance hat.

Schließlich wird geprüft, inwieweit die endogene Dynamik in den y-Werten durch die Imputationsmethoden reproduziert wird. Häufig handelt es sich bei den abhängigen Variablen im Kontext wirtschafts- und sozialwissenschaftlicher Mikrosimulationen um Variablen, welche aus lebensverlaufsanalytischer Sicht bedeutsam sind. Dementsprechend ist es wünschenswert, dass eine Methode zur Imputation von Random Intercepts hinsichtlich y keinen künstlichen „Bruch" in den Lebensverlauf der Individuen aus dem Simulation-Sample einführt. In Anlehnung an die Vorgehensweise bei Richiardi und Poggi (2014) wurden daher Regressionsmodelle gerechnet, bei denen y zum Zeitpunkt t_4 von einem früheren Wert von y (t_3 oder t_2) abhängt. Dabei handelt es sich im linearen Falle um gewöhnliche OLS-Regressionen (OLS-LDV). Deren Schätzer sind aufgrund der oben diskutierten Gründe von Verzerrungen bedroht. Allerdings soll der LDV-Koeffizient nicht inhaltlich interpretiert werden. Da in den verschiedenen Varianten lediglich der y-Wert für t_4 ausgetauscht wird und alle anderen Größen konstant gehalten werden, wird angenommen, dass der Verzerrungsgrad in allen Modellen ähnlich ist, so dass ein endogener Vergleich zulässig ist. Für den binären Fall wurden „normale" logistische

Tab. 6 Verteilung der jeweiligen quadrierten Abweichungen in Abhängigkeit der Höhe der jeweiligen Bezugsvariablen

| Q-Gruppe* | y | | | | | | Random Intercept | | | | | |
| | REM | | | FEM | | | REM | | | FEM | | |
	m_zero	m_uncond	m_rank	m_zero	m_uncond	m_rank	m_zero	m_uncond	m_rank	m_zero	m_uncond	m_rank
Minimum bis p<=0,25	0,134	0,192	0,034	0,153	0,268	0,021	0,118	0,193	0,043	0,147	0,288	0,030
p>0,25 bis p<=0,5	0,068	0,147	0,034	0,055	0,181	0,024	0,014	0,101	0,035	0,029	0,155	0,031
p>0,5 bis p<=0,75	0,041	0,139	0,026	0,036	0,139	0,023	0,006	0,093	0,039	0,011	0,098	0,038
p>0,75 bis Maximum	0,222	0,272	0,045	0,266	0,364	0,030	0,193	0,290	0,047	0,269	0,388	0,066

* Q-Gruppe: Gruppierung der jeweiligen Bezugsvariable anhand der Bereiche…
Arithmetische Mittelwerte der quadrierten Differenzen zwischen dem gemessenen und dem vorhergesagten y-Wert (t_4) oder dem auf Basis von t_1–t_3 geschätzten und den für t_4 imputierten Random Intercept nach quartilsbezogener Gruppierung der jeweiligen Bezugsvariable (y für t_4 oder Random Intercept) für Kombinationen aus Schätzverfahren und Imputationsmethode; eigene Berechnungen.

Regressionen gerechnet. Diese enthalten analog zum OLS-LDV kein Random Intercept in der linearen Logit-Gleichung.[24] Um eine Vergleichbarkeit zwischen diesen Modellen zu gewährleisten, wird auf Average Marginal Effects (AME) zurückgegriffen (Mood 2010, S. 75, 80). In allen Modellen wurde, zusätzlich zum in Tabelle 7 ausgewiesenen LDV-Effekt, mit allen unabhängigen Variablen kontrolliert, welche in den Ausgangsmodellen in Tabelle 4 enthalten sind.[25]

Als Vergleichsbasis dient das Modell, dessen LDV-Effekt in der Zeile „empirisch" der Tabelle 7 aufgeführt ist. Hier werden die empirischen y-Werte zum Zeitpunkt t_4 auf die empirischen y-Werte zum Zeitpunkt t_3 respektive t_2 regressiert. Der jeweils ausgewiesene Lag-Koeffizient ist ein Schätzer für den wahren LDV-Effekt in der Grundgesamtheit. Dies deckt sich mit den Erwartungen, dass dieser Effekt im linearen und im binären Kontext bei einer kürzeren Verzögerung (Lag 1) höher ausfällt als bei einer längeren Verzögerung (Lag 2). Diese Koeffizienten können nun mit den Werten in den Zeilen für die Imputationsmethoden verglichen werden, bei denen in der Regressionsrechnung die empirisch gemessenen y-Werte für t_4 durch die auf Basis der Imputationsmethoden vorhergesagten y-Werte für t_4 ausgetauscht wurden.

Im linearen Fall zeigt sich für das Random und das Fixed-Effects-Modell, dass die Lag-Koeffizienten der Rank-Method den empirischen Lag-Koeffizienten am nächsten kommen. Die Lag-Koeffizienten für m_zero und m_uncond sind hingegen nahe null und nicht signifikant. Dies zeigt, dass die y-Werte, die durch diese beiden Methoden vorhergesagt werden, linear nicht mehr von vorherigen y-Werten abhängen. Somit wird hinsichtlich y ein Bruch in den Lebensverlauf eingeführt, welcher die Qualität der Fortschreibung auf Individualebene in einer Mikrosimulation deutlich schmälert.

Zudem zeigt sich, dass die auf der Rank-Method basierenden Lag-Koeffizienten für das Fixed-Effects-Modell näher an den empirischen Lag-Koeffizienten liegen als die entsprechenden Koeffizienten für das Random-Effects-Modell.[26] Dies ist ein weiteres Indiz für die Überlegenheit des Fixed-Effects-Modells im Kontext der Rank-Method.

Auch im binären Fall zeigt sich, hier anhand von AME, dass die Rank-Method deutlich näher an dem empirisch festgestellten LDV-Effekt ist als die Methoden

---

24 Sowohl die linearen als auch die logistischen Regressionen wurden mit robusten Standardfehlern geschätzt.

25 Bei zeitveränderlichen Variablen werden die Werte für t_4 genutzt.

26 Innerhalb der Super-Spalten für Lag 1 und Linear bzw. für Lag 2 und Linear liegt dem Lag-Koeffizienten in der Zeile „empirisch" in beiden Spalten dasselbe Modell zugrunde. Der Wert wurde lediglich zur besseren Vergleichbarkeit doppelt aufgeführt.

m_zero und m_uncond. In diesem Kontext ist zusätzlich der LDV-Effekt für die *konditionale* Rank-Method aufgeführt. Dass der AME für diese Methode identisch mit dem empirischen AME ist, sollte nicht verwundern. Schließlich ist, wie Tabelle 5 zeigt, die Vorhersage der y-Werte für t_4 mit dieser Methode perfekt. Ein Austausch der empirischen und der so vorhergesagten y-Werte für t_4 hat also keinen Effekt auf die Berechnung. Somit zeigt sich hier ebenfalls, dass die „normale" Rank-Method zwar leicht der konditionalen Variante unterlegen ist. Wie jedoch schon oben diskutiert, ist die Performance (hier: die Wahrung der intra-individuellen Kontinuität) der „normalen" Rank-Method immer noch ausreichend gut und daher aufgrund der Schwächen der konditionalen Rank-Method dieser vorzuziehen.

Tab. 7 Ausmaß des „Bruchs im Lebenslauf" der methodenimputierten α_i

Vergleich von Lag-Koeffizienten, wenn empirische -Werte durch methodenreproduzierte ersetzt werden

	Lag 1 (t_3 vs. t_4)			Lag 2 (t_2 vs. t_4)		
	Linear		Binär („arbeitend vs. erwerbslos")	Linear		Binär („arbeitend vs. erwerbslos")
	REM	FEM	REM (AME)	REM	FEM	REM (AME)
Lag basiert auf den empirischen Werten und Wert für t_4 basiert auf…						
empirisch	0,857 ***	0,857 ***	0,656 ***	0,790 ***	0,790 ***	0,542 ***
m_zero	-0,004	0,020	-0,008	0,006	0,036 *	-0,010
m_uncond	0,025	-0,031	-0,054 *	0,031	0,037	-0,029
m_rank	0,708 ***	0,762 ***	0,442 ***	0,637 ***	0,719 ***	0,377 ***
m_crank	-	-	0,656 ***	-	-	0,542 ***

*p < 0,1 **p < 0,01 ***p < 0,001; Lineare OLS- oder logistische Regressionen (je nach Spalte) mit Daten des Sozio-oekonomischen Panels, bei dem der jeweilige y-Wert zum Zeitpunkt t_4 auf den y-Wert zu den Zeitpunkten t_2 oder t_3 (je nach Spalte) und auf alle unabhängigen Variablen, wie sie in Tabelle 1 dargestellt sind (Koeffizienten sind hier nicht ausgewiesen), zum Zeitpunkt t_4, regressiert wird. AME: Average Marginal Effect

Die Analysen haben verdeutlicht, dass eine Imputation von Random Intercepts nach der Rank-Method im Hinblick auf die kurzfristige Vorhersage von y anderen Imputationsmethoden deutlich überlegen ist. Dies gilt zumindest für den linearen Fall, in welchem die Rank-Method eine Realisierung einer Optimal-Assignment-Methode darstellt. Im binären Fall erreicht die Rank-Method hingegen keine optimale Zuordnung. Mit der konditionalen Rank-Method wird diese Schwäche überwunden. Der „Preis" hierfür ist aber, dass diese Methode, im Gegensatz zur „normalen" Rank-Method, eine unerwünschte Korrelation zwischen den imputierten Random Intercepts und den unabhängigen Variablen einführt. Dieser Nachteil ist bei der „normalen" Rank-Method nicht gegeben. Zudem zeigen die Ergebnisse, dass diese Methode selbst im binären Fall eine gute Vorhersagequalität erreicht, obwohl sie keine optimale Zuordnung erzeugt. Daher ist die Rank-Method sowohl im linearen als auch im binären Fall eine geeignete Methode, um Random Intercepts für Personen in einem Simulation-Sample zu imputieren, für welche diese nicht unmittelbar aus den Daten geschätzt werden können.

Ferner zeigt sich, dass für die Qualität der Fortschreibung in einer Mikrosimulation die Qualität des Ausgangsmodells entscheidend ist. Zwar handelt es sich bei dem Setting um ein empirisches Beispiel, in welchem die wahren Parameter unbekannt sind. Es gibt aber dennoch Hinweise dafür, dass die Schätzer im Random-Effects-Modell gegenüber denen im Fixed-Effects-Modell verzerrter sind (s. o.). In den Analysen hat sich entsprechend gezeigt, dass die rank-method-basierte Vorhersage für y besser ist, wenn auf das Fixed-, statt auf das Random-Effects-Modell zurückgegriffen wird.

4.2   Performance unterschiedlicher Implementationen dynamischer Panelmodelle

4.2.1   Datenbasis und Vorgehensweise beim Methodenvergleich

Für den zweiten Teil des Methodenvergleichs, in welchem die Implementation dynamischer Panelmodelle vorgenommen und evaluiert wird, wurden fiktive Daten generiert. Um zu veranschaulichen, wie die unterschiedlichen panelanalytischen Modelle hinsichtlich der Schätzung der Parameter, vor allem aber hinsichtlich der Implementation in die dynamische Mikrosimulation abschneiden, wurde ein künstlicher Paneldatensatz mit $N = 100.000$ Beobachtungen und sieben Wellen aufgebaut. Die Startwelle wird mit $t = 0$ bezeichnet, die Folgewellen mit $t = 1,2, ...,$ 6. Es wurden zwei Variablen y und x sowie ein Random Intercept (α_i) konstruiert. Die Beziehung zwischen diesen Größen sollte gängige Aspekte beinhalten, welche in der Modellierung kausaler Beziehungen im Paneldesign zu berücksichtigen sind. So existiert ein LDV-Effekt und ein Random Intercept, das mit x und LDV korreliert ist. Bei x handelt es sich zudem um eine vorbestimmte Variable.

Das Set der im Folgenden vorgestellten Parameter wurde so bestimmt, dass es in der Entwicklung von x und y im Zeitverlauf ein gewisses Gleichgewicht gibt (Range und Standardabweichung sollten über die Zeit relativ konstant bleiben).

Alle Effekte sollten zudem bedeutsam, aber nicht zu stark sein und der Effekt umgekehrter Kausalität (y auf x) sollte deutlich kleiner sein als der Effekt von x auf y. Zur Bestimmung eines Parametersets, das diese Bedingungen erfüllt, wurden automatisiert eine Vielzahl an Parameterkombinationen getestet, bis eine zufriedenstellende Lösung gefunden war. Tabelle 8 zeigt die resultierende Randverteilung von x und y für die Folgewellen.

Bei der Generierung der Variablen wurde wie folgt vorgegangen: Zunächst wurde ein Random Intercept generiert, das normalverteilt ist, mit einem Erwartungswert null und einer Standardabweichung von 0,2. Dann wurden die Ausgangsbedingungen von y und x (y_{i0} und x_{i0}) erzeugt. Dabei wurden sie vom Random Intercept und einem Restfehler abhängig gemacht. Letzterer folgt in beiden Fällen einer Standardnormalverteilung. Die Beziehung zwischen y_{i0} und x_{i0} einerseits und dem Random Intercept andererseits, wurden auf dieselbe Art und Weise parametrisiert, wie in den späteren Wellen (s. u.).

Die Gleichungen (4.1) und (4.2) zeigen, wie x und y für Folgewellen ($t = 1,2, \ldots,$ 6) berechnet wurden.

$$y_{it} = \lambda y_{i,t-1} + \beta_{it} + \alpha_i + \epsilon_{it} \tag{4.1}$$

$$x_{it} = \delta y_{i,t-1} + \tau \alpha_i + \zeta_{it} \tag{4.2}$$

Der Effekt von α_i auf y beträgt 1 und von α_i auf x (τ) 0,3. Der Koeffizient β gibt den wahren Einfluss von x auf y an und beträgt 0,3. Der Einfluss (λ) des ersten Lags der abhängigen Variablen ($y_{i,t-1}$) auf y_{it} beträgt 0,65. Der Koeffizient δ gibt den Grad umgekehrter Kausalität an, also den Einfluss von y auf x. Dieser beträgt 0,1 und führt dazu, dass es sich bei x_{it} um einen vorbestimmten (predetermined) Regressoren handelt, da durch den Einfluss des Lags der abhängigen Variable (δ) x_{it} mit vorhergehenden idiosynkratischen Fehlern korreliert ist ($E(x_{it} \epsilon_{is}) \neq 0$ für $s \leq t$). Beide idiosynkratischen Fehler ϵ_{it} und ζ_{it} wurden aus Normalverteilungen gezogen, mit einem Erwartungswert von null und einer Standardabweichung in Höhe von 0,4. Aufgrund der separaten Ziehung sind sie nicht untereinander, nicht miteinander und nicht mit α_i korreliert.

Tab. 8   Univariate deskriptive Statistiken der generierten Variablen nach t

t	x				y			
	Quantil p<=0,05	Quantil p>0,95	Arithmetisches Mittel	Standard-abweichung	Quantil p<=0,05	Quantil p>0,95	Arithmetisches Mittel	Standard-abweichung
1	-0,686	0,688	0,000	0,688	-1,385	1,394	0,001	0,843
2	-0,683	0,685	0,000	0,685	-1,304	1,300	0,001	0,792
3	-0,687	0,685	0,000	0,685	-1,304	1,312	0,002	0,795
4	-0,690	0,688	0,001	0,688	-1,331	1,333	0,002	0,812
5	-0,688	0,689	0,002	0,689	-1,358	1,366	0,001	0,830
6	-0,695	0,693	0,001	0,693	-1,383	1,399	0,003	0,845

Die in Kapitel 2 diskutierten panelanalytischen Regressionsmodelle wurden auf den Datensatz für die Wellen 1 bis 3 (Estimation-Sample) angewendet. Die Ausgangswelle $t = 0$ wurde bewusst weggelassen, um den typischen Nachteil in Panelstudien zu imitieren, dass der Prozessstart in Bezug auf x und y unbeobachtet ist. Dabei wurde mit der Statistiksoftware Stata gearbeitet. Für die Modelle REM-LDV und FEM-LDV wurde jeweils auf den Stata-Befehl *xtreg* zurückgegriffen. REM-LDV und FEM-LDV unterscheiden sich von üblichen RE- bzw. FE-Modellen insofern, als dass auf der Seite der Regressoren der erste Lag der abhängigen Variablen aufgenommen wurde. Die Modelle OLS-LDV und AHM wurden mit dem Stata-Standard-Regressions-befehl *regress* ausgeführt. Für das AHM existiert ein kompakter Befehl (*ivregress*) mit der Option *2sls*, bei dem im Befehl sowohl eine Liste mit Variablen, die durch Instrumente ersetzt werden sollen, als auch eine Liste mit den dafür einzusetzenden Instrumentvariablen spezifiziert werden muss. In der Simulation wurde stattdessen zunächst für die dritte Welle des Estimation-Sample die gelagte Differenz von y (Δy_{i2}) auf den zweiten Lag von y (y_{i1}) sowie auf die Differenzvariable von x (Δx_{i3}) regressiert (Hilfs-Regression). Die mithilfe dieser Regression geschätzten Werte wurden für die vierte Welle für jede Beobachtungseinheit gespeichert. In der eigentlichen Regression wurde dann anstelle der ursprünglichen gelagten abhängigen Variablen der gespeicherte Wert aus der vorherigen Instrument-Regression auf der Seite der Regressoren eingesetzt.

Diese umständlichere Vorgehensweise führt bei den Punktschätzern zu identischen Ergebnissen, wie sie die *ivregress*-Prozedur liefert. Dieser Umweg ist aber für die spätere Implementation der Ergebnisse in das Simulation-Sample und für die weitere Fortschreibung notwendig, um die instrumentbereinigte Fassung von $\Delta y_{i,t-1}$ erzeugen zu können.

Für AHM-XP wurde analog vorgegangen, nur dass in der Hilfsregression statt auf Δx_{it} auf $x_{i,t-1}$ (also hier: x_2) als Instrument für $\Delta y_{i,t-1}$ und für Δx_{it} zurückgegriffen wurde. Die Hilfsregression ist in diesem Fall eine multivariate OLS-Regression mit zwei abhängigen Variablen.

Für das ML-SEM existiert zwar der anwendergeschriebene Befehl *xtdpdml*, der bezüglich der Syntax eine starke Vereinfachung des Stata-Kommandos *sem* darstellt (Williams et al. 2018, S. 294). Um dieses Modell allerdings für eine dynamische Mikrosimulation verwenden zu können, musste eine Reihe von Restriktionen eingeführt werden (s. o.). Daher wurde mit der flexiblen Prozedur *sem* gearbeitet.

4.2.2 Ergebnisse

Tabelle 9 enthält die mithilfe der in Kapitel 2.2 vorgestellten Modelle (Auswahl) ermittelten Regressionskoeffizienten sowie die dazugehörigen Standardfehler. Wie bereits auf Basis der theoretischen Überlegungen zu erwarten war, sind die Koeffizienten im OLS-LDV nach oben verzerrt. Anstelle des wahren Wertes des Koeffizienten λ für die gelagte abhängige Variable von 0,65 wird der Effekt in diesem Modell auf 0,740 geschätzt. Es werden dabei fälschlicherweise die vom Random Intercept ausgehenden Effekte der LDV zugeschrieben.[27] Auch der geschätzte Koeffizient für β ($\hat{\beta} = 0,365$) liegt über dem wahren Effekt der unabhängigen Variablen x ($\beta = 0,3$). Die Überschätzung des Einflusses der gelagten abhängigen sowie der unabhängigen Variablen x ist somit u. a. darauf zurückzuführen, dass bei diesem Modell auf die Modellierung individueller Regressionskonstanten verzichtet wird.

Im REM-LDV wird das individuelle Niveau einer Person über das Random Intercept α_i modelliert. Für dieses Random Intercept wird allerdings angenommen, dass es mit den unabhängigen Variablen unkorreliert ist, was in diesem Fall nicht zutrifft. Der Effekt der gelagten abhängigen Variable und der Effekt von x sind zwar weniger überschätzt als im OLS-LDV. Doch aufgrund der genannten Annahmeverletzungen und weiterer Probleme (s. Kapitel 2.2) war auch hier eine Verzerrung der Schätzer zu erwarten.

Besonders auffällig sind die Abweichungen im FEM-LDV sowie im LFDM. Hier liegen die geschätzten Effekte von $y_{i,t-1}$ und x weit unter den wahren Effekten.

---

27 Dies zeigt sich auch, wenn die Daten erneut mit denselben Parametern erzeugt werden, jedoch der Effekt des Random Intercepts auf y auf null gesetzt wird. In diesem Fall ist nämlich der Schätzer von λ im OLS-LDV nahezu identisch mit dem wahren Wert.

Beide Modelle liefern ferner in dem hier vorliegenden Fall, in dem die Schätzung auf drei aufeinanderfolgenden y-Werten basiert, identische Ergebnisse. Dann ist nämlich die Distanz zwischen den beiden within-transformierten Werten von y_{it} respektive $y_{i,t-1}$ identisch mit den First-Differences Δy_{it} bzw. $\Delta y_{i,t-1}$. Gleiches gilt für weitere unabhängige Variablen. Wie oben dargestellt wurde, sind durch die jeweilige Transformation in beiden Modellen die transformierten Varianten der LDV mit den jeweiligen transformierten Restfehlern korreliert. Resultierend aus der Konstruktion der hier verwendeten fiktiven Daten, insbesondere aufgrund dessen, dass die Restfehler nicht autokorreliert sind, fällt diese Korrelation negativ[28] und stark aus. Dies führt wiederum dazu, dass λ in beiden Modellen deutlich unterschätzt wird. Während das Ausmaß der Verzerrung im LFDM auch bei Hinzunahme weiterer Wellen konstant bleibt, da auch bei mehreren Wellen immer nur zwei unmittelbar benachbarte y-Werte in Bezug zueinander gesetzt werden, schwächt sich dieses Ausmaß im FEM-LDV ab. Tatsächlich steigt der geschätzte Wert für den Koeffizienten λ zumindest auf 0,466 an, wenn das Modell auf Basis aller zur Verfügung stehender Zeitpunkte ($T = 6$) geschätzt wird. Der LFDM-Schätzer verharrt in diesem Falle hingegen bei -0,01. Allerdings lässt sich mithilfe von Instrumenten die Verzerrung im LFDM eliminieren. Dies erfolgt in den beiden AHM-Varianten. Es wird deutlich, dass diese Modelle Schätzer liefern, welche deutlich näher an den wahren Parameterwerten liegen, als die Schätzer im LFDM.

---

28 Dies lässt sich am besten anhand des LFDM verdeutlichen, gilt aber bei drei Wellen analog für das FEM-LDV. Ausgangspunkt ist, dass bei der Konstruktion der Daten der Restfehler ϵ_{it} so erzeugt wurde, dass er nicht autokorreliert und homoskedastisch ist. Zudem folgt ϵ_{it} einer Normalverteilung. Wie eigene Tests ergaben, entsteht in diesem Fall eine negative Korrelation zwischen $\Delta \epsilon_{it}$ und $\Delta \epsilon_{i,t-1}$. Denn wenn die Differenz $\Delta \epsilon_{i,t-1}$ einen positiven Wert ergibt, dann ist $\epsilon_{i,t-1}$ tendenziell ein relativ großer Wert im Hinblick auf die kumulierte Wahrscheinlichkeitsverteilung. In der Mehrheit der Fälle, also der konkreten gezogenen Werte von $\epsilon_{i,t-1}$, ist somit die Wahrscheinlichkeit höher, dass ϵ_{it} kleiner ausfällt als $\epsilon_{i,t-1}$, als dass ϵ_{it} größer ausfällt. Ist ϵ_{it} tatsächlich kleiner als $\epsilon_{i,t-1}$, nimmt $\Delta \epsilon_{it}$ einen negativen Wert an. So wird ein negativer $\Delta \epsilon_{it}$-Wert mit einem positiven $\Delta \epsilon_{i,t-1}$ in Beziehung gesetzt. Dies gilt spiegelverkehrt für den Fall, dass $\Delta \epsilon_{i,t-1}$ negativ ist. Aufgrund dessen, dass also die Wahrscheinlichkeit höher ist, dass auf eine positive (negative) Differenz eine negative (positive) folgt, ist zu erwarten, dass Fälle überwiegen, bei denen $\Delta \epsilon_{it}$ und $\Delta \epsilon_{i,t-1}$ gegensätzliche Vorzeichen haben. Trifft diese Erwartung zu, dann wird die Korrelation zwischen $\Delta \epsilon_{it}$ und $\Delta \epsilon_{i,t-1}$ negativ. Im vorliegenden Fall liegt sie bei ca. -0,5. Wenn eine solche negative Korrelation vorliegt, gilt: Je stärker die Korrelation zwischen $\Delta \epsilon_{i,t-1}$ und $\Delta y_{i,t-1}$, welche im LFDM als hoch positiv zu erwarten ist, umso stärker negativ sind in diesem Modell auch $\Delta \epsilon_{it}$ und $\Delta y_{i,t-1}$ miteinander negativ korreliert. Dies verletzt aber die zentrale Annahme in der OLS-Schätzung, nach der unabhängige Variablen mit Residuen nicht korreliert sein dürfen.

Insgesamt zeigt sich, dass diese beiden AHM-Varianten sowie das ML-SEM am besten abschneiden. In allen drei Modellen sind die Schätzer für λ nahe an dem wahren Wert von λ. Im AHM-XP liegt der geschätzte Wert für β nur leicht unter dem wahren Wert, im ML-SEM entspricht $\hat{\beta}$ sogar, bis auf die dritte Nachkommastelle, dem wahren Wert. Es zeigt sich zudem im Vergleich zwischen AHM und AHM-XP, dass die zusätzliche Aufnahme von $x_{i,t-1}$ als Instrument für x als Folge der Annahme, dass x vorbestimmt ist, die Schätzung für β bedeutend verbessert.[29] Somit wird deutlich, dass Modelle, welche sowohl die Endogenität der y-Variablen als auch die Vorbestimmtheit der x-Variablen berücksichtigen, in diesem Setting den anderen Modellen überlegen sind.

Tab. 9 Schätzungen des LDV-Effektes und des Effektes von x in Abhängigkeit der Schätzmethode

	OLS-LDV	REM-LDV	FEM-LDV	LFDM	AHM	AHM-XP	ML-SEM
$\hat{\lambda}$ (Effekt von y-Lag)	0,740	0,688	0,020	0,020	0,637	0,633	0,638
	(0,001)	(0,001)	(0,003)	(0,003)	(0,007)	(0,007)	(0,007)
$\hat{\beta}$ (Effekt von x)	0,365	0,352	0,204	0,204	0,250	0,293	0,300
	(0,002)	(0,002)	(0,003)	(0,003)	(0,003)	(0,005)	(0,005)

Im Folgenden wurden die in Tabelle 9 aufgeführten Ergebnisse einzelner Schätzmodelle auf ein fiktives Simulation-Sample ($t = 4,5,6$) angewendet, mit dem Ziel, y vorherzusagen. Die Vorgehensweise entspricht dabei der in Abschnitt 3.2 beschriebenen. Je nachdem, aus wie vielen Wellen für eine Methode Informationen zur Umsetzung benötigt werden (s. Tabelle Tabelle 10), liegt der erste vorhersagbare y-Wert für $t = 5$ oder für $t = 6$ vor (schwarze Schrift in Tabelle 10). Da die Vorgehensweise zur Erzeugung von x und y in diesem fiktiven Datensatz für jede Welle identisch ist, ist trotzdem eine Vergleichbarkeit zwischen den Schätzmodellen gegeben (für eine Diskussion von Einschränkungen s. Kap. 4.3). Zudem erfordern die Methoden teilweise eine der Fortschreibung von y vorgeschaltete Fortschreibung von x. Die Fortschreibung von x erfolgte dabei auf Basis eines simplen OLS-LDV-Modells: x_{it} wurde im Estimation-Sample auf $y_{i,s-1}$ und $x_{i,s-1}$ regressiert. Dort, wo es notwendig war, Random Intercepts zu imputieren (REM-LDV, FEM-LDV, ML-SEM), wurde

---

29 Dieser Befund wird unterstrichen, wenn statt eines AHM-XP ein Diff-GMM-XP berechnet und mit der Variante verglichen wird, in der x als strikt exogen deklariert wird (Diff-GMM). Die GMM-Schätzer sind an dieser Stelle aus oben genannten Gründen nicht aufgeführt.

auf die Rank-Method zurückgegriffen. Hier nicht aufgeführte Vergleiche mit alternativen Imputationsmethoden bestätigen die Überlegenheit der Rank-Method, die bereits in den Analysen im Abschnitt 4.1 festgestellt wurde.

Tab. 10 Korrelationen zwischen vorhergesagten und tatsächlichen y-Werten nach Schätzmodell für t_5 und t_6

Zeitpunkt	OLS-LDV	REM-LDV	FEM-LDV	LFDM	AHM	AHM-XP	ML-SEM
t_5	0,682	0,810	0,840				0,879
t_6	0,479	0,728	0,707	0,730	0,724	0,724	0,795

Tabelle 10 zeigt die Korrelationen der auf Basis der einzelnen Schätzmethoden vorhergesagten y-Werte mit den wahren y-Werten im Simulation-Sample. Es ist festzustellen, dass sich alle Korrelationen auf einem hohen Niveau bewegen.

Zunächst werden die Modelle verglichen, welche bereits für $t = 5$ einen simulierten y-Wert liefern (alle Modelle, die nicht auf First-Differences, sondern auf Gleichungen in Leveln basieren). Es zeigt sich, dass das einfache OLS-LDV-Modell, in welchem kein Random Intercept spezifiziert wird, die niedrigste Korrelation zwischen den vorhergesagten und den wahren y-Werten aufweist. Die beiden Standardmodelle, die ein Random Intercept beinhalten (REM-LDV und FEM-LDV) schneiden diesbezüglich besser ab. Bemerkenswert ist, dass diese Korrelation im FEM-LDV stärker ist als im REM-LDV oder OLS-LDV, obwohl doch gerade im FEM-LDV der Effekt der gelagten abhängigen Variable stark unterschätzt wird. Eine solche Unterschätzung kann offenbar dadurch kompensiert werden, dass mit der Rank-Method passende Random Intercepts imputiert werden. Diese imputieren Werte korrelieren hier nämlich deutlich stärker mit den wahren Random Intercept-Werten als im REM-LDV (bivariate Korrelation im FEM-LDV/REM-LDV: 0,64/0,22). Dies ist wohl darauf zurückzuführen, dass die wahren Random Intercepts so konstruiert wurden, dass sie mit den unabhängigen Variablen (x und LDV) zusammenhängen. Unter den drei Modellen wird dies einzig im FEM-LDV adäquat berücksichtigt.

Die höchste Korrelation zwischen simulierten und tatsächlichen y-Werten erreicht ML-SEM. Dies sollte nicht weiter verwundern, da ML-SEM (außerhalb der auf First-Differences basierenden Modelle) die mit Abstand besten Schätzer für λ und β geliefert hat. Die Korrelation zwischen wahren und imputierten Random Intercepts fällt mit 0,3 allerdings deutlich schwächer aus als im FEM-LDV – obwohl auch in diesem Modell eine Korrelation zwischen Random Intercepts und unabhängigen Variablen zugelassen ist. Die Anwendung der Rank-Method gestaltet sich im ML-

SEM allerdings deutlich schwieriger. Die hier vorgenommene Implementation in die Mikrosimulation stellt an dieser Stelle daher lediglich einen ersten Versuch dar. Es besteht somit das Potential, Verbesserungen an dieser Imputation vorzunehmen.[30] Vor dem Hintergrund, dass schon jetzt die Simulation auf ML-SEM-Basis die höchste Übereinstimmung mit tatsächlichen y-Werten liefert, erscheint es fruchtbar, weiter an Techniken zur Implementation von ML-SEM-Ergebnissen in dynamische Mikrosimulationen zu arbeiten.

Werden für diese Modelle die Korrelationen zwischen simulierten und tatsächlichen -Werten für die Folgewelle $t = 6$ betrachtet (graue Schrift in Tabelle 10), dann zeigt sich erstens ein ähnliches Verhältnis zwischen den Korrelationen einzelner Modelle wie im Falle $t = 5$. Zweitens schwächen sich diese Korrelationen für alle Modelle etwas ab. Dies ist zu erwarten, da die Vorhersagegenauigkeit im Verlauf einer dynamischen Mikrosimulation generell abnimmt. Bis auf das OLS-LDV bewegen sich die Korrelationen aber immer noch auf einem hohen Niveau.

Werden nun die auf First-Differences basierenden Modelle betrachtet, welche erst eine Vorhersage für y_6 ermöglichen, dann ergibt sich ein undifferenziertes Bild. Alles drei Modelle weisen eine nahezu identische Korrelation auf. Dies ist zunächst verwunderlich, schneiden doch die beiden AHM-Varianten in der Schätzung im Estimation-Sample deutlich besser ab als das LFDM (s. o.). In diesem Setting wurden die y-Werte allerdings so konstruiert, dass der aktuelle y_{it}-Wert zwar vom vorherigen Wert ($y_{i,t-1}$) abhängt. Die First-Differences von y (Δy_{it}) sind allerdings relativ unabhängig von den Lagged-First-Differences ($\lambda y_{i,t-1}$). So ist z.B. die Korrelation zwischen Δy_{i6} und Δy_{i5} negativ und beträgt 0,12. Dies ist darauf zurückzuführen, dass hier keine sukzessiven Entwicklungen auf Individualebene erzeugt wurden, die in eine bestimmte Richtung gehen – z.B. frühere Zuwächse im Gehalt, die spätere Gehaltszuwächse wahrscheinlicher machen.

Bei der Anwendung der Ergebnisse dieser drei Modelle auf das Simulation-Sample werden zunächst die Differenzen Δy_{i6} auf Basis von Δy_{i5} (oder einer mithilfe von Instrumenten bereinigten Variante von Δy_{i5}) vorausgesagt (der Einfachheit halber wird x an dieser Stelle ignoriert). In einem zweiten Schritt wird y_{i5} zu dieser Vorhersage für Δy_{i6} addiert. Dies ergibt eine Vorhersage für y_{i6}. Problematisch ist dabei der erste Schritt, also die Vorhersage von Δy_{i6}. Da schon die wahren Werte von Δy_{i6} kaum mit Δy_{i5} zusammenhängen, kann auf diesem Wege keine gute Vorhersage für Δy_{i6} gelingen – ganz unabhängig davon, welchen Wert der Einflusskoeffizient

---

30 Zu hinterfragen ist dabei auch die Schätzmethode, mit der Stata Werte für das Random Intercept im Estimation-Sample erzeugt, wenn das Random Intercept als latente Variable spezifiziert wird. So werden standardmäßig Werte generiert, die einer Normalverteilung folgen. Im klassischen Fixed-Effects-Modell ist diese Verteilung hingegen offen.

von Δy_{i5} annimmt und ob für Δy_{i5} Instrumente eingesetzt werden oder nicht. So zeigt sich hier, dass die wahren Differenzen Δy_{i6} mit den jeweils auf Basis dieser drei Modelle vorhergesagten Differenzen höchstens in Höhe von 0,04 korrelieren. Alle drei Korrelationen liegen zudem nahe beieinander. Das bedeutet, dass für die passablen Korrelationen zwischen den wahren y_{i6}-Werten und den mithilfe der first-difference-basierten Modelle simulierten y_{i6}-Werten einzig der zweite Schritt verantwortlich ist: Die Addition von y_{i5} zu einer unbrauchbaren Schätzung von Δy_{i6}.

Weitere Forschung ist in diesem Bereich notwendig, um zu eruieren, inwieweit diese Modelle, die in erster Linie Differenzen vorhersagen, für die Mikrosimulation von Nutzen sein können. Es sind schließlich empirische Datenkonstellationen denkbar, in welchen intra-individuelle Entwicklungen tendenziell in eine bestimmte Richtung verlaufen. In solchen Fällen ist es denkbar, dass deutliche Unterschiede zwischen den Korrelationen zwischen wahren und simulierten y_{it}-Werten entstehen, je nachdem, ob zur Simulation ein von Endogenitätsproblemen betroffenes LFDM oder Modellvarianten herangezogen werden, welche diese Endogenitätsprobleme zu lösen versuchen (AHM, GMM). Für die hier vorliegende Datenstruktur erweist es sich allerdings als zwecklos, die Vorhersage von First-Differences anzustreben.

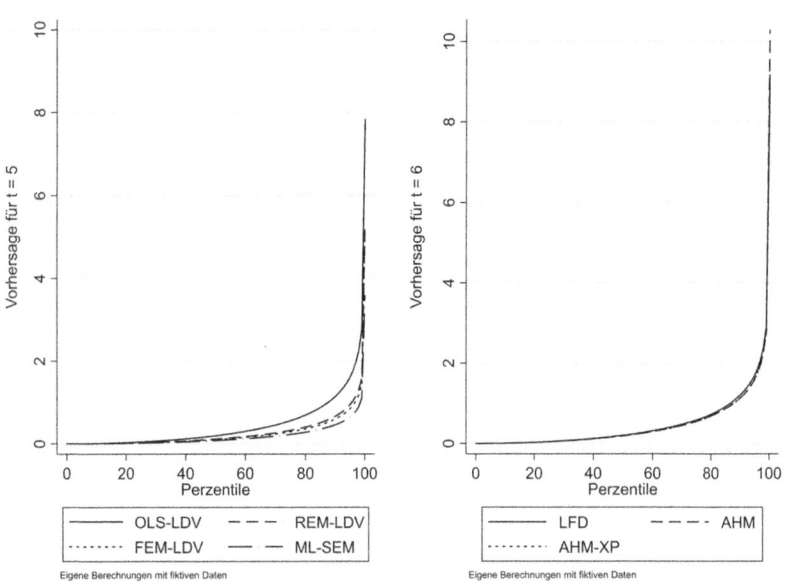

Abb. 3 Verteilung quadrierter Abweichungen zwischen wahren und auf Basis des Schätzmodells vorhergesagten y-Werten

Abb. 3 stellt die bisherigen Erkenntnisse graphisch dar. Analog zu Abb. 1 wird auch hier die Verteilung der auf Individualebene berechneten quadrierten Abweichung zwischen dem tatsächlichen und dem vorhergesagten y-Wert in Abhängigkeit der Schätztechnik abgebildet. Hierzu werden die jeweiligen Abweichungen entlang ihrer Größe sortiert, so dass sich diese Abweichungen anhand von Perzentilen auf der x-Achse darstellen lassen.

Links finden sich die Modelle, welche bereits für y_{i5} Vorhersagen liefern. Die Kurvenverläufe entsprechen der Rangfolge der Korrelationen in Tabelle 10. Den flachsten Verlauf weist ML-SEM auf, das Modell mit der höchsten Korrelation zwischen vorhergesagtem und tatsächlichem y-Wert. Entsprechend weist die Kurve des OLS-LDV den steilsten Anstieg auf: Für rund 10 % aller Personen ergeben sich quadrierte Differenzen > 1, was angesichts des Wertebereichs von y (s. Tabelle 8) als deutliche Abweichung einzuordnen ist. Zudem zeigen sich bei OLS-LDV die stärksten Ausreißer.

Rechts sind die Kurven für die Modelle abgebildet, die auf First-Differences basieren und Vorhersagen für y_{i6} generieren. Wie oben erwähnt, sind die Übereinstimmungen zwischen wahren und simulierten y_{i6}-Werten bei diesen Modellen fast vollständig von dem y_{i5}-Wert abhängig. Dementsprechend fallen alle drei Kurven zusammen und generieren damit keine nennenswerten Erkenntnisse. Einzig im Vergleich mit der linken Graphik zeigt sich, dass eine Vorhersage, die nahezu ausschließlich auf dem Wert der gelagten abhängigen basiert, tendenziell zu größeren Ausreißern führt, als wenn versucht wird, die Beziehungen zwischen y und gelagten Werten von y sowie weiteren unabhängigen Variablen zu modellieren.

Insgesamt zeigt der Modellvergleich für Modelle, welche Vorhersagen für y auf Level-Ebene treffen (linke Seite in Abb. 3), dass die Qualität dieser Vorhersagen innerhalb der Mikrosimulation von der korrekten Modellierung des datengenerierenden Prozesses abhängt (z. B. Trennung zwischen LDV-Effekt und Random Intercept, Berücksichtigung der Endogenität der LDV). Besonders vielversprechend erscheint hierbei der flexible ML-SEM-Ansatz. Basieren die Modelle hingegen auf First-Differences, macht es zumindest in diesem Setting keinen Unterschied, wie viel Aufwand betrieben wird, um Annahmeverletzungen (insbesondere die Endogenität der LDV im LFDM) zu korrigieren. Denn in diesem Setting gibt es keine sukzessiven bzw. einseitig gerichteten intra-individuellen Entwicklungen. Dies kann allerdings in anderen Konstellationen der Fall sein, die sozialwissenschaftlich relevant sind (z. B. Akkumulation von Wissen; Abwärtsspiralen, die durch finanzielle Schwierigkeiten bedingt sind – Angel und Heitzmann 2013). Daher lohnt es sich weiterhin, bei der Frage, wie Erkenntnisse aus panelanalytischen Studien für dynamische Mikrosimulationen verwertet werden könnten, solche Modelle zu berücksichtigen.

4.3   Limitation der Methodenvergleiche

Es wurde für verschiedene Panelmodelle überprüft, wie gut die Implementation ihrer Ergebnisse in die Mikrosimulation mithilfe bekannter sowie hier (weiter-) entwickelter Strategien funktioniert. Während die Implementation statischer Modelle auf empirische Daten angewendet wurde (s. 4.1), wurden für dynamische Modelle fiktive Daten generiert (s. 4.2). Beide Vorgehensweisen haben Vor- und Nachteile. Wird auf empirische Daten zurückgegriffen, müssen ggf. willkürliche Entscheidungen getroffen werden, um eine Datenbasis herzustellen, welche sich für eine vergleichende Implementation von Modellen mit verschiedenen Anforderungen eignet (z. B. die Anforderung im Fixed-Effects-Modell, dass bei unabhängigen Variablen ausreichend Within-Varianz vorliegt). Dies gilt insbesondere im Fall von Sekundäranalysen. So wurde hier u. a. in Kauf genommen, dass die Abstände zwischen den Messzeitpunkten teilweise unterschiedlich sind. Denn aus dem Erhebungsdesign des Sozio-oekonomischen Panels resultiert, dass manche Merkmale in unterschiedlichen Zeitabständen erhoben werden. Auch sind zeitkonstante unter den aufgenommenen unabhängigen Variablen etwas überrepräsentiert für einen Vergleich des Random- mit dem Fixed-Effects-Modell hinsichtlich des Abschneidens der Rank-Method. Selbst wenn solche Defizite und Ungenauigkeiten toleriert werden, sind die Fallzahlen der Analyse-Stichprobe hier immer noch mäßig, was den Spielraum für Variationen der Tests einschränkt. Die statistischen Modelle leiten sich nämlich aus einer migrationstheoretischen Fragestellung ab, wodurch die Grundgesamtheit gegenüber der allgemeinen Bevölkerung in Deutschland stark eingegrenzt ist. Aufgrund dessen könnte kritisiert werden, dass die aus den Tests resultierenden Erkenntnisse nur begrenzt verallgemeinerbar sind. Andererseits entstammen die Daten und statistischen Modelle einem echten Mikrosimulationsprojekt (Stein und Bekalarczyk 2016), so dass die darauf angewendeten Tests mit Blick auf die Simulationsmethode unter Realbedingungen erfolgen. Außerdem findet sich die in 4.1.2 festgestellte Überlegenheit der Rank-Method auch in den Implementationen dynamischer Modelle wieder (s. 4.2.2). Dies ist der Fall, obwohl dort der Fokus bei der Generierung der Daten nicht darauf lag, die Rank-Method mit anderen Imputationsmethoden in Bezug auf Random Intercepts zu vergleichen. Da sich diese Befunde zudem mit denen bei Richiardi und Poggi (2014) decken, kann das Argument, die in 4.1 verwendeten empirischen Daten seien zu speziell, zumindest abgeschwächt werden.

Der Rückgriff auf fiktive Daten ist hingegen u. a. deshalb attraktiv, da wahre Werte von Parametern bekannt sind. Dieses Vorgehen hat wiederum den Nachteil, dass bestimmte Eigenschaften von Paneldaten lediglich imitiert werden. Weitere Eigenschaften und Besonderheiten, die den Forschenden bislang unbekannt waren, können auf diesem Wege nicht entdeckt werden. Ferner wurde hier zwar Wert darauf gelegt, das Zusammenspiel von für Paneldaten *typischen* Eigenschaften zu konstruieren (s. o.). Natürlich existieren aber weitere Datenkonstellationen, welche im sozialwissenschaftlichen Kontext relevant sind. Der Übersichtlichkeit halber müssen allerdings bei der Frage, welche Eigenschaften berücksichtigt werden können, Einschränkungen vorgenommen werden. So wurden hier z. B. alle Variablen als metrische Variablen angelegt. Dabei würden viele sozialwissenschaftliche Frage- stellungen dynamische Panelmodelle mit kategorialen abhängigen Variablen (und natürlich auch unabhängigen Variablen) erfordern. Allerdings sind dynamische Modelle für z. B. binäre abhängige Variablen mathematisch noch komplizierter und mit weiteren Einschränkungen behaftet (Verbeek 2017, S. 426; Baum 2006, S. 247). Damit ist es eine herausfordernde Aufgabe für die weitere Forschung, die daraus resultierenden Ergebnisse in die Mikrosimulation zu implementieren.

Zu kritisieren ist ferner, dass die Parameter bei der Erzeugung der fiktiven Daten nicht variiert wurden, wie etwa bei Leszczensky und Wolbring (2018). Wie oben dargestellt, wurde hier allerdings angestrebt, in der Entwicklung von x und y im Zeitverlauf ein gewisses Gleichgewicht herzustellen (Range und Standardabwei- chung). Es war nicht einfach, Parameterkombinationen zu finden, die dieser Anforderung entsprechen. Eine breit angelegte Variation dieser Parameter würde im Widerspruch zu diesem Ziel stehen. Nichtsdestotrotz sind kleinere Variationen vorgenommen worden (z. B. Fußnote 27).

Grenzen im Kontext dynamischer Panelmodelle finden sich auch bei der Ver- gleichbarkeit zwischen einzelnen Modellvarianten. Zu berücksichtigen ist, dass das Ausmaß „echter" Informationen aus dem Simulation-Sample, mit denen die auf Basis die jeweilige Methode vollzogenen Fortschreibungen erfolgen, von Methode zu Methode variiert (s. Tabelle 11). Dies ist nicht per se ein Nachteil. Schließlich ist in der zukünftigen Praxis der Konstruktion von Mikrosimulationsmodulen genau das zu erwarten: Je mehr empirische Informationen das Simulation-Sample enthal- ten wird, auf umso elaboriertere Methoden wird zurückgegriffen. Allerdings leidet unter diesen Unterschieden die Möglichkeit zum Vergleich, wie gut die Vorhersage in der Mikrosimulation in Abhängigkeit des Modells gelingt. Methoden, in denen ein Random Intercept imputiert wird (in mindestens einer Zelle der entsprechenden Zeile in Tabelle 11 ist ein „res" zu finden), weisen nämlich beim Methodenvergleich den Vorteil auf, Informationen aus derselben Welle zu verwerten, für die auch y zum ersten Mal vorhergesagt wird. In dieser Hinsicht ist der Vergleich mit den restlichen Methoden etwas „ungerecht". Andererseits finden sich für diese Methoden auch Ergebnisse für die Fortschreibung um einen weiteren Zeitpunkt (graue Schrift in Zeile t_6 in Tabelle 10). Bei einem Vergleich dieser Vorhersageergebnisse mit denen der Modelle, für die erst zu t_6 eine Vorhersage möglich ist (LFDM, AHM, AHM-

XP), sind wiederum die Modelle mit imputierten Random Intercepts benachteiligt. Schließlich basieren bei Letzteren die Vorhersagen für y zu t_6 auf einer mit einem simulationsbedingten Vorhersagefehler behafteten gelagten abhängigen Variablen, während die anderen Modelle auf tatsächliche Werte von y zu t_5 zugreifen. Somit ist in Tabelle 10 die Vergleichbarkeit sowohl zwischen den jeweiligen Werten in schwarzer Schriftfarbe, als auch zwischen den Werten in Zeile t_6 leicht eingeschränkt.

Eine generelle Einschränkung der Erkenntnisse, die aus den hier vorgenommenen Tests resultieren, ist durch den stark begrenzten Zeitraum der Fortschreibung (max. zwei Wellen) gegeben. Es können somit keine Aussagen darüber getroffen werden, wie gut die modellbedingte Vorhersage mittelfristig funktioniert. Anfängliche Vorteile in der Genauigkeit der Fortschreibung könnten im Simulationsverlauf durch spätere Nachteile ausgeglichen oder gar überkompensiert werden (und umgekehrt). Ein solcher Verlauf könnte z. B. entstehen, wenn dynamische Elemente (LDV-Effekt) und statische Elemente (Random Intercept) unterschiedlich gut modelliert wurden. Um solche Erkenntnisse zu erlangen, müsste allerdings eine wesentlich komplexere Konstruktion von Paneldaten erfolgen, in welchen z. B. konkrete Annahmen über intra-individuelle Entwicklungen getroffen werden. Dies könnte u. a. Verzögerungen in der Wirkung von Einflüssen wie den Sleeping Effect (Min et al. 2012), nichtlineare Verläufe von Einflüssen, Deckelungen von Entwicklungen etc. beinhalten. Auch diesbezüglich liefern die hier generierte Datenbasis und die angewendeten Fortschreibungstechniken Ansatzpunkte für zukünftige Studien.

Was die Implementationsansätze selbst betrifft, wird in Tabelle 11 deutlich, dass nicht alle verfügbaren empirischen Informationen ausgeschöpft werden. Aufgrund dessen, dass in allen Modellen gleichzeitig ein LDV-Effekt und ein kontemporärer x-Effekt geschätzt wird, werden die Informationen in Bezug auf x zum Zeitpunkt t_4 nicht verwertet, obwohl für alle Modelle t_4 (erste Welle im Simulation-Sample) zur Verfügung steht. Das Ziel zukünftiger Verfeinerungen dieser Methoden könnte daher sein, diese Informationen nutzen, um die Fortschreibung von x selbst innerhalb der Mikrosimulation zu verbessern.

Trotz der genannten (potentiellen) Schwächen liefern die Ergebnisse erste wichtige Hinweise in Bezug auf die Qualität der Vorhersage unterschiedlicher dynamischer Panelmodelle in Mikrosimulationssettings, in denen eine Trennung zwischen dem Estimation- und dem Simulation-Sample besteht.

Tab. 11 Benötigte Informationen zur Fortschreibung innerhalb der Mikrosimulation

Modell (frühester Zeitpunkt, zu dem y im Simulation-Sample vorhergesagt werden kann)	y			x		
	t_4	t_5	t_6	t_4	t_5	t_6
OLS-LDV (t_5)	ja				sim	
REM-LDV (t_5)	ja	res		ja		
FEM-LDV (t_5)	ja	res		ja		
LFDM (t_6)	ja	ja		ja	sim	
AHM (t_6)	ja	ja		ja	sim	
AHM-XP (t_5)	ja	ja		ja	sim	
ML-SEM (t_5)	ja	res		ja		

„ja" = Information wird zur Vorhersage benötigt; „res" = Information wird zwar nicht unmittelbar zur Vorhersage benötigt, aber zur Bildung des Gesamtresiduums für die Imputation des Random Intercepts nach der Rank-Method; „sim" = eigentlich wird die Information benötigt, um aber den Bedarf einer ganzen weiteren Welle zu umgehen, wurde die entsprechende Variable im Vorfeld mit mikrosimulativen Standard-Techniken fortgeschrieben und dann wurde an der Stelle auf diese fortgeschriebenen Werte zurückgegriffen; leere Zelle = Information wurde nicht benötigt.

5 Fazit und Ausblick

Ziel dieses Aufsatzes war, Möglichkeiten zur Implementation von Ergebnissen unterschiedlicher panelanalytischer Modelle in die dynamische Mikrosimulation theoretisch zu diskutieren und anhand von konkreten Daten zu testen. Schließlich weisen Paneldaten diverse Vorteile auf, von denen Mikrosimulationsmodelle profitieren können. So lassen sich im Vergleich zu Querschnittsmodellen Entwicklungen unmittelbarer analysieren und die Qualität von Parameterschätzern bedeutend steigern (Wooldridge 2013, S. 11). Dynamische Panelmodelle erlauben zudem die Trennung zwischen inter-individuellen Niveauunterschieden (Random Intercept) und der Stabilität von intra-individuellen Entwicklungen (State Dependence) sowie die Modellierung wechselseitiger zeitverzögerter Beeinflussung mehrerer Variablen. Diese Vorteile zahlen sich für Mikrosimulationsmodelle insbesondere dann aus, wenn die Fortschreibung kohärenter Lebensverläufe von Individuen angestrebt wird. Allerdings resultieren insbesondere aus der dynamischen Modellierung von Paneldaten statistische Probleme, welche sich nur durch aufwändige Ansätze lösen lassen. Die Methodenentwicklung ist zudem bei Weitem nicht abgeschlossen (Leszczensky und Wolbring 2018). Aus dem Versuch, die Ergebnisse solcher Modelle in Mikrosimulationsmodelle zu implementieren, ergeben sich ferner zusätzliche Herausforderungen – insbesondere dann, wenn das Estimation- und das Simulation-Sample nicht übereinstimmen.

Daher wurden zunächst einige Varianten panelanalytischer Modelle besprochen und dabei potenzielle Vorteile, aber auch Grenzen und Herausforderungen in Bezug auf die Mikrosimulation herausgearbeitet. Es wurde daraufhin konkretisiert, wie die Implementation diverser panelanalytischer Modelle in die Mikrosimulation funktionieren kann. Ein Schwerpunkt lag auf Ansätzen zur Imputation von Random Intercepts. Dabei wurde insbesondere die von Richiardi (2014) entwickelte Rank-Method besprochen und getestet. Dies erfolgte zunächst im Kontext statischer Modelle. Für dynamische Modelle wurden vorhandene Ansätze vorgestellt und neue Ideen entwickelt. Zu Letzteren gehört insbesondere die Umsetzung des auf Strukturgleichungsmodellen basierenden Ansatzes (ML-SEM) in Kombination mit einer auf der Rank-Method basierenden Imputation der Random Intercepts.

Die Überprüfung dieser Ansätze erfolgte anhand einer Kurzzeit-Fortschreibung (1-2 Wellen) entsprechend des Designs einer periodenorientierten dynamischen Mikrosimulation. Zunächst zeigte sich bei der Schätzung unbekannter Random Intercept-Werte eine deutliche Überlegenheit der Rank-Method gegenüber anderen Methoden. Insbesondere liefert diese Methode auch bei binären Modellen (Random-Effects-Logit-Modelle) gute Ergebnisse, wobei gleichzeitig die Einführung einer künstlichen Korrelation zwischen den imputierten Random Intercepts und der Linearkombination aus unabhängigen Variablen vermieden wird. In Bezug auf dynamische Panelmodelle zeigen sich besonders gute Vorhersageergebnisse für das ML-SEM. Dies ist der Fall, obwohl bei der Implementationstechnik noch Optimierungsbedarf besteht (s. u.). Das gute Abschneiden der Fortschreibung mithilfe von Ergebnissen eines Fixed-Effects-Modells mit gelagter abhängiger Variable (FEM-LDV), die u. a. stark verzerrte Punktschätzer für den LDV-Effekt beinhalten (Nickell 1981), verdeutlicht zudem den hohen Stellenwert der Rank-Method auch für eine Fortschreibung auf Basis dynamischer Modelle. Schließlich wurde festgestellt, dass Modelle, die auf First-Differences basieren, für die Fortschreibung der hier vorliegenden künstlichen Datenstruktur unbrauchbar sind. Die Generalisierbarkeit dieses Befundes wird allerdings angezweifelt (s. u.).

Generell lässt sich feststellen, dass die hier gesammelten theoretischen Erkenntnisse sowie die generierten Ergebnisse eine gute Grundlage für weitere Methodenforschung bieten. Wie die in 4.3 diskutierten Grenzen der Modellvergleiche suggerieren, bestehen nämlich nach wie vor ungeklärte Punkte und weiterer Entwicklungsbedarf. Besonders hervorzuheben ist die Weiterentwicklung der Implementation von ML-SEM-Ergebnissen in die Mikrosimulation. ML-SEM zeichnet sich durch einen großen Freiraum in der Modellbildung aus, da es innerhalb des sehr flexiblen

Gerüsts von Strukturgleichungsmodellen entwickelt wurde (Williams et al. 2018, S. 299). Zudem sind die hier erzielten Fortschreibungsergebnisse ermutigend. Die kurzfristige Fortschreibung von y fällt schon hier im Modellvergleich sehr gut aus, obwohl lediglich eine erste, sehr vereinfachte Implementationsstrategie angewendet wurde. Optimierungsbedarf besteht dabei insbesondere im Hinblick auf die vorgenommenen Restriktionen, die sehr strikt ausfallen, und in Bezug auf die Art, wie die Random Intercepts und die Restfehler implementiert wurden (s. 3.2).

Auch die auf First-Differences basierenden Modelle sollten für die Mikrosimulation nicht abgeschrieben werden. Schließlich wurden in diesem Datensetting keine sukzessiven bzw. einseitig gerichteten intra-individuellen Entwicklungen imitiert. Es sind aber empirische Datenkonstellationen denkbar, die auf solchen Entwicklungen basieren. Somit steht eine Bewertung des Mehrwerts solcher Modelle für die Mikrosimulation noch aus. Dies gilt insbesondere für Modelle, in welchen versucht wird, das LFDM, in welchem die gelagte abhängige Variable per Konstruktion endogen ist, von diesem Endogenitätsproblem zu befreien (AHM, GMM).

Zudem haben sich in diesem Kontext aus o. g. Gründen die Implementationsversuche auf AHM und AHM-XP beschränkt. Wünschenswert wären weiterführende Arbeiten, welche auch Strategien zur Implementation von Modellen der GMM-Klasse vorschlagen. Nach derzeitigem Wissen der AutorInnen existieren im Kontext der Mikrosimulation nur wenige Versuche. Neben einer in dem Aufsatz von Richiardi und Poggi (2014) diskutierten Anwendung, in welchem nicht alle Details zur Implementation zu finden sind, existiert ein Ansatz, in dem ein Teil der Übergangsparameter mit System-GMM geschätzt wird (Tedeschi et al. 2013). Dort werden allerdings die GMM-Schätzer während der Simulation lediglich auf unabhängige Variablen angewendet, welche nicht vorher mithilfe von Instrumenten bereinigt wurden.

Wie in 4.3 bereits angemerkt, wäre es zudem für sozialwissenschaftliche Mikrosimulationen von großer Relevanz, Möglichkeiten zur Implementation dynamischer Panelmodelle mit kategorialen abhängigen Variablen zu entwickeln. Dies gilt neben den auf First-Differences basierenden Ansätzen auch für das ML-SEM. Die Entwicklung von ML-SEM ist allerdings so neu, dass Weiterentwicklungen in diese Richtung zunächst noch auf statistischer Ebene notwendig sind.

Literatur

Allison, P. D. (2009). *Fixed effects regression models*. Los Angeles u. a.: Sage.

Anderson, T. W. & Hsiao, C. (1981). Estimation of Dynamic Models with Error Components. *Journal of the American Statistical Association 76* (375), 598–606.

Anderson, T. W. & Hsiao, C. (1982). Formulation and estimation of dynamic models using panel data. *Journal of Econometrics 18* (1), 47–82.

Angel, S. & Heitzmann, K. (2013). Kritische Ereignisse und private Überschuldung. Eine quantitative Betrachtung des Zusammenhangs. *Kölner Zeitschrift für Soziologie und Sozialpsychologie 65* (3), 451–477.

Arellano, M. (1989). A note on the Anderson-Hsiao estimator for panel data. *Economics letters 31* (4), 337–341.

Arellano, M. (2003). *Panel data econometrics* (Advanced texts in econometrics). Oxford: Oxford Univ. Press.

Arellano, M. & Bond, S. (1991). Some Tests of Specification for Panel Data: Monte Carlo Evidence and an Application to Employment Equations. *The Review of Economic Studies 58* (2), 277–297.

Arellano, M. & Bover, O. (1995). Another look at the instrumental variable estimation of error-components models. *Journal of Econometrics 68* (1), 29–51.

Arellano, M. & Honoré, B. (2001). Panel Data Models: Some Recent Developments. In James J. Heckman, Edward Leamer (Hrsg.), *Handbook of Econometrics* (Vol. 5, S. 3229–3296). Amsterdam: Elsevier.

Arminger, G. & Müller, F. (1990). *Lineare Modelle zur Analyse von Paneldaten*. Opladen: Westdeutscher Verlag.

Bækgaard, H. (2002). Modelling the Dynamics of the Distribution of Earned Income. Technical Paper no. 24, National Centre for Social and Economic Modelling. https://pdfs.semanticscholar.org/05a2/c3779f3d6f656aa65b31df156149c5f03174.pdf. Zugegriffen: 23. Januar 2019.

Balestra, P. & Nerlove, M. (1966). Pooling Cross Section and Time Series Data in the Estimation of a Dynamic Model: The Demand for Natural Gas. *Econometrica 34* (3), 585–612.

Baltagi, B. H. (2013). *Econometric analysis of panel data* (5th ed.). Chichester, West Sussex, United Kingdom: Wiley.

Baum, C. F. (2006). *An introduction to modern econometrics using Stata*. College Station, Tex.: StataCorp LP.

Bellemare, M. F., Masaki, T. & Pepinsky, T. B. (2017). Lagged Explanatory Variables and the Estimation of Causal Effect. *The Journal of Politics 79* (3), 949–963.

Best, H. & Wolf, C. (2012). Modellvergleich und Ergebnisinterpretation in Logit- und Probit-Regressionen. *Kölner Zeitschrift für Soziologie und Sozialpsychologie 64* (2), 377–395.

Blundell, R. & Bond, S. (1998). Initial conditions and moment restrictions in dynamic panel data models. *Journal of Econometrics 87* (1), 115–143.

Bollen, K. A. & Brand, J. E. (2010). A General Panel Model with Random and Fixed Effects: A Structural Equations Approach. *Social Forces 89* (1), 1–34.

Bond, S. (2002). Dynamic panel data models. A guide to micro data methods and practice. Working Paper CWP09/02, Centre for Microdata Methods and Practice. http://www.cemmap.ac.uk/cemmap/publication/id/2661. Zugegriffen: 23. Januar 2019.

Brüderl, J. (2010). Kausalanalyse mit Paneldaten. In C. Wolf & H. Best (Hrsg.), *Handbuch der sozialwissenschaftlichen Datenanalyse* (S. 963–994). Wiesbaden: Springer VS.

Chamberlain, G. (1984). Panel Data. In Z. Griliches & M. D. Intriligator (Hrsg.), *Handbook of Econometrics* (Vol. 2, 1st ed., S. 1247–1318). Amsterdam: Elsevier.

Clark, T. E. (1996). Small-Sample Properties of Estimators of Nonlinear Models of Covariance Structure. *Journal of Business & Economic Statistics 14* (3), 367–373.

Fuchs, M. & Sixt, M. (2007). Zur Nachhaltigkeit von Bildungsaufstiegen. Soziale Vererbung von Bildungserfolgen über mehrere Generationen. *Kölner Zeitschrift für Soziologie und Sozialpsychologie 59* (1), 1–29.

Fuhrer, J. C., Moore, G. R. & Schuh, S. D. (1995). Estimating the linear-quadratic inventory model maximum likelihood versus generalized method of moments. *Journal of Monetary Economics 35* (1), 115–157.

Giesselmann, M. & Windzio, M. (2012). *Regressionsmodelle zur Analyse von Paneldaten* (Studienskripten zur Soziologie). Wiesbaden: Springer VS.

Giesselmann, M. & Windzio, M. (2014). Paneldaten in der Soziologie: Fixed Effects Paradigma und empirische Praxis in Panelregression und Ereignisanalyse. *Kölner Zeitschrift für Soziologie und Sozialpsychologie 66* (1), 95–113.

Halaby, C. N. (2004). Panel Models in Sociological Research: Theory into Practice. *Annual Review of Sociology 30* (1), 507–544.

Hansen, L. P. (1982). Large sample properties of generalized method of moments estimators. *Econometrica 50* (4), 1029–1054.

Harding, A., Kelly, S. J., Percival, R. & Keegan, M. (2009). *Population Ageing and Government Age Pension Outlays. Using Microsimulations Models to inform Policy Making* (National Centre for Social and Economic Modelling, Hrsg.). Canberra: University of Canberra.

Harris, D. & Mátyás, L. (1999). Introduction to the generalized method of moments estimation. In L. Mátyás (Hrsg.), *Generalized method of moments estimation* (S. 3–30). Cambridge u. a.: Cambridge Univ. Press.

Herter-Eschweiler, R. & Schimpl-Neimanns, B. (2018). *Möglichkeiten der Verknüpfung von Mikrozensus-Querschnitterhebungen ab 2012 zu Panels* (Methodenverbund „Aufbereitung und Bereitstellung des Mikrozensus als Panelstichprobe", Hrsg.). https://www.gesis.org/missy/files/documents/MZ/panelbildung_suf2012.pdf. Zugegriffen: 21. Januar 2019.

Holtz-Eakin, D., Newey, W. & Rosen, H. S. (1988). Estimating Vector Autoregressions with Panel Data. *Econometrica 56* (6), 1371–1395.

Hsiao, C. (2014). *Analysis of panel data* (Econometric Society monographs, Vol. 54, 3rd ed.). Cambridge: Cambridge University Press.

Kohler, U. & Kreuter, F. (2016). *Datenanalyse mit Stata. Allgemeine Konzepte der Datenanalyse und ihre praktische Anwendung* (5. aktualisierte Auflage). Berlin: De Gruyter Oldenbourg.

Lancaster, T. (2000). The incidental parameter problem since 1948. *Journal of Econometrics 95* (2), 391–413.

Lay-Yee, R., Milne, B., Davis, P., Pearson, J. & McLay, J. (2015). Determinants and disparities: a simulation approach to the case of child health care. *Social science & Medicine 128,* 202–211.

Leszczensky, L. & Wolbring, T. (2018). *How to Deal With Reverse Causality Using Panel Data? Recommendations for Researchers Based on a Simulation Study.* https://osf.io/preprints/socarxiv/8xb4z/download?format=pdf. Zugegriffen: 23. Januar 2019.

McLay, J., Lay-Yee, R., Milne, B. & Davis, P. (2015). Regression-style models for parameter estimation in dynamic microsimulation. An empirical performance assessment. *International Journal of Microsimulation 8* (2), 83–127.

Min, J., Silverstein, M. & Lendon, J. P. (2012). Intergenerational transmission of values over the family life course. *Advances in Life Course Research 17* (3), 112–120.

Mood, C. (2010). Logistic Regression: Why We Cannot Do What We Think We Can Do, and What We Can Do About It. *European Sociological Review 26* (1), 67–82.

Moral-Benito, E. (2012). Likelihood-Based Estimation of Dynamic Panels With Predetermined Regressors. https://pdfs.semanticscholar.org/d1e1/eccbf3894823e6cc4a653d-4dc59a60e4242c.pdf. Zugegriffen: 21. Januar 2019.

Moral-Benito, E., Allison, P. & Williams, R. (2018). Dynamic Panel Data Modelling using Maximum Likelihood: An Alternative to Arellano-Bond. https://www3.nd.edu/~rwilliam/dynamic/Benito_Allison_Williams.pdf. Zugegriffen: 23. Januar 2019.

Nickell, S. (1981). Biases in dynamic models with fixed effects. *Econometrica 49* (6), 1417–1426.

Obersneider, M., Janssen, J.-C. & Wagner, M. (2018). Regional Sex Ratio and the Dissolution of Relationships in Germany. *European Journal of Population*, 1–25. https://link.springer.com/content/pdf/10.1007%2Fs10680-018-9506-0.pdf. Zugegriffen: 23. Januar 2019.

O'Donoghue, C. & Dekkers, G. (2018). Increasing the Impact of Dynamic Microsimulation Modelling. *International Journal of Microsimulation 11* (1), 61–96.

Rabe-Hesketh, S. & Skrondal, A. (2012a). *Multilevel and longitudinal modeling using Stata. Volume I: Continuous Responses* (3rd ed.). College Station, Tex.: Stata Press.

Rabe-Hesketh, S. & Skrondal, A. (2012b). *Multilevel and longitudinal modeling using Stata. Volume II: Categorical Responses, Counts, and Survival* (3rd ed.). College Station, Tex.: Stata Press.

Richardson, R., Pacelli, L., Poggi, A. & Richiardi, M. (2018). Female Labour Force Projections Using Microsimulation for Six EU Countries. *International Journal of Microsimulation 11* (2), 5–51.

Richiardi, M. (2014). *Forecasting with Unobserved Heterogeneity*. Working Paper. Oxford: Institute for New Economic Thinking. http://www.laboratoriorevelli.it/_pdf/wp123.pdf. Zugegriffen: 23. Januar 2019.

Richiardi, M. & Poggi, A. (2014). Imputing Individual Effects in Dynamic Microsimulation Models. An application to household formation and labour market participation in Italy. *International Journal of Microsimulation 7* (2), 3–39.

Roodman, D. (2009a). How to do Xtabond2: An Introduction to Difference and System GMM in Stata. *The Stata Journal 9* (1), 86–136.

Roodman, D. (2009b). A Note on the Theme of Too Many Instruments. *Oxford Bulletin of Economics and Statistics 71* (1), 135–158.

Spielauer, M. (2011). What is Social Science Microsimulation? *Social Science Computer Review 29* (1), 9–20.

StataCorp. (2017). *Stata: Release 15. Longitudinal Data/Paneldata Reference Manual*. College Station, TX: StataCorp LLC.

Stein, P. & Bekalarczyk, D. (2016). Zur Prognose beruflicher Positionierung von Migranten der dritten Generation. In R. Bachleitner, M. Weichbold & M. Pausch (Hrsg.), *Empirische Prognoseverfahren in den Sozialwissenschaften* (S. 223–257). Wiesbaden: Springer VS.

Tedeschi, S., Pisano, E., Mazzaferro, C. & Morciano, M. (2013). Modelling Private Wealth Accumulation and Spend-down in the Italian Microsimulation Model CAPP_DYN: A Life-Cycle Approach. *International Journal of Microsimulation 6* (2), 76–122.

Toder, E., Thompson, L., Favreault, M., Johnson, R., Perese, K., Ratcliffe, C., Smith, K., Uccello, C., Waidmann, T., Berk, J., Woldemariam, R., Burtless, G., Sahm, C. & Wolf, D. (2002). *Modeling Income in the Near Term: Revised Projections of Retirement Income through 2020 for the 1931–1960 Birth Cohorts* (The Urban Institute, Hrsg.). Washington, DC: Social Security Administration, Office of Research, Evaluation, and Statistics, Division of Policy Evaluation. https://www.urban.org/sites/default/files/publication/60666/410609-modeling-income-in-the-near-term-revised-projections-of-retirement-income-through-for-the-birth-cohorts.pdf. Zugegriffen: 23. Januar 2019.

Vaisey, S. & Miles, A. (2017). What You Can – and Can't – Do With Three-Wave Panel Data. *Sociological Methods & Research 46* (1), 44–67.

Verbeek, M. (2017). *A guide to modern econometrics* (5th ed.). Hoboken, NJ: Wiley.

Williams, R., Allison, P. D. & Moral-Benito, E. (2018). Linear Dynamic Panel-data Estimation Using Maximum Likelihood and Structural Equation Modeling. *The Stata Journal 18* (2), 293–326.

Wolfson, M. C. (1995). *Socio-economic statistics and public policy. A new role for microsimulation modeling.* Working Paper No. 81 (Statistics Canada, Hrsg.). Ottawa: University of Ottawa. https://dx.doi.org/10.2139/ssrn.4165. Zugegriffen: 23. Januar 2019.

Wooldridge, J. M. (2013). *Introductory econometrics. A modern approach. (This is an electronic version of the print textbook. Due to electronic rights restrictions, some third party content may be suppressed)* (5th ed.). Australia: South-Western Cengage Learning. Zugegriffen: 23. Januar 2019. https://economics.ut.ac.ir/documents/3030266/14100645/Jeffrey_M._Wooldridge_Introductory_Econometrics_A_Modern_Approach__2012.pdf.

III
Anwendungen

Konzeption eines Simulationsmodells zur Formation von Übertrittsentscheidungen auf das Gymnasium

Sabine Zinn

Zusammenfassung

In diesem Beitrag präsentiere ich ein neuartiges Simulationsmodell, um Bildungsverläufe von Grundschülern hinsichtlich ihres Übergangs auf eine weiterführende
Schule abzubilden. Das Hauptaugenmerk liegt hierbei auf hypothetischen Bil-
dungsverläufen und latenten Entscheidungsprozessen, die sich im Vergleich zum
Ist-Zustand oder zur Vergangenheit ergeben, falls sich die Rahmenbedingen des
Schulsystems und/oder die Komposition der Schülerschaft ändern. Ich schlage
hierfür ein zeitstetiges Mikrosimulationsmodell vor, das um eine Komponente
erweitert ist, die Bildungsentscheidungen theoriebasiert modelliert, und auf diese
Weise individuelle Faktoren und Kontexte geeignet erfasst. Somit stellt diese
Methode ein innovatives Instrumentarium dar, um die Wirkung politischer
Maßnahmen oder geänderter demografischer Bedingungen unter der Annahme
verschiedener Was-wäre-wenn-Szenarien untersuchen zu können.

Schlüsselbegriffe

Simulationsmodell, Bildungsentscheidungen, Theorie des geplanten Verhaltens

1   Einleitung

Dieser Beitrag beschreibt eine neuartige Methode, um Bildungsverläufe von Grundschülern hinsichtlich ihres Übergangs auf eine weiterführende Schule abzubilden. Das Hauptaugenmerk liegt hierbei auf hypothetischen Bildungsverläufen und latenten Entscheidungsprozessen, die sich im Vergleich zum Ist-Zustand oder zur Vergangenheit ergeben, falls sich die Rahmenbedingungen des Schulsystems und/oder die Komposition der Schülerschaft ändern. Somit stellt diese Methode ein innovatives Instrumentarium dar, um die Wirkung politischer Maßnahmen oder geänderter demografischer Bedingungen ex ante untersuchen zu können. Die Methode bedient sich dabei eines erweiterten Mikrosimulationsansatzes, der ausführlich in Zinn (2019) beschrieben ist.

Der Bildungsabschluss ist entscheidend für den individuellen Werdegang in verschiedenen Lebensbereichen, allen voran natürlich im Erwerbsleben (u. a. Shavit und Müller 1998). Zahlreiche Studien haben starke korrelative Zusammenhänge auch in anderen Lebensbereichen nachgewiesen, wie z. B. zwischen Bildung und Gesundheit, Bildung und Partnerwahl, Bildung und Fertilität sowie zwischen Bildung und Migration, siehe hierzu u. a. von dem Knesebeck et al. (2006); Blossfeld (2009); Martin (1995); Rodríguez-Pose und Vilalta-Bufí (2005). Bildung ist zudem ein essentieller Faktor sozialer Ungleichheit: Personen mit niedriger Bildung nehmen normalerweise eine unterprivilegierte Stellung in der Gesellschaft ein und haben einen nur beschränkten Zugang zu ökonomischen und gesellschaftlichen Ressourcen, wie z. B. gut bezahlten Jobs oder großen sozialen Netzwerken, siehe hierzu z. B. Müller & Mayer (1976); Blossfeld & Shavit (1993). Es ist bekannt, dass der Weg zu einem bestimmten Bildungsabschluss in Deutschland bereits maßgeblich in jungen Jahren mit dem Übergang auf eine weiterführende Schule festgelegt wird, siehe hierzu z. B. Baumert et al. (2010). Bei diesem Übergang zeigt sich seit Jahrzenten die Persistenz sozialer Herkunftseffekte. Unterschieden werden hierbei klassischerweise primäre und sekundäre Herkunftseffekte (Boudon 1974), wobei die primären Herkunftseffekte die Unterschiede in der Schulleistung in Abhängigkeit der sozialen Herkunft beschreiben und die sekundären Herkunftseffekte die Unterschiede in der Übergangsneigung bezüglich der Art der weiterführenden Schule, die besucht werden soll, unter Kontrolle von Leistungsunterschieden. So haben zahlreiche Studien gezeigt, dass Kinder aus niedrigeren sozialen Schichten durchschnittlich schlechtere Schulleistungen erreichen als Kinder höherer sozialer Schichten (Maaz und Nagy 2010; Relikowski et al. 2010). Allerdings finden sich auch eindeutige Belege dafür, dass Kinder niedriger sozialer Schichten bei gleicher Schulleistung häufiger auf eine anspruchsniedrigere weiterführende Schule übergehen als Kinder höherer sozialer Schichten (Maaz und Nagy 2010; Ditton und Maaz 2015). Es ist ein erklärtes politisches Ziel, soziale Disparitäten zu verringern. Zu diesem Zweck wurden in der jüngeren Vergangenheit in den verschiedenen Bundesländern Deutschlands zahlreiche Schulreformen auf den Weg gebracht. Zum Beispiel wurden in den Jahren von 2002 bis 2016 in zwölf der sechszehn Bundesländer Schularten abgeschafft, im gleichen Zeitraum in fünfzehn Bundesländern neue Schularten eingeführt und in acht Bundesländern Schularten neu zugeordnet.[1] Das Hauptaugenmerk lag hierbei auf Haupt- und Realschulen, die abgeschafft und/oder in Gemeinschafts- oder Gesamtschulen umgewandelt wurden. Die Intention hinter derartigen Reformen ist die Wegbereitung für Chancengleichheit für Kinder aus bildungsfernen Familien und Migrantengruppen durch die Etablierung eines zwei- statt eines dreigliedrigen Schulsystems (Hurrelmann 2013; Drope und Jurczok 2013; Edelstein und Nikolai 2013). Ob und inwiefern dieses Ziel erreicht wird oder überhaupt erreicht werden kann, ist schwer zu bemessen und Grundstein vieler Diskussion (siehe z. B. Hurrelmann 2013; Drewek 2013). Um hierzu ein dezidiertes Bild zeichnen zu können, ist es notwendig, den Entscheidungsprozess, der zum Übergang eines Kindes auf eine bestimmte Schulform führt, genauer zu beleuchten. Baumert et al. (2010) haben folgende Aspekte als die wesentlichen Einflussfaktoren identifiziert, die die Übergangsentscheidung am Ende der Grundschulzeit determinieren: das Leistungs- und Arbeitsverhalten des Kindes, die elterliche Willensbildung, die Übergangsdiagnose der Grundschullehrerin bzw. des Grundschullehrers, der schulische Beratungsprozess, die institutionellen Regelungen und die regionale Schulstruktur. Zudem spielen bei der Entscheidungsfindung persönliche Hintergrundfaktoren wie der Migrationshintergrund (siehe z. B. Gresch und Becker 2010) und der Referenzrahmen, der z. B. durch das Leistungsniveau der Mitschülerinnen und Mitschüler und die soziale Zusammensetzung einer Schulklasse gegeben ist (siehe Neumann et al. 2010), eine wesentliche Rolle.

Um herauszufinden, ob durch Reformen geänderte strukturelle Rahmenbedingungen einen merkbaren Einfluss auf die Übertrittsentscheidung haben, müssen diese dezidiert untersucht werden. Eine empirisch fundierte Datengrundlage für ein solches Vorhaben zu erstellen ist schwierig. Zum einen müssen Daten über einen langen Zeitraum hinweg erhoben werden, der sowohl Jahre vor als auch Jahre nach der maßgeblichen Reform umfasst. Nur so können potentielle Effekte von Reformen auch wirklich bemessen werden. Zum anderen müssen die Daten ein repräsentatives Abbild aller Schülerinnen und Schüler über alle relevanten Bevölkerungsgruppen hinweg inklusive Kontextpersonen wie Eltern und Lehrern bieten. Auch wenn es

---

1   Diese Informationen wurden der Autorin vom Sekretariat der Ständigen Konferenz der Kultusminister der Länder in der Bundesrepublik Deutschland auf Anfrage am 20. Juni 2017 zugesandt.

Versuche gibt entsprechende Daten zu sammeln, so erfüllen diese immer nur einen bestimmten Teil dieser Anforderungen. Das heißt entweder gibt es detaillierte und repräsentative Querschnittsdaten für bestimmte Zeitpunkte (siehe z. B. Baumert et al. (2010) oder den IQB Ländervergleich[2]) oder kurze Längsschnittstudien, die sich mit den Auswirkungen bestimmter Reformen in bestimmten Bundesländern beschäftigen (siehe z. B. Maaz et al. 2013). Erschwerend kommt hinzu, dass die Wirksamkeit von Reformen auch von der Größe und der Zusammensetzung der Schülerschaft abhängt. So können Reformen für einen bestimmten Zeitraum die anvisierten Ergebnisse erzielen, doch ist ihre Wirksamkeit bei einer geänderten Komposition der Schülerschaft vollkommen unklar. Zum Beispiel ist in den letzten fünf Jahren die Fertilität in Deutschland merkbar angestiegen, und das vor allem bei Frauen aus Ost-Europa und bei den dritten und weiteren Geburten (Pötzsch 2018). Diese Kinder stellen in fünf bis zehn Jahren einen nicht zu vernachlässigenden Teil der Schülerschaft dar, der seinen Übergang auf eine weiterführende Schule machen wird. Auch die Auswirkungen möglicher Migrationsbewegungen und von räumlicher Mobilität sind vollkommen unklar. Mit anderen Worten geht es nicht nur darum, den Effekt von Reformen auf die Schulübertrittsentscheidungen einer bestehenden Schülerschaft zu untersuchen, sondern auch den Effekt von Reformen auf die Entscheidungen zukünftiger Schülerschaften zu antizipieren. Hierzu eine adäquate, rein empirische Datengrundlage zu schaffen, dürfte schwierig bis gar unmöglich sein. Dieser Beitrag beschreibt eine neuartige Methode, die die Untersuchung möglicher Auswirkungen von Reformen auf veränderte Kontextbedingungen und Schülerschaften dennoch ermöglicht. Die wesentliche Idee besteht in der Erstellung eines realistischen Prozessmodells zur Beschreibung von Bildungsübergängen. Hierbei wird der Schritt der Entscheidungsfindung latent modelliert, da er normalerweise selbst nicht beobachtbar ist, sondern nur sein Ergebnis. Dem latenten Entscheidungsmodell wird in diesem Beitrag das theoretische Handlungsmodell des geplanten Verhaltens nach Fishbein und Ajzen zu Grunde gelegt (Ajzen 1991; Fishbein und Ajzen 2010). Die Idee diese Theorie zur Modellierung von Schulwahlentscheidungen zu nutzen, ist nicht gänzlich neu und wurde bereits 2010 von Maaz et al. (2010) als geeignetes theoretisches Konzept benannt.

Wesentlich für eine sinnvolle Verwendbarkeit des Ansatzes ist eine vernünftige Formalisierung des genutzten Handlungsmodells in der Art, dass sich tragfähige Wahrscheinlichkeiten für die verschiedenen Handlungsoptionen (d. h. Übergangsoptionen nach der Grundschule) ableiten lassen. Hierbei ist es notwendig, alle zuvor beschriebenen relevanten Einflussfaktoren zu berücksichtigen. Andere zur Beschreibung von Bildungsverläufen relevante Wahrscheinlichkeiten wie z. B.

2   Siehe https://www.iqb.hu-berlin.de/bt (aufgerufen am 31. Januar 2019).

für Schulwechsel oder die Wahrscheinlichkeit einer Klassenwiederholung können empirisch oder hypothetisch abgeleitet werden. Auf diese Weise können synthetische Bildungsverläufe für eine interessierende Zielpopulation über die gesamte Schulzeit hinweg erstellt werden. Die Durchführung von Was-wäre-wenn-Szenarien liefert dann das Instrumentarium, die Auswirkung von Reformen und/oder Änderungen in der Schülerschaft bezüglich Zusammensetzung und Größe zu untersuchen. Tabelle 1 gibt in Anlehnung an Zinn (2019) die Teilschritte wieder, die für den Aufbau eines brauchbaren Simulationsmodells abgearbeitet werden müssen, bevor Was-wäre-wenn Szenarios durchgeführt werden können.

Das nachfolgende Kapitel 2 beschreibt das Mikrosimulationsmodell, das genutzt wird, um Bildungsverläufe von Schülerinnen und Schülern von der Grundschule bis zu ihrem Schulabschluss zu beschreiben. Kapitel 3 leitet das Entscheidungsmodell für den Übergang von der Grundschule auf eine weiterführende Schule her und formalisiert es. Kapitel 4 thematisiert die Notwendigkeit der Durchführung von Sensitivitätsanalysen, einer sinnvollen Kalibrierung und externer Validierung. Kapitel 5 skizziert eine relevante Anwendung des Simulationsmodells. Dieser Beitrag schließt in Kapitel 6 mit einer Zusammenfassung des vorgestellten Simulationsmodells und mit einem kritischen Ausblick.

Tab. 1 Schritte zur Erstellung eines Simulationsmodells für Bildungsentscheidungen

Aktions-rahmen	Einzelschritte
Modell-spezifikation	• Erstelle ein Mikrosimulationsmodell, das den Bildungsverlauf von Schülerinnen und Schülern in der Schule beschreibt
	• Spezifiziere ein theoriegeleitetes, formales Modell für den relevanten nicht beobachtbaren Prozess, d. h. für die Übertrittsentscheidung von der Grundschule auf eine weiterführende Schule
Parametri-sierung	• Parametrisiere das Mikrosimulationsmodell mit einer Basispopulation von Grundschülern und Übergangswahrscheinlichkeiten bzgl. relevanter Bildungsübergänge
	• Parametrisiere alle beobachtbaren und schätzbaren Größen des theoriegeleiteten, formalen Modells
	• Bestimme plausible Wertebereiche für die Parameter der nicht beobachtbaren Größen des formalen Modells (d. h. für die freien Parameter)

Sensitivitäts-analyse, Kalibrierung, Validierung	• Konstruiere und trainiere ein statistisches Metamodell, das das Simulationsmodell approximiert
	• Führe eine Sensitivitätsanalyse durch • Bewerte die Wirkung der freien Parameterwerte auf relevante Simulationsergebnisse • Adaptiere gegebenenfalls die Zusammenhangsstruktur und/oder die Parameter
	• Kalibriere das Simulationsmodell, sodass es vorgegebene und ggf. beobachtete Populationsgrößen erzeugt (z. B. die vom statistischen Bundesamt veröffentlichte Anzahl von Gymnasiasten in Klassenstufe 5)
	• Validiere das Modell anhand beobachteter, realer Größen (die nicht zur Kalibrierung genutzt wurden), z. B. anhand des Anteils an Mädchen an den Übertritten auf das Gymnasium
Szenarios	• Führe Was-wäre-wenn Szenarios durch

2 Mikrosimulationsmodell für Bildungsverläufe während der Schulzeit

Nachfolgend wird ein Mikrosimulationsmodell für Bildungsverläufe während der Schulzeit aufgebaut, das die Entwicklung einer Kohorte von Grundschülern über den Primar- bis zum Ende des Sekundarbereichs hinweg beschreibt, siehe Abbildung 1. Diese Bereiche stellen neben dem Elementar- und dem Tertiärbereich die Bildungsetappen des deutschen Schulsystems dar.

Abb. 1 Bildungsetappen und Schulformen, die das Mikrosimulationsmodell umfasst
Quelle: Eigene Darstellung

Der Primarbereich umfasst in Deutschland die Grundschule und die Förderschule. Der Sekundar-I-Bereich schließt Gymnasien, Realschulen, Hauptschulen, integrierte Gesamtschulen, Schulen mit mehreren Bildungswegen, Orientierungsstufen und Förderschulen ein. Zum Sekundar-II-Bereich zählen die gymnasiale Oberstufe, berufliche Schulen, das duale Ausbildungssystem und Einrichtungen des Übergangssystems. Diese Zuordnung von Schulen zu den verschiedenen Bildungsetappen entstammt der Definition der Kultusminister-Konferenz.[3] Der Fokus dieses Beitrags liegt auf dem Übertritt von Grundschülerinnen bzw. -schülern auf eine weiterführende Schule. Daher werden nachfolgend Förderschülerinnen bzw. -schüler von der Betrachtung ausgenommen. Das Modell kann allerdings entsprechend geeigneter Forschungsfragen ohne großen Aufwand auf diese Schülergruppe erweitert werden. Gemäß des Aufbaus des deutschen Bildungssystems lassen sich zwei Arten von Bildungsübergängen unterscheiden: Übergänge innerhalb einer Bildungsetappe und Übergänge zwischen Bildungsetappen, siehe Abbildung 2[4]. Die erste Kategorie umfasst Schulformwechsel mit oder ohne Jahrgangsstufenwechsel innerhalb einer Bildungsetappe, während die zweite Kategorie Schulformwechsel mit Jahrgangsstufenwechsel zwischen Bildungsetappen beinhaltet.

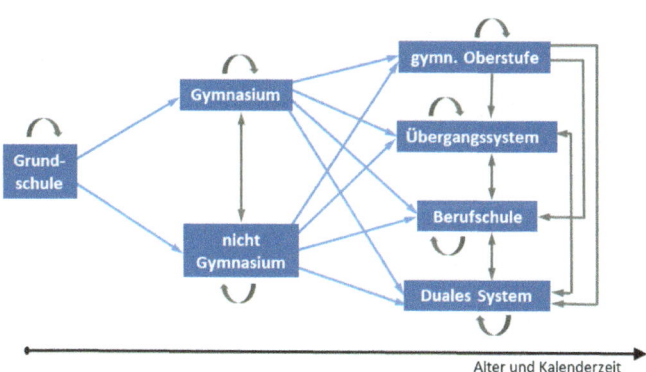

Abb. 2   Übergänge innerhalb und zwischen den Bildungsetappen
Quelle: Eigene Darstellung.

---

3   Siehe https://www.kmk.org/dokumentation-statistik/statistik/schulstatistik/definitionenkatalog.html (aufgerufen am 31. Januar 2019). Diese Definition umfasst nur staatliche Schulen. Somit sind Privatschulen wie Mon-tessori- und Waldorfschulen von den weiteren Betrachtungen ausgenommen.

4   Schulformen im Sekundar-I-Bereich werden hier der Einfachheit wegen nur nach „Gymnasium" und „nicht Gymnasium" unterschieden.

Zur Beschreibung der Bildungsverläufe von Grundschülern wird ein dynamisches Mikrosimulationsmodell genutzt. Ein solches Modell beschreibt die Entwicklung einer Zielpopulation bzw. -kohorte durch die Spezifikation synthetischer Lebensverläufe. Eine detaillierte Einführung in die verschiedenen Arten von Mikrosimulationsansätzen bietet z. B. Hannappel und Troitzsch (2015). Generell besteht ein Mikrosimulationsmodell aus einem Zustandsraum, der die interessierenden Variablen und Variablenausprägungen enthält. Tabelle 2 zeigt einen möglichen Zustandsraum für das hier beschriebene Mikrosimulationsmodell. Hierbei gilt es zu beachten, dass es zeitkonstante und zeitveränderliche Variablen geben kann. Eine dynamische Mikrosimulation macht allerdings nur Sinn, wenn sich wenigstens ein Teil der betrachteten Variablen über die Zeit hinweg verändert, da sich ansonsten keine Verläufe ableiten lassen. Im vorliegenden Fall sind z. B. das Geschlecht und die Ethnizität zeitkonstante Variablen, während die Klassenstufe und die besuchte Schulform zeitveränderliche Variablen darstellen. Die Gesamtheit der (realistischen) Kombinationen aller Variablenausprägungen stellt den Zustandsraum Ω des Mikrosimulationsmodells dar und seine Elemente die Zustände des Modells. Jede Mikrosimulation basiert auf einer Ausgangspopulation bzw. -kohorte, die über die Zeit fortgeschrieben wird. Eine solche Ausgangspopulation bzw. -kohorte beschreibt die multivariate Verteilung der Zielpopulation bzw. -kohorte für alle betrachteten Variablenmerkmalskombinationen zum Startzeitpunkt der Simulation. Im Optimalfall können die zugehörigen Verteilungsinformationen Zensus- oder Registerdaten entnommen werden. Es mag aber Fragestellungen geben, für die solche Daten nicht verfügbar sind, z. B. gibt es in Deutschland kein bundesweites Schul- und Schülerregister. Eine Möglichkeit mit dieser Schwierigkeit umzugehen, ist die Erzeugung einer teilsynthetisierten Ausgangspopulation bzw. -kohorte. Hierbei werden beobachtete Verteilungen (gegebenenfalls aus verschiedenen Datenquellen wie z. B. Surveyerhebungen und amtlichen Daten) so weit wie möglich gebündelt und mittels Hochrechnungsverfahren (wie einem *Iterative Proportional Fitting*-Verfahren) unter sinnvollen Annahmen zu einer gemeinsamen multivariaten Populations- bzw. Kohortenverteilung zusammengeführt, siehe hierzu z. B. Zinn (2011, Kapitel 3.3). Die Gesamtheit alle Individuen, die in einer Mikrosimulation betrachtet werden, nennt man virtuelle Population.

Dynamiken entstehen in einem Mikrosimulationsmodell durch den Zustandswechsel von Individuen, z. B. durch den Übertritt eines Schülers auf eine weiterführende Schule. Solche Zustandswechsel werden auch als Ereignisse bezeichnet. Üblicherweise werden Übergangswahrscheinlichkeiten herangezogen, um die Neigung eines Individuums zu beschreiben, zu einem bestimmten Zeitpunkt unter vorliegenden Bedingungen ein Ereignis zu erleben. Um ein möglichst realistisches Abbild der Realität zu erschaffen, sollten Übergangswahrscheinlichkeiten, wenn möglich, aus empirischen Daten geschätzt werden. Je nach Datenlage können hierfür entweder parametrische Modelle wie zeitdiskrete Ereignisanalysemodelle verwendet werden oder nicht-parametrische Ansätze z. B. die Schätzung relativer Häufigkeiten. Falls die Schätzung von Übergangswahrscheinlichkeiten aber ausgeschlossen ist, weil die einem Ereignis zugrunde liegenden Mechanismen entweder von wesentlichem Interesse jedoch nicht beobachtbar sind, oder aber weil das Ereignis in der Zukunft liegt, können Übergangswahrscheinlichkeiten auch hypothesengetrieben abgeleitet werden. Eben diesen Ansatz verfolge ich in dem hier vorgestellten Beitrag. Die Mechanismen, die der Schulwahlentscheidung für den Übergang auf eine weiterführende Schule zugrunde liegen, sollen genauer beleuchtet werden. Zudem sollen die Auswirkungen von Änderungen in den Rahmenbedingen, die auf die Übertrittsentscheidung wirken können, mittels Was-wäre-wenn Szenarien untersucht werden.

Die Wahl der Zeitskalen, die in einem Mikrosimulationsmodell betrachtet werden können, hängt von der zu beantwortenden Fragestellung ab. Mögliche Zeitskalen sind z. B. die Kalenderzeit, das Alter, und die Verweildauer in einem Zustand. Alle drei Zeitskalen spielen im vorliegenden Fall eine wesentliche Rolle. Die Beachtung der Kalenderzeit ist z. B. für die Untersuchung der Auswirkungen von Reformen unerlässlich. Zudem können nur so die Folgen veränderter Schülerschaften in Größe und Komposition analysiert werden. Das Alter einer Schülerin bzw. eines Schülers ist essentiell für ihre bzw. seine Verortung in einer Bildungsetappe. Außerdem spielt die Verweildauer ebenso wie das Alter in einem Zustand (z. B. in einer bestimmten Klassenstufe) eine immense Rolle für die Abbildung von Übergangsneigungen von Klassenwiederholern und Überspringern.

Tab. 2   Zustandsraum für das Mikrosimulationsmodell zur Beschreibung der
Bildungsverläufe ab der Grundschule.

Zustandsvariablen	Zustandsraum	Ereignisse
Klassenstufe	1, 2, bis max. 13	Übertritt in die nächste Klassenstufe, Überspringen einer Klassenstufe, Wiederholer
Bildungsetappe	Primar, Sekundar-I, Sekundar-II	Wechsel zwischen Bildungsetappen
Schulform	Grundschule, Gymnasium, Realschule, integrierte Gesamtschule, Hauptschule, Schule mit mehreren Bildungswegen, Orientierungsstufe, Förderschule, gymnasiale Oberstufe, berufliche Schule, Schule des Übergangssystems, duales Ausbildungssystem	Wechsel von einer Schulform auf eine andere
Bundesland	Baden-Württemberg, Bayer, Berlin, Brandenburg, Bremen, Hamburg, Hessen, Mecklenburg-Vorpommern, Niedersachsen, Nordrhein-Westfalen, Rheinland-Pfalz, Saarland, Sachsen, Sachsen-Anhalt, Schleswig-Holstein, Thüringen	Umzug des Kindes
Leistungsmotivation/ Anstrengungsbereitschaft	niedrig, normal, hoch (gemessen anhand von Populationsquantilen)	Veränderung im Niveau
Kompetenzen	niedrig, normal, hoch (gemessen anhand von Populationsquantilen)	Veränderung im Niveau der Deutsch- und Mathematikkompetenz
Noten	1 bis 6	Veränderungen in Halbjahres- bzw. Ganzjahresnoten in Mathematik und Deutsch[5]
Familienstand der Eltern	getrennt leben (ja/nein)	Trennung der Eltern

(Die Zustandsvariablen sind insgesamt als „zeit-veränderlich" gekennzeichnet.)

---

5   Je nach Fragestellung können weitere Noten berücksichtigt werden, z. B. die Noten aus dem Heimat- und Sachkundeunterricht.

	Zustandsvariablen	Zustandsraum	Ereignisse
	Geschlecht	weiblich, männlich	--
	Migrationshinter-grund in 2.5 Genera-tion oder niedriger	ja, nein[6]	--
zeit-konstant	Elternbildung durch höchsten Bildungsabschluss	Lehre oder gleichwertiger Schulabschluss, Abschluss einer Berufsfachschule- oder Han-delsschule, Meister / Techniker / gleichwertiger Fachschulabschluss, Fachhochschulabschluss, Hoch-schulabschluss, anderer beruflicher Abschluss, kein beruflicher Ab-schluss, noch in Ausbildung, noch im Studium	--

Außerdem spielt die Verweildauer ebenso wie das Alter in einem Zustand (z. B. in einer bestimmten Klassenstufe) eine immense Rolle für die Abbildung von Über-gangsneigungen von Klassenwiederholern und Überspringern. Je nachdem wie man den Ablauf von Zeit definiert, lassen sich zwei Arten von Mikrosimulationen unterscheiden: zeitstetige und zeitdiskrete Modelle. In zeitstetigen Modellen wird die Zeit kontinuierlich fortgeschrieben und in zeitdiskreten Modellen vergeht die Zeit in diskreten Schritten, z. B. in Jahren oder Monaten. Eine gute Übersicht hinsichtlich der Vor- und Nachteile beider Modellarten bietet Galler (1997). Da Bildungsübergänge während der Schulzeit normalerweise jahrweise stattfinden, beschreibe ich die Bildungsverläufe in zeitdiskreten Jahresschritten. Formal heißt das, es gibt einen zeitdiskreten, stochastischen Prozess, der den individuellen Bildungsverlauf einer Schülerin bzw. eines Schülers beschreibt.

Ich nutze zeitdiskrete *Multi-State* Modelle, um diese Art von Prozess zu be-schreiben. Ein *Multi-State* Modell ist ein stochastischer Prozess $Z(t)$, der zu jedem Zeitpunkt einen bestimmten diskreten Zustand aus einer Menge möglicher Zu-stände besetzt (Hougaard 1999). Somit gehört zu jedem *Multi-State* Modell $Z(t)$ ein bivariates Prozesstupel $(J_n, T_n)_{n \in N_0}$, wobei J_n den Zustand nach dem n-ten Übergang beschreibt und T_n die zugehörige Übergangszeit gemessen an der Prozesszeitstelle

---

6 Eine derzeit intensiv diskutierte Frage ist die nach dem Bildungserfolg der verschie-denen ethnischen Gruppen, die in Deutschland ansässig sind. Das Modell kann zur Beschreibung entsprechender Bildungsverläufe problemlos durch die Hinzunahme einer entsprechenden Zustandsvariablen, die die ethnische Zugehörigkeit eines Kindes beschreibt, erweitert werden.

t, $t \geq 0$. Die Prozesszeit t kann durch einfache Translation in die Kalenderzeit bzw. das Alter eines Individuums überführt werden.[7] Die zugehörige Verweildauer in J_n ist durch $W_n = T_{n+1} - T_n$ definiert. Je nach angenommener Abhängigkeitsstruktur kann $Z(t)$ verschiedenen Prozessklassen zugeordnet werden. Unterstellt man, dass die Wahrscheinlichkeit eines Überganges zu einem bestimmten Zeitpunkt nur vom gegenwärtigen Zustand der modellierten Population bzw. Kohorte abhängt und nicht von ihrer Vergangenheit oder gar von ihrer Zukunft, so ist $Z(t)$ eine zeitinhomogene Markow-Kette (Kijima 1997). Unterstellt man zudem, dass die Übergangswahrscheinlichkeiten von der Verweildauer im derzeitigen Zustand abhängen, so ist $Z(t)$ der Klasse der zeitinhomogenen Semi-Markow-Ketten zuzurechnen (Hoem 1972). Die zugehörigen Übergangswahrscheinlichkeiten für einen Übergang von Zustand s_j auf Zustand s_k mit $s_j \neq s_k$ und s_j, $s_k \in \Omega$ lauten wie folgt.

(i) zeitinhomogene Markow-Kette:

$$p_{s_j, s_{jk}}(t) = P(J_{n+1} = s_k, T_{n+1} = t \mid J_n = s_j, T_n = t - 1$$

(ii) zeitinhomogene Semi-Markow-Kette:

$$p_{s_j, s_{jk}}(w, t) = P(J_{n+1} = s_k, T_n + 1 = t \mid J_n = s_j, T_n = t - 1, W_n = w$$

Die Gesamtheit dieser Wahrscheinlichkeiten für den gesamten Zustandsraum Ω und alle Zeitpunkte t bzw. Verweildauern w bilden die Übergangsmatrizen des betrachteten Prozesses. Es sei an dieser Stelle darauf hingewiesen, dass für die Durchführung der Mikrosimulation Übergangswahrscheinlichkeiten für alle möglichen Übergänge und diskreten Zeitpunkte benötigt werden.

In einer zeitdiskreten Simulation vergeht die Prozesszeit in diskreten Schritten. Das heißt, die Ausgangspopulation bzw. -kohorte virtueller Schülerinnen und Schüler wird von Schuljahr zu Schuljahr fortgeschrieben. Somit wird für jede Schülerin und jeden Schüler für jedes Schuljahr entschieden, ob sie oder er einen Zustandswechsel bzw. ein Ereignis erlebt. Beispielhafte Ereignisse für den zuvor in Tabelle 2 benannten Zustandsraum finden sich in Spalte 3 der Tabelle 2. Für die Simulation werden die Wahrscheinlichkeiten p_{e_r} aller möglichen Ereignisse $e_1, \dots ,$ e_R, die eine Schülerin oder ein Schüler in einem Schuljahr t und nach einer Verweildauer w im derzeitigen Zustand erleben kann, nacheinander in der folgenden Form aufsummiert und in vektorieller Form niedergeschrieben:

---

7   Die Translationsfunktionen $C(T_n)$ und $A(T_n)$ bilden die Prozesszeit zum Zeitpunkt des n-ten Übergangs, T_n, auf die Kalenderzeit und das Alter ab. Eine hierbei gängige Definition ist $C(\cdot)$ für den 1. Januar 1970 um exakt 0:00 Uhr.

$$[p_{e_1}(w, t), p_{e_1}(w, t) + p_{e_2}(w, t), \ldots, p_{e_1}(w, t) + p_{e_2}(w, t) + \ldots + p_{e_R}(w, t)].$$

Die letzte Komponente dieses Vektors ist eins, da eine Schülerin bzw. ein Schüler in jedem Schuljahr einen wie auch immer gearteten Übergang erleben muss, z. B. entweder sie oder er wird versetzt, oder wiederholt die Klassenstufe oder überspringt eine Jahrgangstufe. Falls eine Schülerin oder ein Schüler die Klasse wiederholt erhöht sich die Verweildauer in der jeweiligen Jahrgangstufe um eins. Während der Simulation wird die Entscheidung, welches Ereignis eine Schülerin oder ein Schüler erfährt, auf Basis eines Zufallsexperiments wie folgt getroffen. Für jede Schülerin bzw. jeden Schüler wird eine im Intervall von 0 bis 1 gleichverteilten Zufallszahl u gezogen. Falls $u \leq p_{e_1}$, dann tritt das Ereignis ein, das mit Übergang e_1 verbunden ist. Falls $p_{e_1} < u \leq p_{e_2}$, dann tritt das Ereignis ein, das mit Übergang e_2 verbunden ist, usw. Falls allerdings $u > p_{e_R}$, dann tritt das Ereignis ein, das mit Übergang e_R verbunden ist.[8] Um ein Beispiel zu geben, am Ende der dritten Klasse wird für jedes Kind mittels Simulation festgelegt, ob es eine Klassenstufe wiederholt oder in die vierte Klasse kommt. Alternativ könnte das Kind auch zusätzlich noch die Schule wechseln und/oder in ein anderes Bundesland umziehen. Diese Art von Vorgehen erlaubt somit die Berücksichtigung sogenannter konkurrierender Risiken. Im Beispiel wären das das Wiederholen einer Klassenstufe oder der Übertritt in die nächste Klassenstufe. Auf diese Weise entstehen für alle Mitglieder der Ausgangspopulation bzw. -kohorte synthetische Bildungsverläufe.

Theoretisch ist es möglich, dass während der Simulation Individuen hinzukommen bzw. abgehen. In unserem Fall wären das Schülerinnen und Schüler, die wegziehen oder in die betrachtete Kohorte bzw. Population durch Umzug einwandern. Das heißt, das betrachtete Mikrosimulationsmodell besitzt eine offene, virtuelle Population (im Gegensatz zu einer geschlossenen, virtuellen Population, der man nur durch Geburt beitreten und die man nur durch Tod verlassen kann). Abbildung 3 stellt diesen Vorgang schematisch dar.

---

8   Für jedes Individuum wird zu jedem diskreten Zeitpunkt (d. h. Jahr) eine neue Zufallszahl gezogen. Somit summiert sich die Summe der während einer Simulation zu ziehenden Zufallszahlen zu $\Sigma_{t=1}^{T} N_t$ auf, wobei N_t die Anzahl der Individuen zum Zeitpunkt t ist und T die Anzahl der Jahre, die die Simulation insgesamt durchläuft.

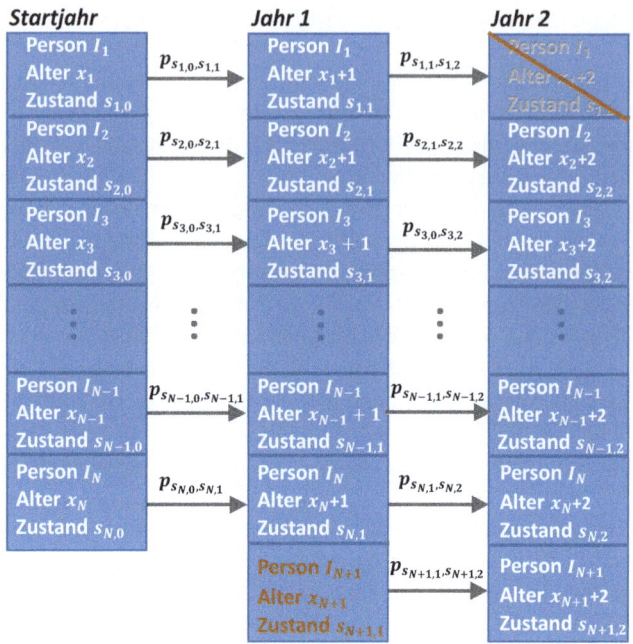

Abb. 3 Schematische Darstellung der Fortschreibung der (offenen) virtuellen Population in einem zeitdiskreten Mikrosimulationsmodell, über einen Zeitraum von 2 Jahren hinweg

Quelle: Eigene Darstellung

3 Entscheidungsmodell für den Übergang von der Grundschule auf eine weiterführende Schule

Zur Beschreibung des Überganges von der Grundschule auf eine weiterführende Schule nutze ich ein latentes Entscheidungsmodell in Form eines formalisierten, theoriegeleiteten Modells, aus der sich die Übergangswahrscheinlichkeiten bezüglich eines Überganges auf entweder ein Gymnasium oder eine andere Schulform nach der Primarstufe ableiten lassen.

Da die Eltern letztendlich die Übertrittsentscheidung für ihre minderjährigen Kinder treffen, ist es ihre Entscheidung, die hier modelliert wird, nicht die der Kinder oder die der Lehrerinnen oder Lehrer. Der Einfluss des Kindes und der

Lehrkraftempfehlung wird bei der Entscheidungsfindung allerdings als wesentlicher Faktor berücksichtigt (siehe unten). Somit sind der Entscheidungsprozess der Eltern, der hinter diesem Übergang steht, und die damit verbundenen Auswirkungen für den Bildungsweg einer Schülerin bzw. eines Schülers die relevanten Größen, die mit diesem Simulationsmodell untersucht werden können. Die Theorie des geplanten Verhaltens (*Theory of Planned Behaviour*, TPB) nach Fishbein und Ajzen (Ajzen 1991; Fishbein und Ajzen 2010) stellt die Grundlage des betrachteten Entscheidungsmodells dar. Die TPB ist eine Theorie zur Erklärung von Verhaltensintentionen und dem aus der Intention folgendem Verhalten. Geplantes Verhalten ergibt sich nach der Theorie aus der Intention zu einem Verhalten und der Möglichkeit das Verhalten auch durchführen zu können. Die TPB wurde ursprünglich zur Erklärung von Verhalten konzipiert. Dennoch bietet sie sich auch zur Erklärung von Schulwahlentscheidungen an, da dieser Art von Entscheidung ebenso wie geplantem Verhalten eine langfristige, bewusste Entscheidung zugrunde liegt (Maaz et al. 2010). In der TPB wird die Entstehung einer Intention bezüglich einer Verhaltensoption als Resultat eines Kompositums aus drei Wirkungsgrößen definiert: der Einstellung zu einem Verhalten, den subjektiven Normen und der wahrgenommener Verhaltenskontrolle. Die drei Wirkungsgrößen hängen von persönlichen Überzeugungen sowie vom wahrgenommenen Einfluss relevanter Anderer wie z. B. vom Netzwerk der Eltern ab. Im Falle der Übertrittsentscheidung sind die Einstellungen und Überzeugungen der Eltern wesentlich und korrelieren stark mit denen der Kinder (Wohlkinger und Ditton 2012). Aus den elterlichen Überzeugungen in Bezug auf die Konsequenzen eines Gymnasialbesuchs (wie die erwarteten Bildungsrenditen und psychischen Belastungen für das Kind) ergibt sich die Einstellung der Eltern zu einem Übertritt auf das Gymnasium und somit die elterlich Bildungsaspiration für einen Gymnasialbesuch. Geschwister, der Bekannten- und Freundeskreis des Kindes und der Eltern, Klassenkameraden und deren Eltern sowie häusliche Nachbarschaften stellen die für die Entscheidungsfindung relevanten Anderen dar (siehe hierzu z. B. Stocké 2009), über die die Eltern ihre persönlichen, subjektiven Überzeugungen hinsichtlich eines Gymnasialbesuchs ihres Kindes ableiten. Die wahrgenommene Verhaltenskontrolle ist schließlich das Resultat verschiedener Beratungs- und Empfehlungsangebote, die den Eltern zur Verfügung stehen, um sich für den kindlichen Übertritt auf das Gymnasium zu entscheiden. Hierzu zählen der schulische Beratungsprozess und die Lehrkraftempfehlung zur Gymnasialtauglichkeit des Kindes. Die TPB ermöglicht es, die eingeschränkte Rationalität aller am Entscheidungsprozess beteiligten Personen hinsichtlich der Fähigkeiten des Kindes, zukünftiger Bildungserfolge sowie -renditen etc. abzubilden. Abbildung 4 zeigt die TPB angewandt auf die Übertrittsentscheidung von der Grundschule auf das Gymnasium. Tabelle 3 bietet eine Zuordnung wesentlicher inner- und außerschulischen Einflussgrößen zu den unterschiedlichen Komponenten der Theorie inklusive relevanter Hintergrundfaktoren. Alternative Formalisierungen der Theorie des geplanten Verhaltens sind natürlich möglich. Allerdings müssen sie theoretisch begründet sein.

Elterliche und kindliche Merkmale sowie strukturelle Rahmenbedingungen sind nicht direkter Bestandteil der Komponenten der TPB, gehen allerdings als Hintergrundfaktoren in die Theorie ein, die indirekt auf die Bewertungs- und Einschätzungskomponenten der TPB wirken. Hierzu zählen der elterliche Beschäftigungsstatus, Bildungsabschluss, Migrationshintergrund, Wohnort und Familienstand sowie das Bildungssystem und die regionale Schulstruktur. Es gibt zahlreiche Studien, die den Nachweis erbringen, dass der Beschäftigungsstatus und der Bildungsabschluss der Eltern eine wesentliche Rolle bei der Formierung von Aspirationen hinsichtlich des Schulabschlusses spielen, den das Kind später erwerben soll (siehe u. a. Paulus und Blossfeld 2007; Kurz und Paulus 2006). Investitionen in Bildung werden von Seiten der Eltern generell als langfristig lohnenswert angesehen, da sie zu einer Verbesserung der Arbeitsmarktchancen führen und somit zu einem höheren Berufsprestige. Diese Wahrnehmung ist bei höheren sozialen Schichten stärker ausgeprägt als bei niedrigeren, was dazu führt, dass Eltern mit einem höheren Bildungsabschluss und einer Beschäftigung mit einem höheren Berufsprestige für ihre Kinder unabhängig von deren Schulleistungen üblicherweise einen Gymnasialbesuch anstreben (siehe u. a. Maaz et al. 2010).

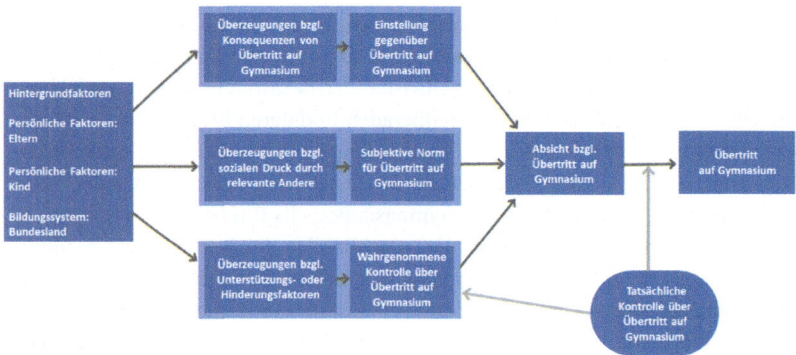

Abb. 4 Theorie des geplanten Verhaltens angewandt auf die Übertrittsentscheidung von der Grundschule auf das Gymnasium

Quelle: Eigene Darstellung, angepasst auf Bildung, Original von Fishbein und Ajzen (2010)

Tab. 3   Zuordnung möglicher Einflussfaktoren auf die Übertrittsentscheidung der Eltern zu den Komponenten der Theorie des geplanten Handelns

Theoriekomponente		Einflussfaktoren: außerschulisch	Einflussfaktoren: innerschulisch
Wirkungs-mechanismen	Einstellung gegen-über Übertritt auf Gymnasium	elterliche Bildungsaspirationen, erwartete Bildungsrenditen, erwartete psychische Belastungen für das Kind	---
	Subjektive Norm für Übertritt auf Gymnasium	Bildung der Geschwister, Bildungsniveau des Bekannten- und Freundeskreis der Eltern	Übergang der Mitschülerinnen und Mitschüler auf Gymnasium
	Wahrgenommene Kontrolle über Übertritt auf Gymnasium	---	unverbindliche Lehrerempfehlung zwecks Gymnasialtauglichkeit[9], schulischer Beratungsprozess
Hintergrund-faktoren	Persönliche Faktoren: Eltern	Beschäftigungsstatus, Bildungsabschluss, Migrationshintergrund, Wohnort, Familienstand	---
	Persönliche Faktoren: Kind	Geschlecht, Migrationshintergrund	Noten, Leistungsmotivation, Anstrengungsbereitschaft
	Bildungssystem: Bundesland	---	zwei- vs. dreigliedrig, verbindliche Lehrerempfehlung (ja/nein), späterer Übergang ins Gymnasium möglich
	Regionale Schulstruktur	Erreichbarkeit des nächsten Gymnasiums	---
Tatsächliche Kontrolle	Tatsächliche Kontrolle über Übertritt auf Gymnasium	---	für den Übergang auf das Gymnasium notwendiger Notenschnitt, verbindliche Lehrerempfehlung, Probeunterricht und Eignungsprüfungen

Zudem konnten Studien nachweisen, dass Eltern mit Migrationshintergrund im Durchschnitt eine weit höhere Bildungsaspiration bezüglich des kindlichen Bildungsabschlusses aufweisen als Eltern ohne Migrationshintergrund (u. a. Ditton et al. 2005). Auch der Familienstand spielt bei der Übertrittsentscheidung auf

---

9   Ein erschwerender Faktor bei der Modellierung der Wirkung von Lehrerempfehlungen ist der Fakt, dass derer Verbindlichkeit einerseits zwischen den Bundesländern variiert (z. B. war im Jahr 2018 die Lehrerempfehlung in Bayern, Sachsen und Thüringen verbindlich, wohingegen sie in den anderen Bundesländern unverbindlich war) und sich andererseits über die Zeit ändert (z. B. war die Lehrerempfehlung in Baden Württemberg und Sachsen-Anhalt bis zum Jahr 2011 verbindlich und wurde danach unverbindlich, in Nordrhein-Westfalen war sie bisher unverbindlich, doch wird neuerdings die Einführung ihrer Verbindlichkeit wieder diskutiert, siehe auch https://www.ksta.de/politik/wer-darf-aufs-gymnasium---wer-nicht--nrw-schulministerium-ueberdenkt-lehrerempfehlung-29620322, aufgerufen am 31.01.2019).

das Gymnasium eine nicht zu unterschätzende Rolle. So konnten Schutter und Schweda-Möller (2017) zeigen, dass Kinder aus Einelternfamilien signifikant geringere Übergangswahrscheinlichkeiten aufs Gymnasium haben als Kinder aus Zweielternfamilien. Sie begründen diesen empirischen Befund mit der Tatsache, dass Kinder aus Einelternfamilien häufiger prekären finanziellen und familiären Verhältnissen ausgesetzt sind als Kinder aus Zweielternfamilien, und folglich auch höheren Bildungsrisiken wie zum Beispiel mangelnder Unterstützung durch Nachhilfe. Außerdem finden Schutter und Schweda-Möller (ibid.), dass derartige Bildungsdisparitäten durch die institutionellen Verfahren und Praxen im Bildungssystem noch verschärft werden.

Auch ist davon auszugehen, dass der Wohnort einer Familie durch die im sozialen Umfeld einer Familie vorherrschenden Normen (für den Wert von Bildung) einen relevanten Einfluss auf die Entstehung von Bildungsentscheidungen hat. Zum Beispiel fand Ditton (2007) in einer bayrischen Studie eine hohe Korrelation zwischen dem Anteil von Hauptschulabschlüssen in der untersuchten Region und den Bildungsaspirationen der Eltern. Er fand auch, dass sich diese hohe Korrelation zu einem großen Teil durch die sozialen Strukturen der in der Region ansässigen Klassen erklären lässt.

Als Hintergrundfaktoren hinsichtlich kindlicher Merkmale gehen die Noten des Kindes, sein Geschlecht und der Migrationshintergrund in das Modell ein. Die Noten sind vor allem als Indikatoren der erbrachten kindlichen Leistungen wichtig, weil sie (im Gegensatz zu objektiveren Ergebnissen durch zum Beispiel fachspezifische oder allgemeine kognitive Leistungstests) den Eltern direkt zugänglich sind. Neben weiteren innerschulischen Einflussgrößen wie der kindlichen Leistungsmotivation und Anstrengungsbereitschaft, hat der Migrationshintergrund nachweislich einen essentiellen Einfluss auf die Übertrittsentscheidung. So finden zum Beispiel Gresch und Becker (2010), dass sowohl Kinder mit türkischem Migrationshintergrund als auch Kinder von (Spät-)Aussiedlern prinzipiell niedrigere Chancen haben, auf ein Gymnasium zu gehen, als Kinder ohne Migrationshintergrund. Diese Disparität kann im Wesentlichen durch den niedrigeren sozioökonomischen Status der betroffenen Familien erklärt werden und ist somit auf einen primären Herkunftseffekt nach Boudon (1974) zurückzuführen. Eine zusätzliche Berücksichtigung der schulischen Leistungen zeigt zudem, dass Schülerinnen und Schüler mit türkischem Migrationshintergrund deutlich höhere Chancen haben, das Gymnasium zu besuchen, als Kinder ohne Migrationshintergrund. Demnach liegt hier ein sekundärer Herkunftseffekt nach Boudon (ibid.) vor, vermutlich getrieben durch höhere Bildungsaspirationen und wahrgenommene Erfolgsaussichten. Das Geschlecht einer Schülerin bzw. eines Schülers scheint hingegen nur eine marginale Bedeutung für die Übergangsentscheidung zu haben (u. a. Jonkmann et al. 2010).

Jungen bekommen zwar seltener eine Lehrerempfehlung für das Gymnasium. Allerdings setzen sich die Eltern auch häufiger über diese Empfehlung hinweg als bei Mädchen (Solga und Dombrowski 2009). Es gibt jedoch Evidenz dafür, dass Lehrkräfte die sozialen Fähigkeiten und das Sozialverhalten von Mädchen deutlich höher einschätzen als die von Jungen (Anders et al. 2010). Da davon auszugehen ist, dass eine solche Einschätzung das diagnostische Urteil der Lehrkraft beeinflusst und diese wiederum die elterliche Meinungsbildung, ist auch das kindliche Geschlecht ein möglicher Hintergrundfaktor zur Erklärung des Zustandekommens der elterlichen Übertrittsentscheidung. Außerdem gilt es den Einfluss des kindlichen Geschlechtes auf die Interpretation der eigenen Schulleistungen im Blick zu behalten und die damit einhergehenden möglichen Auswirkungen auf die elterliche Einschätzung der Leistungs- und Belastungsfähigkeit des Kindes. So gibt es zum Beispiel zahlreiche Studien, die sich mit dem im Vergleich zu Jungen negativen Selbstkonzept von Mädchen im Fach Mathematik beschäftigen (u. a. Preckel et al. 2008; Tiedemann und Faber 1995).

Als weiterer Hintergrundfaktor muss im Entscheidungsmodell das Bildungssystem der Bundesländer berücksichtigt werden, das sich teilweise gravierend von Bundesland zu Bundesland unterscheidet.[10] Zum Beispiel gibt es große Unterschiede mit Blick auf die Verbindlichkeit der Lehrerempfehlung hinsichtlich der Gymnasialtauglichkeit. Manche Bundesländer (wie z. B. Hessen und Hamburg) lassen den Eltern nach der Lehrerempfehlung freie Hand bei der Schulformwahl. In anderen Ländern (wie z. B. Sachsen und Bayern) sind Eignungstests oder Probeunterricht bei Abweichung von einer negativen Lehrerempfehlung zwingend.[11] Die unterschiedlichen Strukturen und Wahloptionen haben einen signifikanten Einfluss auf die Übertrittsentscheidung der Eltern. So zeigen Untersuchungen von Gresch et al. (2010), dass die starken Effekte der sozialen Herkunft auf die Übergangsentscheidung in Bundesländern, in denen die Eltern frei über die Schulform entscheiden können, stärker wirken als in Bundesländern mit verpflichtender Lehrerempfehlung. Das heißt, dass bei einer unverbindlichen Lehrerempfehlung Eltern mit einer höheren sozialen Herkunft ihre Kinder (trotz fehlender Empfehlung) häufiger auf ein Gymnasium schicken als Eltern aus niedrigeren sozialen Schichten. Zudem finden Gresch et al. (ibid), dass in Bundesländern mit bindender Lehrerempfehlung

---

10 Helbig und Nicolai (2015) bieten eine sehr umfangreiche Übersicht über die strukturellen Unterschiede in den Bildungssystemen der verschiedenen Bundesländer für die Jahre 1949 bis 2010.

11 Eine negative Empfehlung liegt vor, falls die Lehrkraft empfiehlt das Kind nicht auf ein Gymnasium zu schicken. Der umgekehrte Fall, einer positiven Lehrkraftempfehlung und der Abweichung der Eltern von dieser Empfehlung macht natürlich keinen Probeunterricht oder Eignungstests erforderlich.

unabhängig von der sozialen Herkunft generell weniger Schülerinnen und Schüler auf ein Gymnasium wechseln als in Bundesländern mit unverbindlicher Lehrerempfehlung. Sie weisen hinsichtlich dieses Befundes jedoch auch auf die Unterschiede in der Bevölkerung in den verschiedenen Bundesländern bezüglich des Bildungshintergrundes hin. So gab es 2008 in Bayern wesentlich weniger Personen mit einer Fachhochschulreife bzw. Hochschulreife als in Hamburg (21,2 % vs. 34,8 %), vgl. Gresch et al. (ibid) und Statistisches Bundesamt (2008). Ein weiterer Befund von Gresch et al. (ibid) ist, dass in Bundesländern mit verbindlicher Lehrerempfehlung nicht unerheblich viele Eltern ihre Kinder trotz positiver Gymnasialempfehlung nicht auf ein Gymnasium schicken.

Über den Einfluss der Gliedrigkeit des Schulsystems (d. h. zwei- versus dreigliedrige Schulsysteme) auf die Übertrittsentscheidung besteht in der Forschung Uneinigkeit. Immer noch gibt es gewichtige Stimmen, die Vorteile des dreigliedrigen Schulsystems gegenüber dem zweigliedrigen behaupten, siehe Scheyhing (2016, Kap. 2.9) für eine umfangreiche Auflistung von Argumenten aus der Perspektive Bayerns. Aus Sicht der Ungleichheitsforschung ist ein zweigliedriges Schulsystem jedoch dem dreigliedrigen vorzuziehen, da es Bildungsdisparitäten eher verringert als verstärkt (Schimpl-Neimanns 2000; Hurrelmann 2013). Klar ist, dass eine starke Stratifizierung des Schulsystems auch eine starke Segregation von Schülerinnen und Schülern hinsichtlich ihres sozialen Hintergrundes mit sich bringt und es schwer ist, eine solche Segregation in späteren Jahren wieder auszugleichen (Zielonka 2017; Solga und Dombrowski 2009). Fast alle Bundesländer haben Maßnahmen ergriffen, um derartige bildungsspezifische Segregationseffekte abzumildern, z. B. indem Kinder auch später (also nach der vierten Klasse) auf ein Gymnasium überwechseln können. Dies gilt allgemein für alle Schülerinnen und Schüler in Berlin und Brandenburg, wo die Grundschulzeit regulär sechs Jahre umfasst, und der Übergang auf das Gymnasium (oder eine andere Schulart) üblicherweise nach der sechsten Klasse erfolgt. In anderen Bundesländern wie Mecklenburg-Vorpommern gibt es schulartunabhängige Orientierungsstufen, die die fünfte und sechste Klassenstufe einschließen. In Summe ist davon auszugehen, dass die strukturellen Unterschiede im Bildungssystem einen erheblichen Einfluss auf den Entscheidungsprozess der Eltern bezüglich des Übertritts ihres Kindes nach der vierten (oder sechsten) Klasse auf eine weiterführende Schule haben. Das bedeutet, dass sowohl die Verbindlichkeit der Lehrerempfehlung als auch die Gliedrigkeit des Schulsystems und die Möglichkeit des späteren Übergangs auf das Gymnasium bei der Modellierung der elterlichen Übertrittsentscheidung berücksichtigt werden müssen. Tabelle 4 gibt eine Zuordnung der Bundesländer in Bezug auf die Verbindlichkeit der Lehrerempfehlung und der Gliedrigkeit des Schulsystems.

Es ist auch davon auszugehen, dass die regionale Schulstruktur einen wesentlichen Hintergrundfaktor bei der Bildung der elterlichen Überzeugungen bzgl. der Konsequenzen eines Gymnasialübertritts darstellt. Muss zum Beispiel das Kind einen sehr langen Schulweg in Kauf nehmen, um ins nächstgelegene Gymnasium zu kommen, hat das eher negative Auswirkungen auf die Übertrittsentscheidung. Eine adäquate Berücksichtigung von Schulwegen erfordert allerdings eine dezidierte Modellierung der regionalen Schulstruktur und der Wohnumgebung des Kindes und seiner Familie. Hierzu müssen die Wohnumgebung des Kindes und alle Gymnasien in einem erreichbaren Umkreis der Wohnumgebung im Raum verortet sein. Auf diese Weise ist es möglich, Schulwege und die Erreichbarkeit von Gymnasien (zu Fuß, mit öffentlichen Verkehrsmitteln, dem Auto, dem Fahrrad etc.) zu quantifizieren. Zudem kann die soziale Beschaffenheit der Wohnumgebung des Kindes beschrieben werden, zum Beispiel durch den Anteil an Akademikerfamilien in einem Umkreis von 5 km zur Wohnadresse des Kindes. Das Mikrosimulationsmodell (vgl. Kapitel 2), das die Basis für diese Anwendung bildet, beinhaltet in seiner derzeitigen Form jedoch keine Komponente zur Abbildung des Raumes. Die formale Spezifikation einer solchen Komponente ist an sich nicht kompliziert: jedem Kind wird eine Wohnadresse mit Hilfe von zum Beispiel Geo-Koordinaten zugewiesen. Außerdem werden alle Gymnasien und Schulen mit gymnasialen Zweigen in Deutschland mittels Geo-Koordinaten räumlich verortet. Auf Basis dieser Regionalinformationen können Schulentfernungen abgeleitet werden und unter Beachtung der kindlichen Hintergrundinformationen (vor allem der sozialen Herkunft), Wahrscheinlichkeiten für den tatsächlichen Übergang auf ein erreichbares Gymnasium berechnet werden. Entsprechende empirische Befunde finden sich u. a. in Sixt (2010, 2018). Allerdings ist eine empirisch abgesicherte und umfassende Geocodierung von Kindern und Schulen aus datenschutzrechtlichen Gründen derzeit fast unmöglich. Das neue seit 2018 bestehende Projekt „MikroSim" der Universität Trier verspricht „die Erstellung eines bundesweiten, sektorübergreifenden Mikrosimulationsmodells auf der Ebene von Haushalten und Personen".[12] Hierzu soll ein Kerndatensatz mit Raumstruktur für alle in Deutschland lebenden Personen und Haushalte erstellt werden. Ein solcher Kerndatensatz erweitert um die geographische Verortung aller in Deutschland ansässigen Gymnasien und Schulen mit gymnasialen Zweigen bietet die geeignete Datengrundlage für die adäquate Modellierung des Effektes von räumlichen Gegebenheiten und Angeboten auf Gymnasialübertritte. Derzeit ist dieser Datenschatz allerdings nicht verfügbar. Daher wird für dieses Simulationsmodell vorerst vom Aspekt regionaler Abhängigkeiten abgesehen.

---

12 Siehe http://gepris.dfg.de/gepris/projekt/316511172 (aufgerufen am 31. Januar 2019).

Tab. 4   Zuordnung der Bildungssysteme der Bundesländer bezüglich Verbindlichkeit von Lehrerempfehlungen und Gliedrigkeit des Schulsystems (Stand 2018)

Bundesland	Lehrerempfehlung für Gymnasialübertritt	Gliedrigkeit des Schulsystems
Baden-Württemberg	nicht verbindlich[a]	dreigliedrig
Bayern	verbindlich	dreigliedrig
Berlin	nicht verbindlich	zweigliedrig
Brandenburg	nicht verbindlich[a]	zweigliedrig
Bremen	nicht verbindlich	zweigliedrig
Hamburg	nicht verbindlich	zweigliedrig
Hessen	nicht verbindlich	dreigliedrig
Mecklenburg-Vorpommern	nicht verbindlich	zweigliedrig
Niedersachsen	nicht verbindlich	dreigliedrig
Nordrhein-Westfalen	nicht verbindlich[b]	dreigliedrig
Rheinland Pfalz	nicht verbindlich	zweigliedrig
Saarland	nicht verbindlich	zweigliedrig
Sachsen	verbindlich	zweigliedrig
Sachsen-Anhalt	nicht verbindlich	zweigliedrig
Schleswig-Holstein	nicht verbindlich[a]	zweigliedrig
Thüringen	verbindlich	zweigliedrig

Anmerkungen: (a) nicht verbindlich, aber Eltern sind bei der Entscheidung eingeschränkt (Grundschulempfehlung muss bei weiterführender Schule vorgelegt werden/Eignungstest), (b) Wiedereinführung der verbindlichen Lehrerempfehlung wurde diskutiert.
Quelle: Eigene Recherche.

Der TPB liegt wie den Rational Choice Theorien von Erikson und Jonsson (1996), Becker (2000) und Esser (2002) ein nutzentheoretischer Ansatz zugrunde. Im Gegensatz zu diesen Theorien berücksichtigt die TPB bei den Kosten-Nutzen-Kalkulationen und Wahrscheinlichkeitseinschätzungen jedoch zusätzliche psychologische Komponenten wie zum Beispiel die persönliche Bedeutsamkeit möglicher Einflussfaktoren (Maaz et al. 2010). Zudem definiert die TPB eine zusätzliche Kontrollinstanz, die eine intendierte Handlung noch verhindern kann. Im betrachteten Fall sind das beispielsweise Eignungsprüfungen oder Probeunterricht am Gymnasium.

Jede Entscheidung braucht Zeit. Das trifft auch auf die Entscheidungsfindung hinsichtlich des Übertrittes auf eine weiterführende Schule zu. In den meisten Bundesländern und Grundschulen ist es üblich, dass Lehrerinnen bzw. Lehrer ihre ersten Empfehlungen bezüglich der Eignung einer Schülerin bzw. eines Schülers für das Gymnasium bereits in der dritten Klasse an die Eltern weitergeben. Unabhängig davon bilden Eltern bereits sehr früh eine Aspiration hinsichtlich des angestrebten Schulabschlusses ihres Kindes heraus und fördern, wenn nötig und gewollt, ihr Kind entsprechend zum Beispiel durch Nachhilfe (siehe z. B. wiederum Gresch et al. 2010). Ich betrachte in dem hier beschriebenen Simulationsmodell die Übertrittsentscheidung als einen kumulativen Prozess, dessen Ergebnis im Jahr des Überganges auf eine weiterführende Schule zu Tage tritt. Mit anderen Worten definiere ich ein latentes Entscheidungsmodell, dass uns eine Übergangswahrscheinlichkeit für den Schulformwechsel von der 4. in die 5. Klasse gibt.[13]

Die formalisierte, theoriegeleitete Modellkomponente für die Übertrittsentscheidung auf das Gymnasium ist nun wie folgt spezifiziert: Die Größe I_i gibt die elterliche Intention an, dass das Kind i nach Beendigung der Grundschulzeit[14] auf das Gymnasium übergeht. Die Intention setzt sich aus den drei Wirkungsgrößen Einstellung A_i subjektive Norm SN_i und wahrgenommene Verhaltenskontrolle PBC_i zusammen

$$I_i = A_i + SN_i + PBC_i.$$

Die Größen A_i, SN_i und PBC_i sind per Definition größer als Null. Somit ist $I_i > 0$. Die einzelnen Terme sind definiert als

$$A_i \mathrel{+}= \chi_i \left(\frac{ASP_i^{ideal}}{l_{asp}} + ASP_i^{real} \right) + \zeta Z i + \xi \left(\frac{l_{bel} + 1 - BEL_i}{l_{bel}} \right)$$

wobei die Größe ASP_i^{real} die realistische Bildungsaspiration der Eltern dafür darstellt, dass ihr Kind i die Schule mit dem Abitur abschließt, gemessen auf einer Skala der Länge l_{asp} (mit 1 bedeutet sehr geringe Wahrscheinlichkeit und l_{asp} sehr hohe Wahrscheinlichkeit). Die Größe ASP_i^{ideal} hingegen gibt die Intensität dieses Wunsches (d. h. die idealistische Bildungsaspiration) gemessen auf einer Wahr-

---

13 In einem nächsten Schritt (d. h. in einem erweiterten Modell) könnte man den Entscheidungsprozess als einen zur Schullaufbahn parallel verlaufenden Prozess modellieren. Ein entsprechendes Beispiel für Migrationsentscheidungen findet sich in Klabunde et al. (2017). Eine solche Art der Modellierung würde es beispielsweise möglich machen, bereits intendierte Entscheidungen zu revidieren. So könnte eine bestehende Bildungsaspiration bei guten Leistungen in der Schule im Laufe der Grundschulzeit nach oben korrigiert werden. Allerdings bedarf es hierzu einer sehr viel umfangreicheren Datenbasis als die, die mir derzeit zur Verfügung steht. Einige interessante empirische Befunde hierzu finden sich in Kleine (2014). Somit ist dieses Vorhaben ein Projekt für zukünftige Forschung.

14 An dieser Stelle werden schulartenunabhängige Orientierungsstufen nicht gesondert betrachtet. Der Modellrahmen kann aber ohne großen Aufwand entsprechend erweitert werden.

scheinlichkeitsskala an. Diese Art der Abfrage von Bildungsaspirationen ist in vielen (deutschen) Bildungsstudien üblich und folgt den Empfehlungen von Stocké (2014a, 2014b). Die Größe Z_i gibt den prozentualen Zugewinn an Arbeitseinkommen oder Berufsprestige an, den die Eltern für ihr Kind durch den Erwerb des Abiturs im Vergleich zu einem anderen Schulabschluss erwarten. Die dritte Größe BEL_i bildet die (zeitliche und/oder finanzielle) Belastung ab, die die Eltern durch den Gymnasialbesuch für ihr Kind erwarten, gemessen auf einer Skala der Länge l_{bel} (mit 1 bedeutet sehr gering und l_{bel} sehr hoch). Die Koeffizienten χ, ζ und ξ sind positive Gewichtungsfaktoren, die die Bedeutung der einzelnen Faktoren für die persönliche Intentionsbildung abbilden. Der Aspekt der sozialen Norm geht als

$$SN_i = \mu ABI_i^{geschw} + \nu ABI_i^{freund} + \kappa UEB_i^{mitsch}$$

in die Gleichung ein. Hierbei bezeichnet ABI_i^{geschw} den Anteil an Geschwistern, die entweder ein Abitur erwerben oder bereits eines besitzen. Die Größe ABI_i^{freund} gibt den Anteil an Personen aus dem elterlichen Bekannten- und Freundeskreis wieder, die ein Abitur haben und UEB_i^{mitsch} ist der Anteil an Mitschülerinnen und Mitschülern des Kindes, die (aus Sicht der Eltern) vermutlich auf das Gymnasium gehen werden. Die Koeffizienten μ, ν und κ stellen wiederum positive Gewichtungsfaktoren dar. Die Wirkungskomponente *wahrgenommene Kontrolle* spezifiziere ich wie folgt:

$$PBC_i = \delta L_i + \epsilon \left(\frac{BER_i}{l_{ber}}\right).$$

Hierbei ist L_i eine binäre Variable, die angibt, ob eine Lehrerempfehlung für das Gymnasium vorliegt und BER_i auf einer Skala der Länge l_{ber} die elterliche Bewertung der schulischen Beratung hinsichtlich der Gymnasialeignung ihres Kindes (mit 1 ist wenig geeignet und 5 ist sehr geeignet). δ und ϵ sind wiederum positive Gewichtungsfaktoren.

Sobald die Intention I_i für den Gymnasialbesuch des Kindes i hergeleitet ist, kann seine Übergangswahrscheinlichkeit (nach der vierten Klasse auf das Gymnasium zu gehen) abgeleitet werden. Hierfür nutze ich die Verteilungsfunktion der Exponentialverteilung in der Form:

$$p_i = 1 - e^{-I_i}.$$

Abbildung 5 zeigt den Verlauf von p_i für verschiedene Werte von I_i.

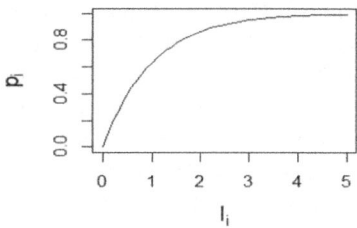

Abb. 5 Übertrittswahrscheinlichkeiten für verschiedene Intentionswerte von I_i
Quelle: Eigene Darstellung

Während der Simulation entscheidet eine zwischen Null und 1 gleichverteilte Zufallszahl u darüber, ob ein Kind i auf das Gymnasium geht oder auf eine andere weiterführende Schule. Zuvor wird allerdings geprüft, ob das Kind die vierte Klasse wiederholt. Zu diesem Zwecke wird ein Zufallsexperiment auf Basis empirisch hergeleiteter Wahrscheinlichkeiten (z. B. relativer Häufigkeiten für den Übergang von der Grundschule auf die weiterführende Schule nach der vierten Klasse) durchgeführt und entschieden, ob ein Übergang stattfindet oder nicht. Die hierfür angewandte Methodik entspricht der, die in Kapitel 2 beschrieben ist. Falls das Kind i versetzt wird und falls $p_i \geq u$ besteht eine positive Chance für einen Gymnasialübertritt, falls $p_i < 0$ nicht. Im Falle einer positiven Chance wird geprüft, ob äußere Faktoren die Umsetzung des Übergangs noch verhindern können. Zum Beispiel können bei einer negativen Lehrerempfehlung ein negatives Ergebnis bei einem verbindlichen Eignungstest bzw. Probeunterricht unüberwindbare Hinderungsgründe darstellen. Um den Einfluss derartiger Faktoren abzubilden, konstruiere ich Wahrscheinlichkeiten dafür, dass diese Hinderungsgründe eintreten. Im Falle der verbindlichen Durchführung von Eignungstests bzw. Probeunterrichts, berechne ich die Erfolgswahrscheinlichkeit π_i für das Bestehen des Tests bzw. des Unterrichts mittels der inversen Logit-Funktion:

$$\pi_i = \frac{1}{1+e^{-W_i}} \quad \text{mit } W_i = \rho_0 + \rho_1(COM^{mathe} + COM^{deutsch}).$$

Hierbei hängt die Erfolgswahrscheinlichkeit von den Kompetenzen des Kindes (COM_i^{mathe} in Mathematik und $COM_i^{deutsch}$ in Deutsch) ab[15]: Je höher die Kompetenz

---

15 An dieser Stelle werden Kompetenzen, die mittels standardisierter Tests ermittelt werden, und nicht Noten oder Schulleistung als die ausschlaggebenden Faktoren zur Bestehung von Eignungstests oder Probeunterricht herangezogen. Der Grund hierfür

desto höher die Wahrscheinlichkeit, dass das Kind besteht. Auch hier entscheidet ein Zufallsexperiment über den Ausgang: Ist die gleichverteilte Zufallsvariable v kleiner als π_i, so besteht das Kind den Test bzw. den Unterricht, andernfalls nicht. Idealerweise können die Parameter ρ_0 und ρ_1 unter Verwendung empirischer Daten geschätzt oder den Befunden publizierter Studien entnommen werden. Die Aufnahme weiterer Hintergrundmerkmale (wie das Geschlecht und die soziale Herkunft des Kindes) in Form zusätzlicher erklärender Variablen ist empfehlenswert.

Es gilt zu beachten, dass der Faktor *tatsächlicher Kontrolle* nicht für jedes Bundesland relevant ist und somit π_i nicht zwingend berechnet werden muss und zum Tragen kommt. Im Jahr 2018 gab es verbindliche Eignungstests oder Probeunterricht bei negativer Übertrittempfehlung durch den Lehrer beispielsweise nur in Bayern, Sachsen und Thüringen.

Kinder und Eltern sind mit anderen Kindern und Eltern über soziale Beziehung verbunden, zum Beispiel durch Freundschaften oder als Klassenkameraden. Derartige Beziehungen können durch die Definition eines sozialen Raumes abgebildet werden. Hierbei wird jeder Familie eine Position in diesem geeigneten Raum zugewiesen (z. B. auf einem Torus[16]) und Positionen mit Beziehung werden miteinander verbunden. Verbindungen können unterschiedlichen Typen angehören, z. B. zwischen Kindern und Kindern sowie zwischen Eltern und anderen Eltern. Verbindungen zwischen Eltern und anderen Erwachsenen oder zwischen Klassenkameraden zum Beispiel in Form von Freundschaften können zu Simulationsstart zufällig unter Verwendung eines geeigneten Verfahrens (z. B. mittels eines Barabási-Albert-Grafen, vgl. Kempka und Schumann 2012) festgelegt werden und über den Zeitverlauf (in diskreten Jahresschritten) aufgekündigt und neu geknüpft werden. Um das hier beschriebene Modell zunächst möglichst einfach zu halten, extrahiere ich einstweilen Informationen über die relevanten Anderen aus empirischen Daten und sehe von der Spezifikation eines sozialen Raumes ab. Eine entsprechende Modellerweiterung ist allerdings ratsam, da nur auf diese Weise Was-wäre-wenn-Szenarien hinsichtlich der Auswirkungen der Kompositionsstruktur sozialer Netzwerke auf Bildungsentscheidungen untersucht werden können.

Somit ist in der derzeitigen Modellkonzeption (ohne Spezifizierung einer regionalen Schulstruktur und der Wohnumgebung des Kindes) die Übergangswahrscheinlichkeit auf eine andere Schulform als das Gymnasium zu gehen definiert als

---

ist, dass Noten immer von der subjektiven Einschätzung der Lehrkräfte abhängen und diese niemals so objektiv sein können wie die Ergebnisse standardisierter Tests.

16 Ein Torus ist in sich geschlossen. Somit hat auf einem Torus jede Parzelle gleich viele Nachbarparzellen unabhängig davon wo sie sich befindet (d. h. es gibt keine Grenzregionen).

- $1 - p_i$ bei positiver Lehrerempfehlung sowie bei negativer Lehrerempfehlung falls keine verbindliche Eignungsprüfung oder Probeunterricht vorgesehen ist,
- $(1 - p_i) + p_i(1 - \pi_i)$ falls die Lehrerempfehlung negativ ist und ein Eignungstest oder Probeunterricht verpflichtend ist.

4 Sensitivitätsanalyse, Kalibrierung, Validierung

Das hier beschriebene Entscheidungsmodell (d. h. die Formalisierung der Theorie des geplanten Verhaltens hinsichtlich der Gymnasialübertrittsentscheidung) umfasst mit den Gewichtungsfaktoren aus der Intentionsgleichung acht unbekannte (d. h. freie) Parameter, die nicht auf Basis empirischer Daten geschätzt werden können (vgl. Tabelle 5). Um sicherzustellen, dass das Simulationsmodell inklusive der formalen Modellkomponente sinnvolle, d. h. realistische, Ergebnisse liefert, ist es notwendig die Sensitivität des Modells auf Veränderungen in den freien Parametern hin zu überprüfen. Dafür muss das Simulationsmodell für eine Vielzahl an möglichen Kombinationen der freien Parameter mehrfach ausgeführt und der (möglicherweise mehrdimensionale und multivariate) Simulationsoutput untersucht werden. Drastische Veränderungen bei kleinen Veränderungen in den Parametern deuten auf eine wenig robuste und somit ungeeignete Modellspezifikation hin. In einem solchen Fall sollte die angenommene Zusammenhangsstruktur und/oder die verwendeten Variablen überdacht werden. Falls Änderungen in den freien Parametern keine (oder kaum merkbare) Veränderungen im Modelloutput erzeugen, so sind sie für die betrachtete Fragestellung unwesentlich und können aus dem Modell ausgeschlossen werden. Generell eignen sich Metamodelle bzw. Emulatoren zur Durchführung von Sensitivitätsanalysen. Solche Modelle stellen das Simulationsmodell – unter Beibehaltung der zugrundeliegenden Korrelationsstruktur der Modellvariablen und -parameter – vereinfacht dar. Eine plausible und übliche Annahme ist, dass ein Simulationsmodell durch einen Gaußprozess beschrieben werden kann (Oakley und O'Hagan 2002; Kennedy und O'Hagan 2001). Eine detaillierte Beschreibung des Aufbaus und der Anwendung dieses Typs von Metamodell auf ein Simulationsmodell der hier beschriebenen Art findet sich in Zinn (2019). Die wesentliche Idee besteht darin, für eine signifikante Menge an möglichen Ausprägungen der freien Parameter (den sogenannten Eingabewerten) Simulationsläufe durchzuführen und die Eingabewerte den Ausgabewerten (d. h. dem Simulationsoutput) gegenüberzustellen. Auf Grundlage dieser Information wird das zugehörige Metamodell geschätzt. Tabelle 5 gibt eine Menge an möglichen

Eingabewerten an, die für das beschriebene Simulationsmodell sinnvoll erscheinen.[17] Ohne Frage ist eine größere Menge an Eingabewerten besser, um das Metamodell genauer zu schätzen. Allerdings ist bei einem so großen Simulationsmodell wie dem hier beschriebenen mit langen Laufzeiten zu rechnen. Daher gilt es hier Aufwand und Nutzen abzuwägen und die Menge an Eingabewerten möglichst gering zu halten, jedoch groß genug, um eine brauchbare Modellgüte bei der Schätzung des Metamodells zu erreichen. Bei den hier vorgeschlagenen fünf möglichen Ausprägungen pro Parameterwert beläuft sich die Anzahl der durchzuführenden Läufe immer noch auf 5^8 Läufe.

Tab. 5   Freie Parameter, Beschreibung und plausible Wertebereiche.

Freier Parameter	Beschreibung	Wertebereich
χ	Gewichtungsparameter in Einstellungsgleichung für idealistische und realistische Aspiration	$\{0,1; 0,2; 0,6; 0,8; 1\}$
ζ	Gewichtungsparameter in Einstellungsgleichung für erwarteten Zugewinn an Arbeitseinkommen	$\{0,1; 0,2; 0,6; 0,8; 1\}$
ξ	Gewichtungsparameter in Einstellungsgleichung für erwartete psychische Belastung durch Übertritt	$\{0,1; 0,2; 0,6; 0,8; 1\}$
μ	Gewichtungsparameter in Gleichung für subjektive Norm bzgl. des Anteils Geschwister mit Abitur oder auf Gymnasium	$\{0,1; 0,2; 0,6; 0,8; 1\}$
ν	Gewichtungsparameter in Gleichung für subjektive Norm bzgl. des Anteils an Personen mit Abitur im Freundeskreis der Eltern	$\{0,1; 0,2; 0,6; 0,8; 1\}$
κ	Gewichtungsparameter in Gleichung für subjektive Norm bzgl. des Anteil an Mitschülerinnen und Mitschüler, die vermutlich aufs Gymnasium gehen werden	$\{0,1; 0,2; 0,6; 0,8; 1\}$
δ	Gewichtungsparameter in Gleichung für wahrgenommene Verhaltenskontrolle bzgl. der Bewertung der Lehrerempfehlung	$\{0,1; 0,2; 0,6; 0,8; 1\}$
ϵ	Gewichtungsparameter in Gleichung für wahrgenommene Verhaltenskontrolle bzgl. der Bewertung der schulischen Beratung hinsichtlich Gymnasialtauglichkeit des Kindes	$\{0,1; 0,2; 0,6; 0,8; 1\}$

---

17   Ein endgültiger Wertebereich kann erst sinnvoll auf Basis eines fertig parametrisierten Modells bestimmt werden.

Sobald das Metamodell geschätzt ist, kann es genutzt werden, um die Auswirkungen geringer Parameterveränderungen auf den Modelloutput zu untersuchen und die Modellkonzeption zu überprüfen. Hierbei gilt zu beachten, dass der Modelloutput mehrere Dimensionen umfassen kann. Zum Beispiel kann der Anteil an Schülerinnen und Schülern mit niedriger sozialer Herkunft an allen Übertritten auf das Gymnasium untersucht werden oder aber der Anteil an Gymnasialübertritten generell. Hier ist es sinnvoll, das Metamodell nur bezüglich einer eindimensionalen Größe zu spezifizieren (z. B. dem Anteil generell). Bei mehreren Ergebnisgrößen von Interesse können zwar mehrere Metamodelle definiert und geschätzt werden, allerdings müssen die Resultate dann später gegeneinandergestellt und im Verbund ausgewertet werden.

Nach Durchführung der Selektivitätsanalyse und eventuell notwendigen Anpassungen bezüglich der Zusammenhangsform der Variablen und Parametern sollte das Modell hinsichtlich einer wesentlichen und beobachteten Größe kalibriert werden. Hierzu eignen sich u. a. Daten aus der amtlichen Statistik. Zum Beispiel kann der jedes Jahr vom Statistischen Bundesamt veröffentlichte deutschlandweite Anteil von Schülerinnen und Schülern, die nach der Grundschule auf das Gymnasium wechseln, zur Kalibrierung genutzt werden (Destatis 2018). Nach der Kalibrierung des Modells gilt es das Modell zu validieren. Hierbei wird die Passgenauigkeit des Simulationsmodells mit dem zu beschreibenden realen Untersuchungsobjekt abgeprüft. Ich schlage vor, den dreistufigen Prozess nach Naylor und Finger (1967) zur Validierung zu verwenden: In einem ersten Schritt wird die Sinnhaftigkeit der Ergebnisse des Simulationsmodells mit bestehenden Befunden aus der Bildungsforschung abgeglichen und/oder Ergebnisse mit Bildungsforschern diskutiert. Unglaubwürdige und nicht nachvollziehbare Resultate deuten auf Fehler in der Modellspezifikation oder in der zur Parameterschätzung verwendeten Datenbasis hin. In einem zweiten Schritt gilt es die Modellannahmen und die genutzte Datenbasis auf ihre Validität hin zu kontrollieren. Zu diesem Zweck ist es sinnvoll, die Ergebnisse der bereits durchgeführten Sensitivitätsanalyse heranzuziehen. Der letzte und wichtigste Schritt ist der Abgleich des Simulationsergebnisses mit einem beobachteten, realen Äquivalent – das nicht bereits zur Kalibrierung genutzt wurde. Hier bietet sich beispielsweise der Anteil von Gymnasialübertritten in einem liberalen Bildungssystem wie Berlin im Vergleich zu einem konservativen Bildungssystem wie Bayern an. Entsprechende Daten können für Berlin Jonkmann et al. (2010) und für Bayern den amtlichen Schuldaten des Bayerischen Landesamtes für Statistik[18] entnommen werden. Ob sich das Simulationsergebnis von seinem realen Äquivalent

---

18 Vergleiche https://www.isb.bayern.de/schulartuebergreifendes/qualitaetssicherung-schulentwicklung/bildungsberichterstattung/uebertritte/ (aufgerufen am 31. Januar 2019).

unterscheidet kann z. B. mittels Chi-Quadrat-Test überprüft werden. Der positive Ausgang einer gründlichen Validierung des Simulationsmodells hinsichtlich der unterstellten Modellstruktur und der angenommenen Zusammenhangsstruktur zwischen Variablen und Parametern ist ein absolutes Muss für die Verwendbarkeit des Simulationsmodells zur Durchführung von Was-wäre-wenn-Szenarien. Sollte einer der Validierungsschritte zu einem negativen Ergebnis führen, so muss die Formalisierung des theoretischen Modells überdacht und angepasst werden. (Hierbei gehe ich davon aus, dass die genutzte Datenbasis adäquat ist und keine Implementierungsfehler vorliegen.)

5 Skizze einer Anwendung

Das beschriebene neue Simulationsmodell für Bildungsverläufe, im Besonderen für den Übertritt auf das Gymnasium nach der Grundschule, soll anhand einer zunächst auf Bayern und Hessen beschränkten Kohorte von Drittklässlern untersucht werden. Diese Anwendung ist rein illustrativ, erhebt keinen Anspruch auf Vollständigkeit und ist derzeit noch in Arbeit. Sie dient als Testfall, um die Funktionalität des Simulationsmodells zu prüfen. Nachfolgend werden der Modellaufbau und die genutzten Daten erläutert. Die Fertigstellung des Anwendungsprojektes (d. h. die Datenschätzung, Modellparametrisierung, Implementierung des Simulationsmodells, die Durchführung von Sensitivitätsanalysen, einer Kalibrierung sowie einer Validierung und von Was-Wäre-wenn Szenarien) sind Teil laufender Forschungsarbeiten und müssen anderswo beschrieben werden. Die beiden Bundesländer Bayern und Hessen wurden ausgewählt, weil sie (bereits seit Jahrzenten) zwei verschiedene Bildungssysteme unterhalten. Bayerns Bildungssystem ist durchweg traditionell geprägt und stark standardisiert, während Hessens Bildungssystem liberal und destandardisiert ist (Helbig und Nicolai 2015). In Bayern sind die Übertrittempfehlungen der Lehrer von je her verbindlich, indessen sind sie es in Hessen seit Jahrzenten bereits nicht mehr. Somit eignet sich eine Gegenüberstellung von Bildungshistorien von Grundschülern in Bayern und Hessen, um den Effekt struktureller Rahmenbedingen auf elterliche Übertrittsentscheidungen zu untersuchen.

Tab. 6   Fallzahlen der Gymnasialübertritte (in Welle 4) nach Bundesland.(a)

	Gymnasium	Nicht Gymnasium[b]	Unbekannt	Gesamt
Hessen	274 (38,1 %)	410 (56,9 %)	36 (5,0 %)	720 (100 %)
Bayern	650 (47,0 %)	699 (50,5 %)	35 (2,5 %)	1384 (100 %)
Gesamt	924 (43,9 %)	1109 (52,6 %)	71 (3,5 %)	2104 (100 %)

Anmerkungen: (a) Prozentangaben in Zeilen addieren sich zu 100 %. (b) Unter den Nicht-Gymnasiasten finden sich 42 Förderschülerinnen und -schüler, davon 40 in Hessen und 2 in Bayern. Quelle: Eigene Berechnungen

Die BiKS 8-14 Studie[19] (Artelt et al. 2013) bildet das Gros der Datenbasis für diese Untersuchung. Die BiKS Daten enthalten Information über 2395 Kinder (1556 in Bayern und 839 in Hessen) an 82 Schulen (51 in Bayern und 31 in Hessen), die im Schuljahr 2005/06 die dritte Jahrgangsstufe besuchten. Zu dieser Zeit waren die Kinder im Schnitt 9,2 Jahre alt.[20] Insgesamt wurden über acht Jahre hinweg Daten (d. h. von 2005 bis 2012 bzw. von der dritten bis zur neunten Klasse) über die Kinder und ihre Kontexte erhoben. Die Kindinformationen umspannen u. a. Noten sowie Kompetenzen in verschiedenen Domänen, Intelligenzmessungen, motivationale Aspekte und Interessen. Kontexte werden durch die Eltern und Lehrer bzw. Lehrerinnen erfasst. Von den anfänglich 2395 Kindern finden sich zum Zeitpunkt des Übergangs auf eine weiterführende Schule (d. h. in Welle 4) noch 2104 Kinder in der Stichprobe, von denen 924 Kinder auf ein Gymnasium wechseln und 1109 auf eine andere Schulform.[21] Tabelle 6 zeigt diese Zahlen getrennt nach Bundesland und Abbildung 6 zusätzlich dazu die Verteilung bezüglich des Bildungsabschlusses der Eltern. Ein interessantes Was-wäre-wenn-Szenario, das Einblicke in die Wirkungsmechanismen von Bildungsreformen liefern könnte, ist z. B. die Frage wie sich eine hypothetische Reform hin zu einem liberalerem Bildungssystem am Vorbild Hessens in Bayern auswirken würde. Insbesondere könnte hierbei beleuchtet werden, ob sich die Übergangsquoten von Schülerinnen und Schülern aus niedrigen sozialen Schichten nach einer solchen Reform signifikant ändern oder ob es eine Persistenz von altbewährtem Verhalten gibt. Für eine solche Problemstellung ist es erforderlich, ein Simulationsmodell zu konstruieren, das für einen beobachteten Zeitraum Bildungsverläufe (ab der Grundschule) in Hessen und Bayern synthetisiert

---

19   Vergleiche https://www.uni-bamberg.de/biks/ (aufgerufen am 31.01.2019).

20   Die erste Befragung erfolgte im Frühjahr 2006, siehe Homuth et al. (2014).

21   Für 71 Kinder ist die Schulform in Welle 4 unbekannt. Die Anzahl der Kinder, die die vierte Klasse wiederholen, kann den BiKS-Daten nicht entnommen werden.

und dann eine hypothetische Reform postuliert, indem es wesentliche Rahmenbedingungen wie die Verbindlichkeit der Lehrerempfehlung in Bayern relaxiert.
Tabelle 2 in Kapitel 2 zeigt den Zustandsraum für diese Simulationsanwendung.

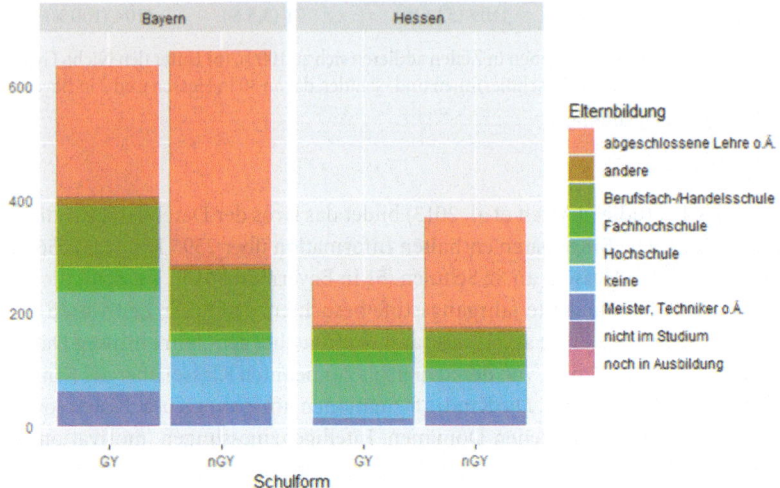

Abb. 6   Fallzahlen der Gymnasialübertritte nach Klasse 4 dargestellt nach Bundesland
und Bildungsabschluss der Eltern[22] (GY: Übertritt auf das Gymnasium, nGY:
Übertritt auf eine andere Schulform als das Gymnasium)

Quelle: Eigene Berechnungen und Darstellung

Die zugehörige, synthetische Ausgangskohorte von 9-jährigen Kindern, die die
dritte Jahrgangsstufe in einer Grundschule in Bayern oder Hessen besuchen, leite
ich aus (gewichteten) Verteilungen der BiKS-Daten und Informationen aus den
amtlichen Schuldaten[23] für das Schuljahr 2005/06 (wie in Kapitel 2 beschrieben) ab.

---

22   In 91 % der Fälle wird hier der Bildungsabschluss der Mutter gezeigt, da diese zumeist
die Auskunftsperson war. Daten über das andere Elternteil sind auch verfügbar. Sie
werden hier nur der Einfachheit wegen nicht dargestellt. Eine genauere Auswertung
diesbezüglich erfolgt an anderer Stelle nach Fertigstellung dieses Anwendungsbeispiels.

23   Entsprechende Populationsdaten können der Fachserie 11 des Statistischen Bundesamts
entnommen werden, siehe https://www.destatis.de/DE/Publikationen/Thematisch/
BildungForschungKultur/Schulen/BroschuereSchulenBlick.html (aufgerufen am 31.

Tab. 7 Kind-, Eltern- und Lehrermerkmale, die in das Modell einfließen

Kontext / Zielperson	Variable / Merkmal	Modell-komponente
Eltern	Idealistische und realistische Aspiration bzgl. Schulabschluss des Kindes	Entscheidungsmodell: Einstellung zu Gymnasialübertritt
	Bildungsrenditen: ermöglicht hohes Einkommen und angesehenen Beruf, schützt vor Arbeitslosigkeit	Entscheidungsmodell: Einstellung zu Gymnasialübertritt
	Belastung: eingeschätztes Ausmaß zeitlicher und finanzieller Belastung bis Abitur	Entscheidungsmodell: Einstellung zu Gymnasialübertritt
	Personen aus dem elterlichen Bekannten- und Freundeskreis, die ein Abitur haben	Entscheidungsmodell: subjektive Norm (nicht Teil dieses Modells, da keine Daten)
	Schulform, die Geschwister besuchen	Entscheidungsmodell: subjektive Norm
	Migrationshintergrund	Empirisches Mikrosimulationsmodell
	Höchster Bildungsabschluss	Empirisches Mikrosimulationsmodell
	Getrennt lebend	Empirisches Mikrosimulationsmodell
Lehrer	Motivation und Interesse, z. B. selbständiges Arbeiten, Kind geht gerne in die Schule, erledigt Aufgaben mit großer Sorgfalt, Interesse am Unterricht	Empirisches Mikrosimulationsmodell
	Empfehlung für Schulform nach 4. Klasse	Entscheidungsmodell: Wahrgenommene Verhaltenskontrolle
	Kontakt und Informationsaustausch mit Eltern	Entscheidungsmodell: Wahrgenommene Verhaltenskontrolle
Kind	Schulform (Grundschule, Gymnasium, nicht Gymnasium)	Empirisches Mikrosimulationsmodell sowie Kalibrierung & Validierung des Entscheidungsmodells
	Anteil Kinder in Klasse, die auf Gymnasium gehen	Entscheidungsmodell: subjektive Norm
	Kompetenzen in Lesen und Mathematik	Empirisches Mikrosimulationsmodell
	Intelligenz	Empirisches Mikrosimulationsmodell
	Noten in Deutsch und Mathematik	Empirisches Mikrosimulationsmodell
	Bundesland (Bayern oder Hessen)	Empirisches Mikrosimulationsmodell
	Klassenstufe	Empirisches Mikrosimulationsmodell
	Bildungsetappe	Empirisches Mikrosimulationsmodell
	Geschlecht	Empirisches Mikrosimulationsmodell
	Umzug	Nicht Teil dieses Modells, da keine Daten

Januar 2019). Die Fachserie 11 für das Jahr 2005/06 ist auf Anfrage beim Statistischen Bundesamt erhältlich.

Die empirischen Übergangswahrscheinlichkeiten für alle in Tabelle 2 beschriebenen Ereignisse[24] (d. h. z. B. Wechsel zwischen den Jahrgangstufen, Klassenwiederholungen, Veränderungen im Kompetenzniveau, usw.) ebenso wie die Größen, die zur Spezifikation der formalen Modellkomponente für die Übertrittsentscheidung benötigt werden[25], schätze ich aus den BiKS-Daten. Die zur Kalibrierung notwendigen Informationen (d. h. den Anteil an Schülerinnen und Schülern mit niedriger sozialer Herkunft an allen Übertritten auf das Gymnasium im Jahr 2007/08) entnehme ich ebenfalls den BiKS-Daten. Gleiches gilt für den Validierungsschritt „Abgleich des Simulationsoutputs mit einem realen, beobachten Äquivalent". Bei diesem Schritt stelle ich den Anteil an Übertritten auf das Gymnasium im liberalen Bildungssystem von Hessen dem konservativen von Bayern im Schuljahr 2007/08 gegenüber. Die Umsetzung einer hypothetischen Reform hin zu einem liberaleren Bildungssystem in Bayern operationalisiere ich dadurch, dass ich das Ausgangsmodell derart adaptiere, dass die Komponente der „tatsächlichen Kontrolle über den Übertritt aufs Gymnasium" (d. h. Eignungstests oder Probeunterricht nach einer negativen Lehrerempfehlung) im Schuljahr 2007/08 in Bayern ebenso wie in Hessen entfällt. Alle anderen Modellkomponenten und -spezifikationen bleiben unverändert.

Die eigentliche Ausarbeitung dieser Anwendung übersteigt den Rahmen dieses Beitrags. Allerdings dürfte bereits die skizzenhafte Darstellung der Anwendung das Potential aufzeigen, das in dem hier neu vorgestellten Simulationsmodell für Bildungsentscheidungen liegt.

6   Zusammenfassung und Ausblick

Dieser Beitrag präsentiert eine neue Art Simulationsmodell für die Untersuchung von Was-wäre-wenn-Szenarien im Kontext von Bildungsentscheidungen. Konkret wird der Übertritt von der Grundschule auf eine weiterführende Schule in den Fokus genommen. Hierzu wird ein zeitdiskretes Mikrosimulationsmodell definiert, das die jahrweise Fortentwicklung einer Kohorte von Grundschülern über den Primar- und den Sekundar-Bereich hinweg beschreibt. Der Übertritt auf eine weiterführende Schule, im Speziellen auf das Gymnasium, wird anhand eines aus der Theorie des geplanten Verhaltens abgeleiteten, formalisierten Modells

---

24 Außer Umzug.

25 Informationen zum Anteil an Personen aus dem elterlichen Bekannten- und Freundeskreis, die ein Abitur haben, können den BiKS-Daten leider nicht entnommen werden und werden somit aus dem Modell ausgeschlossen.

spezifiziert und in das Mikrosimulationsmodell eingebunden. Auf diese Weise ist es möglich, den latenten Entscheidungsprozess, der der Schulwahlentscheidung nach der Grundschule zugrunde liegt, dezidiert zu modellieren. Alle weiteren Übergänge, die das Simulationsmodell umfasst (wie z. B. Jahrgangsstufenübertritte oder die kindliche Kompetenzentwicklung), werden anhand empirisch ermittelter Übergangswahrscheinlichkeiten aus passenden Daten geschätzt (z. B. aus den BiKS8-14 Daten). Die sinnvolle Nutzung des neuen Simulationsmodells für die Untersuchung von Was-wäre-wenn-Szenarien erfordert die Durchführung von Sensitivitätsanalysen hinsichtlich der Wirkung von freien (d. h. nicht schätzbaren oder setzbaren) Parametern, eine adäquate Kalibrierung sowie eine sorgfältige Validierung. Erst nachdem all diese Schritte mit positivem Ausgang ausgeführt wurden, können Was-wäre-wenn-Szenarien sinnvoll angegangen werden. Dieser Beitrag benennt skizzenhaft eine mögliche Anwendung: die Auswirkungen der Einführung einer hypothetischen Reform hin zu einem liberalen Bildungssystem in Bayern auf den Anteil an Gymnasialübertritten aus niedrigen sozialen Schichten. Eine vollumfängliche Auswertung dieser Anwendung ist nicht Teil dieses Beitrags. Allerdings zeigt bereits die Anwendungsskizze, welche Analysepotentiale in der neuartigen Methode liegen.

Das beschriebene Simulationsmodell kann und soll in vielerlei Hinsicht erweitert werden. In einem ersten Schritt gilt es die betrachteten Kinder mit ihren Familien im geographischen Raum zu verorten. Eine solche Erweiterung ermöglicht die exakte Einbeziehung von räumlichen Wirkungsmechanismen, die bei der Schulwahlentscheidung eine Rolle spielen, z. B. die Entfernungen und Wege zu potentiellen Schulen, die Wohnnachbarschaft, etc. Die geografische Verortung von Kindern, Familien sowie Schulen erfordert entweder eine Adresse für jede dieser Entitäten oder ein repräsentatives, geo-referenziertes Abbild der Bevölkerung in Deutschland. An Letzterem arbeitet derzeit eine Forschergruppe im Projekt „MikroSim" an der Universität Trier. Sobald entsprechende Daten verfügbar sind, sollen sie mit dem hier vorgestellten Simulationsmodell für Bildungsverläufe verknüpft werden. Auf diese Weise können die Anwendungsmöglichkeiten des Simulationsmodells noch um ein Vielfaches gesteigert werden.

Zudem sollen soziale Beziehungen in das Modell einfließen. Zwischenmenschliche Beziehungen spielen bekanntermaßen eine essentielle Rolle bei vielen menschlichen Verhaltensprozessen und so auch bei der Schulwahlentscheidung. Zum Beispiel kann der Anteil von Personen mit Hochschulabschluss im Bekanntenkreis und in der Wohnnachbarschaft einen signifikanten Einfluss auf persönliche Bildungsentscheidungen haben (siehe u. a. Kotitschke und Becker 2015). Die Modellierung zwischenmenschlicher Beziehungen kann durch die Definition eines sozialen Raumes erreicht werden. In einem solchen Raum haben alle Simulationsentitäten ein Feld auf einem drei-dimensionalem Körper inne (z. B. auf einem Torus). Felder von Entitäten sind verbunden, wenn sie Beziehungen zueinander unterhalten. Verbindungen können neu geschaffen und aufgelöst werden. Zudem ist es sinnvoll unterschiedliche Arten von Beziehungen zu definieren, z. b. zwischen Schulkameraden und Eltern von Mitschülerinnen und Mitschülern. Eine im Leibniz-Institut für Bildungsverläufe geplante, für Deutschland repräsentative Studie des Nationalen Bildungspanels (NEPS) von Schülerinnen und Schülern ab der 5. Jahrgangsstufe kann bezüglich solcher Beziehungen zukünftig neue Anhaltspunkte bieten.

Das Simulationsmodell für Bildungsentscheidungen kann und soll auf ein intergenerationales Populationsmodell erweitert werden. Zurzeit betrachtet das Modell die Bildungsentscheidungen nur einer Kohorte. Eine entsprechende Erweiterung erfordert die Modellierung von Fertilität, Nuptialität, Mortalität sowie Migration, stellt allerdings für den beschriebenen Modellrahmen konzeptionell kein Problem dar. Zur adäquaten Verknüpfung von Paaren in Lebens- bzw. Ehegemeinschaften kann z. B. der Ansatz von Zinn (2017) genutzt werden. Jedoch stellt allein die Ableitung sinnvoller Übergangswahrscheinlichkeiten für diese vier demographischen Dimensionen in Abhängigkeit der jeweiligen Bildungsphase, des Bildungsabschlusses sowie der Arbeitsmarkthistorie eine enorme Anforderung an die verwendende Datenbasis dar. Braun und Stuhler (2017) untersuchen bereits die intergenerationale Weitergabe von Bildungsungleichheiten indem sie Daten der Deutschen Lebensverlaufsstudie, die Berliner Altersstudie und Daten des Nationales Bildungspanels kombinieren. Zur Auswertung nutzen sie verschiedene statistische Methoden, wie z. B. iterative Regressionsverfahren und latente Faktormodelle. Ihre fundierte und gewichtige Studie spiegelt naturgemäß einen beobachteten Zustand in der Vergangenheit wieder. Da eine reine Fortschreibung der Ergebnisse der statistischen Modellierung wenig sinnvoll erscheint im Anbetracht sich verändernder Bevölkerungsstrukturen und Rahmenbedingungen, die z. B. durch Bildungsreformen hervorgerufen werden (können), kann ihre Modellierung nicht zur Untersuchung von aussagekräftigen Was-wäre-wenn Szenarien hinsichtlich der Bildungsverteilung in Deutschland herangezogen werden. Dies kann allerdings das neue Simulationsmodell leisten.[26] Zusammengefasst bietet mein Simulationsmodell die Möglichkeit, das Zustandekommen und die Dauerhaftigkeit von Bildungsungleichheiten in Deutschland über Generationen hinweg zu untersuchen. Außerdem können Auswirkungen von Veränderungen in der Populationsstruktur

---

26 In jedem Fall sollte die Spezifizierung des Simulationsmodells jedoch die Ergebnisse Brauns und Stuhlers (ibid.) aufgreifen, um intergenerationale Vererbungsmechanismen in Bezug auf Bildungserfolge und -abschlüsse zu modellieren.

(z. B. durch eine gestiegene Fertilität bei höheren Paritäten) auf die Verteilung von Bildungsabschlüssen beleuchtet werden.

Literatur

Ajzen, I. (1991). The theory of planned behavior. *Organizational Behavior and Human Decision, 50*(2), 179–211.

Anders, Y., McElvany, N., & Baumert, J. (2010). Die Einschätzung lernrelevanter Schüler-merkmale zum Zeitpunkt des Übergangs von der Grundschule auf die weiterführende Schule: Wie differenziert urteilen Lehrkräfte? In K. Maaz, J. Baumert, & N. McElvany (Hrsg.), *Der Übergang von der Grundschule in die weiterführende Schule* (S. 313–330). Berlin: Bundesministerium für Bildung und Forschung (BMBF).

Artelt, C., Blossfeld, H., Faust, G., & Roßbach, H. W. (2013). Bildungsprozesse, Kompetenz-entwicklung und Selektionsentscheidungen im Vorschul- und Schulalter (BiKS-8-14). *Datensatz.* Version 2: IQB – Institut für Qualitätsentwicklung im Bildungswesen. http://doi.org/10.5159/IQB_BIKS_8_14_v2.

Baumert, J., Maaz, K., Gresch, C., McElvany, N., Anders, Y., Jonkmann, K., … Watermann, R. (2010). Der Übergang von der Grundschule in die weiterführende Schule – Leistungsge-rechtigkeit und regionale, soziale und ethnisch-kulturelle Disparitäten: Zusammenfassung der zentralen Befunde. In K. Maaz, J. Baumert, C. Gresch, & N. McElvany, *Der Übergang von der Grundschule in die weiterführende Schule* (S. 5–21). Berlin: Bundesministerium für Bildung und Forschung (BMBF).

Becker, R. (2000). Klassenlage und Bildungsentscheidungen. Eine empirische Anwendung der Wert-Erwartungstheorie. *Kölner Zeitschrift für Soziologie und Sozialpsychologie, 52*, 450–474.

Blossfeld, H. P. (2009). Educational assortative marriage in comparative perspective. *Annual review of sociology, 35*, 513–530.

Blossfeld, H.-P., & Shavit, Y. (1993). "Dauerhafte Ungleichheiten. Zur Veränderung des Einflusses der sozialen Herkunft auf die Bildungschancen in dreizehn industrialisierten Ländern. *Zeitschrift für Pädagogik*(39.1), 25–52.

Boudon, R. (1974). *Education, Opportunity, and Social Inequality.* New York: Wiley.

Braun, S., & Stuhler, J. (2017). The transmission of inequality across multiple generations: testing recent theories with evidence from Germany. *The Economic Journal, 128*(609), 576–611.

Destatis. (2018). *Schulen auf einen Blick.* Wiesbaden: Statistisches Bundesamt (Destatis).

Ditton, H. (2007). Sozialer Kontext und Region. In H. Ditton (Hrsg.), *Kompetenzaufbau und Laufbahnen im Schulsystem: Ergebnisse einer Längsschnittuntersuchung an Grundschulen* (S. 53–87). Münster: Waxmann.

Ditton, H., & Maaz, K. (2015). Sozioökonomischer Status und soziale Ungleichheit. In H. Reinders, H. Ditton, C. Gräsel, & B. Gniewosz (Hrsg.), *Empirische Bildungsforschung* (2 Ausg., S. 229–244). Wiesbaden: VS Verlag für Sozialwissenschaften.

Ditton, H., Krüsken, J., & Schauenberg, M. (2005). Bildungsungleichheit – Der Beitrag von Familie und Schule. *Zeitschrift für Erziehungswissenschaft*, 285–304.

Drewek, P. (2013). Das dreigliedrige Schulsystem im Kontext der politischen Umbrüche und des demographischen Wandels im 20. Jahrhundert. *Zeitschrift für Pädagogik, 59*(4), 508–525.

Drope, T., & Jurczok, A. (2013). Weder gleichwertig noch gleichartig. Besonderheiten und Problemlagen Integrierter Sekundarschulen in einem sozio-ökonomisch schwachen Stadtteil Berlins. *Zeitschrift für Pädagogik, 59*(4), 496–507.

Edelstein, B., & Nikolai, R. (2013). Strukturwandel im Sekundarbereich. Determinanten schulpolitischer Reformprozesse in Sachsen und Hamburg. *Zeitschrift für Pädagogik, 59*(4), 482–495.

Erikson, R., & Jonsson, J. O. (1996). Explaining class inequality in education: The Swedish test case. In R. Erikson, & J. O. Jonsson (Hrsg.), *Can education be equalized? The Swedish case in comparative perspective* (S. 1–63). Boulder, CO: Westview Press.

Esser, H. (2002). *Soziologie. Spezielle Grundlagen. Band 1 Situationslogik und Handeln.* Frankfurt am Main: Campus.

Fishbein, M., & Ajzen, I. (2010). *Predicting and Changing Behaviour. The Reasoned Action Approach.* New York: Psychology Press.

Galler, H. P. (1997). *Discrete-time and continuous-time approaches to dynamic microsimulation reconsidered.* University Canberra: National Centre for Social and Economic Modelling.

Gresch, C., & Becker, M. (2010). Sozial- und leistungsbedingte Disparitäten im Übergangsverhalten bei türkischstämmigen Kindern und Kindern aus (Spät-)Aussiedlerfamilien. In K. Maaz, J. Baumert, C. Gresch, & N. McElvany, *Der Übergang von der Grundschule in die weiterführende Schule* (S. 181–199). Berlin : Bundesministerium für Forschung und Bildung.

Gresch, C., Baumert, J., & Maaz, K. (2010). Empfehlungsstatus, Übergangsempfehlung und der Wechsel in die Sekundarstufe I: Bildungsentscheidungen und soziale Ungleichheit. In K. Maaz, J. Baumert, C. Gresch, & N. McElvany (Hrsg.), *Der Übergang von der Grundschule in die weiterführende Schule* (S. 201–227). Berlin: Bundesministerium für Bildung und Forschung (BMBF).

Hannappel, M., & Troitzsch, K. G. (2015). Mikrosimulationsmodelle. In N. Braun, & N. Saam, *Handbuch Modellbildung und Simulation in den Sozialwissenschaften* (S. 455–489). Wiesbaden: Springer VS.

Helbig, M., & Nicolai, R. (2015). *Die Unvergleichbaren. Der Wandel der Schulsysteme in den deutschen Bundesländern seit 1949.* Bad Heilbrunn: Klinkhardt.

Hoem, J. (1972). Inhomogeneous semi-Markov processes, select actuarial tables, and duration-dependence in demography. *Population Dynamics*, 251–296.

Hormuth, C., Mann, D., Schmitt, M., & Mudiappa, M. (2014). Eine Forschergruppe, zwei Studien: BiKS-3-10 und BiKS-8-14. In M. Mudiappa, & C. Artelt (Hrsg.), *BiKS – Ergebnisse aus den Längsschnittstudien* (S. 15–28). Bamberg: University of Bamberg Press.

Hougaard, P. (1999). Multi-state models: a review. *Lifetime data analysis, 5*(3), 239–264.

Hurrelmann, K. (2013). Das Schulsystem in Deutschland: Das „Zwei-Wege-Modell" setzt sich durch. *Zeitschrift für Pädagogik, 4*, 455–468.

Jonkmann, K., Maaz, K., MyElvany, N., & Baumert, J. (2010). Die Elternentscheidung beim Übergang in die Sekundarstufe I – Eine theoretische Adaption und empirische Überprüfung des Erwartungs-Wert-Modells. In K. Maaz, J. Baumert, C. Gresch, & N. McElvany, *Der Übergang von der Grundschule in die weiterführende Schule* (S. 253–282). Berlin: Bundesministerium für Bildung und Forschung (BMBF).

Jonkmann, K., Maaz, K., Neumann, M., & Gresch, C. (2010). Übergangsquoten und Zusammenhänge zu familiärem Hintergrund und schulischen Leistungen: Deskriptive Befunde. In K. Maaz, J. Baumert, C. Gresch, & N. McElvany (Hrsg.), *Der Übergang von der Grundschule in die weiterführende Schule* (S. 123–149). Berlin: Bundesministerium für Bildung und Forschung (BMBF).

Kempka, N., & Schumann, A. (2012). *Ein Algorithmus für die Erzeugung Facebook-ähnlicher Netzwerkstrukturen basierend auf dem Barabási-Albert-Modell.* Dritte Studentenkonferenz Informatik Leipzig.

Kennedy, M. C., & O'Hagan, A. (2001). Bayesian calibration of computer models. *Journal of the Royal Statistical Society: Series B (Statistical Methodology), 63*(3), 425–464.

Kijima, M. (1997). *Markov Processes for Stochastic Modeling.* New York: Springer US.

Klabunde, A., Zinn, S., Willekens, F., & Leuchter, M. (2017). Multistate modelling extended by behavioural rules: An application to migration. *Population studies, 71*(sup1), 51–67.

Kleine, L. (2014). *Der Übergang in die Sekundarstufe I. Die Bedeutung sozialer Beziehungen für den Schulerfolg und die Formation elterlicher Bildungsentscheidungen.* Bamberg: University of Bamberg Press.

Kotitschke, E., & Becker, R. (2015). Familie und Bildung. In P. Hill, & J. Kopp (Hrsg.), *Handbuch Familiensoziologie* (S. 737–774). Wiesbaden: Springer.

Kurz, K., & Paulus, W. (2008). Übergänge im Grundschulalter: die Formation elterlicher Bildungsaspirationen. In K. Rehberg, *Die Natur der Gesellschaft: Verhandlungen des 33. Kongresses der Deutschen Gesellschaft für Soziologie in Kassel 2006. Teilbd. 1 u. 2.* Frankfurt am Main: Campus Verlag.

Maaz, K., & Nagy, G. (2010). Der Übergang von der Grundschule in die weiterführenden Schulen des Sekundarschulsystems: Definition, Spezifikation und Quantifizierung primärer und sekundärer Herkunftseffekte. In J. Baumert, K. Maaz, & U. Trautwein (Hrsg.), *Bildungsentscheidungen* (S. 153–182). Berlin: VS Verlag für Sozialwissenschaften.

Maaz, K., Baumert, J., Gresch, C., & McElvany, N. (Hrsg.). (2010). *Der Übergang von der Grundschule in die weiterführende Schule: Leistungsgerechtigkeit und regionale, soziale und ethnisch-kulturelle Disparitäten.* Berlin: Bundesministerium für Bildung und Forschung (BMBF).

Maaz, K., Baumert, J., Neumann, M., Becker, M., & Dumont, H. (Hrsg.). (2013). *Die Berliner Schulstrukturreform: Bewertung durch die beteiligten Akteure und Konsequenzen des neuen Übergangsverfahrens von der Grundschule in die weiterführenden Schulen.* Berlin: Waxmann Verlag.

Maaz, K., Gresch, C., McElvany, N., Jonkmann, K., & Baumert, J. (2010). Theoretische Konzepte für die Analyse von Bildungsübergängen: Adaptation ausgewählter Ansätze für den Übergang von der Grundschule in die weiterführenden Schulen des Sekundarschulsystems. In K. Maaz, J. Baumert, C. Gresch, & N. McElvany, *Der Übergang von der Grundschule in die weiterführende Schule* (S. 65–85). Berlin : Bundesministerium für Bildung und Forschung (BMBF).

Martin, T. (1995). Women's education and fertility: results from 26 Demographic and Health Surveys. *Studies in family planning*, 187–202.

Müller, W., & Mayer, K. U. (1976). *Chancengleichheit durch Bildung? Untersuchungen über den Zusammenhang von Ausbildungsabschlüssen und Berufsstatus* (1. Ausg.). Stuttgart: Klett.

Naylor, T. H., & Finger, J. M. (1967). Verification of computer simulation models. *Management Science, 14*(2), B-92.

Neumann, M., Milek, A., Maaz, K., & Gresch, C. (2010). Zum Einfluss der Klassenzusammensetzung auf den Übergang von der Grundschule in die weiterführenden Schulen. In K. Maaz, J. Baumert, C. Gresch, & N. McElvany, *Der Übergang von der Grundschule in die weiterführende Schule* (S. 229–251). Berlin: Bundesministerium für Bildung und Forschung (BMBF).

Oakley, J., & O'Hagan, A. (2002). Bayesian inference for the uncertainty distribution of computer model outputs. *Biometrika, 89*(4), 769–784.

Paulus, W., & Blossfeld, H. (2007). Schichtspezifische Präferenzen oder sozioökonomisches Entscheidungskalkül? Zur Rolle elterlicher Bildungsaspirationen im Entscheidungsprozess beim Übergang von der Grundschule in die Sekundarstufe. *Zeitschrift für Pädagogik*, 491–508.

Pötzsch, O. (2018). *Aktueller Geburtenanstieg und seine Potenziale.* Wiesbaden: DESTATIS. Abgerufen am 31. Januar 2019 von https://www.destatis.de/DE/Publikationen/WirtschaftStatistik/2018/03/AktuellerGeburtenanstieg_032018.pdf?__blob=publicationFile

Preckel, F., Goetz, T., Pekrun, R., & Kleine, M. (2008). Gender differences in gifted and average-ability students: Comparing girls' and boys' achievement, self-concept, interest, and motivation in mathematics. *Gifted Child Quarterly, 52*(2), 146–159.

Relikowski, I., Schneider, T., & Blossfeld, H. (2010). Primäre und sekundäre Herkunftseffekte beim Übergang in das gegliederte Schulsystem: Welche Rolle spielen soziale Klasse und Bildungsstatus in Familien mit Migrationshintergrund? In T. Beckers, K. Birkelmann, J. Hagenah, & U. Rosar (Hrsg.), *Komparative empirische Sozialforschung* (S. 143–167). Wiesbaden: VS Verlag für Sozialwissenschaften.

Rodríguez-Pose, A., & Vilalta-Bufí, M. (2005). Education, migration, and job satisfaction: the regional returns of human capital in the EU. *Journal of Economic Geography, 5*(5), 545–566.

Scheyhing, D. (2016). *Die Stärkung von schulischem Wohlbefinden bei Schülern durch die Förderung von Eigenaktivität am Beispiel einer bayerischen Haupt-bzw. Mittelschule.* Universität Passau: Doctoral dissertation.

Schimpl-Neimanns, B. (2000). Soziale Herkunft und Bildungsbeteiligung. *KZfSS Kölner Zeitschrift für Soziologie und Sozialpsychologie, 52*(4), 636–669.

Schutter, S., & Schweda-Möller, A. (2017). Wo Risiken zusammentreffen: Bildungsbenachteiligung in Einelternfamilien. In M. Baader, & T. Freytag (Hrsg.), *Bildung und Ungleichheit in Deutschland* (S. 139–154). Wiesbaden: Springer.

Shavit, Y., & Müller, W. (1998). *From School to Work. A Comparative Study of Educational Qualifications and Occupational Destinations.* New York: Clarendon Press.

Sixt, M. (2010). *Regionale Strukturen als herkunftsspezifische Determinanten von Bildungsentscheidungen.* Universität Kassel: Dissertation.

Sixt, M. (2018). Wahl der Schulart und Schulinfrastruktur. In M. Sixt, M. Bayer, & D. Müller (Hrsg.), *Bildungsentscheidungen und lokales Angebot* (S. 87–114). Münster: Waxmann.

Solga, H., & Dombrowski, R. (2009). Soziale Ungleichheiten in schulischer und außerschulischer Bildung: Stand der Forschung und Forschungsbedarf. *Arbeitspapier, Bildung und Qualifizierung*(No. 171).

Statistisches Bundesamt. (2008). *Bildungsstand der Bevölkerung 2008.* Wiesbaden: Bertelsmann Verlag.

Stocké, V. (2009). Adaptivität oder Konformität? Die Bedeutung der Bezugsgruppe und der Leistungsrealität der Kinder für die Entwicklung elterlicher Bildungsaspirationen am Ende der Grundschulzeit. (J. Baumert, K. Maaz, & U. Trautwein, Hrsg.) *Zeitschrift für Erziehungswissenschaften, Sonderheft 12/2009*, 257–281.

Stocké, V. (2014a). *Idealistische Bildungsaspiration (Zusammenstellung sozialwissenschaftlicher Items und Skalen (ZIS))*. Köln & Mannheim: gesis, Leibniz-Insitut für Sozialwissenschaften. doi:10.6102/zis197

Stocké, V. (2014b). *Realistische Bildungsaspiration (Zusammenstellung sozialwissenschaftlicher Items und Skalen (ZIS))*. Mannheim & Köln: gesis, Leibniz-Insitut für Sozialwissenschaften. doi:10.6102/zis197

Tiedemann, J., & Faber, G. (1995). Mädchen im Mathematikunterricht: Selbstkonzept und Kausalattributionen im Grundschulalter. *Zeitschrift für Entwicklungspsychologie und Pädagogische Psychologie, XXVII*(1), 61–71.

Von dem Knesebeck, O., Verde, P., & Dragano, N. (2006). Education and health in 22 European countries. *Social science & medicine*, 1344–1351.

Wohlkinger, F., & Ditton, H. (2012). Entscheiden die Schüler mit? Der Einfluss von Eltern, Lehrern und Kindern auf den Übergang nach der Grundschule. In R. Becker, & H. Solga (Hrsg.), *Soziologische Bildungsforschung* (S. 44–63). Wiesbaden: Springer VS.

Zielonka, M. (2017). *Revision und Stabilisierung von Schulwahlentscheidungen in der Sekundarstufe 1*. Berlin: Logos.

Zinn, S. (2011). *A Continuous-Time Microsimulation and First Steps Towards a Multi-Level Approach in Demography (Doktorarbeit)*. University of Rostock. Abgerufen am 31. Januar 2019 von http://rosdok.uni-rostock.de/file/rosdok_derivate_0000004766/Dissertation_Zinn_2011.pdf

Zinn, S. (2017). Simulating synthetic life courses of individuals and couples, and mate matching. In J. Van Bavel, & A. Grow (Hrsg.), *Agent-Based Modelling in Population Studies* (S. 113–157). Schweiz: Springer.

Zinn, S. (2019 (in Kürze erscheinend)). Modellierung und Simulation von Entscheidungsprozesse im Rahmen Szenario-basierter Vorhersagen. In N. Saam, M. Resch, & A. Kaminski (Hrsg.), *Sozialwissenschaftlichen Simulationen und der Soziologie der Simulation* (Bd. 1). Springer.

Dynamische Mikrosimulationen zur Analyse und Planung regionaler Versorgungsstrukturen in der Pflege

Jan Pablo Burgard, Joscha Krause, Hariolf Merkle, Ralf Münnich und Simon Schmaus

Zusammenfassung

In diesem Beitrag wird ein dynamisches Mikrosimulationsmodell präsentiert, welches die Analyse und Planung regionaler Pflegestrukturen unter Berücksichtigung ortsspezifischer Charakteristika, sowie personenbezogener Merkmale ermöglicht. Am Beispiel der Stadt Trier wird eine synthetische realitätsnahe Population erzeugt, welche durch Georeferenzierung auf reale Adressen verortet wird. Die Bevölkerung wird auf Basis multipler Datenquellen über einen Zeithorizont von 60 Jahren zeitdiskret in jährlichen Schritten fortgeschrieben. Dabei werden insbesondere pflege- und versorgungsbezogene Aspekte, wie etwa die alters- und geschlechtsspezifische Pflegemorbidität oder die Familienkonstellationen der Pflegebedürftigen, detailliert modelliert. Die Implikationen des wachsenden Pflegebedarfs im Zeitverlauf werden anhand verschiedener Szenarien zu Demographie und individuellem Verhalten ausführlich analysiert. Zusätzlich wird eine Sensitivitätsanalyse vorgenommen, welche die Abhängigkeit der Simulationsergebnisse von getroffenen Annahmen, sowie multidimensionale Interaktionen zwischen relevanten Effekten quantifiziert. Es kann gezeigt werden, dass durch Mikrosimulationen komplexe Pflegeversorgungsstrukturen fundiert und detailliert abgebildet werden können. Hieraus ergeben sich in der Zukunft zahlreiche neue Möglichkeiten der Versorgungsforschung.

Schlüsselbegriffe

Dynamische Mikrosimulation; Regionale Simulation; Versorgungsplanung; Pflegeplanung

© Springer Fachmedien Wiesbaden GmbH, ein Teil von Springer Nature 2020
M. Hannappel und J. Kopp (Hrsg.), *Mikrosimulationen*,
https://doi.org/10.1007/978-3-658-23702-8_10

1   Einleitung

Die demographische Alterung der deutschen Bevölkerung bewirkte seit der Jahr-
tausendwende einen immensen Anstieg der Pflegebedürftigkeit. Im Zeitraum von
2015 bis 2017 wuchs die Zahl der vollstationär gepflegten Personen in Deutschland
um 4,5 %, während die Zahl der ambulant gepflegten Personen sogar um 19,9 %
stieg (Statistisches Bundesamt 2018, S. 8). Eine Vielzahl von Studien legt zusätzlich
nahe, dass diese Entwicklung in den kommenden Jahrzehnten anhält und die
Nachfrage nach Pflegeleistungen noch weiter zunimmt (König und Böckmann
2010; Krause und Münnich 2019). Da die pflegerische Versorgung vor allem auf
regionaler Ebene geplant und durchgeführt wird, lastet somit ein enormer Druck
auf den Kommunen, die entsprechenden Versorgungsstrukturen einzurichten und
weiterzuentwickeln.

   Um den Ausbau der Versorgungsstrukturen jedoch möglichst bedarfsorientiert
und effizient zu gestalten, sind fundierte Analysen des Status Quo und Prognosen
hinsichtlich des zukünftigen Pflegebedarfs seitens der Versorgungsforschung
notwendig. Dabei ist zu beachten, dass die entsprechende Forschungsarbeit ebenfalls auf regionaler Ebene stattfinden muss. Krause und Münnich (2019) weisen
darauf hin, dass bereits die Entwicklung des Pflegebedarfs zweier benachbarter
Gebiete sehr unterschiedlich ausfallen kann. Dies ist insbesondere der Fall, wenn
sie sich hinsichtlich ihres Urbanisierungsgrades und ihrer Bevölkerungsstruktur
unterscheiden. Demnach ist eine Antizipation regionaler Charakteristika und
Rahmenbedingungen im Zuge der Analyse unabdingbar, um fundierte Aussagen
zur Entwicklung des Pflegebedarfs im Zeitverlauf treffen zu können. Dies wird
in der Versorgungsforschung derzeit vor allem auf Basis der Durchführung von
Makrosimulationen berücksichtigt, welche regionale Populationen als Aggregate
betrachten.

   Obgleich diese Methodik sich für Punktprognosen des zukünftigen Pflegebedarfs
bewährt hat, so können auf Basis von Makrosimulationen jedoch nur begrenzt
Aussagen über die tatsächliche lokale Versorgungssituation gemacht werden. Dafür
ist die Berücksichtigung weiterer, oftmals individueller Faktoren vonnöten, welche
sich in Makrosimulationen nur unzureichend abbilden lassen. Hier sind vor allem
die Familienkonstellationen, Sozialgefüge und die Wohnsituation der Pflegebedürftigen zu nennen, da nach wie vor der Großteil der Pflege von Angehörigen geleistet
wird. Zusätzlich relevant sind die Verfügbarkeit und Auslastung von Pflegeein-
richtungen und -diensten vor Ort, sowie eine entsprechende Verkehrsanbindung.
Darüber hinaus können anhand aggregierter Analysen keine Aussagen über die
Verteilung der Pflegebedürftigen innerhalb des Aggregats getroffen werden. Dies

ist insbesondere dann ein Problem, wenn lokale Ballungsgebiete existieren, in welchen viele Pflegebedürftige leben.

Im Rahmen dieses Beitrags werden erste Ergebnisse des Forschungsprojekts *Regionale Mikrosimulationen und Indikatorsysteme (REMIKIS)* präsentiert, welches die Analysemöglichkeiten der Versorgungsforschung hinsichtlich der oben genannten Punkte erweitert. Es wird ein dynamisches Mikrosimulationsmodell vorgestellt, welches die Untersuchung und Planung regionaler Versorgungsstrukturen unter Berücksichtigung personenbezogener Merkmale erlaubt. Am Beispiel der Stadt Trier wird eine realitätsnahe synthetische Population erzeugt, deren Individuen unter Verwendung von Zensusergebnissen und Registerinformationen auf Adressen verteilt werden. Durch geographische Verortung werden sowohl die Position lokaler Pflegeheime und medizinischer Einrichtungen, als auch reale Anfahrtswege zu ihnen antizipiert. Die synthetische Population wird anhand empirisch geschätzter Modelle auf Basis multipler Datenquellen hinsichtlich Migration, Mortalität, Fertilität, Morbidität, Familienkonstellationen, Bildung und Erwerbstätigkeit, sowie Pflegebedarf über einen Zeitraum von 60 Jahren zeitdiskret fortgeschrieben. Dabei werden verschiedene Szenarien sowohl hinsichtlich der demographischen Entwicklung, als auch dem individuellen Verhalten der Personen implementiert, um eine möglichst vielseitige Analyse der relevanten Effekte vornehmen zu können. Darüber hinaus wird eine Sensitivitätsanalyse durchgeführt, welche die Abhängigkeit der Simulationsergebnisse von den getroffenen Annahmen, sowie die multidimensionalen Interaktionen zwischen denselben quantifiziert. Es kann gezeigt werden, dass sich anhand von Mikrosimulationen hochkomplexe Systeme – wie etwa ein regionales Pflegeversorgungsnetz – sehr gut modellieren lassen. Somit wird ein einzigartiger Datenbestand erzeugt, welcher zukünftige Forschungen auf diesem Gebiet entscheidend unterstützen kann.

Der Beitrag gliedert sich wie folgt: In Kapitel 2 werden zunächst Ziele und Schwerpunkte von REMIKIS beschrieben sowie die Grundlagen von dynamischen Mikrosimulationen vorgestellt. In Kapitel 3 wird dann auf den Aufbau und die Umsetzung in REMIKIS eingegangen. Dies beinhaltet sowohl eine Darstellung der einzelnen Simulationsmodule, als auch eine Beschreibung der für die Fortschreibung der Bevölkerung benötigten Datenquellen und geschätzten Modelle. In Kapitel 4 werden die Ergebnisse der Simulation präsentiert, sowie eine entsprechende Sensitivitätsanalyse hinsichtlich derselben durchgeführt. Kapitel 5 schließt mit einem Ausblick auf zukünftige Forschung.

2   Über Mikrosimulationen und REMIKIS

Das Ziel von Mikrosimulationen in den Sozialwissenschaften ist die Analyse von sozialen Phänomenen und politischen Maßnahmen über einen Mikrodatenbestand. Die genaue Definition von Mikrodaten hängt hierbei maßgeblich vom Ziel der Untersuchung ab. In der Regel beinhalten diese aber – wie im vorliegenden Beitrag – Informationen auf Personenebene. Der Fokus einer Mikrosimulation liegt allgemein nicht auf der Erzeugung von Punktschätzwerten, sondern in der Untersuchung alternativer Szenarien. Hierfür wird eine geeignete Mikrodatenbasis benötigt, die Analysen zu den interessierenden Fragestellungen zulässt (Li und O'Donoghue 2013). Dadurch wird es ermöglicht, komplexe Systeme wie Familien oder ganze Gesellschaften zu modellieren und den Einfluss politischer Maßnahmen auf die Mikroeinheiten des Systems zu untersuchen (Harding et al. 2010). Die typische Analyse einer Mikrosimulation erfolgt im einfachsten Fall durch den Vergleich einer interessierenden Größe bei Durchlauf der unveränderten Module (Baselineszenario) mit den Ergebnissen nach der Berücksichtigung von Szenarien durch Modifizierung einzelner Parameter oder Annahmen (Zucchelli et al. 2012).

Im Rahmen von REMIKIS wird eine Mikrosimulationsinfrastruktur geschaffen, welche sozial- und versorgungswissenschaftliche Untersuchungen zur Wirkungsweise von Annahmen, Szenarien und Konzepten im Zeitverlauf unter Berücksichtigung verhaltensbedingter, demographischer und geographischer Muster ermöglicht. Somit können beispielsweise nicht nur die Auswirkungen politischer Maßnahmen auf ausgewählte Indikatoren im temporalen Kontext verglichen und bewertet, sondern auch deren Performance unter der Annahme alternativer Entwicklungen analysiert werden. Ein weiterer Schwerpunkt liegt auf der räumlichen Struktur der zu untersuchenden Effekte. Durch die Verwendung einer synthetischen Population können Distanzen und Anfahrtswege unabhängig von Gemeinde- oder Kreisgrenzen ausgewertet werden. Darüber hinaus kann nicht nur die Adresse selbst, sondern auch die Zusammensetzung der dort lebenden Personen in relevante Fragestellungen miteinbezogen werden. Dies ermöglicht beispielsweise die Versorgungssituation öffentlicher Einrichtungen wie Pflegeheime, Arztpraxen und Notdienste deutlich präziser und feingliedriger abzubilden, da sowohl die Verkehrsanbindung als auch die Verteilung der Risikopopulation antizipiert werden kann.

Im REMIKIS-Simulationsmodell wird die Population über mehrere Zeitpunkte fortgeschrieben, wodurch es zu einer Alterung der Personen und zu Änderungen der individuellen und interpersonellen Merkmalskombinationen kommt. So werden etwa mit bestimmten Wahrscheinlichkeiten neue Kinder geboren, lebende Individuen sterben, heiraten und ziehen um. Aufgrund dieser zeitlichen Komponente wird das Modell als dynamische Mikrosimulation klassifiziert. Im Gegensatz dazu gibt es bei statischen Mikrosimulationen in der Regel – abgesehen von einzelnen Merkmalen wie etwa ausgewählten Einkommenskomponenten – keine Änderung der individuellen Zustände. Projektionen in die Zukunft werden beispielsweise durch die Kalibrierung eines Gewichtevektors durchgeführt (Li & O'Donoghue 2013).

Periode 1: Basispopulation

i	PID	HID	Alter	Geschl.	Tod	Bez. Status	Erwerb.	Pflegeb.
1	1	1	22	M	Nein	Ledig	Ja	Nein
2	3	2	35	W	Nein	Verh.	Nein	Nein
3	4	2	29	W	Nein	Verh.	Ja	Nein
4	5	2	4	W				
5	6	3	49	W				
6	7	3	18	M				
7	8	4	50	M				

Periode 2: Aktualisierte Population

i	PID	HID	Alter	Geschl.	Tod	Bez. Status	Erwerb.	Pflegeb.
1	1	1	23	M	Nein	Ledig	Ja	Nein
2	3	2	36	W	Nein	Verh.	Nein	Nein
3	4	2	30	W				
4	5	2	5	W				
5	6	3	50	W				
6	7	3	19	M				
7	8	4	51	M				

Periode 3: Aktualisierte Population

i	PID	HID	Alter	Geschl.	Tod	Bez. Status	Erwerb.	Pflegeb.
1	1	1	24	M	Nein	Ledig	Ja	Nein
2	3	2	37	W	Nein	Verh.	Nein	Nein
3	4	2	31	W	Nein	Verh.	Ja	Nein
4	5	2	6	W	Nein	Ledig	Nein	Nein
5	6	3	51	W	Nein	Verh.	Ja	Nein
6	7	3	20	M	Nein	Ledig	Nein	Nein
7	8	4	51	M	Nein	Gesch.	Nein	Nein

Abb. 1   Beispiel eines zeitdiskreten Fortschreibungsprozesses

Abbildung 1 zeigt den Ablauf eines dynamischen zeitdiskreten Fortschreibungsprozesses am Beispiel von sieben fiktiven Individuen. Anders als bei zeitstetigen Simulationen findet die Fortschreibung im zeitdiskreten Fall in klar definierten zeitlichen Abständen und nicht über Verweildauern in den jeweiligen Zuständen statt. Im REMIKIS-Modell werden vorerst jährliche Perioden gewählt. Dies ist zum einen dem geringeren Rechenaufwand – insbesondere bei Berücksichtigung komplexer räumlicher und familiärer Strukturen – und zum anderen der Beschaffenheit der verfügbaren Erhebungsdaten geschuldet, welche ebenfalls im jährlichen Rhythmus erhoben werden. Im weiteren Ausbau des Modells ist jedoch geplant, unterjährige Veränderungen bei einzelnen Merkmalen, wie beispielsweise der Erwerbstätigkeit, zu implementieren. Aufgrund der sich noch im Aufbau befindlichen Basispopulation und dem frühen Stadium des Projektes wird die Funktionsweise des Modells im Rahmen dieser Arbeit vorerst anhand ausgewählter demographischer Szenarien veranschaulicht. Über die Implementierung von differenzierten Einkommens-, Steuer-, und Sozialleistungsmodellen lassen sich zukünftig umfassende politische Szenarien untersuchen und deren Performance unter demographischen und verhaltensbedingten Entwicklungen betrachten oder analysieren.

3   Aufbau des Simulationsmodells

Im Folgenden wird das Mikrosimulationsmodell beschrieben, welches die Grundlage für diesen Beitrag bildet.

3.1   Basispopulation

Der Fokus der Analysen in REMIKIS liegt auf der Großregion Trier. Dabei soll nicht nur die kreisfreie Stadt Trier betrachtet werden, sondern auch angrenzende Landkreise und deren wechselseitiger Einfluss über Wanderungsbewegungen und räumliche Anordnung öffentlicher Einrichtungen. Da sich das REMIKIS-Mikrosimulationsmodell jedoch noch im Aufbau befindet, beschränkt sich diese Arbeit zunächst auf die kreisfreie Stadt Trier.

Der Ausgangspunkt jeder Mikrosimulation ist die Identifizierung oder Generierung einer geeigneten Mikrodatenbasis mit allen relevanten individuellen und strukturellen Informationen. In den meisten Fällen werden hierfür aus Gründen der Verfügbarkeit und der großen Menge an enthaltenen Informationen Datensätze aus statistischen Erhebungen herangezogen (Li 2011; Li und O'Donoghue 2013). Die Notwendigkeit der Berücksichtigung regionaler Disparitäten wird in den letzten Jahren auch immer häufiger im Kontext von Mikroanalysen und Mikrosimulationen thematisiert (Chin und Harding 2006; Tanton 2014; Tanton 2018). Für die Betrachtung regionaler Einheiten, insbesondere in Kombination von spezifischen individuellen Merkmalen zu Pflegestatus, sind für die Region Trier jedoch keine Daten verfügbar, die den hohen Anforderungen zur regionalen und räumlichen Differenzierbarkeit gerecht werden. Daher wird eine synthetische realitätsnahe Grundgesamtheit von Trier mit insgesamt 105.000 Individuen in 50.000 Haushalten im Rahmen der Forschungsarbeiten erstellt. Die Generierung der Datenbasis erfolgt über die Aktualisierung und Erweiterung der Simulationsgesamtheit aus dem Zensusprojekt 2011 (Münnich et al. 2012). Unter Verwendung von Kalibrierungsverfahren (Deville und Särndal 1992) und heuristischer Optimierungsmethoden, wie etwa Simulated Annealing (Van Laarhoven und Aarts 1987), erfolgt die Anpassung an die Zensusergebnisse aus dem Jahr 2011 (Statistische Ämter des Bundes und der Länder 2014). Diese Datenbasis bietet neben einer Vielzahl individueller Informationen zu soziodemographischen und ökonomischen Merkmalen auch Informationen zu Haushaltszusammengehörigkeit an den Adressen.

Weitere Merkmalskombinationen, insbesondere zum Pflegebedarf und zur Pflegestufe, aber auch zu interpersonellen Beziehungsstrukturen, werden über externe Datensätze, wie dem Mikrozensus (MZ) und dem Sozio-oekonomischen

Panel (SOEP), ergänzt (Sozio-oekonomisches Panel 2012; Boehle und Schimpl-Nei-manns 2010). Hierbei kommen hauptsächlich Regressionsmodelle zum Einsatz, um die Struktur der Erhebungsdaten bestmöglich zu erfassen, zu parametrisieren und anschließend Vorhersagen auf Individual- und Haushaltsebene zu treffen. Die Beurteilung der Modelle erfolgt unter dem Kriterium der prädiktiven Inferenz, also der Qualität der vorhergesagten Werte, da das Ziel bei der Erzeugung einer Basispopulation und nicht in der Analyse inhaltlicher Fragestellungen liegt (Kolb 2013). Zur Erfassung geographischer Disparitäten lassen sich Mehrebenenmodelle zur Berücksichtigung hierarchischer und ineinander verschachtelter Strukturen heranziehen (Gelman und Hill 2006). Darüber hinaus werden Benchmarkwerte der amtlichen Statistik zur Kalibrierung der modellbasierten Vorhersagen herangezo-gen, um neben individuellen Kovarianzstrukturen auch bekannte Kennwerte auf Kreis- und Gemeindeebene einhalten zu können. Sofern keine bekannten Werte existieren, werden auch Small Area-Methoden in den Schätzprozess integriert (Münnich et al. 2013; Rao und Molina 2015).

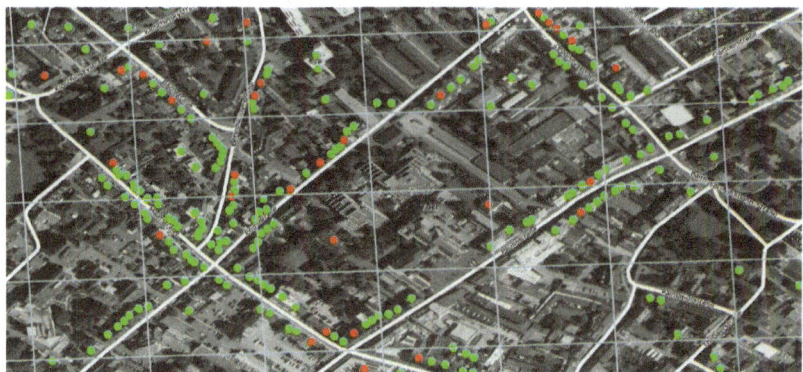

Abb. 2   Zensusgitterzellen über Trier, rote Punkte markieren synthetische Haushalte mit pflegebedürftigen Personen, grüne Punkte synthetische Haushalte ohne pflegebedürftige Personen, Karte vom Geoprtal RLP 2018 (© GeoBasis-DE / LVermGeoRP, http://www.lvermgeo.rlp.de)

Die räumliche Zuordnung der in Haushalten zusammenlebenden Individuen wird über mehrere Stufen erfolgen, wobei die oberste Ebene aus den 1-Kilometer-Git-terzellen des Zensus 2011 besteht. Die 1000 m x 1000 m großen Zellen beinhalten Verteilungen zu beispielsweise Geschlecht, Alter und Wohnfläche unabhängig der

Kreis- beziehungsweise Gemeindezugehörigkeit. Bei der Erzeugung sollen die vom Zensus bekannten Totalwerte auf Gitterzellen eingehalten werden. Auf der zweiten Stufe werden die Personen auf den 100-Meter-Gitterzellen des Zensus 2011 verteilt. Analog zu den 1-Kilometer-Gitterzellen verteilen sich diese in Quadraten von 100 m x 100 m über die gesamte Population. Aus Gründen des Datenschutzes verfügen diese Zellen über deutlich weniger Informationen. Auf Basis der zur Verfügung stehenden Informationen werden die Personen nun auf die kleineren Quadrate verteilt. Mit diesem Vorgehen gelingt es zuverlässig, Wohngebiete von Industriegebieten zu unterscheiden. Im letzten Schritt werden die Individuen der synthetischen Population unter Verwendung von Kartenmaterial der OpenStreetMap Foundation auf reale Adressen und Wohngebäude verteilt. Abbildung 2 zeigt beispielhaft die 100 m x 100 m Gitter über einem Kartenausschnitt von Trier. Nicht pflegebedürftige Personen sind mit grün und pflegebedürftige mit rot gekennzeichnet. Abbildung 3 zeigt in einem ersten Ansatz einen größeren Ausschnitt Triers, wo sowohl Personen mit Pflegestufe in rot, als auch Pflegeheime in blau dargestellt sind.

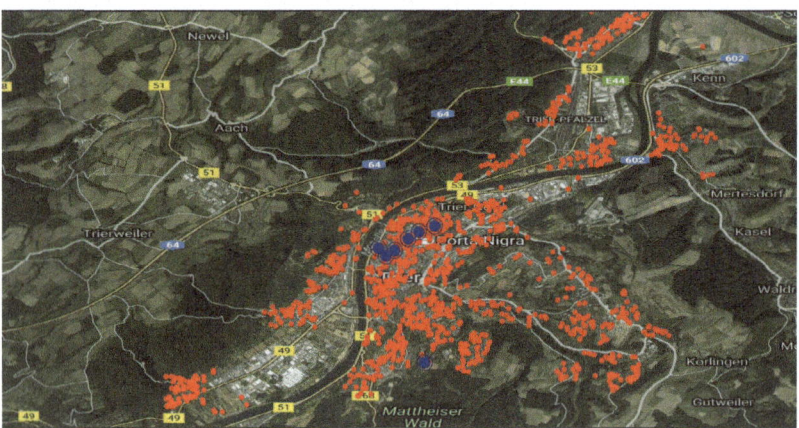

Abb. 3   Pflegebedürftige und Pflegeheime in Trier. Datenmaterial von Google Maps. Erstellt mit dem R-Paket ggmap (Kahle und Wickham 2013).

3.2   Simulation von Übergängen

Individuelle Zustandsänderungen durch das Eintreten einzelner Ereignisse können sowohl stochastischer als auch deterministischer Natur sein. Deterministische Ereignisse sind beispielsweise das Ansteigen des Alters in jeder Periode um 1, aber auch die Änderung des Beziehungsstatus zu *verwitwet* im Falle des Todes eines Ehepartners. Insgesamt zeichnet sich die dynamische Mikrosimulation jedoch dadurch aus, dass alle Ereignisse, direkt oder indirekt, von einem oder mehreren stochastischen Prozessen abhängen. Die einfachste Möglichkeit zur Simulation von Veränderungen kann über Markov-Prozesse erster Ordnung erfolgen, wobei die Übergangswahrscheinlichkeit für ein Event zum Zeitpunkt $t + 1$ ausschließlich vom Zustand in Zeitpunkt t abhängt. Der folgende Abschnitt orientiert sich an Cox und Miller (1965) und Webel und Wied (2016). $p_{j,k}$ entspricht der Wahrscheinlichkeit von Zustand $z_t = j$ in Zustand $z_{t+1} = k$ zu wechseln mit der Eigenschaft $p_{j,k} \in [0,1]$:

$$p_{j,k} := P(z_{t+1} = k \mid z_t = j), \quad j,k \in I$$

Alle möglichen Zustände, die im Zeitpunkt $t + 1$ angenommen werden können, sind Teil des Zustandsraumes I. Übergangswahrscheinlichkeiten von diskreten Markov-Prozessen werden in der Regel in Übergangsmatrizen ausgedrückt. Die hier resultierende Übergangsmatrix ist:

$$\wp = \begin{pmatrix} p_{1,1} & \cdots & p_{1,J} \\ \vdots & \ddots & \vdots \\ p_{J,1} & \cdots & p_{J,J} \end{pmatrix} \quad 0 \leq p_{j,k} \leq 1 \; \forall j, k \in I.$$

Da grundsätzlich gilt $\sum_{k=1}^{J} p_{j,k} = 1$, entspricht $\wp$ einer zeilenstochastischen Matrix. Die Simulation eines Zustandswechsels unter Berücksichtigung einer Übergangswahrscheinlichkeit $p_{j,k}$ wird entsprechend einer inversen Transformationsmethode durchgeführt (Rubinstein und Kroese 2017; Raeside 1976):

- Ziehe eine gleichverteilte Zufallszahl $r_i \sim Unif(0,1)$ für die Einheit i und
- ändere Zustand von Einheit i von j zu k falls $r_i \in \left[\sum_{l=1}^{k} p_{j,(l-1)}, \sum_{l=1}^{k} p_{j,l} \right]$, wobei $p_{j,0} := 0$.

Um zu einer differenzierteren Wahrscheinlichkeitsstruktur zu gelangen, lassen sich Übergangsmatrizen auch auf soziodemographische und sozioökonomische Merkmalsstrukturen bedingen. Im REMIKIS-Modell basieren die Übergangswahrscheinlichkeiten – wie in der Praxis üblich – beinahe ausschließlich auf Regressionsmodellen. Da sich das Modell noch im Aufbau befindet, sind nur wenige metrischen Variablen in der Basispopulation enthalten. Daher werden hierfür primär generalisierte lineare Modelle mit Logit-Linkfunktion herangezogen. Im binären Fall wird somit die Wahrscheinlichkeit, dass für die i-te Person ein Ereignis zum Zeitpunkt $t + 1$ eintritt errechnet aus:

$$P(y_i = 1) = \frac{e^{x_i{}'\beta}}{1 + e^{x_i{}'\beta}}$$

Dabei ist β ein Vektor der Koeffizienten und x_i ein Vektor der erklärenden Variablen. Für die Schätzung der Modelle stehen Datensätze aus Panelerhebungen wie dem SOEP und dem MZ zur Verfügung, worin Individuen über mehrere Jahre hinweg zu den gleichen Themenkomplexen befragt werden (Sozio-oekonomisches Panel 2012; Statistisches Bundesamt 2013). Zur Modellierung von Übergangswahrscheinlichkeiten werden Beobachtungen aus mindestens zwei aufeinander folgenden Zeitpunkten benötigt, um den Zustand der Vorperiode berücksichtigen zu können. Alle Beobachtungen, die ausschließlich zu einem der beiden Zeitpunkte vorliegen, müssen daher entfernt werden. Dies bedeutet, dass Personen, die das Panel verlassen haben, nicht mehr Teil des neuen Datensatzes sind. Um dies auszugleichen, werden in vielen Daten Längsschnittgewichte bereitgestellt (Pischner 1994). Diese Gewichte entsprechen der inversen Bleibewahrscheinlichkeit, also der Wahrscheinlichkeit, in der Folgeperiode im Panel zu verbleiben. Im SOEP werden diese über Logit-Regressionsmodelle berechnet. Für die Hochrechnung von aus mehreren Perioden zusammengesetzten Daten wird der Hochrechnungsfaktor der Startperiode mit den inversen Bleibewahrscheinlichkeiten multipliziert (Frick et al. 1993).

Erst ab mindestens drei beobachteten Perioden ist es daher möglich, Individuen mehrmals in den Modellierungsdatensatz aufzunehmen. Die mehrmalige Aufnahme von Individuen hat jedoch zur Folge, dass ein Sinken der Standardabweichungen mit der gestiegenen Anzahl an Beobachtungen einhergeht. Die Schätzer können zudem durch die Vernachlässigung unbeobachteter Heterogenität verzerrt sein, da Ausprägungen eines Individuums zu unterschiedlichen Zeitpunkten nicht unabhängig voneinander sind (Albers et al. 2009). Darüber hinaus ist es oftmals sinnvoll, regionale Differenzen, die aufgrund der großen Anzahl an Ausprägungen nicht als fixe Parameter geschätzt werden können, in der Modellierung und der anschließenden Prädiktion zu berücksichtigen. In diesen Fällen lassen sich Mehrebenenmodelle oder Small Area-Modelle schätzen, in denen neben den fixen Effekten β auch zufällige Effekte wie Random Intercepts oder Random Slopes integriert werden, um mögliche regionale Heterogenität der Modellparameter zu antizipieren (Gelman und Hill 2006; Finch et al. 2014).

Ein wichtiges Kriterium bei der Entwicklung dynamischer Mikrosimulationen ist die Konsistenz der Daten. Dies ist sowohl für die Basispopulation wie auch für die Fortschreibung ein wichtiges Eignungskriterium für die Funktionalität der Prozesse. Es soll zu keinem Zeitpunkt zu unplausiblen oder unrealistischen Merkmalskombinationen in den Daten kommen. Zu diesem Zweck können logische und statistische Editingregeln definiert und zu einem oder mehreren Zeitpunkten in der Simulation angewendet werden. Dadurch lassen sich unplausible Ausprägungen identifizieren und die Daten entsprechend korrigieren. Aber aufgrund der potentiellen Beeinflussung der Kovarianzstruktur der betroffenen Merkmale in der Population, sollte auf ex post Editingverfahren (De Waal et al. 2011), insbesondere bei der Simulation von Zustandsänderungen, möglichst verzichtet werden.

So könnte zum Beispiel eine Regel die Änderung des höchsten Schulabschlusses von *Abitur* zu *Realschulabschluss* als unplausibel identifizieren und diese dementsprechend in *Abitur* korrigieren. Um diese Änderung a priori zu vermeiden, ist es wünschenswert, dass entsprechende Individuen zu keinem Zeitpunkt positive Wahrscheinlichkeiten für eine unplausible Zustandsänderung zugewiesen bekommen. Bei der Schätzung von Wahrscheinlichkeiten über Regressionsmodelle werden Modelle daher in vielen Fällen bedingt auf den vorherigen Zeitpunkt geschätzt. Zur Modellierung von Übergangswahrscheinlichkeiten bei verschiedenen Schulabschlüssen werden somit bei k verschiedenen ordinal skalierten Ausprägungen $k - 1$ Modelle aufgestellt. Unter der Annahme, dass die beobachteten Übergänge in den Erhebungsdaten konsistent sind, resultieren dadurch nur Übergangswahrscheinlichkeiten für plausible Übergänge des Abschlusses.

Da die geschätzten Modelle für den für den gesamten Simulationsverlauf zur Berechnung von Übergangswahrscheinlichkeiten verwendet werden, beruht die Fortschreibung auf der Annahme einer Zeitstabilität. Da dies oftmals jedoch sehr restriktiv erscheint, ist es sinnvoll, zukünftig auch Möglichkeiten zur Implementierung von Verhaltensänderungen zu untersuchen und im Simulationsprozess zu implementieren.

3.3   Modularer Ablauf

Alle für die Simulation notwendigen Ereignisse sind in Modulen organisiert. Innerhalb der Module wird entschieden, wer für eine Zustandsänderung in Frage kommt, welche Übergangswahrscheinlichkeit auf Grundlage individueller und struktureller Merkmale zugewiesen wird, und letztendlich, ob ein konkreter Zustandswechsel durchgeführt wird. Ein Modul, das für die Integration der Fertilität zuständig ist, bestimmt zunächst, welche Personen auf Basis des Alters und des Geschlechts für eine Geburt in Frage kommen. Anschließend wird entsprechend der individuellen Merkmale wie *Partnerschaft*, *Erwerbstätigkeit* und *Alter* eine in der Regel modellbasierte Übergangswahrscheinlichkeit für das Ereignis einer Geburt zugewiesen und entsprechend dieser Wahrscheinlichkeit die Geburt simuliert. Anschließend werden den Neugeborenen das Geschlecht und die passende Haushaltsidentifikationsummer zugewiesen und der Datensatz somit erweitert.

Alle damit verknüpften Merkmale auf Haushaltsbasis wie die Anzahl Kinder im Haushalt werden abschließend aktualisiert.

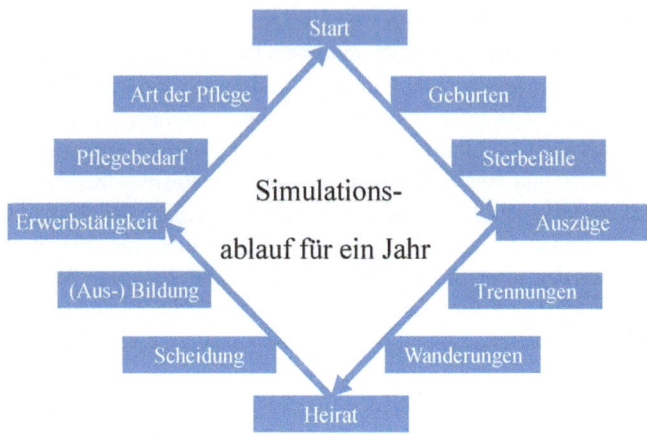

Abb. 4   Abfolge der Module

Da das Ziel des REMIKIS Projektes nicht in der Untersuchung einer einzelnen vordefinierten Fragestellung liegt, sondern in der Erstellung einer regionalen Mikrosimulationsinfrastruktur, ist Flexibilität in der Modulorganisation notwendig. Funktionale und offene Module erlauben es, einfache Übergangswahrscheinlichkeiten oder zugrundeliegende Modelle auszutauschen, Szenarien zu implementieren und unterschiedliche Kalibrierungsmethoden (im Mikrosimulationskontext als *Alignment* beschrieben, siehe dazu unter anderem Li und O'Donoghue 2014) über Funktionsargumente auszuwählen und anzuwenden. Gibt es beispielsweise ein neues statistisches Modell für die Bestimmung einer Übergangswahrscheinlichkeit, kann das bestehende ohne großen Aufwand ausgetauscht und die Auswirkungen im gesamten Simulationskontext analysiert werden. Ebenso können individuell erstellte Entscheidungsmodelle anstelle der statistischen Modellierungen und Übergangsmatrizen herangezogen werden. Neben der funktionalen Modifikation, können durch klare Schnittstellen auch ganze Module ausgetauscht werden.

Abbildung 4 zeigt die Module und die Modulreihenfolge, die für diesen Beitrag verwendet wurden. Für jedes simulierte Jahr müssen alle Module von allen Individuen in der abgebildeten Sequenz durchlaufen werden. Die Abfolge der Module spielt bei zeitdiskreten Mikrosimulationen eine entscheidende Rolle. Li und O'Donoghue (2013) beschreiben die Auswirkung der Abfolge am Beispiel von Geburten und Eheschließungen. Werden zuerst Ehen simuliert, beeinflusst eine Heirat die Wahrscheinlichkeit einer Geburt, anderenfalls determiniert eine voreheliche Geburt die Wahrscheinlichkeit zu heiraten. Methoden damit umzugehen, wie eine zufällige Anordnung der Module (siehe z. B. Galler 1997) scheinen nur dann umsetzbar, wenn die Übergangswahrscheinlichkeiten aus Tabellen oder bedingten Verteilungen stammen und die zeitliche Abfolge der Kovariaten nicht nachvollziehbar ist. Da das REMIKIS-Modell hauptsächlich statistische Modellierungen für die Bestimmung der Übergangswahrscheinlichkeiten verwendet, scheint aus theoretischer Sicht nicht die Modulreihenfolge selbst, sondern die Beachtung dieser im Modellierungsprozess als entscheidender Punkt zum Umgang mit abhängigen Ereignissen. Sei $f(x, y, z)$ die bedingte Verteilung von drei Ereignissen, z. B. die Verteilung von Geburten $f(x)$, Eheschließungen $f(y)$ und Erwerbstätigkeit $f(z)$, so gibt es unterschiedliche Möglichkeiten, zu dieser gemeinsamen Verteilung zu gelangen (Schaich und Münnich 2001):

$$f(x, y, z) = f(x) \cdot f(y|x) \cdot f(z|x, y) = f(z) \cdot f(y|z) \cdot f(x|y, z)$$

Es ist zu erkennen, dass es – in diesem Beispiel im multivariaten Fall – verschiedene Wege gibt, um gemeinsame Verteilungen bzw. gemeinsame Wahrscheinlichkeiten zu erreichen, dafür bereits eingetretene Zustände jedoch nicht unberücksichtigt bleiben dürfen. Sobald ein Ereignis eingetreten ist, muss dieses bei der Generierung der Wahrscheinlichkeit eines davon nicht unabhängigen Ereignisses berücksichtigt werden. Da entsprechend Abbildung 4 Geburten vor den Eheschließungen simuliert werden, sollte bei der Modellierung des Ereignisses einer Geburt der Beziehungsstatus der Vorperiode als exogene Variable verwendet werden. Im Modellierungsprozess der Eheschließungen wiederum ist als exogene Variable die Information zu Neugeborenen (beziehungsweise die momentane Anzahl an Kindern) der aktuellen Periode zu verwenden. Bei Festsetzung der Abfolge helfen aber auch inhaltlich-logische Abfolgen für einen sinnvollen Simulationsverlauf. Beispielsweise scheint es plausibel, dass ein Wechsel der Berufstätigkeit auch die Änderung des Einkommens zur Folge hat, der Arbeitsplatzwechsel in der Regel jedoch nicht die Folge der Einkommensänderung ist. Oftmals ist es auch sinnvoll, bestimmte stark miteinander zusammenhängende Ereignisse wie Geburt und Heirat zusammen zu schätzen.

Zusammenfassend kann festgehalten werden, dass eine inhaltlich sinnvolle Reihenfolge gefunden und im Modellierungsprozess berücksichtigt werden muss. Zufällige Anordnungen sind in gewissem Maße dennoch möglich, jedoch kann dies zur Folge haben, dass viele Modelle bei jeder Änderung neu geschätzt werden müssen und nicht jede Abfolge theoretisch plausibel ist. Bei Modulen gibt es bereits über 30 Millionen verschiedene Anordnungen und mögliche Verläufe.

Wie in Abbildung 4 gezeigt wird, beinhaltet die aktuelle Version des RE-MIKIS-Modells Module für Geburten, Mortalität, Auszüge, Wanderungen, Entstehung neuer Haushalte, Beziehungsstatus, Bildung und Erwerbstätigkeit sowie Pflegebedarf und Art der Pflege. Im nächsten Abschnitt werden die Module der Mikrosimulation knapp beschrieben:

Geburten

Geburten werden für alle Frauen im Alter von 15 bis 49 Jahren in einem zweistufigen Vorgehen simuliert. Auf der ersten Stufe wird entschieden, ob es zu einer Geburt kommt, und auf der zweiten Stufe, ob es sich um eine Zwillingsgeburt handelt. Das Geschlecht der Neugeborenen wird anschließend zufällig zugewiesen.

Mortalität

Die Sterbewahrscheinlichkeiten werden zunächst auf Basis des MZ 2013/2014 unter Berücksichtigung soziodemographischer Merkmale und des Pflegebedarfs beziehungsweise der Pflegestufe geschätzt. Hierbei wird das Modell über Modifikation des Achsenabschnittes für jede Alter-Geschlecht-Kombination an die bekannten Werte der Periodensterbetafel kalibriert.

Auszüge

Es gibt im Modell die Möglichkeit, einen bestehenden Haushalt durch Auszüge aus elterlichen Haushalten beziehungsweise Wohngemeinschaften oder durch Trennungen zu verlassen. Für erstere Möglichkeit werden für volljährige Personen individuelle Auszugswahrscheinlichkeiten geschätzt. Ausgezogene Personen werden zunächst als neuer Ein-Personen-Haushalt klassifiziert. Bei Trennungen wird auf Grundlage der Informationen beider Partner eine Trennungswahrscheinlichkeit bestimmt und das Ereignis der Trennung simuliert. Im Falle einer Trennung wird entschieden, welcher Partner im Haushalt verbleibt und welcher den Haushalt verlässt. Sofern Kinder im Haushalt von der Trennung betroffen sind, wird über ein Entscheidungsmodell geregelt, ob die Kinder bei einem der getrennten Partner verbleiben oder aufgeteilt werden.

Wanderungen

Der Simulation von Wanderungsbewegungen liegen differenzierte Wanderungstabellen des Statistischen Landesamtes Rheinland-Pfalz zugrunde. Dadurch ist es möglich, auf Grundlage verschiedener Merkmalskombinationen aus beispielsweise

Alter, Geschlecht und Staatsbürgerschaft, individuelle Wanderdungswahrscheinlichkeiten zu ermitteln. Über ein heuristisches iteratives Verfahren werden die
individuellen Wanderdungswahrscheinlichkeiten auf Haushaltsebene angepasst.
Auf Basis der Haushaltswahrscheinlichkeiten werden Haushalte und Personen
ausgewählt und aus der Population entfernt. Analog wird bei der Simulation der
Zuwanderung vorgegangen, wobei zuziehende Personen aus einer externen Population ausgewählt werden. Diese umfangreiche Simulation von Wanderungen
ermöglicht die Implementierung konkreter und spezifizierter Wanderungsszenarien
in die Simulation.

Entstehung neuer Haushalte

Die Entstehung neuer Haushalte erfolgt durch die Gründung neuer Wohngemeinschaften und durch die Entstehung neuer Partnerschaften. Um neue Partnerschaften
in den Datenbestand zu implementieren, werden zunächst Personen ausgewählt, die
über ein Partner-Matching in Beziehungen gehen. Diese Auswahl kann männer-,
frauen- und gemischtdominant erfolgen (Zinn 2012). Da in diesem Fall zuerst Männer
für eine Partnerschaft ausgewählt werden und anschließend passende Partnerinnen
ermittelt werden, lässt sich das Vorgehen als männerdominant einordnen.

Beziehungsstatus

In der Basispopulation ist die Zuordnung von Personen zu einer Ehegemeinschaft
auch nach deren geographischer Trennung aufgrund eindeutiger Identifikations-
nummern nachvollziehbar. Verwitwungen sind daher die deterministische Folge des
Todes eines Ehepartners. Eheschließungen sind nur möglich, sofern beide Partner
in einem Haushalt leben und ledig, geschieden oder verwitwet sind. Scheidungen
wiederum sind nur auf verheiratete und nicht mit dem Ehepartner im Haushalt
lebende Personen beschränkt.

Bildung und Erwerbstätigkeit

Die Übergangswahrscheinlichkeiten für Bildung, Ausbildung und Erwerbstätigkeit
resultieren aus vom Vorzeitpunkt bedingten (multinomialen) Logit-Modellen.
Übergänge von Bildungsabschlüssen, Ausbildungsabschlüssen und insbesondere
deren Kombination bleibt hierbei insofern konsistent, dass es keine Möglichkeit
für unplausible Übergänge und Ausprägungen gibt.

Pflegebedarf und Art der Pflege

Die Personen können im Simulationsverlauf sowohl pflegebedürftig werden als auch
den Zustand der Pflegebedürftigkeit verlassen und die Pflegestufe (I, II, III) ändern.

Die Art der Pflege ergibt sich hauptsächlich aus dem familiären Umfeld und der Intensität des Pflegebedarfes. Hierbei ist in der ersten Version die informelle Pflege an die Existenz mindestens einer weiteren, nicht pflegebedürftigen und volljährigen Person im Haushalt gekoppelt. Dabei trifft jede pflegefähige Person eines Haushaltes auf Basis der Pflegestufe und der individuellen und familiären Merkmale eine Entscheidung für oder gegen das Leisten informeller Pflegeleistungen. Sofern nicht mindestens ein Haushaltsmitglied die Pflege übernimmt, wird wiederum auf Grundlage der Pflegestufe zwischen ambulanter und stationärer Pflege unterschieden.

4   Anwendung

Im Folgenden wird das beschriebene Mikrosimulationsmodell zur Analyse der Pflegeversorgung in der kreisfreien Stadt Trier angewendet.

4.1   Szenarien und Spezifikationen

Für die ersten Analysen über einen längeren Zeitraum werden im Rahmen des Beitrags drei Indikatoren des Pflegebedarfes herangezogen. Der Anteil Pflegebedürftiger ist hierbei die gebräuchlichste Größe in bisherigen Analysen zur Planung des Pflegebedarfes (König und Böckmann 2010; Rothgang et al. 2012; Ehrentraut et al. 2015). Ergänzend werden der Anteil alleinlebender Pflegebedürftiger in Trier betrachtet, um zusätzlich den familiären Kontext in Haushalten betroffener Personen zu berücksichtigen. Darüber hinaus ist der Anteil alleinlebender Pflegebedürftiger ein Indikator für den Bedarf an Sozialleistungen, da insbesondere diese Subgruppe bekanntermaßen über geringe finanzielle Ressourcen verfügt und somit häufiger von Armut betroffen und auf Sozialleistungen angewiesen ist (Geyer 2015). Auch der Bedarf informeller Pflegeleistungen ist bei dieser Population höher, da zum einen die ambulante, häusliche Pflege den alleinigen Verbleib in einem privaten Haushalt erst ermöglicht und zum anderen die Wahrscheinlichkeit der Inanspruchnahme von stationären Pflegeleistungen dadurch steigt (Naumann 2014).

Tab. 1   Zielgrößen

Abkürzung	Zielgröße
Y_1	Anteil Pflegebedürftiger
Y_2	Anteil alleinlebender Pflegebedürftiger

Im Rahmen dieser Arbeit wurden erste soziodemographische Szenarien im Modell berücksichtigt und deren Einfluss auf die Zielgrößen aus Tabelle 1 ausgewertet. Im Mikrosimulationskontext ist es jedoch nicht trivial, externe, a priori festgelegte Szenarien anzuwenden. Da beispielsweise eine Geburt funktional von vielen unterschiedlichen Faktoren, wie der bisherigen Anzahl an Kindern, dem Erwerbsstatus und dem Beziehungsstand abhängt, welche wiederum selbst von unterschiedlichen Merkmalskombinationen beeinflusst werden, ist es kaum möglich, ein Entwicklungsszenario durch klar definierte Zielwerte zu integrieren. Zwar lassen sich die Wahrscheinlichkeiten leicht an externe Größen kalibrieren, doch wird dadurch gleichzeitig der Mehrwert einer Mikrosimulation, der sich durch die Berücksichtigung komplexer wechselseitiger Beeinflussung ergibt, aufgehoben. Um dennoch zum Beispiel sinkende Geburtenneigung als Szenario zu berücksichtigen ohne den Einfluss der Kovariaten gleichzeitig auszuheben, können – sofern die Wahrscheinlichkeiten aus Regressionsmodellen resultieren – Anpassungsparameter θ_t individuell für jeden Zeitpunkt t bestimmt werden. Die Wahrscheinlichkeit, dass beispielsweise die i-te Frau zum Zeitpunkt t gebärt $P(y_i = 1)$ wird anschließend berechnet durch:

$$P(y_i = 1) = \frac{e^{x_i{}'\beta + \theta_t}}{1 + e^{x'_i\beta + \theta_t}} \, .$$

Dieses Vorgehen hat den Vorteil, dass die Änderung der Neugeborenen auch bei Anwendung eines Szenarios nicht nur das Resultat einer externen Vorgabe ist, sondern weiterhin von indirekten Wechseleffekten beeinflusst wird. Darüber hinaus entspricht diese Art der Modifikation von Wahrscheinlichkeiten der von Stephensen (2016) vorgeschlagenen Methode des *Logit Scaling*, welche zu den iterativen proportionalen Anpassungsverfahren zählt und eine Reihe wünschenswerter Eigenschaften erfüllt.[1] Im Rahmen von REMIKIS werden auch weitere Methoden zur Anpassung von Übergangswahrscheinlichkeiten an externe Benchmarkwerte untersucht (Burgard et al. 2019).

Tab. 2 Szenarien

Abkürzung	Szenario
Szen _Geb	Sinkende Fertilität
Szen_Mort	Steigende Lebenserwartung
Szen_Part	Sinkende Partnerschaftstendenz
Szen_Wand	Konstant negatives Wanderungssaldo
Szen_Wand2	Wanderungsverhalten der Frauen gleich dem von Männern

1 Stephensen (2016) beschreibt acht Anforderungen an eine gute Anpassungsmethode.

Bei Szen_Geb wird eine sinkende Fertilitätstendenz angenommen, wobei die
Geburtenrate entsprechend der im Jahr 2011 gegebenen Situation schrittweise
abgesenkt wird auf einen 20 % niedrigeren Anteil nach 60 Perioden. Analog wird
bei Szen_Part der Anteil an Singles, die in eine neue Partnerschaft übergehen,
schrittweise um bis zu 20 % reduziert. Im Wanderungsszenario Szen_Wand wird
ein negativer Saldo von -300 bei der Binnenwanderung der deutschen Population
angenommen. Bei Szen_Wand2 werden die soziodemographischen Merkmale der
Binnenwanderung von Frauen denen der Männer angepasst. In Trier lässt sich bei
Betrachtung der Wanderungen erkennen, dass es deutliche geschlechtsspezifische
Unterschiede gibt, die sich bei Frauen durch überdurchschnittliche Zuwanderung
und Abwanderung in jüngeren Jahren zeigen. Zur Implementierung der steigenden
Lebenserwartung wurden zunächst Vorhersagen auf Basis der Periodensterbetafeln
von 1990 bis 2017 für alters- und geschlechtsspezifische Sterbewahrscheinlichkeiten
bis zum Jahre 2030 getroffen. Modellbasierte Sterbewahrscheinlichkeiten wurden
anschließend für jeden zu simulierenden Zeitpunkt kalibriert, sodass alters-, ge-
schlechts-, und jahresspezifische Anpassungsparameter für die Mortalitätsmodelle
bestimmt werden konnten.

4.2   Direkte Outputanalyse

Die einfachste Möglichkeit zur Analyse von Simulationsergebnissen erfolgt über
die direkte Betrachtung der Zielwerte. Da die Simulation insgesamt 100-mal für
jede Kombination durchgeführt wurde, werden im Folgenden nur die Analyseergebnisse unter Anwendung maximal eines spezifischen Szenarios ohne weitere
Interaktionen betrachtet.

Tabelle 3 zeigt die Mittelwerte der Simulationsergebnisse nach 20, 40 und 60
simulierten Perioden. Die Werte in den eckigen Klammern entsprechen den 0,05-
und 0,95-Quantilen, welche sich aus der zufälligen Abweichung bei mehrmaligen
Simulationsdurchläufen ergeben. Es lässt sich erkennen, dass unter der Annahme gleichbleibender Effekte und ohne Modifikationen im Baselineszenario eine
Erhöhung des Anteils an Pflegebedürftigen (Y_1) von 2,21 % zum Jahr 2011 in der
Basispopulation auf durchschnittlich 2,37 % nach 20, 2,83 % nach 40 und 3,13 %
nach 60 Perioden stattfindet. Auch der Anteil der pflegebedürftigen in Ein-Perso-
nen-Haushalten (Y_2) steigt nach gleichen zeitlichen Abständen im Basisszenario
von 0,83 % 2011 auf 1,26 %, 1,51 % und 1,55 %.

Im direkten Vergleich zum Baselineszenario kommt es bei allen Anpassungen
zu einer deutlichen Erhöhung des Anteils an Pflegebedürftigen und alleinlebenden
Pflegebedürftigen in Trier. Den größten Effekt auf Y_1 nach 20 Perioden lässt sich

auf Szen_Wand zurückführen, nach 40 Jahren sind die Auswirkungen von Szen_ Mort und Szen_Wand nahezu identisch. Nach 60 Perioden zeigt sich der deutlich stärkere Effekt der steigenden Lebenserwartung bei einem mittleren Anteil von 4,51 % Pflegebedürftigen im Vergleich zu 3,91 % bei negativem Wanderungssaldo. Bei Y_2 ist die größte Veränderung durchweg bei Szen_Wand zu beobachten. Die Auswirkungen der sinkenden Partnerschaften auf Y_1 sind nach 20 Perioden noch nicht erkennbar. Der Anstieg des Anteils Pflegebedürftiger im Vergleich zum Jahre 2011 liegt zwar bei 7,2 %, jedoch gibt es kaum Differenzen zum Baselineszenario. Erst im weiteren Verlauf können Veränderungen festgestellt werden, die zwar deutlich sind, im Vergleich zu den stark wirkenden demographischen Szenarien jedoch relativ gering ausfallen. Dies ist durchaus plausibel, da kein direkter Effekt der Partnerschaften auf die Pflegebedürftigkeit oder die Größe der Population ausgeht. Die beobachteten Differenzen resultieren aus indirekten Auswirkungen von Partnerschaften, beispielsweise auf Geburten. Ein deutlich anderes Bild zeigt sich bei Y_2. Der Anteil alleinlebender Pflegebedürftiger steigt deutlich an und nimmt bei Szen_Mort und Szen_Part den höchsten Wert an.

Tab. 3 Direkte Outputanalyse von Y_1 und Y_2

	Mittelwert über alle Simulationsdurchläufe			Veränderung		
	Y_1: Anteil Pflegebedürftige in %			Änderung zu t_1 in %		
	t_{20}	t_{40}	t_{60}	t_{20}	t_{40}	t_{60}
Baseline	2,37 [2,30;2,45]	2,82 [2,73;2,92]	3,13 [3,02;3,27]	7,2	27,6	41,6
Szen_Geb	2,39 [2,33;2,47]	2,95 [2,83;3,08]	3,46 [3,36;3,61]	8,1	33,5	56,6
Szen_Mort	2,61 [2,52;2,69]	3,65 [3,52;3,77]	4,51 [4,35;4,68]	18,1	65,2	104,1
Szen_Part	2,37 [2,29;2,44]	2,87 [2,77;2,98]	3,27 [3,17;3,42]	7,2	29,9	48,0
Szen_Wand	2,69 [2,61;2,77]	3,65 [3,52;3,75]	3,91 [3,74;4,08]	21,7	65,2	76,9
Szen_Wand2	2,29 [2,21;2,36]	2,62 [2,52;2,71]	3,20 [3,09;3,30]	3,6	18,6	44,8
	Y_2: Anteil alleinlebende Pflegebedürftige in %			Änderung zu t_1 in %		
	t_{20}	t_{40}	t_{60}	t_{20}	t_{40}	t_{60}
Baseline	1.26 [1.20;1.31]	1.51 [1.42;1.59]	1.55 [1.38;1.65]	51,8	81,9	86,7
Szen_Geb	1.27 [1.21;1.32]	1.59 [1.45;1.67]	1.75 [1.60;1.88]	53,0	91,6	110,8
Szen_Mort	1.35 [1.30;1.41]	1.87 [1.76;1.95]	2.01 [1.83;2.13]	62,6	125,3	142,2
Szen_Part	1.28 [1.22;1.34]	1.63 [1.56;1.73]	1.85 [1.77;1.94]	54,2	96,4	122,9
Szen_Wand	1.45 [1.39;1.51]	2.03 [1.92;2.14]	2.11 [1.91;2.25]	74,7	144,6	154,2
Szen_Wand2	1.23 [1.18;1.29]	1.41 [1.34;1.50]	1.66 [1.53;1.77]	48,2	69,9	100,0

In Klammern: [0.05-Quantil; 0.95-Quantil]

Bei Annahme geschlechtsunabhängiger Wanderungsbewegungen ist sowohl bei Y_1 als auch bei Y_2 nach 20 und 40 Perioden ein deutlich niedrigerer Anstieg als im Baselineszenario erkennbar. Dabei kommt es zu einer Erhöhung der Population durch die niedrigere Fortzugsneigung und somit zum Absinken der relativen Anteile. Nach 60 Perioden ist insbesondere bei Y_2 ein deutlicher Anstieg auszumachen, was der Tatsache geschuldet ist, dass Frauen eine längere Lebenserwartung haben als Männer und somit auch im Falle fester Partnerschaften nach dem Tode des Partners im Alter häufig alleine leben. Szen_Wand2 zeigt die Potentiale, die sich über die Möglichkeit der Untersuchung von Migrationsszenarien durch ein umfassendes Wanderungsmodul ergeben. Während in dieser Anwendung die Wanderungs-häufigkeiten von Männern auf Frauen übertragen wurden, lassen sich im weiteren Ausbau des Modells umfassende und explizite Annahmen zu beispielsweise Alters-, Geschlechts-, Herkunfts- und Bildungsverteilung treffen. Oft ist es sinnvoll, nicht nur Anteile, sondern ergänzend auch absolute Werte zu betrachten, besonders wenn es um die Planung des Ausbaus von Pflegeplätzen geht. Ein steigender Anteil alleinlebender Pflegebedürftiger bedeutet nicht, dass auch die tatsächliche Anzahl alleinlebender Pflegebedürftiger steigt, wie es sich bei Szen_Wand zeigt. Während nach 20, 40 und 60 Perioden die Anteilswerte mit 1,45 %, 2,03 % und 2,11 % am höchsten ausfallen, ergibt sich bei der Anzahl alleinlebender pflegebedürftiger Personen der niedrigste Wert. Das negative Wanderungssaldo im Szenario Szen_Wand bedingt primär den Rückgang der jungen Bevölkerung zwischen 19 und 30 Jahren, wodurch die Bevölkerungsgröße zuerst in dieser Gruppe sinkt und auf lange Sicht schließlich auch die Anzahl an Pflegebedürftigen.

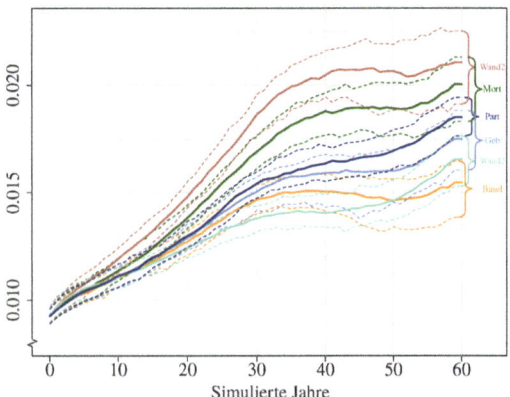

Abb. 5 Anteil alleinlebender Pflegebedürftiger im zeitlichen Verlauf

Über graphische Analysen lassen sich die Verläufe im zeitlichen Kontext noch präziser darstellen. Abbildung 5 zeigt die Entwicklung von Y_2. Die gestrichelten Linien entsprechen jeweils den 0,05- und 0,95-Quantilen. Es ist zu erkennen, dass bei allen angewendeten Szenarien ein nichtlinearer Verlauf resultiert. Anhand der Graphik kann der höchste Anteilswert von Y_2 bei Szen_Wand ausgemacht werden. Der bereits beschriebene Verlauf von Y_2 bei Szen_Wand2 kann bei genauer Betrachtung differenzierter aufgezeigt werden. Über beinahe 50 simulierte Perioden hinweg liegt der Mittelwert sichtbar unter dem des Baselineszenario und übersteigt diesen anschließend. Eine präzisere und vergleichende Betrachtung der Einflussstärken ist aufgrund der großen Anzahl unterschiedlicher Szenarien kaum möglich.

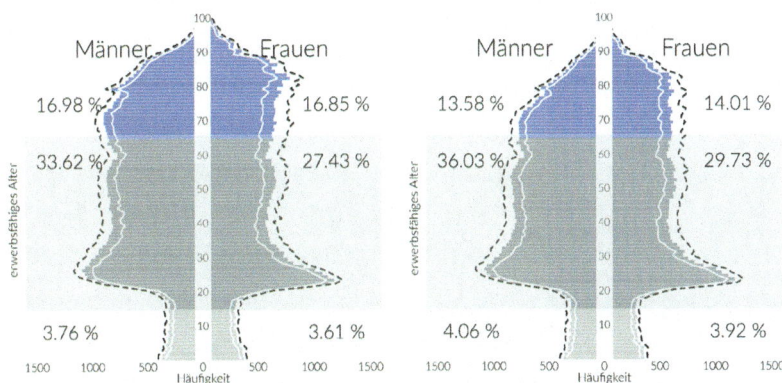

Abb. 6 Bevölkerungspyramiden 2071, links: Baselineszenario, rechts: Mortalitätsszenario, Informationen zur Erstellung der Graphiken finden sich in Rahlf, 2014.

Da die gesamte Population für jeden simulierten Zeitpunkt vorliegt, kann der Fokus der Analyse auch individuell gelenkt und beliebig differenziert werden. Abbildung 6 zeigt zwei Bevölkerungspyramiden zum Endzeitpunkt im Jahre 2071. Die linke Pyramide resultiert nach Anwendung des Baselineszenarios, die rechte nach Anwendung von Szen_Mort. Die Ausprägungen der altersspezifischen Balken entsprechen den durchschnittlichen Häufigkeiten über alle 100 Durchläufe, die gestrichelten äußeren Linien den 0,95-Quantilen und die inneren weißen Linien den 0,05-Quantilen. Der graue Bereich in der Mitte hebt die Population im erwerbsfähigen Alter von 15 bis 65 Jahren hervor. Hierbei lässt sich erkennen, dass die Pyramiden im Bereich der Personen unter 65 Jahren eine sehr ähnliche

Struktur aufweisen, während sich die Änderungen insbesondere in der größeren Anzahl älterer Personen bei Szen_Mort zeigen. Der große Anteil junger Erwachsener – insbesondere zwischen 19 und 26 Jahren – wird im Simulationsverlauf durch die Berücksichtigung der Wanderungen erreicht. Dabei sind es insbesondere junge Studenten, die für die Dauer eines Studiums nach Trier ziehen.

Weitere Analysemöglichkeiten ergeben sich durch die geographische Referenzierung des Datenbestandes und die Zuweisung neuer Adressen nach Umzügen. In die Simulation von Übergängen werden die räumlichen Informationen bisher nicht einbezogen, jedoch bieten diese zukünftig weitere Analysepotentiale. Die Soziodemographie direkter Nachbarschaften kann somit als Einflussfaktor für individuelle und familiale Entscheidungen dienen. Die Implementierung von Distanzen in den Entscheidungsprozess für Pflegeheime oder die Auswahl neuer Adressen geben Raum für weitere Entwicklungen. Da die Zuweisung neuer Adressen auf Basis von Haushaltsmerkmalen und Adresseigenschaften erfolgt, lassen sich dennoch bereits erste räumliche Analysen durchführen.

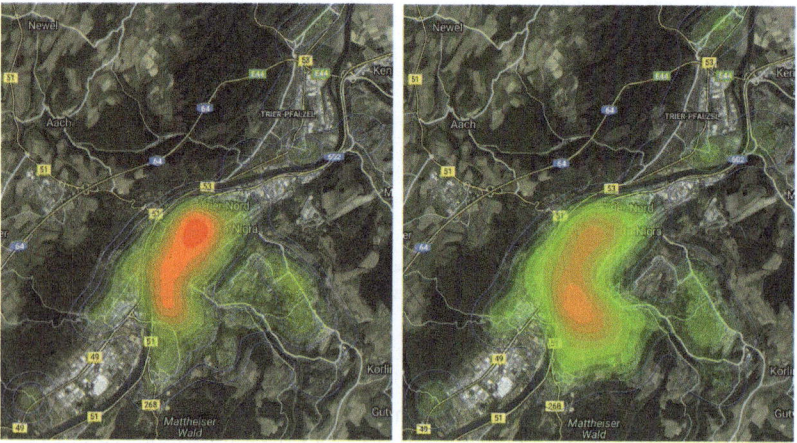

Abb. 7 Pflegebedürftige in Trier – Bivariate Kerndichteschätzung. Datenmaterial von Google Maps. Erstellt mit dem R-Paket ggmap (Kahle und Wickham 2013)

In Abbildung 7 wurde eine bivariate Kerndichteschätzung mit Gauß-Kern für die Pflegebedürftigen in Trier durchgeführt und graphisch über das Stadtgebiet gelegt. Dabei lässt sich erkennen, dass die Konzentration an Pflegebedürftigen nicht in gleichem Maße in allen Bereichen steigt. Dies resultiert besonders am deutlich gestiegenen Anteil alleinlebender Pflegebedürftiger, welche vermehrt in kleineren Wohnungen leben. Die Schätzung wurde hierfür nach einem Simulationsdurchlauf erstellt, für weiterführende Analysen sollten alle 100 Durchläufe berücksichtigt werden.

4.3 Sensitivitätsanalyse

Wie bereits im Rahmen der direkten Outputanalyse gezeigt wurde, lassen sich über den Vergleich von Mittelwerten und graphische Auswertungen der Simulationsergebnisse erste Aussagen über den Einfluss verschiedener Faktoren und Szenarien treffen. Für diese Analysen wurden die Szenarien jedoch bisher nur unabhängig voneinander und nicht in Kombination durchgeführt. Die Wirkungsweise bei Kombination unterschiedlicher Inputfaktoren kann mit dieser Methode nur sehr eingeschränkt analysiert werden. Zudem ist eine differenzierte Auswertung der Einflussfaktoren aufgrund der schnell ansteigenden Anzahl verschiedener Verläufe kaum möglich.

Möglichkeiten zu einer differenzierteren Betrachtung verschiedener funktionaler Einflussfaktoren auf eine Zielgröße bieten hierbei Sensitivitätsanalysen. Diese können allgemein als Methoden verstanden werden, um den Einfluss von K unsicheren Inputfaktoren $X = \{X_1, \ldots, X_K\}$ auf eine Zielvariable Y zu quantifizieren. Die nachfolgende Notation ist angelehnt an Saltelli et al. (2000) und Saltelli et al. (2008). Wir verwenden im Folgenden ausschließlich die sogenannten varianzbasierten Verfahren der Sensitivitätsanalyse. Hierbei wird über Varianzdekomposition die Gesamtvarianz von Y in 2^{K-1} Komponenten zerlegt:

$$Var(Y) = \sum_{i \in \{1, \ldots, k\}} V_i + \sum_{\substack{j \in \{1, \ldots, k\} \\ i < j}} V_i + \ldots + V_{1,2,\ldots,k}$$

wobei $\quad V_i = Var_{X_i}\left(E_{X_{\{1, \ldots, k\}\{i\}}}(Y|X_i)\right) \quad$ und

$$V_{ij} = Var_{X_{ij}}\left(E_{X_{\{1, \ldots, k\}\{i,j\}}}(Y|X_i,X_j)\right) - V_i - V_j \quad \text{ist.}$$

Die Haupteffekte entsprechen dem Anteil der auf Faktor konditionierten Varianz auf die Gesamtvarianz:

$$S_k^{M} = \frac{V_k}{Var(Y)}.$$

Interaktionseffekte zweiter Ordnung $S_{k,l}^{M}$ ergeben sich aus dem Anteil der Varianz, der aus der Interaktion der Faktoren k und l erklärt wird:

$$S^{M}_{k,l} = \frac{V_{k,l}}{Var(Y)} \; .$$

Analog können auch Interaktionseffekte höherer Ordnung bestimmt werden, was jedoch im Rahmen dieser Arbeit nicht weiter ausgeführt wird. Zur Berechnung der Totaleffekte für eine Komponente k werden alle Haupt- und Interaktionseffekte höherer Ordnung, die k beinhalten, aufsummiert. Dies kann helfen, um den Einfluss, der, unter Berücksichtigung aller wechselseitigen Auswirkungen verschiedener Szenarien, tatsächlich von einer Komponente verursacht wird, zu quantifizieren. Weiterführende Informationen zu Methoden der Sensitivitätsanalyse finden sich in Saltelli et al. (2000) und Saltelli et al. (2008).

Im Folgenden wurde für jeden Zeitpunkt t nach Ablauf aller Module unabhängig eine Sensitivitätsanalyse für alle Kreuzkombinationen von Szenarien bei jeweils 100 Simulationsdurchläufen durchgeführt. Zusätzlich wurde die Nummer des zufälligen Durchlaufes einer Kombination als Faktor aufgenommen, um den Anteil an Varianz, der durch die wahrscheinlichkeitsbasierte Zufallsziehung zustande kommt, zu quantifizieren. Es gilt, dass die Summe aller Haupt- und Interaktionseffekte für jede Inputkombination zu jedem Zeitpunkt gleich 1 ist. Im vorliegenden Fall entspricht der restliche Wert der unerklärten Monte-Carlo Varianz.

Tab. 4　Sensitivitätsanalyse

	Anteil Pflegebedürftige			Anteil alleinlebende Pflegebedürftige		
	Haupteffekte					
	t_{20}	t_{40}	t_{60}	t_{20}	t_{40}	t_{60}
Szen_Geb	0,0036	0,0110	0,0366	0,0058	0,0144	0,0491
Szen_Mort	0,3203	0,4558	0,6651	0,1691	0,2848	0,3347
Szen_Part	0,0003	0,0017	0,0068	0,0119	0,0418	0,1581
Szen_Wand	0,6112	0,4597	0,2532	0,7141	0,5761	0,3905
Szen_Wand2	0,0081	0,0487	0,055	0,0001	0,0375	0,0001
	Totaleffekte					
	t_{20}	t_{40}	t_{60}	t_{20}	t_{40}	t_{60}
Szen_Geb	0,0038	0,0114	0,0379	0,0062	0,0150	0,0506
Szen_Mort	0,3220	0,4644	0,6821	0,1704	0,2909	0,3519
Szen_Part	0,0004	0,0017	0,0720	0,0123	0,0435	0,1661
Szen_Wand	0,6166	0,4690	0,2726	0,7233	0,5829	0,4081
Szen_Wand2	0,0119	0,0503	0,0109	0,0083	0,0390	0,0046

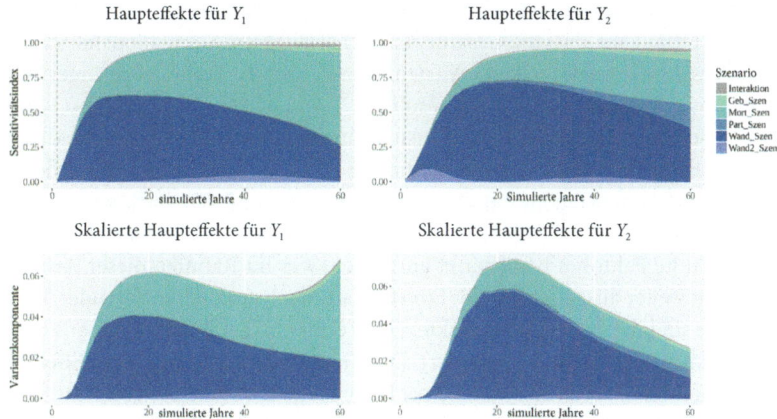

Abb. 8   Graphische Darstellung der Sensitivitätsanalyse

Abbildung 8 zeigt im oberen Teil die Haupteffekte und im unteren Teil die Total-effekte für Y_1 und Y_2. Ergänzend lassen sich die Ergebnisse der Sensitivitätsanalyse übersichtlich durch gestapelte Flächen im Zeitverlauf veranschaulichen. In Abbildung 8 zeigen die oberen Graphiken die Haupteffekte von Y_1 und Y_2 in Abhängigkeit zu den simulierten Jahren.

Nach 20 und 40 simulierten Jahren ist zu erkennen, dass der größte Teil der Varianz bei Y_1 über und nach 60 Jahren über Szen_Mort erklärt wird. Für Y_2 wird zu allen Zeitpunkten die größte Varianz von Szen_Wand verursacht. Bei Y_1 ist über die graphische Analyse der steigende relative Einfluss von Szen_Mort er-sichtlich, während gleichzeitig die Haupteffekte von Szen_Wand abnehmen. Diese abnehmende Tendenz tritt auch, wenngleich nicht im selben Maße, bei Y_2 auf. Hier scheint jedoch der relative Einfluss der steigenden Lebenserwartung insbesondere in den letzten Perioden zu stagnieren und die Effektstärke von Szen_Part stark anzusteigen. Ebenso deutlich zu erkennen ist der stark vom Zeitpunkt abhängige Einfluss von Szen_Wand2.

Bei direkten Vergleichen von zu unterschiedlichen Perioden berechneten Haupt-effekten muss berücksichtigt werden, dass es sich um relative Maße handelt, die in der Summe immer 1 ergeben. Daher bedeutet ein größerer Sensitivitäts-index nur bei Fokussierung auf einen Zeitpunkt einen größeren Einfluss auf die Zielvariable Y. Um die tatsächliche Auswirkung auf ein Ergebnis intertemporär vergleichen zu können, lassen sich die Varianzkomponenten durch Multiplizieren der Haupteffekte mit der Gesamtvarianz der jeweiligen Periode bestimmen. Diese

Varianzkomponenten werden auf den unteren Flächengraphiken in Abbildung 8 dargestellt. Es fällt auf, dass die Gesamtvarianz bei längerem Simulationshorizont nicht sukzessive ansteigt. So ist die Varianz von Y_2 nach 60 Perioden geringer als nach 25, was primär aus Szen_Wand resultiert.

Ein entscheidender Vorteil von Sensitivitätsanalysen ist die Tatsache, dass Einflussgrößen immer unter Berücksichtigung aller Faktoren bestimmt werden. Es besteht jedoch die Gefahr, dass kleine Effekte aufgrund sehr stark wirkender Einflussgrößen übersehen werden. Um dies zu vermeiden lassen sich auch Analysen auf ausgewählte Faktoren beschränkt ausführen, was im Rahmen dieser Arbeit jedoch nicht weiter ausgeführt wird. Ein ebenfalls noch zu differenzierender Teil der Analyse sind die Interaktionseffekte. Diese erklären den Einfluss, der aus der Kombination zweier Faktoren resultiert. Die einzelne Betrachtung dieser Effekte wird aufgrund der großen Anzahl einzelner Kombinationen schnell unübersichtlich, daher beschränken wir uns genauer auf die Interaktionseffekte zweiter Ordnung. Abbildung 9 zeigt über die Balken zwischen den Faktoren die Interaktionseffekte zweiter Ordnung für Y_1 und Y_2 nach 30 und 60 simulierten Perioden. Je dicker die Balken, desto stärker wirken die Szenarien gemeinsam. Die äußeren Balken entsprechen der Summe aller Interaktionseffekte höherer Ordnung, während die dünneren inneren Balken nur aus den Effekten zweiter Ordnung bestehen. Hierbei zeigt sich der äußerst geringe Anteil an Effektstärke, der von Interaktionseffekten dritter und höherer Ordnung ausgeht. In der zukünftigen Anwendung von Mikrosimulationen ist es auch vorgesehen, konkrete politische Maßnahmen sowohl gegeneinander, als auch in Kombination zu untersuchen. Die differenzierte Betrachtung von Interaktionseffekten ermöglicht es hierbei, die intendierte und nicht intendierte gemeinsame Wirkung verschiedener Herangehensweisen zu unterschiedlichen Zeitpunkten zu quantifizieren.

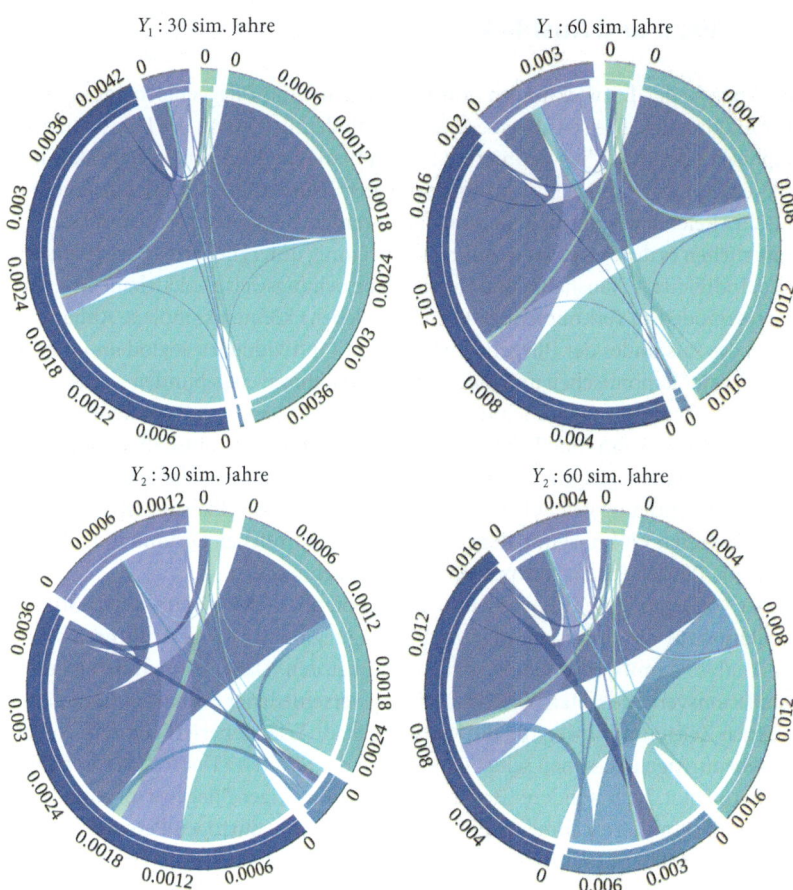

Abb. 9   Interaktionseffekte zweiter Ordnung

5   Fazit und Ausblick

Die Analyse der Entwicklungen von Pflegebedarf und Pflegeentscheidungen ist überaus komplex. Dies wird insbesondere dann deutlich, wenn der Fokus auf geographisch oder inhaltlich definierten Subpopulationen liegt. In der Regel können differenziertere Untersuchungen auf regionaler Ebene aufgrund fehlender geographischer Referenzierung nicht durchgeführt werden. Regionale Mikrosimulationen ermöglichen es durch die Verwendung kleinräumig untergliederter Basispopulationen, Individual-, Haushalts- und Regional- beziehungsweise Lokalebene in einem Analysemodell zu verknüpfen. Auf Individualebene können komplexe Abhängigkeiten des Zustandes der Pflegebedürftigkeit mit individuellen soziodemographischen, sozioökonomischen und medizinischen Faktoren eingebunden werden. Für Pflegeentscheidungen wie auch für die ökonomische Lage von Betroffenen lassen sich zudem die Wohn- und Lebenssituation im Kontext von Haushalt, Familie und Verwandtschaftsbeziehungen einbinden. Regional- und Lokalebene ermöglichen die Berücksichtigung von Differenzen in der regionalen Bevölkerungsstruktur, wie dem konkreten Wohnort und der zeitlichen oder räumlichen Distanz zu Institutionen, wie Pflegeheimen, Arztpraxen und Krankenhäusern.

Der vorliegende Beitrag verdeutlicht die Potentiale der dynamischen Mikrosimulation für die Untersuchung und Planung regionaler Pflegestrukturen sowie zur Analyse damit verbundener sozialer Indikatoren. Dabei können bereits erste Simulationsverläufe unter Berücksichtigung verschiedener Szenarien über einen längeren Zeitraum hinweg für die kreisfreie Stadt Trier generiert werden. Neben pflegebedürftigen Personen selbst wurde auch der familiäre Kontext der Betroffenen betrachtet. Insbesondere für die Planung zukünftiger Pflegeversorgung ist es notwendig, familiäre Rahmenbedingungen der pflegebedürftigen Personen einzubeziehen. Darüber hinaus lassen sich agentenbasierte Entscheidungsmodelle zur Simulation informeller Pflegeentscheidungen in das Modell implementieren (Krause et al. 2019). So können soziodemographische und sozioökonomische Strukturen von Pflegebedürftigen sowie von potentiellen informell Pflegenden bei der Simulation von Pflegeentscheidungen einbezogen werden. Die Auswertungsmöglichkeiten der Simulationsergebnisse beschränken sich nicht ausschließlich auf eine vordefinierte Zielgröße, sämtliche uni- und multivariaten Analysemethoden können zu jeder diskreten Zeitperiode angewendet werden.

Weitere Möglichkeiten der regionalen Versorgungsplanung ergeben sich aus der geographischen Verortung von Haushalten. Über Fahrtwege und -zeiten können Erreichbarkeitsuntersuchungen zu Adressen, Haushalten und individuell definierten Subgruppen in die dynamische Mikrosimulation eingebunden werden. Da die Planung regionaler Pflegeversorgung in der Regel auf Kreisebene erfolgt, bietet eine Analyse unter Berücksichtigung überregionaler Versorgungseinrichtungen einen erheblichen Mehrwert.

Danksagung

Die Forschungsarbeiten wurden im Rahmen des Projektes REMIKIS (Regionale Mikrosimulationen und Indikatorensysteme) durchgeführt. Die Autoren danken der Nikolaus Koch Stiftung Trier für die großzügige Förderung.

Literatur

Albers, S., Klapper D., Konradt U., Walter A., & Wolf J. (Hrsg.). (2009). *Methodik der empirischen Forschung*. Wiesbaden: Gabler.

Böckmann, L., Kirschey, T., & Stoffel, J. (2017). Rheinland-Pfalz 2060. Auswirkungen des demografischen Wandels auf den Pflegebedarf (Basisjahr 2015). In Statistisches Landesamt Rheinland-Pfalz. (Hrsg.) *Statistische Analysen* No. 44. Bad Ems: Statistisches Landesamt Rheinland-Pfalz. https://www.statistik.rlp.de/fileadmin/dokumente/stat_analysen/pflege/rp2060-pflege.pdf. Zugegriffen am 03.01.2019.

Burgard, J. P., Krause, J., & Schmaus, S. (2019). Estimation of Regional Transition Probabilities for Spatial Dynamic Microsimulations from Survey Data Lacking in Regional Detail. *Research Papers in Economics* 12/19. Universität Trier. https://www.uni-trier.de/fileadmin/fb4/prof/VWL/EWF/Research_Papers/2019-12.pdf. Zugegriffen am 24.05.2019.

Chin, S. F., & Harding A. (2006). Regional Dimensions: Creating Synthetic Small-area Microdata and Spatial Microsimulation Models, *Online Technical Paper – TP33*, NATSEM, University of Canberra. https://core.ac.uk/download/pdf/30348943.pdf. Zugegriffen am 03.01.2019.

Cox, D. R., & Miller, H. D. (1965). *The Theory of Stochastic Processes*. London: Methuen.

De Waal, T., Pannekoek, J., & Scholtus, S. (2011). *Handbook of Data Editing and Imputation*. Wiley handbooks in survey methodology. New Jersey: John Wiley & Sons.

Deville, J.-C., & Särndal C.-E. (1992). Calibration estimators in survey sampling. *Journal of the American Statistical Association* 87, 376–382.

Ehrentraut, O., Hackmann T., Krämer L., & Schmutz S. (2015). *Zukunft der Pflegepolitik: Perspektiven, Handlungsoptionen und Politikempfehlungen*. Friedrich-Ebert-Stiftung, Abteilung Wirtschafts- und Sozialpolitik. https://library.fes.de/pdf-files/wiso/12140.pdf. Zugegriffen: 03.01.2019.

Frick, J., U. Rendtel, & Wagner, G. (1993). Eine Strategie zur Kontrolle von Längsschnittgewichtungen am Beispiel des Sozio-oekonomischen Panels (SOEP), *DIW Discussion Papers*, No. 80, Deutsches Institut für Wirtschaftsforschung (DIW).

Finch W., Bolin J. E., & Kelly K. (2014). *Multilevel modeling using R*. New York: CRC Press.

Galler, H. P. (1997). *Discrete-time and continuous-time approaches to dynamic microsimulation reconsidered*. National Centre for Social and Economic Modelling. https://pdfs.semantic-scholar.org/c243/ff74973c2069163f6902ea98c4bb6a4b5111.pdf. Zugegriffen: 03.01.2019.

Gelman A., & Hill, J. (2006). *Data analysis using regression and multilevel/hierarchical models*. Cambridge: Cambridge university press.

Geyer, J. (2015). Einkommen und Vermögen der Pflegehaushalte in Deutschland. *DIW-Wochenbericht*. Jg. 82, Nr. 14/15: 323–328.

Harding, A., Keegan, M., & Kelly, S. (2010). Validating a dynamic population microsimulation model: Recent experience in australia. *International Journal of Microsimulation*. 3(2): 46–64.

Kahle, D., & Wickham, H. (2013). ggmap: Spatial Visualization with ggplot2. In *The R Journal*. 5(1).

Kolb, J.-P. (2013). *Methoden zur Erzeugung synthetischer Simulationsgesamtheiten – Generation of synthetic universes*. Dissertation, Universität Trier.

König, J., & Böckmann, L. (2010). Rheinland-Pfalz 2050: Auswirkungen des demografischen Wandels auf den Pflegebedarf. In Statistisches Landesamt Rheinland-Pfalz. (Hrsg.), *Statistische Analysen* No. 16. Bad Ems: Statistisches Landesamt Rheinland-Pfalz. https://www.statistik.rlp.de/fileadmin/dokumente/stat_analysen/pflege/rp2050-pflege.pdf. Zugegriffen am 03.01.2019.

Krause, J., & Münnich, R. (2019). Kleinräumige projektionen der zukünftigen Pflegesituation in der Großregion Trier. In Münnich, R., J. Kopp. Hrsg. *Pflege an der Grenze – Entwicklungen – Fragestellungen – Herangehensweisen*. Wiesbaden: Springer VS.

Krause, J., Münnich, R., Schmaus, S., Berndt, J. O., Lebherz, D. S., & Timm, I. J. (2019). Potentiale der agentenbasierten Mikrosimulation zur Versorgungsplanung. In R. Münnich, J. Kopp. (Hrsg.), *Pflege an der Grenze – Entwicklungen – Fragestellungen – Herangehensweisen*. Wiesbaden: Springer VS.

Li, J. (2011). *Dynamic Microsimulation for Public Policy Analysis*. Dissertation, Maastricht University, 2011.

Li, J., & O'Donoghue, C. (2013). A survey of dynamic microsimulation models: uses, model structure and methodology. *International Journal of Microsimulation*. 6(2): 3–55.

Li, J., & O'Donoghue, C. (2014). Evaluating binary alignment methods in microsimulation models. *Journal of Artifical Societies and Social Simulation*. 17(1): art. 15.

Münnich, R., Burgard, J. P., & Vogt, M. (2013). Small area-statistik: Methoden und anwendungen. *AStA Wirtschafts-und Sozialstatistisches Archiv*. 6(3-4): 149–191.

Münnich, R., Gabler, S., Ganninger M., Burgard, J. P., & Kolb, J. P.. (2012). *Stichprobenoptimierung und Schätzung im Zensus 2011, Statistik und Wissenschaft*. Destatis: Wiesbaden.

Naumann, D. (2014). *Einflussfaktoren auf pflegearrangements in privathaushalten. Zentrum für Qualität in der Pflege*. https://www.zqp.de/wp-content/uploads/Analyse_Einfluss-faktoren_Pflege_Privathaushalte.pdf. Zugegriffen am 03.01.2019.

Pischner, R. (1994). Quer- und Längsschnittgewichtung des Sozio-oekonomischen Panels (SOEP). In S. Gabler, J. Hoffmeyer-Zlotnik, H.P. Jürgen, D. Krebs. (Hrsg.), *Gewichtung in der Umfragepraxis*. Wiesbaden: VS Verlag für Sozialwissenschaften. 166–187.

Reaside, D. E. (1976). Monte Carlo Principles and Applications. *Physics in Medicine & Biology* 21(2).

Rahlf, T. (2014). *Datendesign mit R*. München: Open Source Press.

Rao, J. N. K., & Molina, I. (2015). *Small Area Estimation*. Wiley Series in Survey Methodology. Jon Wiley & Sons, 2. Auflage.

Rothgang, H., Müller, R., & Unger, R. (2012). *Themenreport „Pflege 2030". Was ist zu erwarten – was ist zu tun?*. Gütersloh: Bertelsmann Stiftung.

Rubinstein, R. Y., & Kroese, D. P. (2017). Simulation and the Monte Carlo Method. *Wiley series in probability and statistics*. 3. Auflage. New Jersey: John Wiley & Sons.

Saltelli, A., Tarantola, S., & Campolongo, F. (2000). *Sensitivity anaysis as an ingredient of modeling*. Statistical Science. 15.4: 377–395.

Saltelli, A., Ratto, M., Andres, T., Campolongo, F., Cariboni, J., Gatelli, D, Saisana, M., Tarantola, S. (2008). *Global Sensitivity Analysis – The Primer*. Chichester: John Wiley & Sons.

Schaich, E., Münnich, R. (2001). *Mathematische Statistik für Ökonomen – Lehrbuch*. München: Vahlen.

Sozio-oekonomisches Panel. (2012). *Data für die Jahre 1984 – 2012*, Version 29.

Statistische Ämter des Bundes und der Länder. (Hrsg.) (2014). *Zensus 2011: Zensus Kompakt*. Stuttgart. https://www.zensus2011.de/SharedDocs/Downloads/DE/Publikationen/Aufsaetze_Archiv/2015_01_Zensus_Kompakt_endgueltig.pdf?__blob=publicationFile&v=3. Zugegriffen am 03.01.2019.

Statistisches Bundesamt. (2013). *Mikrozensus 2012*. https://www.destatis.de/DE/Publikationen/Qualitaetsberichte/Bevoelkerung/Mikrozensus2012.pdf?__blob=publicationFile. Abgerufen am 03.01.2019

Statistisches Bundesamt. (Hrsg.). (2018). *Pflegestatistik 2017 – Pflege im Rahmen der Pflegeversicherung Deutschlanderbnisse*. https://www.destatis.de/DE/Themen/Gesellschaft-Umwelt/Gesundheit/Pflege/Publikationen/Downloads-Pflege/pflege-deutschlandergebnisse-5224001179004.pdf?__blob=publicationFile&v=5

Stephensen, P. (2016). Logit scaling: A general method for alignment in microsimulation models. *International Journal of Microsimulation*, 9(3):89–102.

Tanton, R. (2014). A review of spatial microsimulation methods. *International Journal of Microsimulation*, 7(1):4–25, 2014.

Tanton, R. (2018). Spatial Microsimulation: Developments and Potential Future Directions. *International Journal of Microsimulation*, 11(1):142–161.

Van Laarhoven, P. J., & Aarts, E. H. (1987). Simulated annealing: Theory and applications. *Mathematics and its applications*, Nr. 37. Dordrecht: Reidel.

Webel, K., & Wied, D. (2016. *Stochastische Prozesse*. 2. Auflage. Wiesbaden: Gabler.

Zinn, S. (2012). A mate-matching algorithm for continuous-time microsimulation models. *International journal of microsimulation*, 5(1):31–51.

Zuchelli, E., Jones, A. M., & Rice, N. (2012). The evaluation of health policies through dynamic microsimulation methods. *International Journal of Microsimulation*, 5(1):2–20, 2012.

Modellierung der Entwicklung des Pflegebedarfs in Deutschland
Eine dynamische Mikrosimulation

Christoph Frohn und Monika Obersneider

Zusammenfassung

Gegenstand des Beitrags ist die Konstruktion eines periodenorientierten dynamischen Mikrosimulationsmodells zur Analyse der Entwicklung des Pflegebedarfs in Deutschland.[1] Ziel ist nicht die Projektion einer realitätsnahen Entwicklung des Pflegebedarfs. Gezeigt wird vielmehr die Abhängigkeit der Fortentwicklung von einer Vielzahl an Erklärungsmechanismen zur Pflegebedürftigkeit und die Relevanz von makrostrukturellen Veränderungen für die Pflegeentwicklung. Auf der einen Seite treiben rein demografische Prozesse ein künftiges Wachstum des Pflegebedarfs in Deutschland an, auf der anderen Seite Veränderungen in der Sozialstruktur. Letztgenannte Faktoren bleiben in den meisten Prognosen zur Pflegebedürftigkeit unberücksichtigt. Durch den Rückgriff auf die Mikrosimulation zur Fortschreibung können empirisch geprüfte Individualhypothesen zu Pflegebedarfen, zu sozialstrukturellen Veränderungen und deren Interdependenzen in die Modellierung einbezogen werden. Die Entstehung der Pflegeentwicklung wird so auf der Ebene modelliert, auf der sie stattfindet. Ergebnisse der Simulation zeigen exemplarisch, inwiefern die Fortentwicklung des Pflegebedarfs neben Alterseffekten durch ausgewählte Dimensionen der Sozialstruktur und deren Entwicklung bedingt ist. Damit wird

---

1 In der nachfolgenden Darstellung basieren die theoretischen Überlegungen zu den Zusammenhängen von Alter, Pflege und Migration insbesondere auf der Mitarbeit von Christoph Frohn im Themenschwerpunkt „Migrant/innen im Alter" (Leitung: Prof. Dr. Marc Breuer) des Instituts für Teilhabeforschung der Katholischen Hochschule NRW. Prof. Dr. Petra Stein und Dawid Bekalarczyk (Universität Duisburg-Essen) gilt der Dank der Autoren für die Unterstützung bei der methodischen Umsetzung des vorliegenden Beitrags.

© Springer Fachmedien Wiesbaden GmbH, ein Teil von Springer Nature 2020
M. Hannappel und J. Kopp (Hrsg.), *Mikrosimulationen*,
https://doi.org/10.1007/978-3-658-23702-8_11

veranschaulicht, inwiefern die Mikrosimulation eine differenzierte Untersuchung der Einflussfaktoren auf die Entwicklung eines kollektiven Phänomens wie der Pflegebedürftigkeit in einer Gesellschaft ermöglicht.

Schlüsselbegriffe

Mikrosimulation, Pflegeentwicklung, Mikrozensus, Fortschreibung, Demografie, Sozialstruktur, Pflegebedarf, Modellbildung

1   Einleitung

Eine Vielzahl an Publikationen zur Pflege in Deutschland machen auf drastische Zunahmen bei den zukünftigen Zahlen der altersbedingten Pflegebedürftigen aufmerksam. Derartige zukunftsbezogene Aussagen sind nicht abwegig, da die Lebenserwartung in Deutschland stetig steigt und geburtenstarke Kohorten zunehmend in späte Lebensphasen eintreten. Laut Statistischem Bundesamt ist die Zahl der Personen ab einem Alter von 65 Jahren in den vergangenen zwanzig Jahren von rund 13 Millionen auf fast 18 Millionen angestiegen – dieser Trend wird sich noch Jahrzehnte fortsetzen (Pötzsch und Rößger 2015). Gerade im höheren Alter treten verstärkt Krankheiten auf, die mit der Entstehung von Pflegebedarfen eng verknüpft sind.

Trotz der offenkundigen Bedeutsamkeit des demografischen Wandels für den künftigen Pflegebedarf in Deutschland stellt sich die Frage, wie die Fortentwicklung der Pflegefälle genauer erklärt werden kann. Bemühungen in den Sozialwissenschaften zur Aufdeckung der Entstehungsmechanismen von Pflegebedarfen betonen neben dem Prozess des individuellen Älterwerdens den Stellenwert einer Vielzahl an weiteren individuellen und sozialstrukturellen Faktoren. So ist nicht jede Person ab einem Alter von beispielsweise 50 Jahren dem gleichen Risiko einer Pflegebedürftigkeit ausgesetzt, da die Individuen sich sowohl im Hinblick auf ihre Ressourcenausstattung unterscheiden, als auch divergierenden kontextuellen Rahmenbedingungen ausgesetzt sein können.

Vor diesem Hintergrund ist es Ziel des Beitrags, den Pflegebedarf der Bevölkerung Deutschlands in einem mittelfristigen Zeitraum bis zum Jahr 2040 fortzuschreiben. Der Fokus liegt auf Personen ab dem 50. Lebensjahr. Angestrebt wird dabei keine Punktprognose. Vielmehr ist das Ziel, basierend auf empirischen Analysen zur Erklärung von Pflegebedarfen exemplarisch herauszustellen, inwiefern die Fortentwicklung der Pflegebedürftigkeit durch das Zusammenspiel einer Vielzahl an Mechanismen bedingt ist, die oftmals selbst miteinander in einer Interdependenzbeziehung stehen. Es soll klar werden, wie sich die Fortentwicklung und Entstehung der Pflegebedürftigkeit unter Berücksichtigung von sowohl demografischen als auch sozialstrukturellen Faktoren genauer nachvollziehen lässt. Damit soll einerseits eine Alternative zu geläufigen Pflegeprognosen aufgezeigt werden, die in ihrer methodischen Vorgehensweise vereinfachte Entstehungsmechanismen künftiger Pflegequoten postulieren und kaum detaillierte Analysen der Prognoseergebnisse zulassen. Andererseits wird an dem sozialwissenschaftlichen Diskurs zur Erklärung von gesundheitlichen Ungleichheiten und Pflegebedarfen angeknüpft, um diesen in einer angemessenen Form in eine Zukunftsfortschreibung zu überführen.

Dieses Vorhaben wird mit Hilfe eines dynamischen Mikrosimulationsmodells (Orcutt 1957) realisiert. Die modulare Struktur von Mikrosimulationsmodellen ermöglicht die Abbildung komplexer theoretischer Zusammenhänge unter Rekurs auf Individualhypothesen (Leim 2008) und bietet sich entsprechend zur Anknüpfung an den Mechanismen zur Entstehung von Pflegebedarfen besonders an. Durch die Mikrosimulation können Zukunftsszenarien in Form von Längsschnittdatensätzen projiziert werden, welche anschließend eine detaillierte Analyse des Fortschreibungsprozesses und damit der Konstitution des Pflegebedarfs auf der gesellschaftlichen Makroebene zulassen. So kann beispielsweise offengelegt werden, inwiefern die Fortentwicklung der Pflegebedürftigkeit innerhalb der Gesellschaft durch Veränderungen in verschiedenen Sub-Populationen bedingt ist, die sich bezüglich der Entstehung von Pflegebedarfen durch unterschiedliche Verhaltensweisen charakterisieren.

In diesem Beitrag richtet sich der Fokus in einem ersten Schritt auf den theoretischen Hintergrund zur Erklärung eines Pflegebedarfs, welcher das Fundament der Mikrosimulation zur Pflegebedürftigkeit bildet. Thematisiert wird zunächst, was allgemein unter einem Pflegebedarf zu verstehen ist. Anschließend werden unter Rückbezug auf aktuelle empirische Studien die Entstehungsmechanismen von Pflegebedarfen in der Gesellschaft vorgestellt. Dabei wird explizit an Erkenntnisse aus der Forschung zur gesundheitlichen Ungleichheit angeknüpft, um einen möglichst breiten Überblick über die wichtigsten Einflussfaktoren einer Pflegebedürftigkeit zu geben. Eine Thematisierung von vergangenen Pflegeprognosen in Deutschland und ein Fazit zu den theoretischen Hintergründen schließen den Abschnitt ab. In einem methodischen Abschnitt wird ein Grundverständnis zur dynamischen Mikrosimulation hergestellt. Daneben richtet sich das Augenmerk auf die Datenbasis und Fortschreibung innerhalb der durchgeführten Mikrosimulation und deren Bestandteile (Module). Zuletzt werden die Analyseergebnisse der Simulation präsentiert. Dabei steht neben der Bedeutsamkeit des Alterungsprozesses in beispielhafter Weise die Rolle des Familienstandes, des Bildungsniveaus und des Migrationshintergrundes für die Fortschreibung des Pflegebedarfes innerhalb der Simulation im Mittelpunkt. Die Ergebnisse werden abschließend in einem Fazit resümiert.

2   Erklärungen und Prognosen zur Pflegebedürftigkeit

Die Forschung zur Verteilung von Pflegebedarfen in Deutschland konzentriert sich vielfach auf zwei Ziele: Einerseits wird der Erklärung von Pflegeprävalenzen Aufmerksamkeit geschenkt (z. B. Borchert und Rothgang 2008) und andererseits liegt das Interesse an der künftigen Fortentwicklung des Pflegebedarfs (z. B. Pfaff 2010). Analysen zu den Erklärungsmechanismen von Pflegebedarfen bleiben zumeist bei der Betrachtung vergangener Entwicklungen stehen, während Prognosen nur vereinzelte Erkenntnisse zu den Entstehungsmechanismen einer Pflegebedürftigkeit explizit in ihrer Modellierung berücksichtigen. Um die Entstehung künftiger Pflegebedarfe möglichst nachvollziehbar darzulegen, erscheint eine Verknüpfung beider Zielsetzungen vielversprechend. Demgemäß richtet sich der Fokus in den nachfolgenden Ausführungen zunächst auf Erkenntnisse zur Erklärung von Pflegeprävalenzen in der Bevölkerung. Es wird herausgestellt, welche Faktoren das Auftreten einer Pflegebedürftigkeit wahrscheinlich machen, um eine theoretische Basis zur Modellierung der Fortentwicklung der Pflegebedürftigkeit zu schaffen. In einem weiteren Schritt findet ein Einblick in die bisherige Forschung zu Simulationen zum Pflegebedarf in Deutschland statt. Dabei wird deutlich, welche Wirkungsmechanismen und Pflegeszenarien in bisherigen Projektionen im Mittelpunkt stehen und zu welchen Ergebnissen diese führen. Darüber hinaus wird ein Eindruck zu bislang vernachlässigten Aspekten und Pflegeszenarien in Projektionen hergestellt.

2.1   Theoretischer Hintergrund: Pflegebedürftigkeit

Ist die Rede von Pflegebedarfen, muss grundsätzlich unterschieden werden, ob all jene angesprochen sind, die aufgrund gesundheitlicher Beeinträchtigungen pflegerische Hilfe benötigen[2], oder ob es um Personen geht, die als ausgewiesene

---

2   Allgemeine Festlegung des Bundesministeriums für Familie, Senioren, Frauen und Jugend (Deutscher Bundestag 2001, S. 81): „Trotz ihrer Mehrdimensionalität und Vielschichtigkeit kann Pflegebedürftigkeit ganz allgemein als die Tatsache beschrieben werden,

Leistungsempfänger der sozialen oder privaten Pflegeversicherung definiert werden. Im 11. Sozialgesetzbuch (SGB XI) ist in Anlehnung an die allgemeine Definition einer Pflegebedürftigkeit genauer bestimmt, welche Mindestvoraussetzungen vorliegen müssen, damit ein Leistungsbezug gewährt wird. So muss eine bestimmte Vorversicherungszeit erfüllt sein und gleichzeitig „[…] aufgrund von Krankheit oder Behinderung bei bestimmten gewöhnlichen und regelmäßig wiederkehrenden Verrichtungen des täglichen Lebens (Körperpflege, Ernährung, Mobilität, hauswirtschaftliche Versorgung) voraussichtlich für mindestens sechs Monate in erheblichem oder höherem Maße Hilfe […]" (Deutscher Bundestag 2001, S. 81; § 14, SGB XI vor 2017) benötigt werden. Das Vorliegen einer damit definierten Pflegebedürftigkeit kann folglich nur dann festgestellt werden, wenn auch entsprechende Anträge von den Betroffenen bzw. von deren Angehörigen gestellt werden. Zudem müssen die Bedarfe in Anlehnung an die rechtliche Definition durch Akteure der medizinischen Dienste anerkannt werden. In diesem Rahmen erscheint offenkundig, dass nicht alle Personen, bei denen gesundheitlich bedingt durchaus allgemeine Pflegebedarfe vorliegen, auch als Leistungsempfänger erfasst sind.

Ausgehend von dieser Begriffsbestimmung stellt sich die Frage nach den Entstehungsfaktoren eines Pflegebedarfs, welche dazu beitragen, dass eine eigenständige Alltagsführung langfristig nicht ohne weitere Hilfe möglich ist und eine Leistung nach SGB XI in Anspruch genommen wird. Vergangene Untersuchungen betonen bei der Entstehung von Pflegebedarfen erwartungsgemäß in erster Linie den hohen Stellenwert des Alters (Mager 1999; Schneekloth und Wahl 2005; Borchert und Rothgang 2008). Aus der empirischen Verteilung des Pflegebedarfs geht hervor, dass insbesondere Hochbetagte – ab einem Alter von ca. 80 Jahren – ein hohes Risiko für eine Pflegebedürftigkeit aufweisen. Die Rolle des Alterungsprozesses für die Pflegebedürftigkeit ist vor dem Hintergrund der biologischen Begrenztheit des menschlichen Organismus nicht überraschend. Gerade im hohen Alter ist der Körper im Vergleich zu vorherigen Lebensphasen besonders vulnerabel für Erkrankungen verschiedenster Formen (Kruse et al. 2005, S. 13f.). Multimorbidität im Alter steht mit der Gefahr des Verlustes der Fähigkeit zur eigenständigen Alltagsführung in Verbindung, was eine Antragsstellung zur Pflegebedürftigkeit nahelegt (Borchert und Rothgang 2008, S. 218). Neben der Alterung kommt auch dem Geschlecht eine wichtige Rolle bei der Erklärung von Pflegebedarfen zu. So sind überproportional Frauen betroffen (Hoffmann und Nachtmann 2007, S. 11f.), was unter anderem durch aktuell längere Lebenserwartungen bei Frauen im Ge-

---

dass jemand aufgrund von Krankheit, Funktionseinschränkungen, Behinderung oder Alter nicht nur kurzfristig auf pflegerische Hilfe zur Aufrechterhaltung elementarer Lebensfunktionen angewiesen ist".

gensatz zu Männern erklärt werden kann. Sie dringen öfter in die Lebensjahre vor, in denen Pflegebedarfe besonders häufig auftreten. Gleichzeitig erklärt sich eine höhere Pflegeprävalenz bei Frauen durch systematische Geschlechterunterschiede in Krankheitsbildern im Alter, wie beispielsweise bei chronischen Erkrankungen und mit Blick auf Multimorbidität (Murtagh und Hubert 2004).[3]

Rapp und Klein (2015) machen mit Blick auf Pflegebedarfe zusätzlich auf die Bedeutsamkeit von Partnerschaften für die individuelle Gesundheit aufmerksam. So ist bei verpartnerten Personen ein größeres Ausmaß der gegenseitigen sozialen Kontrolle und Unterstützung zu erwarten als bei Ledigen. Ungesunde Verhaltensweisen, wie z. B. Rauchen oder starker Alkoholkonsum, sind in Ehen seltener anzutreffen.[4] Im Hinblick auf die Entstehung von Pflegebedarfen heben auch Borchert und Rothgang (2008) explizit die protektive Eigenschaft partnerschaftlicher Unterstützung hervor. Kommt es im Alter zu gesundheitlichen Einschränkungen, egal ob in Form von Krankheiten, Behinderungen oder Pflegebedarfen, sind es in erster Linie nahe Angehörige bzw. Ehepartner, die eine Versorgung gewährleisten. Brockmann und Klein (2002) betonen in diesem Zusammenhang, dass partnerschaftliche Ressourcen professionelle Pflegebedarfe in Teilen ersetzen bzw. herauszögern können. Selbst wenn gesundheitliche Einschränkungen in der Lebensphase des Alters vorliegen, ist eine Geltendmachung von Leistungsansprüchen in Partnerschaftsbeziehungen zunächst weniger wahrscheinlich als bei Ledigen.

Da die Pflegebedürftigkeit eines Individuums letztendlich einen formal bestätigten Status durch medizinische Dienste darstellt, müssen neben demografischen Faktoren auch Aspekte berücksichtigt werden, welche mit der Bereitschaft und Möglichkeit zur Inanspruchnahme von Pflegeleistungen zusammenhängen. So richtet sich das Augenmerk in den vorherigen Ausführungen hauptsächlich auf die Gesundheit, auch wenn die Bedeutsamkeit des Verhaltens zur Inanspruchnahme bei der geschlechtsspezifischen Pflegebedürftigkeit und bei der Versorgung in Partnerschaftsbeziehungen angedeutet wurde. Dies lässt sich aber auch auf diverse Sub-Populationen mit sich systematisch unterscheidenden Verhaltensweisen

---

3   Ebenfalls diskutiert wird als Erklärungsargument auch die Annahme, die höhere Pflegeprävalenz bei Frauen sei durch eine durchschnittlich frühere Verwitwung im Gegensatz zu Männern bedingt, oder auch durch geschlechtsspezifisches Inanspruchnahmeverhalten im Rahmen der Pflegeversicherung (Hoffmann und Nachtmann 2007, S. 12).

4   Gesundheitliche Probleme, die mit Partnerschaften zusammenhängen, dürfen an dieser Stelle aber nicht ignoriert werden. Gewichtszunahmen oder ein Rückgang an sportlicher Aktivität können ebenfalls Folgen von festen Partnerschaften sein (Klein 2011). Insgesamt scheinen die positiven Effekte einer Partnerschaft allerdings tendenziell zu überwiegen (Rapp und Klein 2015, S. 779).

übertragen. Ein Spezialfall stellt in diesem Zuge die Heterogenität der Bevölkerung Deutschlands im Hinblick auf verschiedene Nationalitäten bzw. Herkunftsgruppen mit unterschiedlichen kulturell geprägten Vorstellungen von Krankheit und Pflege und verschiedenen Integrationsstadien dar. Sowohl Kohls (2012) als auch Volkert und Risch (2017) machen auf verschiedene Barrieren aufmerksam, die eine Antragstellung und damit Geltendmachung eines Pflegebedarfs bei Personen mit Migrationshintergrund hemmen können, auch wenn grundsätzlich ein gesundheitlicher Bedarf vorliegt. Gemeint sind Informations- und Sprachbarrieren, welche zu Problemen bei der Antragsstellung und auch bei der Interaktion mit Gutachtern führen können, aber auch kulturelle und familiäre Hindernisse, wie beispielsweise Normen zur sozialen Reziprozität bzw. hohe Erwartungen an die innerfamiliäre Pflege.[5] Kohls (2012) zeigt entsprechend in einer Analyse zur Pflegebedürftigkeit bei Migranten ein niedrigeres Pflegerisiko bei Personen mit Migrationshintergrund auf als bei der nicht migrierten Bevölkerung. Aufgrund von Integrationsprozessen sind mit steigender Aufenthaltsdauer und insbesondere in der zweiten Generation allerdings Angleichungen an die autochthone Bevölkerung zu erwarten, da viele Barrieren zur Inanspruchnahme, wie beispielsweise fehlendes Wissen über sozialstaatliche Institutionen und Leistungen oder Sprachbarrieren, teilweise vermindert werden (Volkert und Risch 2017, S. 12).

Diverse Untersuchungen beschäftigen sich zudem mit der Bedeutsamkeit der sozialen Lage für die Prävalenz von Pflegebedarfen. So konnte für verschiedene Dimensionen des sozioökonomischen Status, wie z. B. der Bildung oder der beruflichen Stellung, ein bedeutsamer Beitrag zur Erklärung der Auftrittswahrscheinlichkeit einer Pflegebedürftigkeit gezeigt werden, auch im späteren Lebensverlauf (Mager 1999; Borchert und Rothgang 2008; Kohls 2012). Um genauer nachvollziehen zu können, wie sich die Bedeutsamkeit des Sozialstatus für das Auftreten einer Pflegebedürftigkeit begründen lässt, erscheint eine Bezugnahme zu empirischen Untersuchungen und theoretischen Erklärungsansätzen im Bereich der gesundheitlichen Ungleichheit sinnvoll.[6] So lässt sich der soziale Gradient, der den Zusammenhang zwischen sozioökonomischer Lage und Gesundheit zum Ausdruck

---

5 Hierbei handelt es sich um Annahmen, die insbesondere anhand der türkischen Bevölkerung empirisch geprüft wurden. Bei Verallgemeinerungen auf die gesamte migrantische Bevölkerung ist entsprechend Vorsicht geboten, wobei kultur- und sprachspezifische Barrieren bei der Inanspruchnahme von Gesundheitsleistungen auch bei Menschen mit spanischer oder italienischer Herkunft sowie bei Aussiedlern aus der ehemaligen Sowjetunion festgestellt werden können (Bermejo et al. 2012).

6 Diese Bezugnahme ist plausibel, da im Hinblick auf die sozialrechtliche Definition einer Pflegebedürftigkeit auch Pflegebedarfe als Indikatoren der Gesundheit aufgefasst werden können (Bauer und Büscher 2008, S. 31).

bringt, in nahezu allen modernen Gesellschaften empirisch nachweisen (Richter und Hurrelmann 2009; Lampert et al. 2016). Zentrale Erklärungsansätze der gesundheitlichen Ungleichheit zielen auf materielle-, kulturell-verhaltensbezogene- und psychosoziale Faktoren zur Erklärung des sozialen Gradienten ab (Bartley 2004; Richter und Hurrelmann 2009).[7] Hinter gesundheitlichen Ungleichheiten verbirgt sich dem materiellen Ansatz zur Folge eine ungleiche Verteilung von materiellen Lebensbedingungen je nach sozioökonomischen Status (Schrijvers et al. 1999; Bolte und Kohlhuber 2009). Aus unterschiedlichen Einkommensverhältnissen bzw. beruflichen Stellungen ergeben sich demnach konträre Zugänge zur gesundheitlichen Versorgung und zu verschiedenen materiellen Risikofaktoren, wie z. B. schlechten Arbeits- oder Wohn(umfeld)bedingungen. Der kulturell-verhaltensbezogene Ansatz richtet sich hingegen auf bildungs-, herkunfts- oder auch beruflich bedingte gesundheitsrelevante Verhaltensweisen, wie z. B. Tabak- oder Alkoholkonsum, Ernährungsverhalten, sportliche Aktivität oder Inanspruchnahme von Maßnahmen zur Gesundheitsvorsorge (Bartley 2004; Helmert und Schorb 2009). Da die benannten Ansätze allein betrachtet dennoch nicht dazu in der Lage sind, den sozialen Gradienten in der Gesundheit vollständig zu erklären, haben sich im Rahmen des psychosozialen Erklärungsansatzes auch psychologische und psychosoziale Variablen, wie beispielsweise chronische Alltagsbelastungen, Stress, soziale Unterstützung, Work-Life-Balance oder berufliche Gratifikationskrisen zur Erklärung gesundheitlicher Ungleichheiten etabliert (Bartley 2004; Richter und Hurrelmann 2009). Auch diese Faktoren variieren über die soziale Verteilungsstruktur der Gesellschaft hinweg und haben sich bei der Schließung der Erklärungslücke der Gesundheit als fruchtbar erwiesen (Lynch et al. 1996).

2.2 Prognosen zur Pflegebedürftigkeit in Deutschland

Ziel des Beitrags ist nicht nur die Erklärung von Pflegebedarfen, sondern auch die Analyse von deren Fortentwicklung. Im weiteren Verlauf wird zunächst darauf eingegangen, inwiefern Prognosen zum Pflegebedarf in Deutschland bislang umgesetzt wurden. In einem weiteren Schritt wird beispielhaft auf Faktoren eingegangen, die in den benannten Prognosen kaum explizit berücksichtigt wurden,

---

7   Hierbei handelt es sich um eher ‚klassische‘ Ansätze, die in weiten Teilen bereits in den 1980er Jahren im Rahmen des ‚Black Reports‘ (Black et al. 1980) in Großbritannien entstanden sind, aber auch heute noch aufgrund ihrer empirischen Evidenz Gültigkeit besitzen. Ein ausführlicher Überblick über weitere Theorien der gesundheitlichen Ungleichheit findet sich unter anderem bei Muckenhuber und Volk (2018).

im Kontext der Forschung zur Fortentwicklung des Pflegebedarfs in Deutschland jedoch als bedeutsam eingestuft werden.

2.2.1 Vergangene Pflegeprognosen

Prognosen der Pflegebedürftigkeit in Deutschland werden schon seit einigen Jahren eingesetzt, um zukünftige Entwicklungen abschätzen zu können (siehe Pfaff 2010). Umgesetzt wurden vergangene Prognosen zumeist, indem empirisch ermittelte Pflegebedürftigkeitsquoten auf Bevölkerungsvorausberechnungen übertragen wurden.[8] Die Quoten können beispielsweise der Pflegestatistik des Statistischen Bundesamtes differenziert nach Alter und Geschlecht entnommen werden (z. B. Hofmann 2006). Generell lassen sich aber auch direkt Daten der Leistungsempfänger von der sozialen und privaten Pflegeversicherung heranziehen (siehe dazu König et al. 2001). Prognosen zur reinen Anzahl der künftigen Pflegebedürftigen nach der Definition des Pflegegesetzes kommen bei einer konstanten Prävalenzrate (sog. ,Status quo' Szenario, siehe Breyer und Felder 2006) auf eine Zunahme der Pflegebedürftigen von 2,3 Mio. im Jahr 2007 auf rund 3 Mio. bis 2020 und über 4,5 Mio. bis 2050 (Blinkert und Gräf 2009). Dies würde nahezu eine Verdopelung der Pflegebedürftigen bis zum Jahr 2050 darstellen. Berechnungen nach Schulz (2008) deuten auf mehr als eine Verdopplung bis 2050 hin. Ebenfalls in einem ,Status quo' Szenario kommen Rothgang, Müller und Unger (2012) vom Projektionsstartpunkt 2009 bis zum Jahr 2030 auf einen Anstieg von ca. 2,3 Mio. Pflegebedürftigen auf 3,4 Mio. Bedürftige. Neben der Abschätzung des rein quantitativ zu erwartenden Pflegebedarfs standen in der Vergangenheit auch Modellrechnungen zum künftigen Bedarf nach Pflegearbeitskräften (Pohl 2010), zum konkreten Leistungsbezug der Pflegebedürftigen (Hofmann 2006; Schulz 2008; Rothgang et al. 2012) oder zu den künftigen Kosten der Pflegeversicherung (Blinkert und Gräf 2009) im Fokus.

Gemein ist derartigen Pflegeprognosen, die im Wesentlichen Bevölkerungsvorausberechnungen mit empirischen Pflegefallquoten auf der Aggregatebene zusammenführen, der Anknüpfungspunkt für mögliche Entwicklungsszenarien an eben diesen beiden Punkten: Einerseits lässt sich an Annahmen über demografische Prozesse, also über Geburtenhäufigkeiten, Lebenserwartungen und Wanderungsbewegungen ansetzen (z. B. König et al. 2001) und andererseits an

---

8   Nennenswert sind in dem Kontext die koordinierten Bevölkerungsvorausberechnungen des Statistischen Bundesamtes (Pötzsch und Rößger 2015) oder die Bevölkerungsvorausschätzungen des Deutschen Instituts für Wirtschaftsforschung (König et al. 2001). Darüber hinaus fanden Fortschreibungen auf kleinräumiger Ebene auf Basis der Bevölkerungsvorausberechnung bis 2030 des „Wegweiser Kommune" der Bertelsmann Stiftung statt (Rothgang et al. 2012).

Annahmen über Pflegeprävalenzen in unterschiedlichen Bevölkerungsgruppen (z. B. Statistische Ämter des Bundes und der Länder 2010). Wird beispielsweise die Annahme getroffen, dass der Anteil an älteren Menschen aufgrund von niedrigen Geburtenraten und steigenden Lebenserwartungen in der Gesellschaft größer wird, kommt es bei fixierten Pflegequoten in der Bevölkerung („Status quo' Szenario) zwangsläufig zu einem Anstieg des Anteils der Pflegebedürftigen. Veränderungen in der Fortentwicklung werden in diesem Szenario nur durch Adjustierungen in den Annahmen über die Demografie hervorgerufen – die Pflegequoten sind statisch. Nun lassen sich ebenfalls Annahmen über dynamische Pflegefallquoten in verschiedenen Bevölkerungsgruppen treffen. Prominent sind in diesem Kontext Szenarien zur Dynamik von altersspezifischen Pflegequoten bei veränderten Lebenserwartungen. Steigt die Lebenserwartung innerhalb der Gesellschaft, erscheint bei einem Zugewinn an gesunden Lebensjahren ein Rückgang der altersbezogenen Pflegewahrscheinlichkeit theoretisch plausibel („Kompressionsthese', siehe Fries 1980). Pflegequoten verschieben sich demnach in höhere Altersgruppen. Kommen verlängerte Lebensspannen hingegen beispielsweise durch medizinische Fortschritte zustande, welche ein längeres Leben trotz Erkrankung ermöglichen, ist auch ein anderer Trend denkbar („Medikalisierungsthese', siehe Verbrugge 1984), also ein Anstieg von Pflegewahrscheinlichkeiten im höheren Alter.

2.2.2 Unberücksichtigte Faktoren vergangener Prognosen

Ignoriert werden in diesen exemplarisch aufgeführten Prognosen die Abhängigkeiten von demografischen Entwicklungen und Pflegefallquoten von einer Vielzahl verschiedenster Faktoren. Bezüglich der Demografie werden eher einfache Annahmen getroffen, die sich unter anderem aus vergangenen Entwicklungstrends ableiten lassen (Pötzsch und Rößger 2015). Fortentwicklungen von Geburtenraten, Migrationsbewegungen und Lebenserwartungen können so zwar plausibel abgebildet werden, ein eingehendes Verständnis beispielsweise über die Entwicklung der künftigen Geburtenhäufigkeiten erfordert aber eine Modellierung tieferliegender interdependenter Mechanismen zur Fertilität (Leim 2008). Bei der Bestimmung von Pflegequoten richtet sich der Blick zumeist nur auf Alters- und Geschlechtsverteilungen in der Gesellschaft. Die oben benannten Annahmen über statische oder dynamische altersspezifische Quoten sind theoretisch gut begründbar (Hackmann und Moog 2008, S. 2), werden dem empirischen Forschungsstand zur Entstehung von Pflegebedarfen aber nur bedingt gerecht. Soll die Konstitution des Pflegebedarfs in der Gesellschaft nachvollzogen werden, muss die Dynamik der Sozialstruktur für künftige Quoten in Deutschland berücksichtigt werden.

Darauf machen beispielsweise Doblhammer und Ziegler (2010) aufmerksam, die bei der Modellierung der Fortentwicklung des Pflegebedarfs zwar den hohen

Stellenwert rein demografischer Prozesse hervorheben, allerdings auch die Bedeutsamkeit weiterer Faktoren für den künftigen Pflegebedarf betonen. Beispielsweise wird der Überlegung Rechnung getragen, dass in künftigen Kohorten im höheren Alter mit veränderten durchschnittlichen Kinderzahlen oder Heiratsbeziehungen zu rechnen ist. Davon ist sowohl die Pflegeprävalenz abhängig als auch das Potential künftiger Pflegearrangements. Ein Zuwachs an verheirateten Personen im hohen Alter[9] könnte Anstiege bei der Pflegebedürftigkeit bremsen. Personen, die geschieden sind oder nie verheiratet waren, dürften die Entwicklung der Pflegebedürftigkeit deutlich stärker antreiben als die Verheirateten (Doblhammer und Ziegler 2010, S. 42). Ähnliches gilt für das Bildungsniveau. Schätzungen zur Verteilung der Bildung innerhalb der Gesellschaft kommen zu dem Schluss, dass künftig mit einem Anstieg der durchschnittlichen Bildung in der älteren Bevölkerung gerechnet werden kann (Fernandes et al. 2008; Schulz et al. 2008). Damit stehen auch allgemeine Verbesserungen bei der weiteren Ressourcenausstattung und entsprechend niedrigere Risiken für eine Bedürftigkeit in Verbindung. Mit einem deutlichen Anstieg der künftigen Pflegebedürftigkeit innerhalb der Bevölkerung muss aufgrund der Dominanz des Alterungsprozesses bei der Entstehung von Pflegebedarfen in jedem Fall gerechnet werden, dennoch stellt sich die Frage, welchen potentiellen Einfluss Faktoren wie die Bildung in der Fortentwicklung haben.

Kohls (2012) macht darüber hinaus darauf aufmerksam, dass die künftige Entwicklung des Pflegebedarfs in Deutschland durch Entwicklungen in der migrantischen Bevölkerung bedingt sein könnte. Da ein großer Teil der migrantischen Bevölkerung Deutschlands ab Mitte der 1950er Jahre relativ jung im Zuge von Arbeitsmigration nach Deutschland gekommen ist (Schimany et al. 2012, S. 6)[10], werden weite Teile der migrantischen Bevölkerung erst in naher Zukunft in hohen Fallzahlen das Alter erreichen, in dem es häufiger zu Pflegebedarfen kommt (Kohls 2011, S. 58ff.). Damit verbunden würden künftige Pflegeentwicklungen auf der gesellschaftlichen Aggregatebene und entsprechend auch die Pflegequoten in Deutschland zunehmend von migrantischen Bevölkerungsanteilen geprägt sein. Neben den demografischen Entwicklungen in der migrantischen Bevölkerung rückt auch deren soziale Lage für die künftige Pflegeentwicklung in den Fokus. Da Migranten überdurchschnittlich häufig einen niedrigen Sozialstatus aufweisen

---

9   Einerseits nähern sich die Lebenserwartungen von Frauen und Männern stetig an, andererseits verlieren die Kohorten, die noch vom zweiten Weltkrieg betroffen waren, anteilig an Bedeutung (Doblhammer und Ziegler 2010, S. 56).

10 Vergleichbar bedeutsam ist in dem Zusammenhang auch die Zuwanderung von Spätaussiedlern aus osteuropäischen Staaten und der ehemaligen Sowjetunion bis zur Mitte der 1990er Jahre.

(Razum und Spallek 2012, S. 170), sind für die Zukunft vergleichsweise hohe Pflegeprävalenzen bei Migranten unter Rückbezug auf Theorien der gesundheitlichen Ungleichheit naheliegend, auch trotz verschiedener Barrieren zur Inanspruchnahme von Pflegeleistungen (s. o.) und diversen protektiven Faktoren (beispielsweise ‚Healthy-Migrant-Effekt'; Kohls 2011, S. 11).

Insgesamt wird damit deutlich, dass bei Fortschreibungen zur Pflegebedürftigkeit auch künftige Entwicklungen in verschiedenen Bereichen der Sozialstruktur der Gesellschaft berücksichtigt werden sollten, wenn ein eingehendes Verständnis zur Fortentwicklung hergestellt werden soll. Inwiefern künftige Pflegequoten in unterschiedlichen Alterskategorien ausfallen werden, hängt letztendlich von der Entwicklung der gesamten Sozialstruktur der Gesellschaft ab.

2.3 Ableitung des Pflegemodells zur Mikrosimulation

Ausgehend von den theoretischen Hintergründen zur Entstehung von Pflegebedarfen und vergangenen Projektionen zur Pflegebedürftigkeit in Deutschland lässt sich die forschungsleitende Fragestellung genauer einordnen und ein Fazit zur Modellierung des Phänomens der Pflegebedürftigkeit formulieren. Ziel ist die Analyse der Fortentwicklung des Pflegebedarfs innerhalb der älteren Bevölkerung Deutschlands, wobei insbesondere aufgezeigt werden soll, wie die Entwicklung mit soziodemografischen Veränderungen der Gesellschaft zusammenhängt. Dabei handelt es sich um eine Zielsetzung bzw. Schwerpunktlegung, die in den beispielhaft angeführten Pflegeprojektionen aus dem vorangegangenen Abschnitt so nur bedingt aufzufinden ist. Insbesondere jene Pflegeprognosen für Deutschland, die auf Bevölkerungsvorausberechnungen und Pflegequoten fixiert sind, berücksichtigen nicht, inwiefern makrostrukturelle Veränderungen in verschiedenen Bereichen der Sozialstruktur die Entwicklung des Pflegebedarfs beeinflussen.

Im Kontext dieser Zielsetzung stellt sich die Frage, welche Faktoren in einem Modell zur Erklärung von Pflegebedarfen berücksichtigt werden sollten, welches für einer derartigen Fortschreibung herangezogen werden kann. Wie in den vorangegangenen Abschnitten zur Erklärung von Pflegebedarfen herausgestellt wurde, spielt bei der Entwicklung eine Vielzahl an Entstehungsmechanismen eine Rolle, die in Abbildung 1 noch einmal zusammengefasst sind: Das Auftreten einer Pflegebedürftigkeit ist durch demografische Faktoren (Familienstand, Geschlecht, Alter), durch Kerndimensionen des Sozialstatus (Bildung, Einkommen und Beruf) und durch Besonderheiten in verschiedenen Sub-Populationen der Bevölkerung bedingt (in Abb. 1 beispielhaft anhand des Migrationshintergrundes veranschaulicht). Gesundheitliche Belastungen, Ressourcen und Verhaltensweisen stellen das

Bindeglied zwischen der sozialen Lage und der Gesundheit bzw. dem Pflegebedarf dar. Eine makrostrukturell ungleiche Verteilung von Restriktionen und Opportunitäten zur Pflegebedürftigkeit bildet den Ausgangspunkt dazu, dass Individuen im unterschiedlichen Umfang Risiken einer individuellen Pflegebedürftigkeit ausgesetzt sind. Erst daraus resultieren in der Gesamtheit gesellschaftsspezifische Pflegequoten.

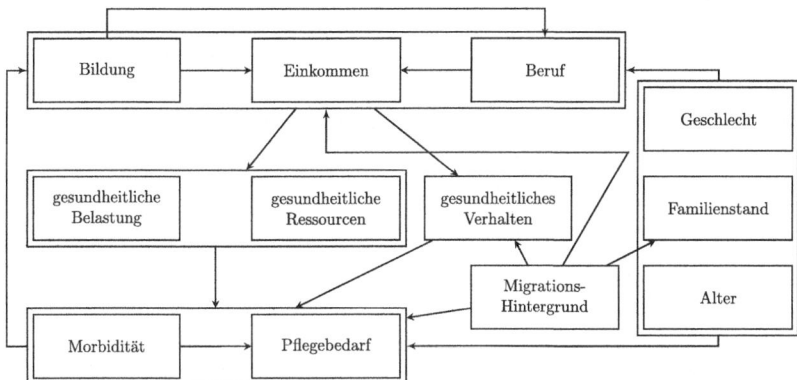

Abb. 1   Modell zur Erklärung von Pflegebedarfen. Eigene Darstellung in Anlehnung an Mielck (2005)

Die somit in Abbildung 1 dargestellte Zusammenhangsstruktur fließt entsprechend in Form von Individualhypothesen in die nachfolgende Modellierung der Pflegeentwicklung ein. Auf Basis der theoretischen Ausarbeitungen und des Forschungsstandes kann angenommen werden, dass bei höherer Bildung, beruflicher Platzierung und höherem Einkommen die Wahrscheinlichkeit einer Pflegebedürftigkeit niedriger ist. Gegensätzlich ist die Wahrscheinlichkeit im hohen Alter erhöht. Erwartet werden kann weiter, dass das Leben in Partnerschaft und Migrationserfahrungen sich wiederum hemmend auf die Wahrscheinlichkeit einer Pflegebedürftigkeit auswirken. Daneben ist eine Bedürftigkeit bei Frauen ausgehend von dem Forschungsstand wahrscheinlicher als bei Männern. Zusätzlich weist Abbildung 1 darauf hin, dass die Wahrscheinlichkeit einer Pflegebedürftigkeit bei höheren gesundheitlichen Belastungen und niedrigeren gesundheitlichen Ressourcen erhöht ist. Abschließend erhöht gesundheitlich riskantes Verhalten die Wahrscheinlichkeit. In den nachfolgenden Ausführungen wird die Fortschreibung des

Pflegebedarfs hochgradig auf den so formulierten Individualhypothesen basieren, wobei nicht jeder Wirkungspfad[11] im gleichen Maße berücksichtigt werden kann.

3   Methode und Grundlagen der Simulation

Als Bindeglied des theoretischen und des analytischen Teils der Arbeit dient der nachfolgende Abschnitt. Es wird die gewählte Methode der dynamischen Mikrosimulation vorgestellt und deren Anwendung in Bezug zu der Fragestellung näher erläutert. In einem weiteren Schritt wird auf die Datenbasis sowie anschließend auf Fortschreibung innerhalb der Simulation eingegangen. Vor dem Übergang zu den Analyseergebnissen richtet sich der Schwerpunkt auf die modulare Struktur der Mikrosimulation.

3.1   Die dynamische Mikrosimulation

Wie in den vorangegangenen Abschnitten deutlich wurde, setzt eine möglichst umfangreiche Erklärung von Pflegebedarfen auf der Ebene der Individuen an. Die meisten Prognosemodelle zu Pflegebedarfen in Deutschland basieren jedoch auf Bevölkerungsprognosen (z. B. des Statistischen Bundesamtes), auf die empirische Übergangsquoten zur Pflege übertragen werden (siehe Kapitel 2.2). Die Bevölkerungsprognosen basieren dabei auf Makrosimulationen, die auf der Aggregatebene demografische Prozesse fortschreiben (beispielsweise Altersklassen nach Geschlecht) und dabei in der Regel nur sehr wenige Kovariate in Form von Durchschnittswerten (meist zur Fertilität, Migration und Mortalität) berücksichtigen. Eine derartige Vorgehensweise lässt keine Analyse der (kausalen) Mechanismen auf der Individualebene zu (Imhoff und Post 1998, S. 98ff.), da sie nicht Bestandteil der Fortschreibung sind. Des Weiteren sind der Disaggregierbarkeit der Ergebnisse einer Makrosimulation klare Grenzen gesetzt. Basierend auf dem beschriebenen Untersuchungsinteresse sollte demnach die Fortschreibung des Pflegebedarfs auf

---

11 An dieser Stelle werden nicht alle in Abbildung 1 hervorgehobenen Interdependenzen zwischen den Dimensionen sozialer Ungleichheit, den demografischen Faktoren und den Besonderheiten verschiedener Sub-Populationen (bzw. hier Migrationshintergrund) näher erläutert. In diesem Zuge sei auf die Modulbeschreibungen in den nachfolgenden Abschnitten verwiesen.

der Ebene ansetzen, auf der die Entstehung und Entwicklung der divergierenden Pflegebedarfe prozesshaft stattfindet.

Diesen prozessorientierten Anforderungen wird die *periodenorientierte dynamische Mikrosimulation* gerecht (Spielauer 2011, S. 10). Im Vergleich zu Simulationsverfahren auf der Makroebene spielt in Mikrosimulationen das Problem der Disaggregierbarkeit keine vergleichbare Rolle, da als Ausgangspunkt der Fortschreibung nicht die Aggregat- sondern die Individualebene fungiert. Simuliert wird also die Entwicklung eines interessierenden Merkmales anhand jedes einzelnen Elementes einer Gesamtheit und nicht Kennwerte, die sich auf die Gesamtheit dieser Elemente beziehen. Liegen einer Mikrosimulation als zu simulierende Elemente Merkmalsträger mit e Eigenschaften und d Dimensionen zugrunde, dann lassen sich die Ergebnisse der Simulation prinzipiell auch entsprechend nach $e \times d$ Subgruppen differenzieren. Nach der Umsetzung einer Mikrosimulation kann das Ausmaß von Pflegebedarfen nach beliebigen Merkmalskombinationen gezeigt werden. Da Ausgangspunkt der Mikrosimulation Merkmalsträger auf der Individualebene sind, kann im Gegensatz zu Makrosimulationen eine beliebige Anzahl an ineinandergreifende Individualhypothesen bei der Simulation modelliert werden. Mit Blick auf Pflegeprognosen ist dies eine Voraussetzung zur Berücksichtigung der Annahme, dass der Entstehung neuer Pflegebedarfe eine Vielzahl an Mechanismen auf der Ebene von Individuen zugrunde liegen.

Ziel einer Mikrosimulation muss es nicht zwingend sein, punktgenaue Schätzungen der zukünftigen gesellschaftlichen Entwicklungen zu projizieren, auch wenn dies durchaus angestrebt werden kann. Stattdessen werden die Modellierung sowie die Prüfung von komplexen Individualhypothesen in das Zentrum des Interesses gerückt (Leim 2008, S. 12). Dadurch soll vor allem ein Verständnis von zukünftigen Prozessen aufgezeigt werden, welches aufgrund von mehrdimensionalen Zusammenhangsstrukturen verschiedenster Faktoren ohne die Technik der Mikrosimulation nur schwer begreifbar ist (siehe Abb. 1). Die periodenorientierte dynamische Mikrosimulation schafft die Möglichkeit, verschiedene Szenarien des Pflegebedarfes „durchzuspielen". Damit verbunden kann beispielsweise angestrebt werden, potentielle Entwicklungsszenarien in Bezug auf Änderungen in der Bevölkerungskomposition, Bildungsverteilungen in der Bevölkerung und Änderungen in der Inanspruchnahme des Pflegebedarfes aufzuzeigen. Der Mehrwert liegt dabei darin, dass modelliert werden kann, in welchem Maße eine Veränderung individueller oder institutioneller Faktoren mit einer Veränderung in dem zu untersuchenden Phänomen (hier: Zukünftige Pflegebedarfe) einhergeht. Zukunftsprojektionen können nach dieser Herangehensweise auch als quasi-experimentelle Designs verstanden werden (Stein und Bekalarczyk 2016, S. 232) und herausstellen, wie gegenwärtige Gesellschaften auf bestimmte Entwicklungen oder Stimuli potentiell reagieren (Gilbert und Troitzsch 2005, S. 26). Sie können dabei nicht nur zur Analyse von gesellschaftlichen Wandlungsprozessen dienen, sondern auch explizit zur Untersuchung von Wechselwirkungen zwischen diversen gesellschaftlichen Entwicklungen eingesetzt werden (Hannappel und Troitzsch 2015, S. 484).

3.2   Basisdatensatz

Die Basis für eine periodenorientierte dynamische Mikrosimulation bildet ein Datensatz auf der individuellen Ebene; d. h. Individuen, Haushalte, kleinräumige geographische Einheiten oder Ähnliches gelten als mögliche Untersuchungseinheiten eines Startdatensatzes für Mikrosimulationen. Dabei kann die Datenquelle aus administrativen Mikrodaten, aus Zensusdaten der Gesamtpopulation, aus einer repräsentativen Studie oder aus einer Kombination der genannten Datenquellen (sog. synthetische Daten) stammen.[12] Die empirischen Daten, die die Grundlage für die dynamische Mikrosimulation zum Pflegebedarf im Folgenden bilden, stammen aus dem Mikrozensus 2009. Verwendet wurde das für die wissenschaftliche Datennutzung zur Verfügung stehende Scientific-Use-File (SUF), welches eine 70-Prozentige-Substichprobe des Mikrozensus darstellt. Das Stichprobenverfahren beim Mikrozensus ist eine einstufige Flächenstichprobe mit der Zusammensetzung der Auswahleinheiten aus Gebäuden oder Gebäudeteilen (Statistisches Bundesamt 2010, S. 5). Hierbei werden jährlich 1 % der Auswahlbezirke befragt, womit es sich hierbei um die größte amtliche Haushaltserhebung in der Bundesrepublik handelt (ebd., S. 9). Im Mikrozensus 2009 wurden insgesamt 340.000 Haushalte befragt und dadurch Informationen zu 699.000 in diesen Haushalten wohnenden Personen gesammelt. Im verwendeten Scientific-Use-File beläuft sich die Gesamtzahl der Simulationseinheiten auf 489.349 Personen. Für die Mikrosimulation wird zur Erhöhung der Effizienz der Simulation auf eine daraus gezogene Sub-Stichprobe

---

12 Im Hinblick auf das Ziel, eine Bevölkerungsprojektion durchzuführen, wäre eine Datenbasis aus der Gesamtpopulation des Untersuchungsgegenstandes am geeignetsten. Jedoch fehlen in diesen umfangreichen Datenquellen meistens verhaltensbasierte Variablen, subjektive Einschätzungen oder Daten zu individuellen Lebensverläufen. Dies führt vor allem in der sozialwissenschaftlichen Forschung zu der Notwendigkeit mittels Imputationsverfahren synthetische Daten zu produzieren oder Koeffizienten aus verschiedenen Datensätzen zusammenzuführen. Dadurch steigert sich im Umkehrschluss neben den Vorteilen die Gefahr der statistischen Fehleranfälligkeit von Mikrosimulationen (Rephann und Holm 2004, S. 384), welche die Relevanz der Beschaffung einer soliden Datenbasis (ähnlich zu allen statistischen Untersuchungen) für die Durchführung von Mikrosimulationen untermauert.

zurückgegriffen. Da keine Punktprognose angestrebt wird, sondern eine Analyse der Pflegeentwicklung im Hinblick auf deren Abhängigkeit von diversen Faktoren der Sozialstruktur, ist dies mit Blick auf die Forschungsfrage unproblematisch. Zudem werden Personen, die zum Zeitpunkt der Befragung unter 20 Jahre alt waren, aus dem Datensatz ausgeschlossen, da diese im Simulationshorizont nicht das Alter erreichen können, in welchem in der hier durchgeführten Mikrosimulation eine Pflegebedürftigkeit eintreten kann (siehe Abb. 2).

Neben der hohen Anzahl an Untersuchungseinheiten stellt die Verfügbarkeit der individuen- und haushaltsbezogenen Informationen einen Vorteil des Mikrozensus dar. Dies ermöglicht die Ermittlung des sozialen Hintergrundes der Befragten und die Berücksichtigung von deren Haushaltskonstellationen. Darüber hinaus unterliegt die Mehrzahl der Fragen der Auskunftspflicht nach dem Mikrozensusgesetz (Statistisches Bundesamt 2010, S. 4), wodurch die Gefahr der systematischen Ausfälle in der Erhebung vermindert wird. Im Hinblick auf das Forschungsinteresse stellt vor allem die Zusatzerhebung des Mikrozensus 2009 einen Mehrwert dar: Es werden über den konventionellen Variablenkatalog hinaus Fragen zum Gesundheitszustand bzw. zu Krankheiten oder zum Migrationshintergrund der Eltern gestellt, was so im Mikrozensus nur in einem vierjährigen Turnus erfolgt. Auf Basis dieser Stärken des SUF 2009 wird aktuell auf die Hinzunahme von Informationen aus anderen Stichproben in Deutschland verzichtet.[13]

Die folgenden Schritte der Vorbereitung und der Ausführung der dynamischen Mikrosimulation zum Pflegebedarf in Deutschland werden mithilfe der Software-Umgebung ‚R' umgesetzt (R Core Team 2018, R-Version 3.5.2).

3.3   Ermittlung der Fortschreibungsparameter

Offen blieb bislang die Implementation der dynamischen Mikrosimulation. Da es sich um eine Methode handelt, bei der Individualdaten Jahr für Jahr fortgeschrieben werden sollen, stellt sich die Frage, auf welchen Parametern eine derartige Fortschreibung basiert bzw. wie die Fortschreibung initiiert werden kann. Ausgangspunkt zur Ermittlung von Fortschreibungsparametern können beispielsweise amtliche Statistiken sein, aber auch empirische Ergebnisse aus Regressionsanalysen mit verschiedensten Datenquellen.

---

13 So könnten zu einer Vielzahl an Variablen auch Längsschnittinformationen z. B. aus dem Sozio-ökonomischen Panel (SOEP) ergänzend hinzugezogen werden. Diese Ergänzung stellt eine geplante Weiterentwicklungsmöglichkeit des Vorhabens dar.

Bei Fortschreibungsparameter aus amtlichen Statistiken handelt es sich in der Regel um die relativen Häufigkeiten der Ausprägung eines fortzuschreibenden Merkmals in Abhängigkeit von weiteren in Kreuztabellen der amtlichen Statistik berücksichtigten Merkmalen – z. B. Pflegequoten nach Alter und Geschlecht aus der Pflegestatistik. Diese Häufigkeiten werden innerhalb der Simulation als individuelle Wahrscheinlichkeiten für das Auftreten von Ereignissen interpretiert. Bei der Simulation wird nun für jedes Individuum mittels einer Monte-Carlo-Simulation eine Zufallszahl aus einer Gleichverteilung mit dem Intervall [0, 1] gezogen, die mit der vorher ermittelten bedingten Wahrscheinlichkeit abgeglichen wird. Ist die Zufallszahl nun kleiner oder gleich dem Wert der Wahrscheinlichkeit für das Eintreten des jeweiligen Ereignisses bei einem Individuum, so findet das Ereignis statt. Andernfalls bleibt dieses aus und der Wert im Simulationsprozess unverändert (Hannappel und Troitzsch 2015, S. 462ff.). Der Fortschreibungsalgorithmus führt weiterhin zu einer Reorganisierung des verwendeten Datensatzes, sodass die simulierten Werte für anknüpfende Zeitpunkte t_{x+1} aufgenommen werden.

Zielt die Simulation auf eine möglichst präzise und den theoretischen Ansprüchen gerechte personenbezogene Fortschreibung, dann wird es entscheidend, inwieweit relevante Prädiktoren der Zielvariablen in die Modellierung einbezogen werden. Dabei erreicht die oben beschriebene Vorgehensweise zur Bestimmung der Fortschreibungsparameter jedoch relativ schnell ihre Grenzen: Schwierigkeiten hinsichtlich der Fallzahlen in den mehrdimensionalen Tabellen steigen mit dem Einbezug weiterer Merkmale exponentiell. Darüber hinaus fehlen in den amtlichen Daten zumeist wichtige Merkmale, die im Rahmen theoretischer Vorüberlegungen als relevant identifiziert werden können, so auch im hier dargestellten Fall. Diesem Problem kann begegnet werden, indem für die Simulation der Mikro-Einheiten Regressionskoeffizienten als Fortschreibungsparameter verwendet werden (McLay et al. 2015, S. 85). Hierfür kommen verschiedene statistische Schätzverfahren zur Fortschreibung in Frage, sodass neben dichotomen oder kategorialen Variablen ohne weiteres auch kontinuierliche Zielvariablen berücksichtigt werden können. Darüber hinaus ist es möglich, die Schätzung der Simulationskoeffizienten anhand von Längsschnittsanalysen um die prozessorientierte Lebenslaufperspektive zu erweitern. In den letzten Jahren werden zudem komplexere Schätzmethoden vermehrt thematisiert und versprechen hierbei einen erheblichen Präzisionsgewinn für die dynamische Mikrosimulation (siehe Beitrag von Bekalarczyk und Depenbrock in diesem Sammelband).

In Abhängigkeit von dem Skalenniveau der interessierenden Merkmale werden in der hier präsentierten Mikrosimulation Fortschreibungsparameter aus multiplen linearen sowie logistischen Regressionen gewonnen. Die Regressionen werden als Prognosegleichungen zur stochastischen Fortschreibung in die Mikrosimulation integriert. Im Falle einer linearen Regression handelt es sich um die folgende Gleichung:

$$y_i = \alpha + \sum_{k=1}^{K} \beta_k x_{ki} + \varepsilon_i \tag{1}$$

Die Parameter α und β_k sowie die individuellen Werte x_{ki} werden als fixe Bestandteile der Gleichung aufgefasst, während y_i den zu simulierenden Wert beschreibt. Die Prognose eines individuellen Wertes einer Zielvariablen ergibt sich, nachdem die Koeffizienten auf die individuellen Ausprägungen für x angewendet wurden. Unter Verwendung von dem hier in Gleichung 1 dargestellten OLS-Modell liegt das stochastische Fortschreibungselement nun in dem zufälligen Ziehen des Residuums ε_i für jedes Individuum im Datensatz. So bildet sich der zu simulierende Wert y eines Individuums aus dem fixen Teil der Prognosegleichung und dem addierten zufällig gezogenen Residuum (Stein und Bekalarczyk 2016, S. 243). Die konkrete Umsetzung lässt sich anhand einer vereinfachten Fortschreibung des Body-Mass-Index (BMI) in der Simulation illustrieren. Vor der eigentlichen Simulation gilt es eine lineare Regressionsgleichung für den BMI zu spezifizieren. Unter der Annahme, die Bildung und die berufliche Stellung (als Stellvertreter für den sozioökonomischen Status) sowie das Geschlecht tragen zur Erklärung des BMI eines Individuums bei, resultieren nach Berechnung der Regression die Parameter α als Regressionskonstante, β_1 als Koeffizient für die Bildung, β_2 als Koeffizient zur beruflichen Stellung und β_3 als Koeffizient zum Geschlecht. Zusätzlich lässt sich die Standardabweichung s_r der Residuen im geschätzten Modell bestimmen. Zur Fortschreibung des Merkmals „BMI" von einem Zeitpunkt t zum Zeitpunkt $t + 1$ werden nun die ermittelten Parameter in Gleichung 1 eingesetzt:

$$BMI_{i,t+1} = 29.69 - 8.0 * Bildung_{i,t} - 1.24 * Beruf_{i,t} + 1.72 * Mann_i + \varepsilon_{i,t+1} \tag{2}$$

Für ein männliches Individuum $i = 1$ im Datensatz mit der Ausprägung 5 bei der Bildung und 4 bei der logarithmierten beruflichen Stellung zum Zeitpunkt t lässt sich ausgehend von Gleichung 2 entsprechend ein geschätzter BMI-Wert zum Zeitpunkt $t + 1$ von 22.45 berechnen. Das stochastische Fortschreibungselement $\varepsilon_{i,t+1}$ wird nun bestimmt, indem für das Individuum $i = 1$ ein zufälliges Residuum aus der Verteilung N(0; s) gezogen wird, wobei für s die bereits ermittelte Standardabweichung der Residuen s_r eingesetzt wird. Wird beispielsweise für das Individuum $i = 1$ ein zufälliges Residuum von 0.48 gezogen, wird dieses zum geschätzten BMI-Wert von 22.45 addiert, sodass sich für den fortgeschriebenen Zeitpunkt $t + 1$ insgesamt ein BMI von 22.93 für das Individuum $i = 1$ ergibt.

Im Falle der logistischen Regressionen werden zuerst logarithmierte Chan-
cenverhältnisse bzw. logits auf Basis der relevanten Merkmale geschätzt[14], welche
dann in individuelle Wahrscheinlichkeiten (p) umgerechnet werden.[15] Diese
Eintrittswahrscheinlichkeiten werden dann ähnlich wie die oben beschriebenen
Fortschreibungsparameter aus amtlichen Statistiken behandelt. Somit erfolgt mittels
eines Abgleiches mit einer Zufallszahl aus der Monte-Carlo-Simulation ebenfalls
die stochastische Fortschreibung, wobei Prädiktoren sämtlicher Messniveaus in
die Schätzung der Eintrittswahrscheinlichkeiten in das Modell einbezogen werden
können. Auch hier soll ein Beispiel die genaue Vorgehensweise verdeutlichen, diesmal
anhand des abhängigen fortzuschreibenden dichotomen Merkmals „Raucher" mit
den Ausprägungen „Ja" oder „Nein" bzw. 1 oder 0. Zur Veranschaulichung werden
hier ebenfalls das Bildungsniveau, die berufliche Stellung und das Geschlecht
als erklärende Variablen herangezogen. Nach Spezifikation und Berechnung der
logistischen Regression resultiert, mit Blick auf Gleichung 3, zur Fortschreibung
des Raucherstatus zunächst folgende Gleichung 5:

$$logit(Raucher)_{i,t+1} = 2.14 - 0.24 * Bildung_{i,t} - 0.58 * Beruf_{i,t} + 0.41 * Mann_i \quad (5)$$

Nach Einsetzen der bereits im vorherigen Beispiel angeführten Merkmalsausprä-
gungen für ein Individuum $i = 1$ in Gleichung 5 resultiert für das Individuum ein
logit-Wert zum Raucherstatus von -0.29. Da das Interesse aber nicht an logits liegt,
sondern an individuellen Wahrscheinlichkeiten, richtet sich der Fokus zusätzlich
auf Gleichung 4. Die Wahrscheinlichkeit $P(Raucher_{I,t+1} = 1)$ ergibt sich entsprechend aus $e^{-0.29}/1 + e^{0.29}$ und beträgt 0.43. Auf Basis dieser Wahrscheinlichkeit
lässt sich der Raucherstatus des Individuums $i = 1$ zum Zeitpunkt $t + 1$ nun durch
ein Monte-Carlo-Experiment bestimmen, d.h. es wird eine Zufallszahl aus einer
Gleichverteilung im Intervall [0, 1] ermittelt und mit der berechneten Wahrscheinlichkeit abgeglichen. Wird aus der Gleichverteilung für das Individuum $i = 1$ ein
Wert kleiner oder gleich 0.43 gezogen (beispielsweise eine 0.28), so wird dem Individuum der Raucherstatus 1 zugeordnet (Raucher). Ist der Wert größer als 0.43
(beispielsweise 0.78), so wird eine 0 zugeordnet (kein Raucher).

---

14 $logit(y_i) = \ln\left(\frac{p_i}{1-p_i}\right) = \alpha + \sum_{k=1}^{K} \beta_k x_{ki}$ \qquad (3)

15 $p_i = \frac{e^{logit(y_i)}}{1+e^{logit(y_i)}}$ \qquad (4)

3.4 Module

Ausgehend von den im vorherigen Abschnitt dargestellten Fortschreibungstechniken wird der Startdatensatz periodisch aktualisiert bzw. simuliert. Es wird in einem Simulationsjahr für jede im Datensatz befindliche Mikro-Einheit eine hypothetische Ausprägung für jedes Merkmal projiziert und somit ein vorhergesagtes neues Sample erzeugt. Dabei ist die Fortschreibung in Modulen organisiert, in denen festgelegt ist, auf welche Weise die einzelnen Merkmale fortgeschrieben werden. Die Projektion wird von einem Startzeitpunkt t_0 bis zu einem gewünschten Zeitpunkt t_T durchgeführt. Im Folgenden handelt es sich um eine periodenorientierte Querschnittssimulation, in der die modulare Fortschreibung der Individuen zeitdiskret (jährlich) erfolgt (Rephann und Holm 2004, S. 387). Mithilfe von Simulationsalgorithmen wird festgelegt, welche Akteure in ein Modul eingelesen werden und inwiefern eine Fortschreibung der Ausprägung daran anschließend stattfindet (Leim 2008, S. 38ff.). Individuen, deren Ausprägungen nicht den Auswahlkriterien eines Moduls entsprechen, werden durch den Simulationsalgorithmus von dem jeweiligen Modul ausgeschlossen. Im Folgenden wird für jedes Modul in der Mikrosimulation die Bestimmung der Übergangswahrscheinlichkeiten aus externen Datenquellen oder aus Regressionsgleichungen genauer erklärt. In Abbildung 2 sind die Module zur Pflegesimulation, die sich aus den Ausführungen in Abschnitt 2 ergeben, vorab schematisch dargestellt. Das Pflege-Modul kann als Kern der Simulation bezeichnet werden, da in diesem Modul bestimmt wird, ob eine Person im Verlaufe der Mikrosimulation pflegebedürftig wird oder nicht. Wie im theoretischen Abschnitt klar wurde, sind damit verbunden Module zur Simulation der Bildung, des Arbeits- und Rentenstatus, zum Familienstand und zur Gesundheit essentiell, um periodisch die benötigten Merkmale zur Ermittlung der Pflegesituation der Individuen zur Verfügung zu stellen. So wurde bereits hervorgehoben, dass neben dem Alter unter anderem diese Merkmale die Wahrscheinlichkeit einer Pflegebedürftigkeit bedingen (siehe zusammenfassend zur Zusammenhangsstruktur der einzelnen Merkmale Kapitel 2.3). Nicht dargestellt in der Abbildung 2 sind für die Pflegebedürftigkeit diverse zeitkonstante Merkmale, wie beispielsweise der Bildungsstand (ISCED97), der Migrationshintergrund (differenziert nach direktem und indirektem Migrationshintergrund) oder das Geschlecht, da diesbezüglich in der hier dargestellten Mikrosimulation keine jährliche Simulation nötig ist.[16] Die

---

16 Da die meisten Personen in der Simulationspopulation ihr endgültiges Bildungsniveau bereits erreicht haben, wird auf eine weitere Simulation des Bildungsstandes in den jüngeren Altersgruppen in dieser Mikrosimulation verzichtet. Personen in der Simulation, bei denen aus theoretischen Gesichtspunkten Änderungen in der Bildung durchaus

Abbildung 2 veranschaulicht darüber hinaus, in welchen Lebensjahren die Module für die Individuen innerhalb der Simulation relevant sind.

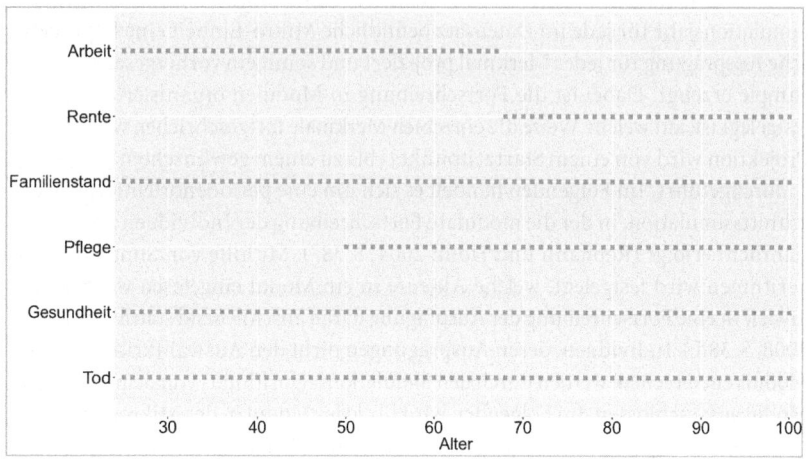

Abb. 2 Module in der Mikrosimulation

Arbeit

Ziel des Moduls ist die Ermittlung der beruflichen Situation von Individuen über den Simulationsverlauf hinweg. Der Erwerbsstatus wird hierbei über zwei Zwischenschritte bestimmt: Erstens wird anhand einer logistischen Regression ermittelt, ob eine Person erwerbstätig ist. Für die Schätzung werden die unabhängigen Variablen Bildung, Alter, quadriertes Alter, Geschlecht und Migrationshintergrund benutzt. Zweitens wird bei den nicht-erwerbstätigen Personen ermittelt, ob es sich um arbeitslose Personen handelt oder um Hausfrauen bzw. Hausmänner. Dabei wird zusätzlich zu den oben benannten Faktoren der Familienstand in die Gleichung einbezogen, um die Heterogenität der nicht-erwerbstätigen Bevölkerung zu berücksichtigen. In einem weiteren Schritt wird für alle Personen deren berufliche Platzierung über die sog. *Magnitude-Prestigeskala* (MPS) ermittelt. Es handelt sich hierbei um eine Skalierung der Berufe nach deren Prestigewerten in der Gesellschaft,

---

noch realistisch sind, erreichen erst gegen Ende des Simulationshorizontes das Alter, in welchem Pflegebedarfe simuliert werden (siehe Abb. 2). Folglich sind aus dieser Entscheidung keine größeren Veränderungen der Simulationsergebnisse zu erwarten. Für die Zukunft ist dennoch eine Implementation eines komplexeren Bildungsmodules geplant.

wobei die Skalierung im Mikrozensus auf Basis der deutschen Klassifikation der Berufe erfolgt (umgesetzt nach Frietsch und Wirth 2001). Eine lineare Regression auf das logarithmierte MPS mit den erklärenden Variablen Bildung, Alter, quadriertes Alter, Bildung der Eltern, MPS der Eltern, Geschlecht, Erwerbsstatus und Migrationshintergrund bestimmt die Fortschreibung der beruflichen Positionierung (für eine theoretische Fundierung des Moduls siehe Stein und Bekalarczyk 2016). Dazu wird die stochastische Komponente aus der Gleichung in die Modellierung miteinbezogen (siehe Abschnitt 4.2). Für Personen, die aktuell nicht erwerbstätig sind, wird der zuletzt angegebene Wert benutzt. Das Modul und die einzelnen Submodule sind über alle Simulationsjahre hinweg zeitveränderlich.[17]

Rente

Jede Person in dem Simulationsvorgang geht ab dem 67. Lebensjahr automatisch in den Rentenstatus über. Für Personen, die bereits im Startdatensatz zu einem früheren Zeitpunkt als Rentner identifiziert werden konnten, spielt das Modul entsprechend keine Rolle. Der Rentenstatus wird einmalig bestimmt und pro Individuum bis zu seinem Ausscheiden aus der Simulationsgesamtheit zeitkonstant fortgeschrieben. Die soziale Stellung orientiert sich bei Personen im Rentenalter anhand deren letzten beruflichen Tätigkeit. Das Rentenmodul ist in dieser Form stark deterministisch. Auch hier ist in der weiteren Forschungsarbeit stattdessen eine Implementation von Fortschreibungsparametern geplant.

Familienstand

Das Modul zum Familienstand bestimmt, ob eine Person verheiratet ist oder nicht. Dies erfolgt anhand der Fortschreibungsparameter aus einer logistischen Regression. Anhand der Merkmale Bildung, Alter, quadriertes Alter, Geschlecht, Erwerbsstatus und gesundheitliches Verhalten wird die Wahrscheinlichkeit ermittelt, verheiratet zu sein (für eine theoretische Fundierung des Moduls siehe Leim 2008, S. 55ff.). Anhand eines Abgleichs mit einer Zufallszahl wird bestimmt, ob das Ereignis eintritt oder nicht. Dieses Modul durchläuft jedes Individuum im

---

17   Sowohl Bildung als auch die berufliche Platzierung fungieren als Operationalisierung des Sozialstatus. Unberücksichtigt bleibt in der aktuellen Version der Simulation das Einkommen, wobei die berufliche Stellung als Proxy aufgefasst werden kann. Für die Zukunft ist in der Simulation eine Implementation der tatsächlichen finanziellen Lage der Individuen und der Haushalte geplant.

Simulationsdatensatz auf jährlicher Basis. Entsprechend ist der Familienstatus über die Simulation hinweg zeitvariant.[18]

Gesundheit

Das gesundheitliche Verhalten der Individuen wird in der Simulation anhand von zwei Regressionsgleichungen geschätzt. Erstens wird eine logistische Regression zu dem Einfluss der Variablen Alter, Geschlecht, Bildung, berufliche Platzierung und Migration auf das Rauchverhalten geschätzt und daraufhin in Wahrscheinlichkeiten für einen Raucherstatus umgerechnet. Zweitens erfolgt die Bestimmung der gesundheitlichen Fortschreibung mittels einer linearen Regression zu dem *Body-Mass-Index*. Der Index stellt ein Verhältnis zwischen dem Gewicht und der Körpergröße her und wird ebenfalls durch Alter, Geschlecht, Bildung, MPS und Migrationshintergrund geschätzt. Diese zwei Gleichungen fungieren somit als Basis für die dynamische Modellierung des gesundheitlichen Verhaltens für den gesamten Simulationsdurchlauf und basieren theoretisch auf den Ausführungen in Abschnitt 2.

Pflege

Das Pflegemodul ist aufgrund des Interesses an der Fortentwicklung des Pflegebedarfs das zentrale Modul der Mikrosimulation. Jedes Individuum durchläuft das Pflegemodul ab dem 50. Lebensjahr, die Bestimmung der Fortschreibungsparameter beruht auf einer logistischen Regression. Hierbei wird versucht, die theoretische Basis (siehe Abschnitt 2.1) möglichst präzise in die Modellierung einzubeziehen: Variablen wie Alter, Geschlecht, Bildung, Familienstand, MPS, Rauchen, BMI und Migrationshintergrund werden für die Schätzung des Pflegebedarfs einer Person verwendet. Die benannten Faktoren tragen in der Schätzung alle zur Erklärung der Pflegebedürftigkeit im SUF des Mikrozensus 2009 bei, wodurch der zuvor beschriebene Forschungsstand unterstützt wird.[19] Gesundheitliche Belastungen, wie z. B. schwere Arbeitsbedingungen oder ungesunde Wohnumwelten werden

---

18 Dies ist gleichbedeutend mit dem Umstand, dass eine Partnerschaft zum vorherigen Fortschreibungszeitpunkt keinen Einfluss auf den nachfolgenden Zeitpunkt bei der Ermittlung des Partnerschaftsstatus hat. Im Zuge weiterer Arbeiten an dem hier dargestellten Mikrosimulationsmodells ist eine Umstellung auf getrennte Fortschreibungsprozesse für die Ereignisse der Verpartnerung und der Trennung geplant.

19 Nennenswert ist an dieser Stelle die protektive Wirkung des Migrationshintergrundes auf die Pflegebedürftigkeit. Der Effekt ist bei Personen mit indirekter Migrationserfahrung wie zu erwarten geringer ausgeprägt. Ein hoher Sozialstatus und das Leben in einer Partnerschaft wirken ebenfalls risikomindernd. Mit steigendem Alter wächst erwartungsgemäß das Risiko einer Pflegebedürftigkeit.

nicht explizit operationalisiert. Selbiges gilt für Gesundheitsressourcen, wie z. B. soziale Netzwerke oder Erholungsmöglichkeiten in der Umgebung. Dies wird hier toleriert, da die soziale Lage indirekt für diese Faktoren vermittelt (siehe Abb. 1). Die so geschätzten Fortschreibungsparameter samt der gezogenen Zufallskomponente werden für die Modellierung des Pflegebedarfes verwendet. Wird einem Individuum im Simulationsprozess der Übergang in eine Pflegebedürftigkeit zugesprochen, wird dieser über den restlichen Simulationsverlauf konstant gehalten.[20]

Tod

Das Todesmodul bestimmt, wann ein Individuum aus dem Fortschreibungsprozess entfernt wird. Jede Person in der Simulation kann grundsätzlich in jedem Simulationsjahr sterben. Ob dieses Ereignis eintritt, hängt von Übergangswahrscheinlichkeiten ab, die mit einer Zufallszahl abgeglichen werden. Die im Modul zur Anwendung kommenden Wahrscheinlichkeiten basieren auf amtlichen Statistiken des Statistischen Bundesamtes (2016). Es handelt sich um die amtliche Todesstatistik in Form von Übergangsmatrizen, wobei die Wahrscheinlichkeit zu sterben für jedes Altersjahr getrennt nach Geschlecht vorliegt. Somit hat beispielsweise jeder Mann in der Simulation im Alter von 80 eine 5,46 prozentige, jede Frau eine 3,46 prozentige Wahrscheinlichkeit zu sterben. Ab 100 Jahren sterben alle Personen in dem simulierten Datensatz automatisch.

4   Ergebnisse

Die Simulationsergebnisse der Jahre 2010 bis 2040 sind hinsichtlich der Altersentwicklung der Simulationspopulation erwartungsgemäß (siehe Abb. 3). Da auf eine Simulation von Geburten verzichtet wurde, nimmt das durchschnittliche Alter über die gesamte simulierte Bevölkerung hinweg linear zu, während die Bevölkerung insgesamt schrumpft. Im ersten Simulationsjahr beinhaltet der Datensatz rund 104.000, im Jahre 2040 nur noch ca. 59.000 Beobachtungen. Erwartungsgemäß ist aufgrund des Fallausschlusses von Personen unter 20 Jahren in der Simulationspopulation im Jahre 2040 die gesamte simulierte Bevölkerung mindestens 40 Jahre alt. Zum Ende des Simulationszeitraumes beträgt das durchschnittliche Alter der simulierten Population ca. 68 Jahre, was eine Steigerung von rund 16

---

20 Im Pflegemodul ist es ohne weiteres möglich, auch Pflegestufen bzw. Pflegegrade zu simulieren. Da das Interesse in der vorliegenden Arbeit auf der generellen Pflegeentwicklung liegt, wird darauf zunächst verzichtet.

Jahren bedeutet. Da Pflegebedarfe in der Fortschreibung erst ab einem Alter von 50 Jahren simuliert werden, richtet sich das Augenmerk in Abbildung 3 zusätzlich auf Alterskategorien jenseits dieser Grenze. Erkennbar ist ein überproportionaler Zugewinn in den Kategorien zwischen 60 und 90 Jahren im Simulationsverlauf. Lediglich Personen zwischen 50 und 59 Jahren sind zum Ende der Simulation in einer geringeren Fallzahl vorhanden als zu Beginn. Die Fallzahlen bei den Personen ab 90 Jahren verändern sich nur moderat, was mit der hohen Sterblichkeit in dieser Altersklasse zusammenhängt. So ist generell aber auch hier ein zunehmender Trend erkennbar, der die Alterung der simulierten Bevölkerung nochmals untermauert.

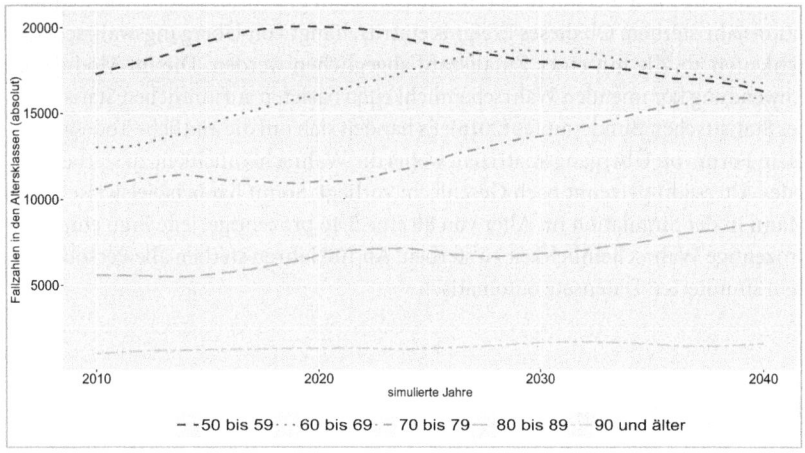

Abb. 3   Entwicklung der Altersstruktur in der Mikrosimulation.

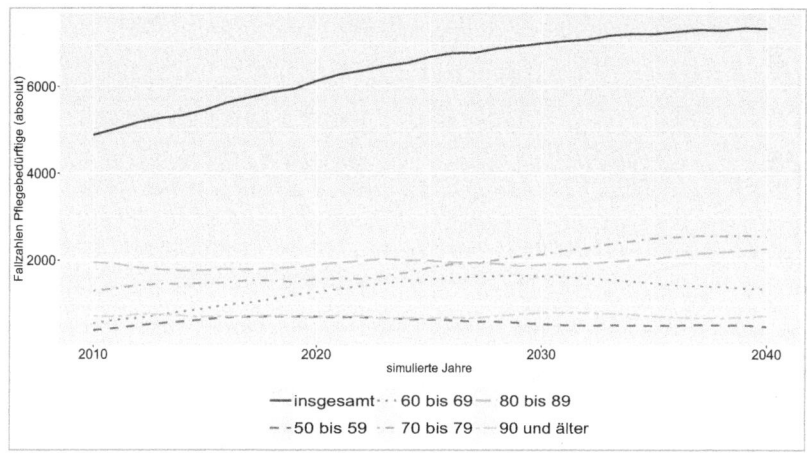

Abb. 4 Entwicklung der Fallzahlen der Pflegebedürftigen in der Mikrosimulation.

Die beschriebenen Entwicklungen in der Altersstruktur spiegeln sich auch in der Fortentwicklung des Pflegebedarfs in der Simulation wider. Wie in Abbildung 4 zu erkennen ist, nimmt die absolute Anzahl der Pflegebedürftigen bis zum Simulationshorizont, genau wie das durchschnittliche Alter, stetig zu. Es kommt fast zu einer Verdoppelung der Fallzahlen. Inwiefern das Alter als Einflussfaktor auf die Pflegebedürftigkeit die Fortentwicklung antreibt, wird in der Abbildung 5 deutlich, in der neue Pflegefälle pro Jahr (relative Häufigkeiten) abgebildet sind. Wie aus der Regressionsanalyse zur Pflegebedürftigkeit zu erwarten ist, sind es insbesondere die höchsten Altersgruppen ab 80, in denen relativ gesehen die meisten Pflegefälle auftreten (Abb. 5). Große Schwankungen in der Klasse ab 90 resultieren aus vergleichsweise geringen Fallzahlen in Kombination mit dem stochastischen Zufallselement in der Fortschreibung. Generell kommt die steigende Wahrscheinlichkeit einer Pflegebedürftigkeit bei zunehmendem Alter zum Ausdruck. In Abbildung 6 zeigt sich dennoch, dass die meisten neuen Pflegefälle nicht in der Alterskategorie ab 90 auftreten, sondern in den Kategorien von 70 bis 79 und 80 bis 89. Wie in Abbildung 3 deutlich wird, kann dies auf die absoluten Fallzahlen in den verschiedenen Klassen zurückgeführt werden.

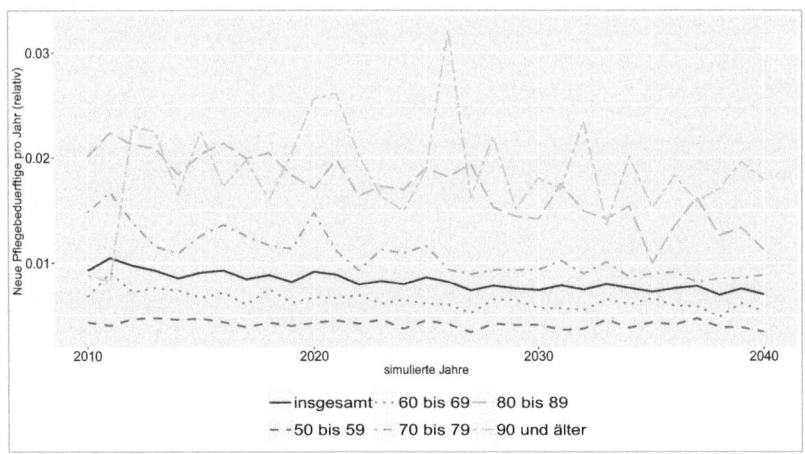

Abb. 5   Neue Pflegefälle pro Jahr in der Mikrosimulation (relativ)

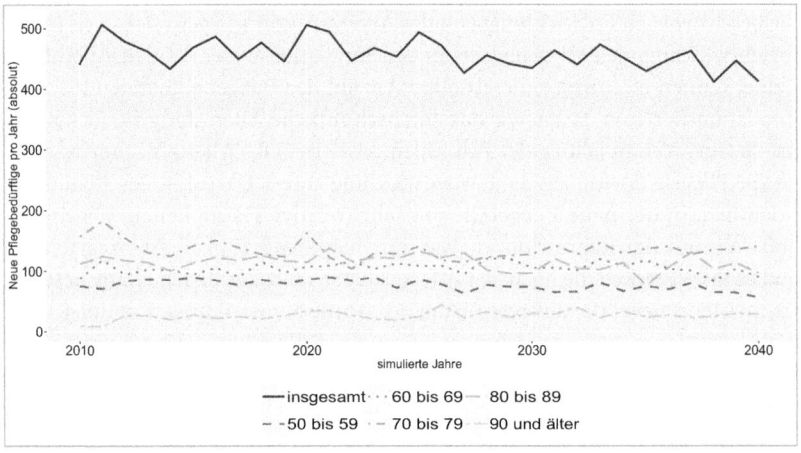

Abb. 6   Neue Pflegefälle pro Jahr in der Mikrosimulation (absolut)

Die bisherigen Ergebnisse spiegeln Erkenntnisse wider, die auch in vergangenen Analysen und Prognosen zur Pflegebedürftigkeit in Deutschland oft im Mittelpunkt standen. Es wird klar, dass die Zahl der Pflegebedürftigen steigt, da die simulierte Population erkennbar altert. Die Mikrosimulation erlaubt durch ihren modularen

Aufbau und der Berücksichtigung verschiedener Individualhypothesen bei der Fortschreibung aber auch einen Einblick in weitere Mechanismen, die neben dem Alterungsprozess die Fortentwicklung des Pflegebedarfs in der Simulation antreiben und die Entstehung der jährlichen Pflegequoten bedingen.

In Abbildung 7 wird mit Blick auf neue Pflegefälle pro Simulationsjahr deutlich, dass sich die Entwicklungen bei den absoluten Zahlen der Pflegebedürftigen in der Simulation im hohen Maße durch neue Pflegefälle bei Personen ohne Migrationserfahrung konstituieren. Neuentstehende Pflegebedarfe bei Migranten, die selbst eingewandert sind, spielen eine etwas geringere, aber ebenfalls bedeutsame Rolle. Von Personen mit indirekter Migrationserfahrung entstammt über den Simulationsverlauf hinweg der geringste Anteil der Pflegebedürftigen im Aggregat. Dies lässt sich zunächst über die Altersstruktur der Bevölkerung differenziert nach dem Migrationshintergrund erklären. Insbesondere die jüngeren migrantischen Generationen weisen mit durchschnittlich rund 36 Jahren zum Simulationsbeginn eine im Vergleich zur übrigen Bevölkerung ohne Migrationshintergrund (durchschnittlich ca. 54 Jahre) junge Altersstruktur auf, sodass diese schlicht in geringeren Fallzahlen den Altersklassen zuzuordnen sind, in denen Pflegebedarfe in der Simulation überhaupt eintreten können. Ähnliches gilt für Personen mit direktem Migrationshintergrund, allerdings nicht in diesem Ausmaß (durchschnittlich ca. 46 Jahre). Daneben muss aber auch der negative Effekt der Migrationserfahrung auf die Pflegebedürftigkeit beachtet werden, der die Simulationsergebnisse jenseits der Altersstruktur in den Migrationskategorien beeinflusst (zur näheren Begründung des negativen Effektes siehe Kapitel 2). Dieser kommt erst durch Abbildung 8 zum Ausdruck. Dargestellt sind drei Extremszenarien, die mit dem bislang interpretierten Basisszenario in ein Verhältnis gesetzt werden. Durch die Szenarien, die nicht an der Realität orientiert sind und lediglich der Veranschaulichung dienen, wird geprüft, wie sich der Pflegebedarf in der Simulation entwickeln würde, wenn in der gesamten Simulationsbevölkerung für alle Individuen – unter sonst gleichen Bedingungen – jeweils entweder der Effekt eines direkten-, indirekten- oder keines Migrationshintergrundes – bei der jährlichen Simulation des Pflegebedarfs gültig wäre. Auf diese Weise lässt sich veranschaulichen, inwieweit es im Basisszenario, bei dem die Effekte nur nach der tatsächlichen Zugehörigkeit zur Migrationskategorie zugeordnet werden, mit Blick auf Pflegebedarfe überhaupt eine Rolle spielt, ob Individuen einen Migrationshintergrund haben oder nicht.

Erkennbar wird durch die großen Unterschiede in den Extremszenarien der hemmende Effekt der migrantischen Bevölkerung auf die Gesamtentwicklung im Basisszenario. In der Simulationspopulation würde es ohne die migrantischen Bevölkerungsanteile zu deutlich mehr Pflegefällen kommen, selbst wenn sich die nach Migrationshintergrund differenzierte Simulationsbevölkerung in ihrer

Altersstruktur nicht unterscheiden würde. Damit zeigt sich insgesamt, inwiefern makrostrukturelle Veränderungen im Hinblick auf den Migrationshintergrund mit der Pflegeentwicklung interagieren.

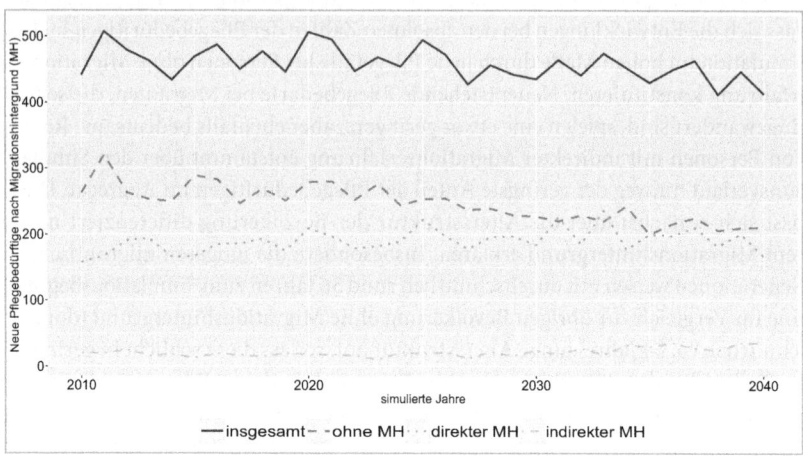

Abb. 7   Neue Pflegebedürftige in der Mikrosimulation differenziert nach Migrationshintergrund (relativ)

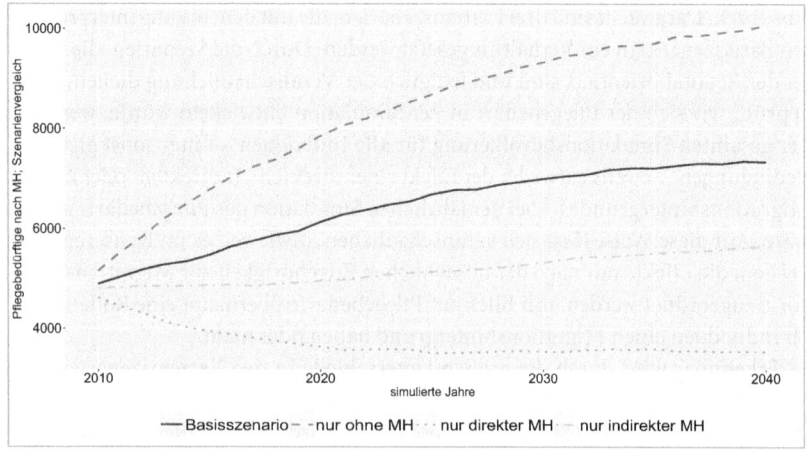

Abb. 8   Absolute Pflegeentwicklung in der Mikrosimulation nach verschiedenen Szenarien zum Migrationshintergrund

Selbiges lässt sich auch auf den Familienstand und auf die Bildung in der Simulationspopulation übertragen. Auch hier wurden Szenarien spezifiziert, in denen bei der Fortschreibung des Pflegebedarfs jeweils nur Effekte von ledigen oder verheirateten Personen auf die simulierte Bevölkerung übertragen wurden bzw. jeweils nur Effekte von einem niedrigen-, mittleren- oder hohen Bildungsniveau. In Abbildung 9 wird der Einfluss des Familienstandes bei der Fortschreibung sichtbar, da Ledige im Simulationsverlauf merklich häufiger in eine Pflegebedürftigkeit übergehen als Verheiratete. Der „schützende" Partnerschaftseffekt führt in einer Population, in der es nur Verheiratete gibt, hingegen zu geringeren Fallzahlen als das Basisszenario, in dem sowohl Verheiratete als auch Ledige vertreten sind. Beim Bildungsniveau (Abb. 10) spiegelt sich ebenfalls wider, dass Personen in unteren Bildungskategorien stärker zum Anstieg der Pflegebedürftigkeit auf der Aggregatebene beitragen als Personen mit einer hohen Bildung. Die eher geringfügigen Abweichungen zwischen dem Basisszenario und dem Szenario „nur niedriges Bildungsniveau" können auf die Verteilung der Bildung in der Simulationspopulation zurückgeführt werden. So dominieren, zumindest in den ersten 10 simulierten Jahren, untere Bildungsniveaus die oberen Altersklassen. Anschließend dringen stetig mehr Personen mit höheren Bildungsniveaus in höhere Alterskategorien vor, wodurch die Abweichungen stärker werden.

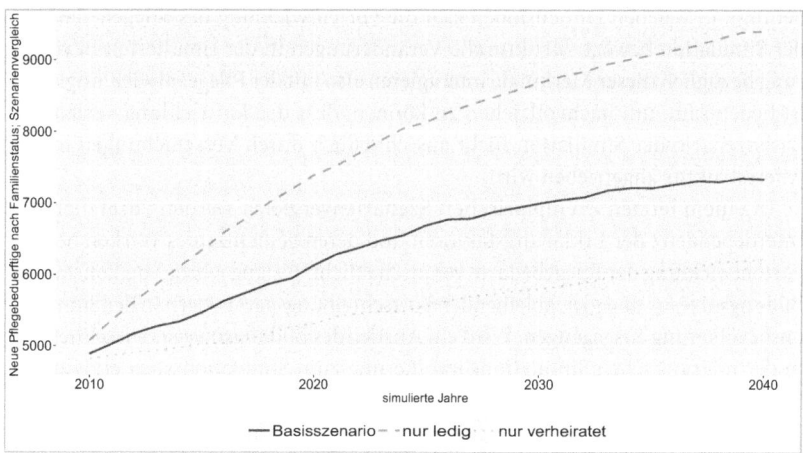

Abb. 9 Neue Pflegebedürftige in der Mikrosimulation nach Familienstand (absolut)

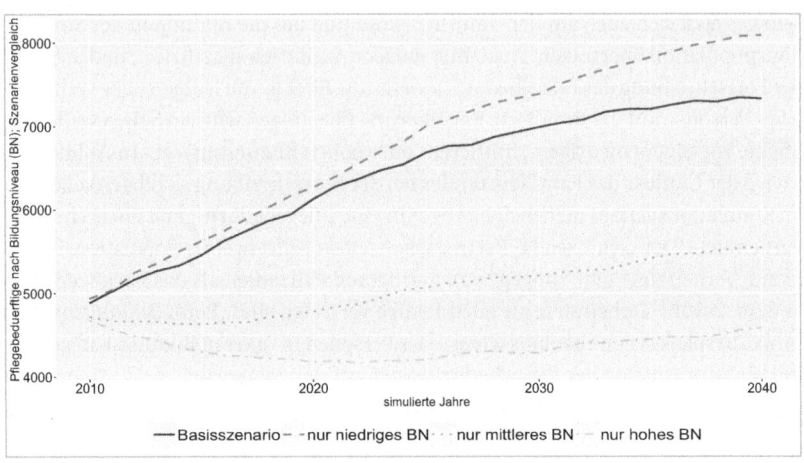

Abb. 10 Neue Pflegebedürftige in der Mikrosimulation nach Bildungsstand (absolut)

In den bisherigen eher einseitigen Entwicklungsszenarien wurde im Wesentlichen herausgestellt, dass die Zusammensetzung der Simulationspopulation bezüglich des Migrationshintergrundes, des Familienstandes und des Bildungsniveaus mit bedingt, in welchen Dimensionen sich die Fortentwicklung des Pflegebedarfs in der Simulation bewegt. Strukturelle Veränderungen in der simulierten Bevölkerung bezüglich dieser Merkmale interagieren also mit der Pflegeentwicklung. Dies ist bedeutsam, um nachvollziehen zu können, dass der Entwicklungsverlauf im Basisszenario der Simulation nicht ausschließlich durch Verschiebungen in der Altersstruktur angetrieben wird.

In einem letzten exemplarischen Szenarienvergleich werden zusätzlich die Interdependenz der Erklärungsfaktoren und deren gemeinsames Wirken bei der Fortentwicklung der Pflegebedarfe veranschaulicht. Bislang wurde von konstanten Bildungsniveaus und gleichbleibenden Fortschreibungsparametern in der Simulationsbevölkerung ausgegangen. Wird ein Anstieg des Bildungsniveaus ausschließlich in der migrantischen Simulationsbevölkerung zum Simulationsstart erzwungen (Szenario „Steigende Bildung bei Personen mit Migrationshintergrund"), führt dies, wie in Abbildung 11 veranschaulicht wird, zu einem Rückgang der Pflegebedürftigen im Vergleich zum Basisszenario über den Simulationsverlauf hinweg. Es wurde in einer zufällig gezogenen Substichprobe von 50 % der Migranten aus der Ausgangspopulation ein Anstieg des Bildungsniveaus um eine Bildungskategorie erzwungen, aber ausschließlich bei Personen aus den unteren Bildungskategorien.

Wird hingegen die Bedeutsamkeit des protektiven Migrationseffektes reduziert, indem Restriktionen in den Fortschreibungsparametern eingeführt werden (Szenario „Abbau protektiver Faktoren bei Personen mit Migrationshintergrund"), bewirkt dies einen Anstieg der Pflegebedarfe gegenüber dem Basisszenario. Hier wurden die Effektstärken sowohl bei Personen mit indirektem- wie auch direktem Migrationshintergrund um die Hälfte reduziert. In beiden Szenarien werden mit Blick auf das Basisszenario also gegenläufige Entwicklungstrend ausgelöst, die vor dem Hintergrund der bisherigen Ausführungen und des zugrundeliegenden Regressionsmodells zur Pflege nicht überraschen. Werden beide Szenarien kombiniert, wird erkennbar, welcher Eingriff grundsätzlich bedeutsamer für die Fortentwicklung des Pflegebedarfs in der hier dargestellten Simulation zu sein scheint. Bei erhöhter Bildung und einem Abbau von protektiven Wirkungsmechanismen in der hier umgesetzten Form kommt es im Vergleich zum Basisszenario ohne derartige Eingriffe zu einem leichten Anstieg der Pflegebedürftigkeit bis zum Simulationshorizont. Das Ausmaß der Veränderung hängt in diesem Zusammenhang von der Größe der migrantischen Simulationspopulation ab, die hier nicht mit dem tatsächlichen Anteil der Migranten in Deutschland korrespondiert. Gleichzeitig ist die Entwicklung von dem Ausmaß des Eingriffes an den benannten Faktoren abhängig.

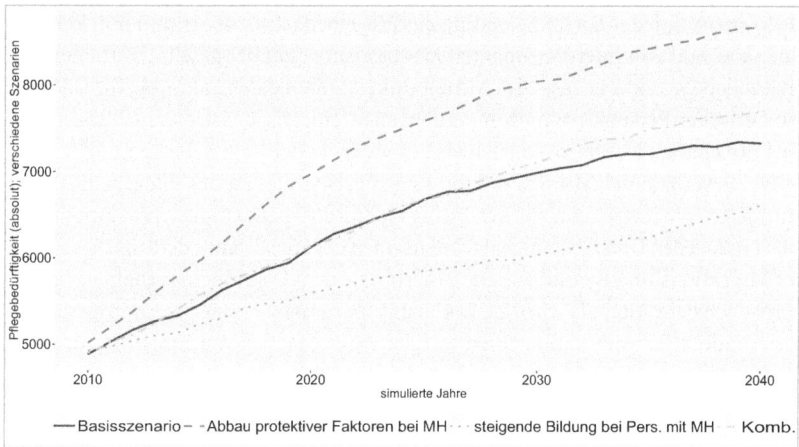

Abb. 11 Szenarienvergleich zur Pflegeentwicklung in der Mikrosimulation (absolut)

Künftige Veränderungen bei den protektiven Mechanismen des Migrationshintergrundes sind hier nun nicht nur als Mittel zum Zweck beispielhaft angeführt, sondern theoretisch durchaus plausibel. Herkunftsbedingte Barrieren zur Inanspruchnahme von Pflegeleistungen nach SGB XI können beispielsweise sowohl aufgrund von Angleichungen der migrantischen Bevölkerung an die Mehrheitsbevölkerung stattfinden, aber auch durch sozialpolitische Eingriffe, wie durch eine Stärkung von kultursensibler Pflege. Veränderungen in der Bildung sind aus vergleichbaren Gründen ebenfalls nachvollziehbar, allerdings nicht zwingend in dem hier exemplarisch gezeigten Maße. Die Komplexität der hier dargestellten Entwicklungsverläufe ließe sich leicht weiter erhöhen und analysieren, so ist der Pflegebedarf von einer Vielzahl an weiteren Faktoren abhängig, die teilweise in einer gegenseitigen Abhängigkeit stehen (z. B. der Familienstand und die sozioökonomische Stellung, die wiederum als Prädiktoren der Pflegebedürftigkeit fungieren).

5   Fazit

Ziel des Beitrags war eine Fortschreibung des altersbedingten Pflegebedarfs in Deutschland bis zum Jahr 2040 mithilfe einer dynamischen Mikrosimulation. Neben den reinen Fallzahlentwicklungen, bei denen keine realitätsgetreue Abbildung angestrebt wurde, sollte dabei exemplarisch herausgestellt werden, wie sich die Konstitution der Fortentwicklung des Pflegebedarfs in der Simulation anhand einer Vielzahl von interdependenten Mechanismen auf der gesellschaftlichen Individualebene erklären lässt. Im Mittelpunkt standen dabei Faktoren, die sich aus theoretischer Perspektive und in vergangenen empirischen Untersuchungen für die Entstehung von Pflegebedarfen als besonders bedeutsam herausgestellt haben.

Die innerhalb der Mikrosimulation zur Fortschreibung des Pflegebedarfs zugrunde gelegte Regression zur Erklärung einer Pflegebedürftigkeit korrespondiert mit vergangenen Untersuchungen: Dimensionen des Sozialstatus, der Familienstand, der Migrationshintergrund wie auch Merkmale des Gesundheitsverhaltens haben sich neben dem Alter als wichtige Erklärungsparameter herausgestellt. Die darauf basierende Mikrosimulation führt auf der Aggregatebene zu Ergebnissen, nach denen es bis zum Jahr 2040 in der Simulationspopulation zu einer Verdoppelung der Pflegebedürftigen im Vergleich zum Simulationsstart kommt. Bei der Fortentwicklung kann gezeigt werden, dass insbesondere der Alterungsprozess den Anstieg der Pflegebedürftigen in der Simulationspopulation antreibt. Dabei spielt zudem der Einfluss des Familienstandes, des Bildungsniveaus und des Migrationshintergrundes auf die Entstehung individueller Pflegebedarfe in der Simulation eine Rolle für die Entwicklung des gesamtgesellschaftlichen Pflegebedarfs, wie anhand von Extremszenarien beispielhaft gezeigt werden konnte. In Simulationspopulationen, in denen lediglich Personen mit Migrationserfahrung, Verheiratete oder Personen mit hoher Bildung unter sonst gleichen Bedingungen vorhanden sind, kommt es zu einer deutlichen Verringerung der projizierten Pflegebedarfe. Begründen lässt sich dies unter anderem durch Unterschiede in der Gesundheit oder bei dem Verhalten bei der Inanspruchnahme von Pflegeleistungen in den beschriebenen Sub-Populationen sowie durch die in Abschnitt 2.1 vorgestellten Befunde zur gesundheitlichen Ungleichheit. Darüber hinaus wurde beispielhaft anhand der migrantischen Bevölkerung in der Simulationspopulation in der Mikrosimulation gezeigt, welche Auswirkungen veränderte Rahmenbedingungen in einzelnen Sub-Populationen bei der Fortentwicklung des Pflegebedarfs haben. Steigt innerhalb der simulierten Bevölkerung kurzfristig das Bildungsniveau von Migranten, während gleichzeitig protektive Faktoren des Migrationsstatus auf die Pflegebedürftigkeit abnehmen, kommt es zu einer leicht erhöhten Fallzahlentwicklung. Dies gibt Hinweise darauf, dass eine Anpassung von Migranten an die Mehrheitsbevölkerung zunächst zu einem Wachstum der Pflegebedarfe führt, welcher allerdings durch eine gleichzeitige Zunahme der Bildungsniveaus zumindest gebremst werden kann. In dem Zuge wurden die Komplexität des Fortschreibungsprozesses innerhalb der Mikrosimulation und die Bedingtheit der künftigen Pflegeentwicklung von einer Vielzahl an möglichen Änderungen in den gesellschaftlichen Rahmenbedingungen besonders augenscheinlich.

Der Beitrag demonstriert in seiner Gesamtheit das Anwendungspotential von Mikrosimulationen in den Sozialwissenschaften. Die Analyse war nicht auf die Erklärung des Pflegebedarfs anhand von zurückliegenden empirischen Daten beschränkt, es wurde auch die Konsequenz aus eben diesen Ergebnissen für die Entstehung des Pflegebedarfs als makrostrukturelles Phänomen innerhalb der Gesellschaft aufgezeigt. Im gleichen Zuge wurde das Potential für die Implementation von Szenarien in die Simulation demonstriert. Gerade in den Sozialwissenschaften werden regelmäßig Erkenntnisse und theoretisch gut begründete Einschätzungen zu Veränderungen in den gesellschaftlichen Rahmenbedingungen produziert, die durch die Mikrosimulation in ihren Folgen analysiert werden können. Darüber hinaus macht die Modellierung und Analyse von Standardszenarien mittels Mikrosimulationen auf mögliche Alternativszenarien aufmerksam, die unter der Anwendung konventioneller statistischer Analyseverfahren nur bedingt deutlich werden.

Zuletzt soll an dieser Stelle auf Limitationen und ausstehende Aspekte in der analysierten Mikrosimulation aufmerksam gemacht werden. Es handelt sich um ein Simulationsmodell, welches noch im Entwicklungsprozess ist. Bislang unberücksichtigt bleibt in der Simulation die Bedeutsamkeit von Haushaltsstrukturen und Kindern. Da sowohl Haushaltsgrößen wie auch Kinderanzahlen wichtige Faktoren für das Auftreten einer Pflegebedürftigkeit sind, und gerade in diesen Bereichen in der Zukunft mit Veränderungen innerhalb der Gesellschaft Deutschlands gerechnet werden kann (König et al. 2001; Doblhammer und Ziegler 2010), wird künftig die Implementation eines Haushalts- und Geburtsmoduls angestrebt. Verbunden mit dem Geburtsmodul sind auch Fortschreibungen in einem weiteren Horizont als bis zum Jahr 2040 sinnvoll. Des Weiteren soll die Modellierung der Mortalität überarbeitet werden, um für das Simulationsereignis des Todes zusätzlich soziale Unterschiede berücksichtigen zu können. Sub-Populationen, wie Bevölkerungsgruppen mit Migrationserfahrungen, gilt es deutlich differenzierter abzubilden. Neben weiteren möglichen Modulen und Modulmodifikationen wird für die Fortschreibung eine Umstellung auf Längsschnittmodelle angestrebt. Damit sollen einerseits realistischere individuelle Lebensverläufe erzeugt werden, da so auch endogene Dynamiken in den Regressionsmodellen zur Anwendung kommen können. Darüber hinaus erscheint dieser Ansatz vielversprechend, um Verzerrungen in den Ergebnissen zu minimieren. Zuletzt stehen für die weitere Arbeit die Entwicklung theoretisch plausibler Szenarien und Sensitivitätsanalysen an.

Literatur

Bartley, M. (2004). *Health Inequality. An introduction to theories, concepts and methods.* Cambridge: Polity Press.

Bauer, U., & Büscher, A. (2008). Soziale Ungleichheit in der pflegerischen Versorgung – ein Bezugsrahmen. In U. Bauer & A. Büscher (Hrsg.), *Soziale Ungleichheit und Pflege. Beiträge sozialwissenschaftlich orientierter Pflegeforschung* (S. 7–45). Wiesbaden: VS Verlag für Sozialwissenschaften.

Bermejo, I., Hölzel, L. P., Kriston, L., & Härter, M. (2012). Subjektiv erlebte Barrieren von Personen mit Migrationshintergrund bei der Inanspruchnahme von Gesundheitsmaßnahmen. *Bundesgesundheitsblatt, 55*(8), 944–953.

Black, S. D., Morris, J. N., Smith, C., & Townsend, P. (1980). *Inequalities in health: The Black Report* (Penguin Book ed.). Harmondsworth: Penguin Book.

Blinkert, B., & Gräf, B. (2009). *Deutsche Pflegeversicherung vor massiven Herausforderungen.* Frankfurt am Main: Deutsche Bank Research.

Bolte, G., & Kohlhuber, M. (2009). Soziale Ungleichheit bei umweltbezogener Gesundheit: Erklärungsansätze aus umweltepidemiologischer Perspektive. In M. Richter & K. Hurrelmann (Hrsg.), *Gesundheitliche Ungleichheit. Grundlagen, Probleme, Perspektiven* (2. aktualisierte Aufl., S. 99–116). Wiesbaden: VS Verlag für Sozialwissenschaften.

Borchert, L., & Rothgang, H. (2008). Soziale Einflüsse auf das Risiko der Pflegebedürftigkeit älterer Männer. In U. Bauer & A. Büscher (Hrsg.), *Soziale Ungleichheit und Pflege. Beiträge sozialwissenschaftlich orientierter Pflegeforschung* (S. 215–237). Wiesbaden: VS Verlag für Sozialwissenschaften.

Breyer, F., & Felder, S. (2006). Life expectancy and health care expenditures: A new calculation for Germany using the costs of dying. *Health Policy, 75*(2), 178–186.

Brockmann, H., & Klein, T. (2002). Familienbiographie und Mortalität in Ost- und West-deutschland. *Zeitschrift für Gerontologie und Geriatrie, 35*(5), 430–440.

Deutscher Bundestag (2001). *Dritter Bericht zur Lage der älteren Generation in der Bundes-republik Deutschland: Alter und Gesellschaft und Stellungnahme der Bundesregierung.* Drucksache 14/5130. Berlin: Deutscher Bundestag.

Doblhammer, G., & Ziegler, U. (2010). Care Need Projections by Marital Status and Child-lessness for Germany 2000–2030 based on the FELICIE Project. In G. Doblhammer & U. Ziegler (Hrsg.), *Ageing, Care Need and Quality of Life. The Perspective of Care Givers and People in Need of Care* (S. 42–60). Wiesbaden: VS Verlag für Sozialwissenschaften.

Fernandes, A. A., Rodrigues, T., & Castro Henriques, F. (2008). Future trends in education among older people. In J. Gaymu, P. Festy, M. Poulain & G. Beets (Hrsg.), *Future Elderly Living Conditions in Europe* (S. 99–117). Paris: Institut national d'études démographiques.

Fries, J. F. (1980). Aging, Natural Death, and the Compression of Morbidity. *New England Journal of Medicine, 303*(3), 130–135.

Frietsch, R., & Wirth, H. (2001). Die Übertragung der Magnitude-Prestigeskala von Wegener auf die Klassifikation der Berufe. *ZUMA-Nachrichten, 25*(48), 139–163.

Gilbert, N., & Troitzsch, K. G. (2005). *Simulation for the social scientist* (2. Aufl.). Maiden-head: Open University Press.

Hackmann, T., & Moog, S. (2008). *Älter gleich kränker? Auswirkungen des Zugewinns an Lebenserwartung auf die Pflegewahrscheinlichkeit. FZG Discussion Paper 26.* University of Freiburg: Forschungszentrum Generationenverträge (FZG).

Hannappel, M., & Troitzsch, K. G. (2015). Mikrosimulationsmodelle. In N. Braun & N. J. Saam (Hrsg.), *Handbuch Modellbildung und Simulation in den Sozialwissenschaften* (S. 455–489). Wiesbaden: Springer Fachmedien.

Helmert, U., & Schorb, F. (2009). Die Bedeutung verhaltensbezogener Faktoren im Kontext der sozialen Ungleichheit der Gesundheit. In M. Richter & K. Hurrelmann (Hrsg.), *Ge-sundheitliche Ungleichheit. Grundlagen, Probleme, Perspektiven* (2. aktualisierte Aufl., S. 133–148). Wiesbaden: VS Verlag für Sozialwissenschaften.

Hoffmann, E., & Nachtmann, J. (2007). Alter und Pflege. *GeroStat Report Altersdaten, 3,* 1–28.

Hofmann, H. (2006). Altenpflege und Soziale Dienste – wachsender Bedarf bei fehlenden Mitteln. *ifo Schnelldienst, 59*(15), 24–30.

Imhoff, E. V., & Post, W. (1998). Microsimulation methods for population projection. *Population. An English selection: New Methodological Approaches in the Social Sciences, 10*(1), 97–138.

Klein, T. (2011). „Durch Dick und Dünn." Zum Einfluss von Partnerschaft und Partner-markt auf das Körpergewicht. *Kölner Zeitschrift für Soziologie und Sozialpsychologie, 63*(3), 459–479.

Kohls, M. (2011). *Morbidität und Mortalität von Migranten in Deutschland. Forschungsbericht 9.* Nürnberg: Bundesamt für Migration und Flüchtlinge.

Kohls, M. (2012). *Pflegebedürftigkeit und Nachfrage nach Pflegeleistungen von Migrantinnen und Migranten im demographischen Wandel. Forschungsbericht 12.* Nürnberg: Bundesamt für Migration und Flüchtlinge.

König, H.-H., Leidl, R., & Schulz, E. (2001). *Auswirkungen der demographischen Entwicklung auf die Zahl der Pflegefälle: Vorausschätzungen bis 2020 mit Ausblick auf 2050.* Berlin: Deutsches Institut für Wirtschaftsforschung (DIW).

Kruse, A., Gaber, E., Heuft, G., Oster, P., Re, S., & Schulz-Nieswandt, F. (2005). *Gesundheit im Alter. Gesundheitsberichterstattung des Bundes* (Heft 10). Berlin: Robert Koch-Institut.

Lampert, T., Hoebel, J., Kuntz, B., Fuchs, J., Scheidt-Nave, C., & Nowossadeck, E. (2016). Gesundheitliche Ungleichheit im höheren Lebensalter. *GBE Kompakt, 7*(1). Berlin: Robert Koch-Institut.

Leim, I. (2008). *Die Modellierung der Fertilitätsentwicklung als Folge komplexer individueller Entscheidungsprozesse mit Hilfe der Mikrosimulation* (Social Science Simulations, Band 5). Marburg: Metropolis-Verlag.

Lynch, J. W., Kaplan, G. A., Cohen, R. D., Tuomilehto, J., & Salonen, J. T. (1996). Do Cardiovascular Risk Factors Explain the Relation between Socioeconomic Status, Risk of All-Cause Mortality, Cardiovascular Mortality, and Acute Myocardial Infarction? *American Journal of Epidemiology, 144*(10), 934–942.

Mager, H.-C. (1999). Pflegebedürftigkeit im Alter: Dimensionen und Determinanten. In R. Eisen & H.-C. Mager (Hrsg.), *Pflegebedürftigkeit und Pflegesicherung in ausgewählten Ländern* (S. 29–78). Wiesbaden: Springer Fachmedien.

McLay, J. M., Lay-Lee, R. Milne, B. J. & Davis, P. (2015). Regression-Style Models for Parameter Estimation in Dynamic Microsimulation: An Empirical Performance Assessment. *International Journal of Microsimulation, 8*(2), 83–127.

Mielck, A. (2005). *Soziale Ungleichheit und Gesundheit. Einführung in die aktuelle Diskussion.* Bern: Hogrefe AG.

Muckenhuber, J., & Volk, H. (2018). Gesundheitliche Ungleichheit im internationalen Vergleich. In P. Kriwy & M. Jungbauer-Gans (Hrsg.), *Handbuch Gesundheitssoziologie.* Wiesbaden: VS Verlag für Sozialwissenschaften.

Murtagh, K. N., & Hubert, H. B. (2004). Gender Differences in Physical Disability Among an Elderly Cohort. *American Journal of Public Health, 94*(8), 1406–1411.

Orcutt, G. H. (1957). A New Type of Socio-Economic System. *Review of Economics and Statistics, 39*, 116–123.

Pfaff, H. (2010). People in Need of Long-term Care: The Present and the Future. In G. Doblhammer & R. Scholz (Hrsg.), *Ageing, Care Need and Quality of Life. The Perspective of Care Givers and People in Need of Care* (S. 14–29). Wiesbaden: VS Verlag für Sozialwissenschaften.

Pohl, C. (2010). Der zukünftige Bedarf an Pflegearbeitskräften in Deutschland: Modellrechnungen für die Bundesländer bis zum Jahr 2020. *Comparative Population Studies – Zeitschrift für Bevölkerungswissenschaft, 35*(2), 357–378.

Pötzsch, O., & Rößger, F. (2015). *Bevölkerung Deutschlands bis 2060. 13. koordinierte Bevölkerungsvorausberechnung.* Wiesbaden: Statistisches Bundesamt.

R Core Team (2018). *An Introduction to R. Notes on R: A Programming Environment for Data Analysis and Graphics Version 3.5.2.* https://cran.r-project.org/doc/manuals/r-release/R-intro.pdf. Zugegriffen: 20. Dezember 2018.

Rapp, I., & Klein, T. (2015). Familie und Gesundheit. In P. B. Hill & J. Kopp (Hrsg.), *Handbuch Familiensoziologie* (S. 775–790). Wiesbaden: Springer VS.

Razum, O., & Spallek, J. (2012). Erklärungsmodelle zum Zusammenhang zwischen Migration und Gesundheit im Alter. In H. Baykara-Krumme, A. Motel-Klingebiel & P. Schimany (Hrsg.), *Viele Welten des Alterns. Ältere Migranten im alternden Deutschland* (S. 161–180). Wiesbaden: VS Verlag für Sozialwissenschaften.

Rephann, T. J., & Holm, E. (2004). Economic-Demographic Effects of Immigration: Results from a Dynamic Spatial Microsimulation Model. *International Regional Science Review, 27*(4), 379–410.

Richter, M., & Hurrelmann, K. (2009). Gesundheitliche Ungleichheit: Ausgangsfragen und Herausforderungen. In M. Richter & K. Hurrelmann (Hrsg.), *Gesundheitliche Ungleichheit. Grundlagen, Probleme, Konzepte* (2. aktualisierte Aufl., S. 1–13). Wiesbaden: VS Verlag für Sozialwissenschaften.

Rothgang, H., Müller, R., & Unger, R. (2012). „*Pflege 2030". Was ist zu erwarten – was ist zu tun?* Gütersloh: Bertelsmann Stiftung.

Schimany, P., Rühl, S., & Kohls, M. (2012). *Ältere Migrantinnen und Migranten – Entwicklungen, Lebenslagen, Perspektiven. Forschungsbericht 18.* Nürnberg: Bundesamt für Migration und Flüchtlinge.

Schneekloth, U., & Wahl, H. W. (2005). *Möglichkeiten und Grenzen selbständiger Lebensführung in privaten Haushalten (MuG III).* Berlin: Bundesministerium für Familie, Senioren, Frauen und Jugend.

Schrijvers, C. T., Stronks, K., Mheen, D., & Mackenbach, J. P. (1999). Explaining Educational Differences in Mortality: The Role of Behavioral and Material Factors. *American Journal of Public Health, 89*(3), 535–540.

Schulz, E. (2008). *Zahl der Pflegefälle wird deutlich steigen. Wochenbericht des DIW Berlin Nr. 47.* Berlin: Deutsches Institut für Wirtschaftsforschung (DIW).

Schulz, E., Kunert, U., Horn, M., Kalinowska, D., Kloas, J., & Ochmann, R. (2008). *Mobilität 2025. Der Einfluss von Einkommen, Mobilitätskosten und Demographie. Anhang 1: Demographie, Erwerbsbeteiligung und Bildung im Jahr 2025.* Berlin: Deutsches Institut für Wirtschaftsforschung (DIW).

Spielauer, M. (2011). What is Social Science Microsimulation? *Social Science Computer Review, 29*(1), 9–20.

Statistische Ämter des Bundes und der Länder (2010). *Auswirkungen auf Krankenhausbehandlungen und Pflegebedürftige im Bund und in den Ländern. Demografischer Wandel in Deutschland* (Heft 2). Wiesbaden: Statistisches Bundesamt.

Statistisches Bundesamt (2010). *Mikrozensus 2009. Qualitätsbericht.* Wiesbaden: Statistisches Bundesamt.

Statistisches Bundesamt (2016). *Sterbetafel 2012/2014. Methoden- und Ergebnisbericht zur laufenden Berechnung von Periodensterbetafeln für Deutschland und die Bundesländer.* Wiesbaden: Statistisches Bundesamt.

Stein, P., & Bekalarczyk, D. (2016). Zur Prognose beruflicher Positionierung von Migranten der dritten Generation. In R. Bachleitner, M. Weichbold & M. Pausch (Hrsg.), *Empirische Prognoseverfahren in den Sozialwissenschaften* (S. 223–257). Wiesbaden: Springer Fachmedien.

Verbrugge, L. M. (1984). Longer Life but Worsening Health? Trends in Health and Mortality of Middle-Aged and Older Persons. *The Milbank Memorial Fund Quarterly. Health and Society, 62*(3), 475–519.

Volkert, M., & Risch, R. (2017). *Altenpflege für Muslime – Informationsverhalten und Akzeptanz von Pflegearrangements. Im Auftrag der Deutschen Islam Konferenz. Working Paper 75 des Forschungszentrums des Bundesamtes.* Nürnberg: Bundesamt für Migration und Flüchtlinge.

The manufacturer's authorised representative in the EU is Springer
Nature Customer Service Centre GmbH, Europaplatz 3, 69115 Heidelberg,
Germany. If you have any concerns regarding our products, please
contact ProductSafety@springernature.com

Printed and bound by CPI Group (UK) Ltd, Croydon, CR0 4YY
23/04/2026
02095646-0002